U1008004

本书获得浙江省A类一流学科工商管理资助

中国旅游业与若干宏观经济问题关系研究

赵磊 著

中国旅游出版社

前言

改革开放以来，中国旅游业属性开始由传统事业性质向现代部门经济转变，随着产业规模显著扩张，现代旅游业逐渐上升为地区发展的主导产业，其对国民经济的综合贡献率日益提升，对整个经济体系运行的影响力也与日俱增。鉴于此，基于系统论视角审视旅游业成长的基本逻辑，对于深入理解中国旅游业快速发展的内在规律大有裨益。同时，本书尝试将旅游业置于宏观经济体系中，并运用现代主流经济学的理论与方法，围绕旅游业对典型宏观经济问题的影响展开系统性实证研究，希冀揭示旅游业与相关经济变量的互动关系原理，并试图为地区协调发展政策制定及优化提供经验依据。本书包括五篇十六章内容，分别就旅游业系统论思考、旅游业与经济增长、旅游业与城镇化、旅游业与收入差距及旅游业与贫困共五个专题从不同视角予以探究。

第一篇第一章从区域旅游系统的内在逻辑结构出发，针对区域旅游系统研究中概念应用模糊的扭曲现实，在对国内外区域旅游系统研究进行精炼分析的基础上，创新性地提出了“区域旅游系统关系网络模型”，旨在揭示区域旅游系统的内在网络结构关系以及进一步完善区域旅游系统概念界定体系。

第一篇第二章对区域旅游系统的自组织特征进行了阐释，并通过分析其自组织形成过程和驱动机制，构建了区域旅游系统自组织运行模型，以此探讨了区域旅游系统自组织的演进机理，并提出了在自组织机制下，区域旅游系统自组织的优化策略，并力图构建一个基于自组织理论的区域旅游系统发展机理研究的理论分析框架。

第一篇第三章从新经济社会学视角，分别对旅游系统的社会与经济网络性质、网络结构的嵌入性和网络经济社会建构进行了理论阐释，基本形成了旅游系统网络研究的新经济社会学分析框架，指出旅游系统网络研究的新经济社会学转向将会为中国旅游学研究提供新的理论研究范式。

第二篇第一章通过构建多变量计量经济模型，利用新近发展的异质性面板协整技术对中国旅游业发展与经济增长之间的长期协整关系进行了实证检验，并采用 FMOLS 估计方法测算出中国旅游发展对经济增长的长期产出弹性。研究结论表明，中国旅游发展对经济增长具有长期积极影响，为“旅游导向型经济增长”假说在中国情境的存在性提供了直接证据。

第二篇第二章以旅游业发展水平作为转换变量，采用面板平滑转换回归模型，对旅游业与经济增长之间的非线性关系进行了实证检验。结果表明：旅游业与经济增长之间的关系存在非线性的旅游业门槛效应，旅游业发展水平与旅游业经济影响效应显著负相关，旅游业发展会弱化其对经济增长正向影响的边际效应。

第二篇第三章在定量测度中国各省产业结构变迁基础上，将旅游业、产业结构变迁与经济增长纳入到统一分析框架进行实证考察，以拓展旅游业导向型经济增长假说的研究体系。研究结果表明：中国旅游业对经济增长具有显著的正向影响，与此同时，产业结构欠缺合理化抑制了旅游业对经济增长的影响效应，而产业结构高级化可正向调节旅游业对经济增长的影响效应。

第三篇第一章基于旅游业集聚影响城镇化的理论机制的阐述，以旅游业集聚水平作为转换变量，采用面板平滑转换回归模型，对旅游业集聚与城镇化之间的非线性关系进行实证检验。研究结果发现：旅游业集聚与旅游业集聚的城镇化效应之间显著正相关，旅游业集聚水平的提升会强化其对城镇化正向影响的边际效应。

第三篇第二章基于线性和非线性视角，分别采用普通面板回归模型、动态面板回归模型、面板门槛回归模型和平滑转换回归模型对“旅游导向型城镇化”假说进行了综合实证检验。结果表明：首先，“旅游导向型城镇化”假说在中国情境中真实有效，旅游业对城镇化存在显著的正向影响；其次，旅游业对城镇化的影响效应不仅呈现显著的非线性门槛特征，而且其强度变化与旅游业发展水平正向相关。

第三篇第三章将旅游业纳入城镇化影响经济增长的研究框架，在理论分析的基础上，通过引入旅游业与城镇化变量的乘积项，运用多种面板数据计量方法实证检验了旅游业发展对城镇化的作用以及对中国经济增长的调节效应。实证结果表明：不仅城镇化对经济增长具有显著正向影响，而且旅游业对城镇化的经济增长效应还存在显著的正向调节作用。

第四篇第一章运用动态面板数据模型的系统广义矩估计方法对旅游业发展、经济增长与居民消费之间的关系进行了实证研究。研究结果显示：在中国整体层面上，旅游业发展对居民消费具有显著正向影响关系，然而这种正向关系的影响效应较小，并且旅游业发展对居民消费呈倒U形的影响关系。

第四篇第二章利用中国分省动态面板数据的系统广义矩估计对旅游业发展与收入差距关系进行实证研究。结果显示：中国旅游业发展能够显著减小城乡收入差距。旅游业发展减小城乡收入差距的影响机制主要表现为旅游发展对农村人均实际收入具有显著正向关系，而与城镇人均实际收入之间关系则不显著。

第四篇第三章分别从线性和非线性两个角度实证检验了旅游业集聚对地区收入差距的影响。估计结果显示：一方面，旅游业集聚对地区收入差距具有显著线性负向影响效应；另一方面，旅游业集聚对地区收入差距负向影响效应不仅存在基于旅游业集聚的单一门槛特征，而且也存在基于经济发展水平、基础设施建设与产业结构升级的三重门槛特征。

第五篇第一章基于国外经济学相关文献，对旅游业与贫困关系的理论演进、旅游减贫机制、旅游减贫效应检验方法和旅游减贫研究内容分别进行了相应综述，提出了对中国旅游业与贫困减缓关系的经济学研究的启示。

第五篇第二章以旅游业发展水平作为转换变量，利用面板平滑转换回归模型技术，对旅游业和贫困减缓之间的非线性关系进行了实证检验。研究发现：旅游业可以显著地减缓贫困，所以旅游业可被视为目的地减缓贫困的有效产业工具；旅游业与贫困减缓之间的关系存在非线性的旅游业门槛效应。

第五篇第三章在旅游文献中较早引入更加精确的贫困 FGT 指数，定量识别中国农村的绝对和相对贫困，然后对旅游业与农村贫困减缓关系分别进行全样本和分地区实证检验。研究结果表明：除东部地区之外，无论是全国样本还是中西部地区，旅游业分别对农村贫困广度、深度和强度具有积极的减缓效应；旅游业可显著降低农村绝对贫困人口规模，但在相对贫困层面，旅游业在缩小贫困缺口的同时伴随农村贫困人口内部收入分配不平等现象。

第五篇第四章分别从贫困广度、深度和强度方面对西部地区农村贫困水平进行测度分解，再以旅游业和经济增长作为门槛变量，对西部地区旅游业减缓农村贫困的非线性影响效应进行实证检验。估计结果表明：旅游业对农村贫困广度、深度和强度的减缓效应分别存在基于旅游业的单一、双重和三重门槛特征；以人均实际 GDP 衡量的经济增长水平对旅游业减缓农村贫困具有显著的三重门槛特征；以人均 GDP 增长率衡量的经济增长速度对旅游业减缓农村贫困广度、深度和强度具有正向非单调性门槛效应。

总之，本书遵循理论分析与实证检验相结合的经济学规范研究范式，对旅游业及其相关宏观经济变量之间的影响关系进行了系统分析，从而进一步揭示出旅游业对相关经济变量的影响机理，直接目的在于深化国内旅游经济学研究体系，同时也为拓展经济学研究领域增添来自旅游经济学的学术贡献。

赵 磊
浙江工业大学管理学院
2019 年 12 月 27 日

目录

第一篇　旅游业系统论思考

第二篇　旅游业与经济增长

第三篇 旅游业与城镇化

第四篇 旅游业与收入差距

第五篇　旅游业与贫困

第一篇 1

旅游业系统论思考

第一章　基于网络视角的区域旅游系统概念辨析

第一节　引言

国外学者对区域旅游系统（Regional Tourism System，RTS）的研究开始较早，在 20 世纪 20 年代就已有关于旅游功能的系统性研究文献，包括旅游系统的界定、旅游系统的构成要素以及旅游系统要素之间的非线性作用关系等内容。1972 年，苏联地理学家 B. C. 普列奥布拉任斯基首先提出地域旅游系统是一个社会地理系统，具有功能上和地域上的完整性，是一个客观存在的社会功能系统，可以理解为旅游系统的空间优化与布局，并以旅游产业地域组织研究为理论基础提出了地域游憩系统模型（钟韵、彭华，2001）。Gunn（1972）从供需两个方面首次正式提出了区域旅游系统的概念，并构建了完整的区域旅游功能系统模型，进一步指出区域旅游系统是一个动态系统。张亚林（1988）在上述基础上较为系统地提出了地域旅游系统的概念，这可基本被看作我国学者第一次从理论分析角度提出的区域旅游系统概念，其认为地域旅游系统是指人类各种旅游活动与各种旅游资源，通过一定的媒介或方式，在一定的地域范围上的有机结合，是社会—地理系统（Jafar，1992；楼旭逵等，2008）。国外学者主要从旅游活动的系统运行属性以及区域旅游复杂系统空间结构两个方面来对区域旅游系统的概念进行认知（Leiper，1979；1990），而国内对区域旅游系统的研究主要是在基于国外研究成果的基础上结合我国区域旅游发展的态势进行了一些有针对性的研究，主要包括旅游系统与旅游规划的关系（刘峰，1999）、旅游系统运行模型（陈安泽、卢云亭，1991）、旅游系统结构（林刚，1996）以及旅游系统功能（杨新军、刘家明，

1998）。由于区域旅游系统自身属性的复杂性以及研究者研究视角的不同，迄今为止，对区域旅游系统的概念体系界定仍然缺乏统一认识。

我国对区域旅游系统的研究基本停留在引进国外已有研究成果的前提下，进而对其进行宽泛而缺乏系统的深入研究，虽然国内很多学者对区域旅游系统展开了多向维度的研究分析，但鉴于区域旅游系统的复杂性与动态性，对区域旅游系统概念体系进行详尽而创新性的研究成为必然。因此，本章对国内外 RTS 概念体系研究成果进行梳理和归纳，以期为区域旅游系统的深入研究提供理论支撑。

第二节　区域旅游系统

自从 Gunn 与 Leiper 对区域旅游系统概念进行初步分析之后，国内外学者皆对区域旅游系统的整个研究框架和研究体系进行了卓有成效的探索与深化。区域旅游系统作为一个具有多维度、多层次、多要素、多主体以及多目标的开放复杂系统，其内部子系统以及各系统要素之间从本质上存在着自下而上的非线性自组织过程。这就使得区域旅游系统概念的界定应当摒弃原有的静态分析，而更多应当从区域旅游系统自身复杂非线性运动角度出发建立动态的概念结构。从哲学逻辑意义上讲，建立在事物内在属性基础上的动态理性认知是推动该事物往前发展的必要前提。但由于学术界至今尚未对区域旅游系统的发展运行规律形成深刻的认识，进而导致对于区域旅游系统概念的界定并未完全表达出其内在属性的复杂化。本章通过对区域旅游系统已有概念界定的梳理分析，总结出了目前区域旅游系统概念研究中所存在的五点质疑。

一、区域旅游系统概念研究“重空间，轻时间”

区域旅游系统作为客观存在的事物，并非一成不变，而是具有严格时空属性。区域旅游系统并非一个静态的实体，而是一个动态演进的组织过程，既在一定空间范围内组织运转，又在一定时间约束下成长演化。目前国内外学术界主要还是从空间角度来研究旅游系统，将区域旅游系统的空间形态和组成要素分为不同“层次要素说”，并对其空间组成的合理性进行了详尽研究和实证探讨，以使旅游系统达到空间运转效率的帕累托最优化。而区域旅游系统具有动态性特征，它在内部要素作用和外部环境影响共同作用下不断变化，也存在其严格的生命周期意义，具有严格的时间序列性和历史逻辑性。

二、区域旅游系统概念研究“重功能，轻结构”

受“旅游功利主义”思潮的影响，区域旅游系统各类主体之间行为选择的利益导向便是功能实现的路径选择问题。而现实中旅游地发展旅游的目的很大程度上是为了区域经济的发展，而忽视了旅游公益事业的发展。这就造成了在对区域旅游系统研究过程中，很多国内外专家仅仅是从区域旅游系统所应承担的经济功能出发，对区域旅游系统的发展方向进行定位，造成了其发展的速度和强度超过了区域旅游系统正常运转的结构负荷，功能紊乱直接导致了区域旅游系统结构的失衡，从而违背了区域旅游系统发展的初衷。

三、区域旅游系统概念研究“重内涵，轻外延”

国内外学者对区域旅游系统的研究主要还是集中在对其自身内部空间结构如何通过有效组合调整来达到功能释放的目的。从本体论方面思考，对区域旅游系统进行理论内涵的详尽研究是必要的，它是整个区域旅游系统研究的重点之所在，关乎区域旅游系统整体自组织运行的质量。对区域旅游系统本体内涵的研究虽然是整个区域旅游系统研究的核心部分，也是关键难点，但是不可忽视的是对区域旅游系统外延部分的研究。只有对区域旅游系统进行内涵与外延双向契合式研究，才能保证区域旅游系统研究的整体性与完整性。因此，对区域旅游系统外延部分的研究也是区域旅游系统研究的重要组成部分。

四、区域旅游系统概念研究“重静态，轻动态”

区域旅游系统作为具有高度开放的复杂性事物，其形成、变化、调节、创新或消亡的每个阶段和时间节点都是一个动态发展的过程。有些学者对区域旅游系统的研究仅就其所处的某个阶段的某个存在形态和变化参量进行研究，并形成了较为完整的理论分析框架和翔实的研究内容支撑，对区域旅游系统演进发展的“时间断面”进行了有针对性的研究，但考虑到区域旅游系统生命周期变化的难以预知性，对区域旅游系统动态发展的整体连续性研究成为区域旅游系统研究的重点和难点。

五、区域旅游系统概念研究“重单体，轻联系”

区域旅游系统是一个复杂的系统，内部存在着错综复杂的非线性关系，这些关系间相互作用、相互影响、相互制约。国内外学者也都从不同角度对这种由诸多非线性关系所主导的复杂系统进行了结构与功能分析，对旅游系统进行了初步复杂系统分析，但对旅游系统中所存在的非线性关系之间的作用机制以及彼此之间的相干效应对旅游系统的影响机制的分析却稍显薄弱。究其原因，对区域旅游系统的研究还是仍拘泥于其内部一个或若干个子系统及要素单体的作用方式和运行轨迹，从本质上隔离了区域旅游系统整体与部分的严密关系，造成了区域旅游系统研究的一元论。

第三节　区域旅游系统结构分析

Haggett（1977）从系统角度描述了空间结构模式与秩序，将区域抽象为点，并提取了运动模式、路径、结点层次、地面、扩散等要素，该模式被广泛用来描述旅游系统空间结构，可用于分析旅游子系统间的联系作用。大部分学者主要从区域旅游系统空间结构优化方面来分析区域旅游系统内部子系统以及各要素之间如何通过资源优化配置来实现整个旅游系统的运行效率的帕累托最优。从上一节对已有的区域旅游系统概念体系研究分析所得出的五点质疑出发，可得出区域旅游系统较为全面的概念体系界定应当在充分吸纳上述质疑创新解决思维的基础上，从根本上解决区域旅游系统概念界定过程中视角维度宽泛的弊端。因此，本章通过对大量国内外有关区域旅游系统研究文献进行翔实分析，提出了区域旅游系统关系网络模型，以解释区域旅游系统的形成发展机制。

已有的对国内外区域旅游系统概念界定的研究，主要从区域旅游系统空间结构特征来探讨其空间网络类型（见表1–1）。例如，Dredge（1999）构建了基于旅游目的地空间规划布局模式的区域旅游系统，并将其分为单节点、多节点和链状节点三种空间类型。本章分别从RTS区位关系网络、产业关系网络、市场关系网络和社会关系网络来定义区域旅游系统关系网络模型。

表1–1　国内外区域旅游系统概念界定

作者	区域旅游系统概念研究视角
Sessa（1988）	运用系统思维观点分析区域旅游系统的动态性
Leiper（1995）	从结构功能和空间结构两个层面上讨论了区域旅游系统
Mill和Morrison（1985）	从旅游系统功能的推力和拉力分析区域旅游系统
McKercher（1999）	运用非线性复杂系统方法分析区域旅游系统
吴人韦（1999）	区域旅游系统分为旅游者、旅游目的地和旅游企业三个子系统
吴晋峰、包浩生（2002）	区域旅游系统空间结构具有多层次性
陈秀琼、黄福才（2006）	从社会网络视角探讨区域旅游系统的空间结构
周志红（2002）	从系统自组织角度分析了区域旅游系统规划

第四节　区域旅游系统关系网络模型

网络是在光滑的空间内处于某些节点的行为主体在获取资源、交换资源以及传递资源活动过程中形成的各种关系的总和。区域旅游系统在供需主导下基本形成前向、后向和水平的网络关系，根据区域旅游系统基本形成机制规律，主要包括区域关系网络、产业关系网络、市场关系网络以及社会关系网络。建立在理性经济人假设基础上的区域旅游系统网络主体之间是以最小成本获取最大效用为行为导向的，本章即是从这一经济学基本假设前提出发，综合运用系统学、经济地理学以及制度经济学的有关理论来构建一个系统的区域旅游系统关系网络模型，以期从更深层面上来对区域旅游系统概念进行揭示。

一、RTS 区域关系网络

经济地理学认为，区域因素是经济关系网络形成的基本前提，这主要是从经济系统发展所必需的成本获取方面来考虑的，当然，这一理论也同样符合区域旅游系统发展的基本事实。因为在旅游资源禀赋高、旅游消费需求大和旅游景点通达性好的区域更容易产生区域旅游系统的雏形，并在区域旅游系统三个子系统（旅游主体系统、旅游客体系统和旅游媒介系统）相互协作的前提下形成良好的旅游发展潜力。区域旅游关系网络以通过空间结构的合理优化配置来达到区域旅游系统运行的最大效率为主旨，从而实现区域旅游系统功能导向的最优化。

本章利用霍特林价格竞争博弈模型来说明区域因素在旅游系统区域关系网络中的影响机制。假设在一个长度为 1 的线性区域位于坐标轴上，假定存在两处旅游资源等级相同的旅游景区 A 与 B，其旅游经营的成本都为 c。假定旅游景区 A 位于 $x = a$ 处，旅游景区 B 位于 $x = b$ 处，假设 $0 \leqslant a \leqslant b$。假设旅游者到两处旅游景区进行旅游活动所付出的成本与到两处景区之间的距离为平方关系，即旅游者完成该项旅游活动的成本为 td^2，d 是指旅游者到旅游景区之间的距离。由于依附于旅游景区的旅游企业之间既是竞争又是合作的关系，因此两者博弈的纳什均衡成为两者在 RTS 区域关系网络中最优选择。

假设两处旅游景区销售景点的门票为 p_1 与 p_2，$p_1 = p_2 = [c, +\infty]$，$D_i(p_1, p_2)$ $(i = 1, 2)$ 为两处旅游景区的旅游消费需求函数，如果处在两者之间 x 处的旅游者在两处旅游景区之间花费成本是无差异的，也就有：$D_1(p_1, p_2) = x$，$D_2(p_1, p_2) = 1 - x$ 且 $p_1 + t(x-a)^2 = p_2 + t(x-b)^2$。由上述无差异等式，可解出 $x = (a+b)/2 + (p_2 - p_1)/[2t(b-a)]$，将上式分别代入两处旅游景区旅游消费需求函数为 $D_1(p_1, p_2) = (a+b)/2 + (p_2 - p_1)/[2t(b-a)]$，$D_2(p_1, p_2) = 1 - (a+b)/2 + (p_1 - p_2)/[2t(b-a)]$，上述结果表明，如果两处旅游景区的门票价格相等，即 $p_1 = p_2$ 时，处于两景区之间 $x = (a+b)/2$，左边区域的旅游者会到旅游景区 A，而处于 $x = (a+b)/2$ 右边旅游者 $x = 1 - (a+b)/2$ 会到旅游景区 B。由此可以构建两处旅游景区 A 与 B 的收益效用函数为：

$$\begin{cases} u_1(p_1,p_2)=(p_1-c)\times D_1(p_1,p_2)=(p_1-c)\times[(a+b)/2+(p_2-p_1)/[2t(b-a)] \\ u_2(p_1,p_2)=(p_2-c)\times D_2(p_1,p_2)=(p_2-c)\times[1-(a+b)/2+(p_2-p_1)/[2t(b-a)] \end{cases} \quad (1.1)$$

设 $p^*=(p_1^*,p_2^*)$ 是此博弈的纳什均衡，求解方程组：

$$\begin{cases} \partial u_1(p_1,p_2^*)/\partial p_1=(a+b)/2+(p_2^*-2p_1+c)/2t(b-a)=0 \\ \partial u_2(p_1^*,p_2)/\partial p_2=1-(a+b)/2+(p_1^*-2p_2+c)/2t(b-a)=0 \end{cases} \quad (1.2)$$

求解可得到此博弈的纳什均衡价格为：$p_1^*=c+[t(b-a)(2+b-a)/3]$，$p_2^*=c+[t(b-a)(4-b-a)/3]$。

在一个匀质空间区域内区域旅游系统的形成形态即是以该区旅游资源的属性为本底，最初通过其旅游景区销售门票价格的调节以及旅游经营成本的控制，从而实现区域竞争力的提升以及景区文化受众的扩大，由此增强旅游者场所依赖感，最终可实现区域旅游系统发展的提升创新，区域旅游系统的经济效应得到明显加强。因此，在区域旅游系统子系统之间以价值链环节为突破点来分析 RTS 区域关系网络，将会从微观层面上剖析区域旅游系统内在逻辑结构配置的有序性。RTS 区域关系网络主要从区域角度来说明区域旅游系统实现经济集聚和系统创新延续性的目标，区域关系选择与构建是区域旅游系统形成发展的重要因素。

二、RTS 产业关系网络

区域旅游系统产业关系网络是指区域旅游系统内部子系统之间在本系统价值取向和获利目标的指导下，相互之间在资源共享、产品开发以及成本共担等方面实现经济效用博弈的纳什均衡，并随着区域旅游系统创新集聚能力的提升以及系统回波辐射效应的加强，区域旅游系统产业发展的边界不断扩展，产业融合能力显著提高。

区域旅游系统关系网络是一种与市场、科层组织结构所不同的中间经济组织，是区域旅游系统的主要表现形式。根据新古典经济学的自由竞争的均衡边际相等假设，可以从理论上有效地实现稀缺资源的优化配置，区域旅游系统是作为一个“黑箱”来参与区域经济运行的。然而，从现实来看，区域旅游系统既不属于纯粹的企业科层组织形式，也不属于完全竞争的市场组织，而是处于两者之间的一种中间组织。这是由于在旅游产品的整个设计制造流程中，随着旅游中间商经营形式的多样化以及旅游者消费需求的个性化，旅游产品供给过程中出现了大量的中间型组织，如旅游服务外包、旅游经营监管和旅游产品代售等形式，进而丰富了区域旅游系统关系网络组织形式。

区域旅游系统关系网络形成机制如下。①区域旅游系统经济效应逐渐显现。区域旅游系统为了具备持续竞争优势，势必要求内部子系统之间为了共同的利益在旅游产品的生产、销售、管理以及技术创新等方面进行合作，旅游产品生产过程的日益复杂性与特殊性使得区域旅游系统在内部目标规定下能力边界不断扩大，多种契约关系和道德伦理的约束。使得区域旅游系统经济效应影响范围不断扩大。从另一方面考虑，由于区域旅游系统内部子系统之间专业化分工的不同，在保证旅游系统整体竞争力提升的同时也会利用专用性经济支撑手段培育自身的核心竞争能力，以获得竞争优势，反过来又会促进旅游产品供给能力的提高。正是由于区域旅游系统产业运作过程中正式契约与隐含契约来协调与保护系统内主体行为的合作关系，才能保证以价值链增值为向度的区域旅游系统横向与纵向关系网络的形成。因此，区域旅游系统由于其自身产业边界融合能力的多变性与延展性，是一种介于市场和科层组织之间的中间组织形式，需要在一定时空条件下为了保证旅游产品顺利销售相关的大量支撑机构与服务组织共同凝合集聚而形成的经济形态。②区域旅游系统价值创造能力提升。区域旅游系统存在的根本目标就是系统价值创造能力的提升，这不仅证明了区域旅游系统存在的基本意义，也是实现整个社会福利目标的重要补充。区域旅游系统价值创造主要通过资源要素挖掘→技术手段互补→产品体系构建→盈利模式创新→价值目标管理五个基本步骤完成。区域旅游系统以旅游市场利益诉求为主导，通过本系统旅游产品供给网络自组织过程，形成基于区域旅游合作范式下的旅游产品价值链，并在创新正式制度与非正式制度供给环境和旅游中间产品组织所需要的商业系统支持下，共同实现区域旅游产业关系网络的运行效率。③区域旅游系统产业关系网络动态演变。区域旅游系统产业关系网络演变过程既具有一定的规律性，又呈现出很大的不确定性。根据演化经济学的观点，区域旅游系统虽然存在短暂的均衡状态，但这并非其存在的本质形态。这是因为由于区域旅游系统产业网络内部存在复杂多样的非线性关系，如旅游消费需求季节变化、旅游产品创新技术扩散与旅游规模经济与范围经济的扩大都在“压力—创新”影响机制下促使其内生增长。基于系统生命周期理论的区域旅游系统关系网络并不是时间断面上的静态演变，而是一种建立在“需求—供给”框架下的渐进式演变。区域旅游系统产业关系网络在“资源—产品—主体—感知”四要素依次相互作用过程中通过创新与学习效应推动区域旅游系统价值不断被创造、转移并实现。

区域旅游系统产业关系网络的形成主要是依据内部子系统之间以及子系统各要素行为主体之间以实现整个系统价值增值为目标而进行的相互协作过程。区域旅游系统产业关系网络在运行中除了通过正式契约与隐含契约形式保证子系统之间共同合作之外，更要在立足于自身利益获取最大化的同时采取适当手段来限制其他参与人由于额外超额利润的存在而背叛合作的主观意愿，这实质上是一个存在“囚徒困境”的重复博弈 $G(\infty,\delta)$，为了易于简化说明，假设在旅游产品的生产流程中，区域旅游系统中存在两个主要参与者 A 与 B，两者重复博弈的收益效用矩阵如表 1-2 所示。

表 1-2　收益效用矩阵

		参与者B	
		背叛	合作
参与者 A	背叛	−6，−6	0，9
	合作	−9，0	−1，−1

区域旅游系统产业关系网络在两大主要核心参与者的背叛与合作博弈中，由于经济主体都具有趋利性，这也构成了区域旅游系统产业关系网络的离心力量，因为利益主体主观意愿的背叛将会使其得到超过因其作为某一类型旅游产品供应链的某一环节所取得的利益分红之上的超额利润①。因此，通过分析区域旅游系统内部主体参与者在产业关系网络运行中的“囚徒困境”模型，

① Fehr 和 Schmidt（1999）提出了一个模型来解释公平和自利行为。该模型建立在理性假设基础上，试图用一个统一的效用函数来研究公平和自利这种看似矛盾的行为模式，结论是收益上的劣势所导致的不公平感要比收益处于优势时所带来的不公平感更强烈。该分析模型尤其是在旅游资源产权界定不清以及旅游景区利益相关者互相扯皮的情况下显得尤为突出。

针对某一方参与者的主观违背意愿构建相应的触发策略，使得背叛者维持原有区域旅游系统内在规定性的总收益的现值大于其所取得的背叛利润。引入贴现因子 δ，假定参与者 A 采取触发战略而参与者 B 采取偏离战略，则当 δ 需要满足什么条件时参与者 A 才能阻止参与者 B 采取偏离战略。例如，区域旅游系统产业关系网络的两参与者（合作，合作）时，每一方都会获得 –1 的收益效用，如果参与者 B 因为超额利润的诱惑而采取背叛战略，则所获得的收益为 0，即双方战略为（合作，背叛），但随之参与者 A 也会采取背叛战略，即双方战略为（背叛，背叛），此时参与者 B 的收益效用变为 –6。因此，如果两参与者都采取触发战略，在 $G(\infty,\delta)$ 中，参与者 B 的总收益效用现值为：$-1+\delta*(-1)+\delta^2*(-1)+\cdots=-1/(1-\delta)$，由于参与者 B 在某一时刻 t 的主观背叛使得参与者 A 也会一直采取背叛战略，则参与者 B 的总收益效用现值为：$0+\delta*(-6)+\delta^2*(-6)+\cdots=-6\delta/(1-\delta)$，则当满足 $-1/(1-\delta)\geqslant-6\delta/(1-\delta)$，得出当 $\delta\geqslant1/6$，参与者 B 采取背叛战略是非理性的，因此参与者 B 不会采取违背区域旅游系统产业关系网络内部规定性的偏离战略，根据对称性，如果参与者 A 首先采取背叛战略，当 $\delta\geqslant1/6$，参与者 A 采取背叛战略也是非理性的。

三、RTS 市场关系网络

区域旅游系统的市场关系网络是指在所谓的供求关系导向的资源—市场—产品（RMP 模式）运行机制下，从区域旅游系统功能有效性角度出发，旅游客体系统通过营销过程对旅游者产生拉力，而凭借旅游媒介系统产生将旅游者引向市场的推力，通过推拉双力作用将区域旅游系统内部各分要素在同一市场空间中相互补充，从而达到区域旅游系统市场关系网络空间的不断拓展。

区域旅游系统市场关系网络作用方式的根本原理是旅游目的地通过旅游中间商向旅游者提供最终旅游产品而发生的一系列非线性关系的总和。系统学认为，远离平衡态与近平衡态的系统内部所存在的非线性有序关系将会加强系统内部关系网络的稳定性。以上作用方式主要分为区域旅游系统市场关系的横向与纵向两种作用关系。区域旅游系统市场关系网络的横向作用关系是指系统内部功能相同或类似的要素元之间所存在的竞合方式。例如，旅游产品供应商在旅游产品供给过程中如果是单独行动，因为存在旅游产品生产要素价格议价能力较弱以及旅游产品市场抵御风险能力不高的劣势因素，再加之旅游产品生产与消费的同步性特征使得旅游产品对时间具有无穷弹性，所以单个旅游供应商旅游产品的供给成本也会相应上升。但是，如果旅游供应商之间形成战略联盟关系，将会有效地减弱上述旅游产品供给过程中的所存在的涨落干扰的幅度，从而减少旅游产品供给成本，进而提高旅游供应商的整体竞争能力。区域旅游系统市场关系网络的纵向作用关系是指以旅游产品供应链为主线，旅游产品供应商—旅游产品中间商—旅游产品销售商串联而形成的彼此具有一定层次依赖关系的市场结构。旅游产品供应商需要旅游中间商提供多样化的产品销售渠道并向其反馈产品的销售信息，而依靠旅游产品销售商为其提供充足的产品市场空间；旅游中间商需要旅游产品供应商提供质量高效的旅游产品，而希望旅游销售商成为其稳定的产品销售伙伴；旅游产品销售商及时将旅游市场的变动信息准确地传导给旅游产品中间商与旅游产品供应商，从而更好地满足旅游市场消费需求的多样化。因此，区域旅游系统市场的横向与纵向关系构成了区域旅游市场关系网络的基本作用方式，而区域旅游市场关系的网络化结构同时又决定了各行为主体之间非线性协作关系的多种选择。

为了进一步从上述区域旅游系统市场关系网络来理解区域旅游系统概念的内涵，我们根据产业组织理论中研究产业集群的市场结构（Structure）、市场行为（Conduct）与市场绩效（Performance）的 SCP 范式分析框架来对区域旅游系统进行深入研究。基于 RTS 市场关系网络视角的区域旅游系统可以界定为：区域旅游系统内的各行为主体为了实现该系统价值增值目标导向的系统生命周期的延长与更新，在正确的旅游产业政策体系引导下（周绍健，2009），通过旅游市场关系网络的自组织机制，从而为达到旅游发展竞争效率的提高而形成的一定网络结构的时空集合体。区域旅游系统各行为主体通过市场竞合协同关系的调节，其发展旅游经济行为模式的有序结构构成了区域旅游系统概念所需要体现的某个重要的截面状态，这种状态又会对区域旅游系统概念的深化与发展产生反作用（惠宁，2008）。

本章通过新制度经济学视角来对区域旅游系统市场关系网络的基本规则进行分析，以期在了解区域旅游市场关系网络作用方式的基础上从根本上加强与拓展区域旅游系统概念界定的内涵与外延提供经济学证据。显而易见，区域旅游系统市场关系网络能力边界的扩张，不仅来源于 Gunn–Mill–Morrison 模型中区域旅游系统内部组元之间空间结构配置的优化，也是由于区域旅游系统市场关系而形成的整体系统规模经济与收益递增而导致的区域旅游系统整体运行平均成本的下降。由于区域旅游系统内部存在着信息不对称的现象，主要表现为委托—代理关系的扭曲，代理人利用委托人不了解的私人信息获利，从而导致逆向选择和道德风险的发生，从而对区域旅游系统市场关系网络构成了解构压力。为了避免出现上述不利于区域旅游系统市场关系网络运行的不利因素出现，委托人（旅游产品生产供应商）必须事前采取相应的激励设计来应对代理人（旅游产品销售商）由于超额利润的存在而采取偏离战略的行为，使得代理人的行为目标与委托人的行为目标保持一致。区域旅游系统市场关系网络运行成本主要包括内部组员之间的交易成本与系统整体的组织成本；而收益主要包括区域旅游系统市场资源配置收益与系统学习经验能力的提升收益（见图 1–1）。

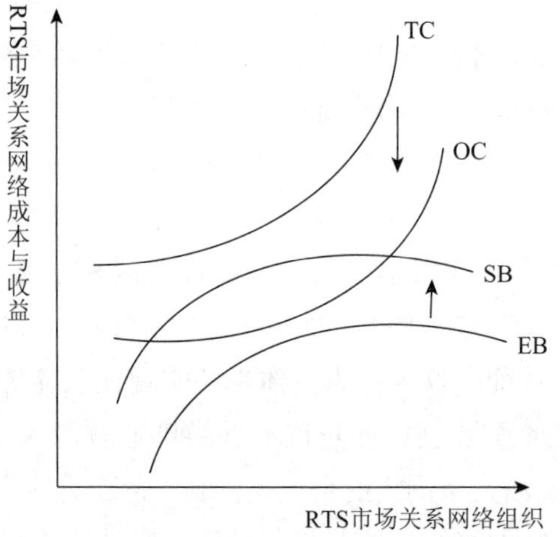

图 1–1　区域旅游系统市场关系网络成本—收益分析

TC：RTS 组织成本；OC：RTS 交易成本；SB：市场收益；EB：经验收益

区域旅游系统实质上是一种减少交易成本与组织成本的制度安排。这是由于：一是区域旅游系统紧凑协调发展使得时空距离不断压缩；二是区域旅游系统所产生的技术扩散与创新知识溢出的学习效应提高了系统的节约指数；三是区域旅游系统的网络化运行提高了系统整体竞争能力，增强了系统集聚能力。由此可知，区域旅游系统产业关系网络的边界在交易成本和组织成本之和最低的地方得以不断延伸，旅游系统产业关系网络区域经济效应成为区域旅游系统概念的核心观点。TC＞OC 说明区域旅游系统市场关系网络交易成本高于其组织成本，显然违背区域旅游系统的存在意义。因此，区域旅游系统各行为主体之间加强相互交流，彼此增强互信，建立理性的委托—代理关系并完善激励监督机制，不仅会使区域旅游系统市场关系网络整体运行成本下降，也会使得系统整体收益提高。

四、RTS 社会关系网络

本章采用皮埃尔·布迪厄将社会关系网络视为社会资本的理论阐释，他认为社会资本是实际的或潜在的资源集合体，那些资源是与对某种持久的网络的占有密不可分的，这一网络是大家共同熟悉的、得到公认的，而且是一种体制化的关系的网络（周志红，2002）。区域旅游系统社会关系网络是指区域旅游系统在整体运行过程中，在实现价值增值、效率提升和知识溢出的同时，各行为主体之间所建立的正式与非正式的经济、管理与文化相互关联的网络关系。区域旅游系统在发展演进过程中，不仅会发生本章上述提到的区域关系、市场关系和产业关系，不可忽视的还有社会关系。因为，区域旅游系统在旅游产品供求均衡机制下所要求的价值链纵向与横向分解的过程中不仅需要正式的监督管理机制，同时也需要彼此之间建立非正式的社会伦理关系。比如，旅游产品生产销售纵向与横向一体化过程中各节点之间所建立的相互合作与信任关系，有助于减少区域旅游系统运行过程中的风险与不确定性。因此，本章认为，区域旅游系统社会关系网络应是区域旅游系统概念界定的必不可少的有益补充，从而有助于完善区域旅游系统概念体系。

（一）RTS 社会关系网络形成机制

区域旅游系统社会关系网络有助于增强区域旅游系统的区域经济效应。区域旅游系统在运行过程中，必然会面临旅游资源的损耗以及外部环境变化等系统约束因素，为了有效抵御区域旅游系统内生网络节点结构的无序配置和外生涨落因素对区域旅游系统产生的解构风险，系统内各行为主体之间建立在非正式制度基础上的各种社会关系网络强化了区域旅游系统网络化运行的稳定性，所以社会关系作为一种社会资本在区域旅游系统中的嵌入，有效地保证了区域旅游系统的运行效率。区域旅游系统与一般产业集群类似，其也表现为一定地域空间上的资源集聚。由于旅游产品生产与消费的同步性特征要求旅游者必须花费一定的成本前往旅游产品的生产地去进行旅游消费，从而获得旅游体验。因此，在旅游资源集聚的区域必然会分布相当数量依附于旅游景区的旅游产业新老业态，这就要求旅游产品从生产到消费过程中各个环节都需要一种社会信任与互惠规范的社会关系网络的出现。

区域旅游系统社会关系网络作为一种社会资本对提高区域旅游系统运行效率主要是通过减少其运行的交易成本来实现。①区域旅游系统社会关系网络强化了旅游产品供应链的每个分解环节之间的彼此信任，有效地避免了由于旅游市场变动而形成的信息不对称导致的信息搜寻成本的增加。②区域旅游系统社会关系网络减少了由于系统内各行为主体之间的协商谈判费用与摩擦成本。例如，旅游者与旅游目的地之间建立良好的社会关系，有助于旅游产品交易效率和旅游目的地旅游品牌效应的提升，进而增强了旅游目的地的区域竞争力。③区域旅游系统社会关系网络也避免了旅游资源规划开发过程中由于产权界定不清而导致的交易费用的增加。由于大部分景区依托型旅游产品具有公共品与准公共品的非竞争性与非排他性的性质，所以为了避免哈丁所谓的“公地悲剧”的出现，必然会出现大量的寻租活动而导致的系统交易成本的增加。但是如果区域旅游系统行为主体之间存在稳定的社会关系，彼此之间的互信就会对上述寻租活动产生软约束。

（二）RTS 社会关系网络作用功能

（1）区域旅游系统社会关系网络提高了旅游产品的供给效率。根植于区域旅游系统内部的社会关系网络作为一种社会资本形式，不仅为旅游产品要素的获取提供了捷径渠道，也成为区域旅游系统学习知识效益溢出的主要途径，减少了旅游产品供应链的分解环节。

（2）区域旅游系统社会关系网络减少了旅游系统的组织成本。区域旅游系统社会关系作为一种非正式制度的主要表现形式，有利于建立约定俗成的社会伦理道德体系，从而有利于克服诸如外部规模不经济所造成的市场失灵与旅游系统内部要素之间的机构摩擦成本。

（3）区域旅游系统社会关系网络加速了旅游系统的信息流动。区域旅游系统内部行为主体之间由于自身创新能力的提高而获取的知识收益将通过区域旅游系统社会关系网络在系统中产生外溢，从而使得这种知识收益成为区域旅游系统内部的共享信息与公共知识。例如，区域旅游系统内部某一旅游企业由于引进了先进的企业管理手段而大大节约了旅游产品的供给成本，这种先进的管理手段通过旅游行业协会或者旅游企业之间的人员交流培训等关系网络，并借助学习效应传导给其他旅游企业，从而加速了有用信息的传播与扩散。

（4）区域旅游系统社会资本的存量与增量决定了旅游系统的发展速度。一方面，从纵向维度来说，区域旅游系统在形成发展过程中，假设在其他影响因素不变的前提下，社会资本存量资源优越的地区优先形成区域旅游系统发展的推动力。另一方面，从横向维度来说，社会资本增量的增加强化了行为主体之间的彼此信任，降低了交易成本，增强了区域旅游系统的创新能力，社会资本存量的变动影响着区域旅游系统的发展更新速度（见图 1–2）。

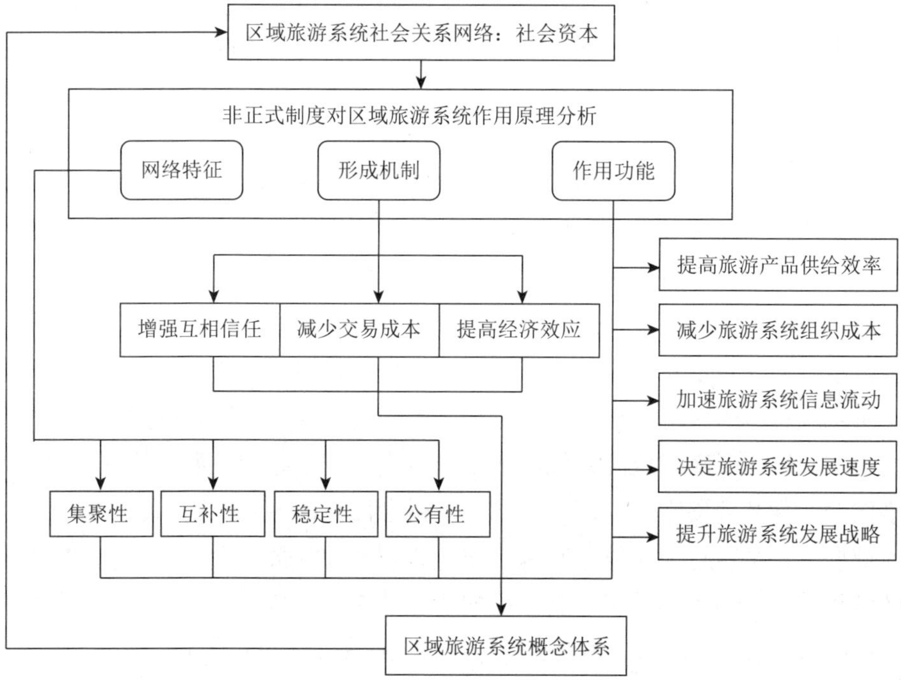

图 1–2　区域旅游系统社会关系网络影响机制

第五节　本章结论

本章利用系统学、经济地理学与制度经济学的有关理论，通过对区域旅游系统网络化发展进行分析，进一步拓展了区域旅游系统概念体系的界定空间。区域旅游系统关系网络模型的构建不仅有助于深刻理解区域旅游系统形成发展的运行机制，更从根本上系统阐述了区域旅游系统概念体系的边界范围。基于旅游系统四种关系网络视角的区域旅游系统概念体系的界定，主要包括以下基本内容。一是区域旅游系统内部空间网络结构节点之间的优化配置所产生的帕累托改进过程中的旅游产品要素之间合理的空间流动增强了供求均衡作用机制下的区域旅游系统功能。二是建立在旅游产品专业化分工和差异化旅游产品供应链分解环节互惠合作基础上的区域旅游系统产业关系的网络化发展很大程度上提高了区域旅游系统价值增值的创造能力，从而增强了区域旅游的经济效应和发展效率。三是区域旅游系统市场关系的网络化运行是一种减少交易成本的制度安排。由于区域旅游系统市场主体行为之间复杂的博弈关系，建立有效的旅游市场激励监督机制的正式制度创新来规避由于旅游市场信息不对称所形成的委托—代理关系扭曲的现实，可以实现区域旅游系统整体运行平均成本的减少，从而规范了区域旅游系统成本—收益分析，切实增强了区域旅游系统经济集聚能力。四是区域旅游系统社会关系网络作为一种社会资本引入区域旅游系统概念体系的界定范围内，主要是因为区域旅游系统各行为主体之间基于非正式制度的社会关系网络有效地提高了区域旅游系统的组织效率，进而增加了区域旅游系统在旅游产品生产与消费过程中的创新知识溢出，最终提高了区域旅游系统发展的质量与速度。

参考文献：

［1］Dredge D. Destination place planning and design［J］. Annals of Tourism Research，1999，26（4）：772-791.

［2］Fehr E，Schmidt K M. A theory of fairness，competition，and cooperation［J］. Quarterly Journal of Economics，1999，114（3）：817–868.

［3］Gunn CA. Tourism planning：Basics concepts cases（4th）［M］. New York：Routledge，1972.

［4］Hagget V. General system theory［M］. New York：George Breziller Inc，1977.

［5］Jafar I J. Towards tourism mitigation：Recongnizing cultural forms and forces influencing for travelling［A］. In the Freedom of Travelling in the Year 2000. AIEST Publication，ST Gallen，1992.

［6］Leiper N. The framework of tourism［J］. Annals of Tourism Research，1979，6（4）：390–407.

［7］Leiper N. Tourism attraction system［J］. Annals of Tourism Research，1990，（3）：367–383.

［8］Leiper N. Tourism management［M］. Collingwood，VIC：TAFE Publications，1995.

［9］Mckercher B. A chaos approach to tourism［J］. Tourism Management，1999，20（4）：425–434.

［10］Mill R C，Morrison A. The tourism system［M］. Englewood Cliffs：Prentice-Hall，1985.

［11］Sessa A. The science of system for tourism development［J］. Annals of Tourism Research，1988，（2）：219–235.

［12］陈安泽，卢云亭 . 旅游地学概论［M］. 北京：北京大学出版社，1991.

［13］陈秀琼，黄福才 . 基于社会网络理论的旅游系统空间结构优化研究［J］. 地理与地理信息科学，2006，22（5）：75–79.

［14］惠宁 . 产业集群的区域经济效应研究［M］. 北京：中国经济出版社，2008.

［15］林刚 . 试论旅游地的中心结构——以桂东北为例［J］. 经济地理，1996，16（2）：105–109.

［16］刘峰 . 旅游系统规划——一种旅游规划新思路［J］. 地理学与国土研究，1999，15（1）：56–60.

［17］楼旭逵，张美英，肖翎，等 . 区域旅游可持续发展的三维分析［J］. 云南地理环境研究，2008，20（3）：108–110.

［18］吴晋峰，包浩生 . 旅游系统的空间结构模式研究［J］. 地理科学，2002，22（1）：96–101.

［19］吴人韦 . 论旅游规划的性质［J］. 地理学与国土研究，1999，15（4）：50–54.

［20］夏兰，周钟山 . 基于网络结构视角的产业集群演化和创新［M］. 北京：中国市场出版社，2006：107–108.

［21］杨新军，刘家明 . 论旅游功能系统——市场导向下旅游规划的目标分析［J］. 地理学与国土研究，1998，14（1）：59–62.

［22］张亚林 . 旅游地域系统及其构成初探［J］. 地理学与国土研究，1989，5（2）：39–43.

［23］钟韵，彭华 . 旅游系统中的系统思维方法：概念与应用［J］. 旅游学刊，2001，16（3）：367–369.

［24］周绍健 . 破解旅游产业困境的政策机制及其作用——基于 SCP 范式分析［J］. 旅游科学，2009，23（3）：17–22.

［25］周志红 . 旅游自组织系统：区域旅游规划的根本目标［J］. 热带地理，2002，22（3）：249–252.

第二章　基于自组织理论的区域旅游系统发展机制研究：一个理论分析框架

第一节　引言

自从 Leiper（1979）首次提出区域旅游系统概念以来，国内外学者皆对区域旅游系统的整个研究框架和研究体系进行了卓有成效的探索与深化。区域旅游系统作为一个具有多维度、多层次、多要素、多主体以及多目标的开放复杂巨系统，系统内部子系统以及各要素之间从本质上存在着自下而上的非线性自组织过程，这种自组织过程使得区域旅游系统不断优化资源配置、提高系统运转效率、增强系统流转功能、竞争功能和效益增值功能（吴人韦，1999），从而驱动区域旅游复杂系统完成从一种多样性的统一形式向另一种多样性统一演进的具体过程（杨春宇等，2009）。

复杂系统思维已被逐渐运用到区域旅游系统研究中对其发生的自组织现象进行理论分析和实践检验。国内外学者已对区域旅游系统的自组织过程进行了不同层面的探讨，为区域旅游系统自组织的进一步深入研究提供了有价值的理论支撑。Leiper（1979）在对“旅游”进行定义时运用系统观点，提出旅游自身即为一个系统，并认为旅游系统是一个开放的复杂系统。Sessa（1988）以系统思维研究了区域旅游发展，提出了区域旅游系统的观点，认为旅游系统就是一个与区域的世界化相联系的全球系统（Global System），同时提出应构建一个区域旅游系统，并对区域旅游系统内部相关要素进行了定性定量分析，提出区域的旅游系统存在着非线性的演进过程。McKercher（1999）

首次对区域旅游系统的自组织现象进行了较为系统的分析。他认为旅游系统是一个以非线性方式运行的、具有混沌特点的复杂系统，旅游系统内部要素间的复杂互动使旅游系统以一种非线性的方式运行，紊乱和突变导致旅游系统演进具有不可预见性，而任何违背旅游系统自组织过程的自上而下的控制都将趋于失败。周志红（2002）撰文《旅游自组织系统：区域旅游规划的根本目标》从旅游规划的角度首次对旅游系统自组织的重要性进行了详细分析。陈睿和吕斌（2004）以旅游地域系统的自组织性为依据，基于游客的微观需求决策机制，反演了旅游目的地的宏观组织秩序，以此探求旅游目的地空间网络结构。梁艺桦等（2004）应用系统学自组织理论对区域旅游合作进行了分析，认为区域旅游合作是地方子系统自组织过程中的必然选择，而目的性和创新性是促使各子系统之间进行区域旅游合作的动因。徐菁等（2008）从自组织的特征出发，将旅游系统作为研究对象，详细分析了旅游系统内部特征，发现区域旅游系统符合耗散结构的开放性、远离平衡态和内部适应非线性调节三个特征，因而证明了区域旅游系统的演进过程是一个自组织的过程。

区域旅游系统的演进是旅游系统在其内部矛盾冲突、涨落变化和外界扰动中不断从一种结构状态过渡到另一种结构状态的过程，是一个复杂的、动态的、非线性以及非均质的自组织过程，是区域旅游系统内部子系统以及各要素之间综合复杂的竞争协同作用所产生的“自组织”“自同构”“自复制”“自催化”和“自反馈”的形态转变过程。本章将自组织理论引入对区域旅游系统的研究，目的是从复杂系统的角度审视区域旅游系统演进的基础条件、形成过程与驱动机制，探究其演进的自组织机理，并为区域旅游系统的优化发展提供一定的理论借鉴。

第二节　自组织理论与区域旅游系统自组织特征

一、自组织理论内涵

自组织系统理论是 20 世纪 60 年代末开始出现并发展起来的一种系统理

论。它研究的对象主要是自组织系统的形成和发展机制问题，亦即在一定条件下系统是如何自动地由无序到有序、由简单到复杂以及由低级到高级的。自组织是指系统在演进过程中，在没有外部力量强行驱使的情况下，系统内部各要素协调运作，导致时空或功能上的联合行动，出现有序的耗散结构（艾凉琼，2008）。自组织系统是指无需外界特定指令而能自行组织、自行创生、自行演进，能够自主地从无序走向有序，形成有结构的系统（吴彤，2001）。

二、区域旅游系统自组织特征解析

（一）区域旅游系统的开放性

绝大多数复杂系统是开放系统，它们依附于环境，作为一个整体又相对独立，可以对环境做出十分灵活多样的反应。按照热力学第二定律，$ds = d_e s + d_i s$；$d_e s$ 和 $d_i s$ 分别为熵产生和熵流项。若区域旅游系统 $d_e s < 0$ 且 $|d_e s| < d_i s$，即 $ds > 0$ 时，则其总熵趋于增加，区域旅游系统并未发生自组织；若区域旅游系统 $d_e s < 0$ 且 $|d_e s| > d_i s$，即 $ds < 0$ 时，则其总熵趋于减少，区域旅游系统开始出现自组织过程。从系统演进的角度来看，区域旅游系统的开放性表现在：①区域旅游系统的对内开放，即区域旅游系统内部子系统之间边界障碍的弱化使得资源要素系统内流动性加强；②区域旅游系统的对外开放，即区域旅游系统大大提高了从外界环境获取负熵流的能力；③区域旅游系统初步具有了自组织能力，能通过反馈进行自我调控，已达到适应环境变化的目的；④区域旅游系统加强了等稳性能力，从而保证了其结构和功能具备抗干扰能力；⑤区域旅游系统在与外界环境作用过程中，具有了不断复杂化和完善化的能力。

（二）区域旅游系统的非平衡性

在平衡态，系统与外界没有广义资源交流，状态变量并未随时间的变化而发生变化，是一种“死结构”。根据最小熵产生原理，处于线性区近平衡态的系统也最终走向无序混乱状态。系统只有在远离平衡态的条件下才可能向有秩序、有组织、多功能的方向演变——“非平衡是有序之源”（颜泽贤，1987）。区域旅游系统的非平衡性主要表现在：①在宏观层面，我国各地资源禀赋差异显著、区位状况各有不同以及经济发展水平分异，从而使得区域旅游系统在演进的初始条件、外界响应方式以及系统成长能力等方面表现出不同程度的非平衡性；②在中观层面，区域旅游系统各子系统之间在价值取向、获利能力、成本约束以及供求博弈方面存在差异，使得各子系统在整个区域旅游系统演进过程中的地位不平衡；③在微观层面，区域旅游系统各子系统要素之间生产资料的流动并不是朝均匀的方向发展，而是表现为明显梯度转移特征，使得区域旅游系统各子系统要素之间的资源配置和要素流动存在非平衡性。

（三）区域旅游系统的非线性

区域旅游系统子系统以及各要素之间存在着复杂的非线性相互作用，即它们之间并不是简单的线性因果关系，而是存在着复杂的反馈作用机制。当然，系统的非线性作用主要分为两个方面。一方面，若系统的非线性表现为相互协同、相互竞争与相互合作，那么系统就会存在着正反馈的倍增效应。例如，跨区域旅游圈的倡导不仅实现了圈层内各旅游区域之间的资源互补而且也从整体上提升了旅游圈的竞争能力。另一方面，若系统的非线性表现为相互掣肘、相互摩擦与相互对抗，那么系统之间也存在着限制增长的饱和效应。例如，区域旅游系统不遵守市场秩序或社会伦理的约束等行为都有可能产生一系列的消极效应，互相牵制，形成恶性循环，从而使旅游系统的结构功能出现紊乱走向趋于无序的平衡态。

（四）区域旅游系统的涨落

涨落是指系统中某个变量或行为对平均值的偏离状态。由于非平衡性和非线性的存在，对于多自由度的复杂系统，涨落是普遍存在的。对非平衡的非线性系统，涨落会通过多个相互作用的反馈被非线性放大，并使其强化与发展，最终导致旧系统的瓦解、新系统的诞生。区域旅游系统作为存在着非线性相互作用的非平衡系统，其所存在的内外涨落在反馈机制作用下极有可能被关联放大，从而会形成区域旅游系统发展的渐变或突变。区域旅游系统的涨落就是其子系统以及要素对区域旅游系统整体稳定性的偏离。比如，生态环境的恶化、市场竞争的无序、产品结构的老化以及行业管理的缺失等都会导致旅游产业整体结构的革命性变化，甚至是区域旅游系统的生死存亡。

总之，对于区域旅游系统而言，开放性和非平衡性是其自组织必要的前提条件，非线性则是促使涨落放大形成新结构的基础。只有系统“开放”，保持“远离平衡”和系统各要素之间存在“非线性”作用，系统自组织才成为可能。因此，区域旅游系统符合系统自组织的条件，具备自组织演进发展的基础。

第三节　区域旅游系统自组织形成过程

区域旅游系统自组织概念包括三层含义：在宏观—整体方面，旅游系统与外界环境交互作用；在微观—局部方面，子系统及要素非线性相干；在宏观—微观方面，整体与局部相互转化。这是一个区域旅游系统从宏观到微观，最后返回宏观的系统渐次规律性演进过程，但自组织主要是一个微观层面的概念：外部（宏观层面）对系统注入能量，系统内部的要素（微观方面）通过相互非线性作用会自发地自组织形成某种秩序和模型（宏观层面）（陈彦光，2008）。

复杂系统的自组织是一个充满不确定性与确定性交织在一起的演进过程，这个过程主要表现在"微观相干→宏观有序→微观涨落→宏观无序→微观再相干"。区域旅游系统就是这样一种自组织的演进过程，即从简单到复杂、从低级到高级的渐次递进发展状态。

一、区域旅游系统自组织形成

改革开放以前，我国发展旅游的主要目的为赚取外汇和外事接待，区域旅游系统尚处于一种近平衡态的混乱无序状态。在计划经济体制下，国家自上而下的管理方式与区域旅游系统自下而上的自组织规律背道而驰，这种管理方式必然对区域旅游系统的自组织形成产生负面影响。改革开放以后，特别是随着我国市场经济体制和国家法律法规的不断完善，基于自组织形成规律的管理方式与区域旅游系统自下而上的自组织过程相互耦合，进而大大促使区域旅游系统自组织的形成过程。在旅游市场培育过程中，市场力、制度力、技术力与企业力相互作用使原本小尺度范围内各自相对独立的资源单体进行了有力整合，并产生了令人意想不到的效果，即旅游业越来越成为拉动区域经济发展的重要动力。此种情况下，由于旅游发展明显的乘数效应、波及效应以及集聚辐射效应使得区域旅游系统原本相对独立的子系统关联程度加强，大尺度范围内的区域旅游系统开始出现。

二、区域旅游系统自组织巩固

大尺度范围内区域旅游系统形成之后，随着区域旅游系统整合能力的提高以及区域旅游系统网络发展的无尺度性（赵磊等，2009），在合适的环境和条件下，区域旅游系统获取负熵的能力不断提高。在此过程中，随着各子系统之间的非线性相干作用，产生了具有关联结构和特定功能的系统要素单元，即区域旅游系统的“基核”。由于区域旅游系统在某一时刻获取的负熵数量是一定的，但由于各子系统以及要素获取能力的不同，负熵的分配会出现不均衡状态。因此，区域旅游系统的“基核”依靠其强大的竞争能力以及集聚能力不断获取外界物流、能流与信息流等负熵，强化了区域旅游系统发展的非均衡性。竞争的结果是“基核”在带动区域旅游系统发展的同时，并在市场调节和行政政策导引下与其他子系统以及要素之间产生非线性协同效应，从而推动了整个区域旅游系统自组织程度的提高。区域旅游系统自组织程度的提高又为其吸引更多的人才、资金、技术、信息等外部资源，进一步巩固了区域旅游系统的自组织。

三、区域旅游系统自组织衰退

随着时间的推移，区域旅游系统自组织在经过成熟发展阶段之后，其组织过程逐渐进入衰退或停滞阶段，主要表现在以下几个方面。①区域旅游系统与外界环境进行物质、能量和信息的交换渠道受阻，区域旅游系统开始从有序走向无序，即区域旅游系统原有有序结构遭到破坏，系统功能紊乱，抗干扰能力下降。②区域旅游系统创新能力下降。一方面，区域旅游系统的知识溢出不仅使得相关系统和要素获益，同时也不可避免地出现了“搭便车”行为，从而造成了区域旅游系统边际收益的下降以及规模报酬递减。另一方面，区域旅游系统在形成较强的规模经济以及交易成本下降的同时，也使得系统内子系统及要素退出壁垒的提高。由此造成的创新成本大于创新收益便使得区域旅游系统创新能力下降。③区域旅游系统运行机制扭曲。区域旅游系统是各子系统之间求同存异，目的就是实现系统内部资源共享、市场共拓与产业共生，其中任何一个组成部分出现问题都会影响整个区域旅游系统的发展。旅游主体、旅游客体以及旅游媒介以及彼此之间的关系如果出现非线性的负相干作用，都会导致区域旅游系统运行机制出现问题。

四、区域旅游系统自组织重组

区域旅游系统的衰落虽然是其发展的规律使然，但并不意味着所有的区域旅游系统都会一直衰落直到消亡。我们认为区域旅游系统自组织演进发展并不是简单地遵从产生到衰退直至死亡的过程。当区域旅游系统进入衰退期时，“基核”逐渐失去了其原有的集聚辐射功能，使得区域旅游系统的发展失去了活力。但是当区域旅游系统出现混乱，由无序到有序过程中，涨落在反馈作用机制下就会形成孕育区域旅游系统更高级时空和功能有序结构的新的“吸引子”的出现。这种涨落可能是由于市场环境因素，也可能是国家政策的影响，还有可能是新的介入机会的出现等。涨落给区域旅游系统带来的有利驱动是推动其自组织重组机制的原动力。获取新的负熵流的区域旅游系统，一方面在反馈作用影响下，涨落使其孕育出了新生的小尺度范围内区域旅游系统的雏形，另一方面新的负熵流的注入，使得区域旅游系统开始出现创新性的自组织。从本质上讲，在外部性因素刺激下所出现的根本性的创新极大拓展了区域旅游系统演进发展的前沿，促使它在一个新的演进道路上开始一个新的周期。

区域旅游系统在其自组织形成过程中，系统整体以及子系统不断与外界环境进行着物质、能量和信息的交换。系统内部由于存在明显的“集群效应”，便使其子系统以及要素之间产生的知识流动、利益链条与竞合机制促使区域旅游系统结构进一步优化，功能更趋完善，从而拓展了区域旅游系统的整合宽度，其自组织过程保证了区域旅游系统的竞争力更新。然而，区域旅游系统的复杂性决定了其在发展演进过程中，系统内部组元之间由于自身“路径依赖”而形成的无序竞争引致的“柠檬市场”导致了区域旅游系统自组织出现紊乱。这时，区域旅游系统借助外部性创新性因素获取新的负熵流，通过创新性的自组织，可以不断提高系统整体的自适应和有序度，进而获取持续的竞争优势，促使区域旅游系统整体持续、健康、稳定地发展。所以，区域旅游系统的自组织过程呈现一种历史逻辑相统一的螺旋式演进方式（见图 2–1）。

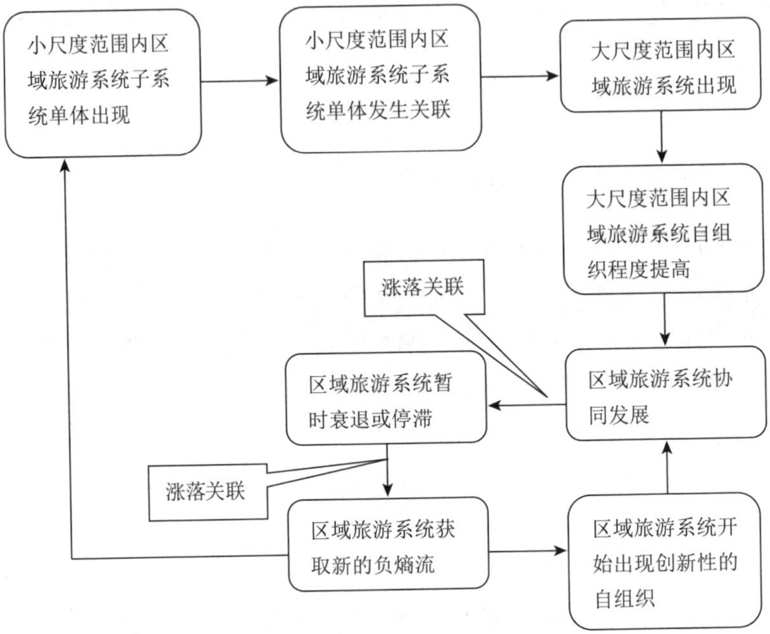

图 2-1 区域旅游系统自组织形成过程

第四节 区域旅游系统自组织驱动机制

一、竞争与协同：区域旅游系统自组织的根本动力

耗散结构理论认为，竞争造成系统内部更强的非线性与非平衡，而协同又使这种非线性强烈关联，通过竞争达到协同，在协同下进一步竞争，竞争与协同是系统自组织的根本动力（哈肯，1984）。区域旅游系统作为一个复杂巨系统，其内部子系统及要素之间既有竞争又有协同。基于竞争与协同的区域旅游系统自组织的根本动力主要表现在三个方面。①竞争意识。竞争的作用主要表现为促进整个区域旅游系统非平衡性发展，保持区域旅游系统发展的活力，增强区域旅游系统发展的弹性，提高系统整体自组织水平和质量。

哈肯认为，竞争一方面造就了系统远离平衡态的自组织条件，另一方面也推动了系统有序结构的演进（鲍咏雪，2009）。因此，人们所能改变的只是竞争的条件、程度和手段，而不能改变竞争的本身以及由此引发的自组织演进（吕挺琳，2008）。由于竞争的存在，区域旅游系统内部子系统与要素之间为了极力获得质量优势，便会加强旅游产品创新，优化资源组合方式以及调整竞争战略，目的就是强化区域旅游系统目前的竞争力以及尽可能挖掘自身的潜在竞争力（赵磊、庄志民，2008）。当然，区域旅游子系统在通过竞争增强自身适应性的同时不仅会增强其他子系统的适应性也会削弱其适应性，区域旅游系统只有充分适应内外环境的变化，才能保持最优化的竞争状态。总之，竞争促使区域旅游系统不断涌现新质，增强其演进的有序程度。②生态特性。区域旅游系统内部子系统及要素在系统整体演进过程中应保持自身创新的竞争特色，找准适合自身竞争生存的位置。区域旅游系统子系统保持其"生态特性"，不仅可以占据一个具有自身特色的生态位，减缓由竞争压力所形成的系统解构压力，而且区域旅游系统不同子系统生态位之间相互补充、相互影响、相互制约，为区域旅游系统协同奠定了基础，从而有利于区域旅游系统结构的合理分布以及整体功能的发挥。③协同效应。在区域旅游系统中，单纯的竞争不能引致自组织行为的产生，同样，也不可能推动区域旅游系统的有序化进程。只有建立在竞争基础上的协同才能使区域旅游系统资源要素的配置流动发生非线性的相互关系，从而更好地发挥出整体功效。从区域旅游系统子系统角度考虑，协同对其目标具有整合功能，使区域旅游系统产生一个共同的目标模式。因此，区域旅游系统的运行机制要具有明晰的目标指向性，并通过形成一定的有序结构来对系统内部要素的流动与竞争的目标进行协同调度。

二、序参量：区域旅游系统自组织的支配力量

哈肯为了将自组织动力过程定量化，引进序参量[①]来描述系统有序程度变化，它一方面是各子系统竞争与协同的产物，另一方面又支配各子系统的相互作用，主宰着系统的整体演进状态（孙庆祝、李国，2008）。区域旅游系

① 如果系统处于完全无序状态时，其序参量为零；当系统处于稳定状态时，其序参量具有较强的弹性；当系统处于临界点时，序参量增大到极值。序参量的突变意味着宏观有序结构的出现。

统子系统之间的竞争与协同，势必会产生一个源于区域旅游系统自身内在协调性的超越各子系统的宏观主宰。哈肯用物理学中的场来形容系统中的序参量。在区域旅游系统中的场，即序参量，我们认为应是旅游系统承受阈。旅游系统承受阈（Tourism System Bearing Threshold，TSBT）是指在一定时空条件下，使旅游系统维持在原有结构和功能运行状态不致衰退的前提下，该旅游系统所能接纳的最大输入（物质、能量、信息等）、所能提供的最大输出（废物、能耗、尾料等）以及最大输入与最大输出之间的此消彼长互动利用关系。首先，旅游容量或旅游承载力仅是从旅游系统本体论进行思考，所关注的主要是旅游系统自身的最大承受限度，超过了此限度，旅游系统就会崩溃，而没有从旅游系统与外部环境循环互动的角度考虑旅游系统的最大阈值变化。其次，受旅游系统开发功利主义的影响，旅游管理者往往忽视旅游系统最大承受能力的限度，进而造成旅游饱和超载的现象，导致了游客体验质量下降和环境恶化等后果。

根据自组织动力学理论，区域旅游系统各子系统之间的竞争与协同，产生了序参量旅游系统承受阈，而其反过来又支配区域旅游系统子系统之间的协同合作，从而形成了区域旅游系统自组织演进的循环作用机制，正是由于旅游系统承受阈这一序参量所形成的循环作用，才使区域旅游系统获得了自组织演进发展的内在动力。其一，旅游系统承受阈是区域旅游系统在负熵流引入与正熵流产生相互博弈过程中产生的一种对区域旅游系统自组织变化程度的刻度。其二，旅游系统承受阈作为区域旅游系统自组织演进发展的根本依据能够支配子系统的行为，从整体上主宰着区域旅游系统自组织的整体演进过程。其三，在具有协同性质的区域旅游系统中，旅游系统承受阈不仅作为序参量成为推动区域旅游系统自组织演进的支配力量，同时区域旅游系统其他参量的变化也会通过耦合与反馈作用制约着序参量，彼此之间相互影响，又在旅游系统承受阈主导下协同一致。

三、涨落关联：区域旅游系统自组织的催化隐力

自组织理论认为，涨落既是自组织产生的条件，也是自组织发展的内在随机性因素（苗东升，1990）。一般情况下，涨落仅会引起区域旅游系统功能性参量的变化，而不会引起结构性参量的变化（王迪云，2006）。只有当

涨落的幅度足够大，超过了区域旅游系统承受阈者系统发生失稳，临界点处的涨落被关联放大，这时涨落成为区域旅游系统自组织演进的催化隐力。区域旅游系统的自组织运动是涨落和耗散两个因素竞争与制约的结果。当耗散其主导作用时，区域旅游系统呈稳定状态，自组织演进过程具有决定论性质；当涨落在临界点被关联放大时，区域旅游系统产生长程相干，状态开始失稳，其自组织演进受阻，最后的状态取决于哪个涨落先发展起来。

在区域旅游系统自组织过程中，存在着内部主观性涨落和外部客观性涨落。内部主观性涨落也可分为主观主动性涨落和主观被动性涨落。内部主观性涨落主要包括区域旅游系统结构调整、功能演变、战略制定、产品创新以及管理范式等。外部客观性涨落主要包括：环境因素、突发事件、社会变迁以及宏观政策等。内部主观性涨落是区域旅游系统的结构配置以及演进模式在外界环境条件影响下所自发产生的内在扰动，会对区域旅游系统的整体运行效率产生影响，从而导致新的自组织方式与路径来代替旧的自组织方式与路径的系统革命性变化。外部客观性涨落通过两种方式来影响区域旅游系统自组织演进：一种是外部涨落直接作用于区域旅游系统，使得区域旅游系统受到外部涨落的直接冲击；另一种是外部涨落对区域旅游系统内的子系统以及要素产生影响，然后通过区域旅游系统内部非线性的相互作用下不断关联放大，然后产生不同形式和强度的竞争与协同效应来达到对区域旅游系统自组织演进的影响。

第五节　区域旅游系统自组织模型构建

一、区域旅游系统自组织模型原理

本章构建的区域旅游系统自组织运行模型是按照系统自组织演进“初始起步→线性发展→系统更新→自我复制”四步逻辑递进严密关系来构建（颜泽贤，1993）。当区域旅游系统自组织运行处于起步阶段时，区域旅游系统必须调整其内部结构和外界条件的作用关系，这时“投入”多，而“收获”少，主要是子系统之间合作关系的培养以及国家制度供给方面。此时，区域旅游系统处于前向引力发展阶段，“加速度”变快，区域旅游系统组成部分之间化学反应出现质的飞跃。区域旅游系统自组织在经过初试起步阶段后会短暂进入一个线性发展期，主要表现在区域旅游系统的自组织演进仅仅是在时空上的简单运行，还属于一种粗放式的发展状态，资源投入多而系统运行效率低，发展速度快而结构功能变化少。当区域旅游系统在获取大量负熵以后，必然面临着系统更新的问题。这是由于区域旅游系统经过初始阶段和线性发展期之后，只是在时空范围内的简单扩张，尚未对系统内部结构和与外界环境之间的关系进行调整，由此规避了区域旅游系统自组织运行产生的一系列新问题和矛盾。区域旅游系统自组织运行在经过适应性自组织和探索性自组织之后，进入了非线性相干的竞争协同阶段。在这个阶段，区域旅游系统自组织运行不仅时空范围大了，而且系统内部结构协调机制稳定，系统的外在属性日趋完善，区域旅游系统拥有强大的自组织能力。当区域旅游系统自组织运行达到相当程度进入有序演进阶段之后，必须及时对整个自组织演进过程进行整体评价，然后将有用价值信息进行进一步反馈，强化区域旅游系统自我复制功能[①]，使得区域旅游系统自组织运行实现有益循环。

二、区域旅游系统自组织运行模型

区域旅游系统的演进发展具有时间不可逆性，即并不以人的意志为转移。区域旅游系统每个阶段更高等级的自组织演进发展都是以其主要状态参量在其非线性作用的反馈机制下达到并越过系统控制参量的临界点为前提条件的。不承认区域旅游系统演进发展的自组织规律，尚未认清区域旅游系统自组织演进对区域旅游系统系统成长生命周期的重要性，并企图扭曲或改变区域旅游系统的自组织演化阶段且将主观意志强加于区域旅游系统自组织过程，最终只会阻碍区域旅游系统向更高等级的演进发展以及子系统之间的协同作用，甚至于破坏区域旅游系统的正常运转，更严重的情况便会导致区域旅游系统的瓦解分化。因此，根据区域旅游系统自组织的形成过程和驱动机制，对区

① 如果系统个体不能通过反馈（自复制）来将自己的信息遗传给它的下一代的话，那么个体在与环境的交互作用中所获得的“经验和教训”就会因为个体的消亡而一起消失，新的系统自组织又必须从头做起，这显然是极不经济的。

域旅游系统的自组织运行机制进行规律性的理解与把握，并在此基础上试图构建区域旅游系统自组织运行模型。

鉴于区域旅游系统是一个随时间变化的动态复杂非线性系统，在具体自组织演进过程中又涉及各方面积极和消极因素的影响与制约，但就其自组织本质上讲，大体经过了“碰撞交流→相互竞争→协同合作→有序演化→评价反馈”五个运行阶段（见图 2-2）。区域旅游系统自组织运行模型所涉及的以上五个运行阶段并没有严格意义上的边界区分，彼此之间的关系是非线性的，并且由于区域旅游系统内部子系统之间自组织成长能力之间的差异与内外环境条件作用强度的不同，区域旅游系统自组织运行五阶段的时间经历以及演进方式也是不同的。

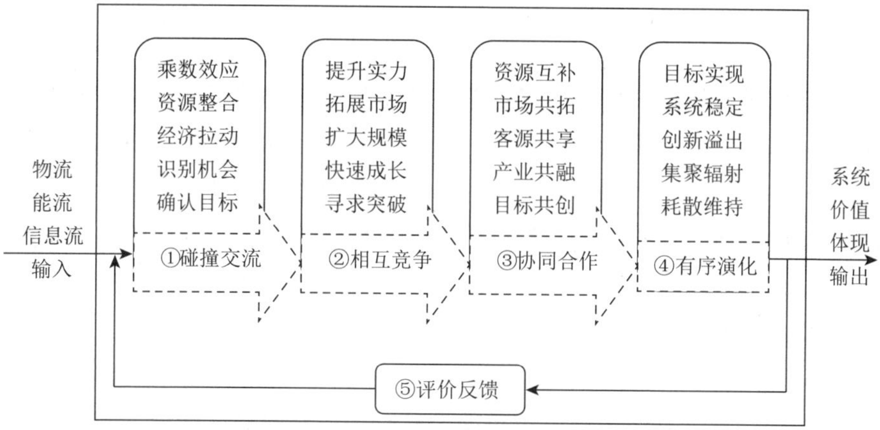

图 2-2 区域旅游系统自组织运行模型

（1）第一阶段为碰撞交流阶段。区域旅游系统自组织形成之初主要表现为各子系统之间由于旅游发展的高关联度以及有效的乘数效应所进行初步的非线性相互作用，目的是尽可能获得满足自身成长的负熵，由此它们便积极拓展资源获取渠道和信息交流平台，这就使得区域旅游系统各组成单元产生了最初的协同规律，无形中造就了区域旅游系统自组织运行的“系统价值耦合链”，使得区域旅游系统组成单元之间在碰撞交流中识别出共同发展旅游产业的互惠性，并为实现这一目标而付诸于实践，进而构成了区域旅游系统自组织运行的最初阶段。

（2）第二阶段为相互竞争阶段。根据协同学，竞争是系统演化最活跃的动力。在区域旅游系统内部，不仅存在着各子系统之间的竞争，同时，子系统要素之间也存在着相互竞争关系。比如，旅游企业与旅游者之间竞争是为了各自成本收益的有效核算，同时，旅游企业之间的竞争是为了占据最有利的行业生态位优势。区域旅游系统内部竞争关系使得区域旅游系统发展呈现非均衡态势，形成了区域旅游系统自组织演进的层次性；区域旅游系统外部竞争关系使得区域旅游系统发展获得持续竞争优势，保证了区域旅游系统自组织演进的稳定性。区域旅游系统在竞争性自组织中不断扩大规模、提升实力、快速成长，并进一步为系统创新目标的实现需求合作。

（3）第三阶段为协同合作阶段。区域旅游系统自组织在通过竞争获取发展优势之后，为了保持其可持续性以及提升整个“系统联盟”的自组织演进质量，以便共同抵御来自外界环境对区域旅游系统各部分组元的风险冲击，那么区域旅游系统的协同合作必然是大势所趋。尽管在区域旅游系统内部占据竞争优势地位的子系统形成了遵守其自组织行为法则的“路径依赖”，但不可避免的是，协同合作中不占竞争优势的子系统之间以及上述两种子系统之间由于非线性相干而产生自组织行为的“长尾效用”也是区域旅游系统整个自组织过程的重中之重。因此，区域旅游系统建立在竞争基础上的深度共生协同为其自组织演进提供了本质力量。

（4）第四阶段为有序演化阶段。在这一阶段，区域旅游系统自组织达到了阶段性的稳定时期。区域旅游系统拥有较强的集聚辐射能力，表现为旅游市场供求关系趋向均衡、旅游产品层次结构较为合理、利益相关者利益均衡、旅游发展边际收益递增等。更重要的是，区域旅游系统内部要素的合理流动以及系统创新的外溢效能增强了区域旅游系统的“旅游系统承受阈”弹性变动幅度，进而使得区域旅游系统自组织演进趋向“蓝海”。但是必须认识到，区域旅游系统自组织有序演化阶段恰恰是下一个阶段为了更高等级的自组织演进提供过了涨落诱发因素。

（5）第五阶段为评价反馈阶段。对区域旅游系统每个自组织演进阶段的系统状态进行评价，分析系统自组织过程中出现的问题以及需要改进的地方，并从中吸取有用教训与经验，并反馈到系统自组织过程本身，以便整合区域旅游系统创新目标“吸引子”，为推动区域旅游系统自组织演进迈向下一个阶段奠定基础。

第六节　区域旅游系统自组织演进机制

一、区域旅游系统耗散结构形成阶段

系统自组织理论认为，系统只有在开放条件下，不断与外界进行物质、能量与信息的交流，从而获得充足的负熵，并且远离平衡态，才有可能形成“活”的有序耗散结构状态。所以，区域旅游系统必须保持内外开放性，并通过区域旅游系统“界壳”来保持系统与外界熵流交换的畅通性和有效性（范艳丽等，2009），从而打破系统内部原有的“平衡态”结构，推动区域旅游系统有序演进。

区域旅游系统耗散结构形成阶段自组织发展的关键是如何在充分保持开放的条件下把握结构与功能的关系问题。区域旅游系统的结构配置决定了其功能属性，而功能的系统目标导向又反过来对其结构配置提出了要求。区域旅游系统的结构是系统要素的时空变动组合，并最终通过其功能及其属性而显现，旅游系统功能的载体是结构。因此，区域旅游系统在耗散结构形成阶段应当处理好其结构与功能之间的关系。①区域旅游系统结构的整体优化提高了功能发挥的全面性。区域旅游系统结构设置应避免冗余或失衡，而应当在开放条件下，本着系统运行效率优先的原则，来对结构进行合理优化，从而使得区域旅游系统功能更好地发挥。②区域旅游系统结构的科学配置提高了功能发挥的有效性。区域旅游系统内部结构存在居于主导地位的结构核和居于次要地位的结构层共同协同作用才能确保区域旅游系统功能更具吸引力、辐射力与整合力。③区域旅游系统结构的抗干扰力提高了功能发挥的稳定性。区域旅游系统各组成部分在充分吸收外界负熵流的情况下，构成了一个协调发展的系统理想自组织模式，即保持区域旅游系统子系统以及要素自组织运行的层次性，且区域旅游系统结构越复杂，功能效值越强，该系统越稳定。

二、区域旅游系统驱动机制形成阶段

区域旅游系统自组织演进发展的根本目的就是持续获得竞争优势，从而尽可能实现区域旅游系统的经济价值和社会价值。如前文所述，区域旅游系统自组织演进行为受到“旅游系统承受阈”这一主序参量的驱动，它是区域旅游系统内部竞争与协同相互作用、相互转化的主旋律。很显然，“旅游系统承受阈”作为区域旅游系统子系统竞争与协同的产物，一旦形成，就成为支配区域旅游系统子系统行为的重要因素，要求它们按照序参量的“命令”行动。此外，区域旅游系统的市场选择、管理方式、协作模式以及竞争战略也从不同层面、不同程度上对区域旅游系统的自组织演进产生影响，它们也可被认为是区域旅游系统的潜在序参量。这些潜在的序参量也不同程度上为区域旅游系统的自组织演进提供了持续驱动力，不同程度上支配着区域旅游系统自组织演进行为。因此，在一个具有协同性质的区域旅游系统中，“旅游系统承受阈”这一主序参量引领其他潜在序参量协同运转，从而确保区域旅游系统形成能充分抵御内外“噪声”威胁的自组织结构。

区域旅游系统自组织演进受“旅游系统承受阈”这个主序参量的主宰。因此，区域旅游系统在其自组织演进过程中应当建立相对完善的“旅游系统承受阈”管理体系。首先，区域旅游系统应当建立“旅游系统承受阈”预警机制。区域旅游系统在自组织演进中不仅会受到外部环境作用的冲击力也会受到内部成长机制的解构力，所以具有弹性的“旅游系统承受阈”预警机制是首要选择。其次，区域旅游系统应当树立“旅游系统承受阈”管理目标。区域旅游系统可以根据对其自组织演进态势的深刻理解将增强“旅游系统承受阈”这一整体目标分解为每个自组织单元演进的“分目标”。由此，“旅游系统承受阈”便成为区域旅游系统自组织演进的核心目标，也成为区域旅游系统自组织演进的“吸引子”，使区域旅游系统每个自组织单元协同合作，从整体上推动其自组织演进。最后，区域旅游系统应当设置“旅游系统承受阈”评估体系。评估体系的设置应坚持区域旅游系统自组织演进高质高效的原则，尽量避免为增强“旅游系统承受阈”而导致系统额外熵产生的增加。

三、区域旅游系统触发机制形成阶段

涨落触发是区域系统自组织演进的内在诱因。因为系统自组织演进的内在根据不仅有赖于涨落的发生，更有赖于涨落的放大。由于区域旅游系统是一个具有多自由度的复杂非线性系统，其自组织演进过程时刻受到内外约束条件非均衡的持续作用，会呈现出螺旋式的演进形式。因此，随机涨落大量存在于区域旅游系统自组织演进过程中。旅游市场的波动、旅游收入的偏离、服务质量的异常以及旅游管理的变革都构成了区域旅游系统的涨落。由于即使是微小的涨落在系统临界点处也会被关联放大成宏观巨涨落，从而会对区域旅游系统产生革命性的影响。因此，我们要大力推崇积极涨落的发生，并为其创造良好的成长条件，在系统主动非线性作用机制下，使得有利涨落及时触发，从而推动区域旅游系统进入新的时空有序结构状态。反之，则应当避免消极涨落的发生或者减小消极涨落的运行幅度，避免区域旅游系统陷入无序状态。

对于区域旅游系统自组织演进而言，要大胆破旧立新与推陈出新，只有创新才能使得区域旅游系统的涨落触发成为其有序演进的诱因。主要表现在：要加强旅游人才队伍的建设，并适时提高员工的福利待遇，以便稳定队伍；转变旧有旅游管理思维，充分与国际接轨，积极引入国外先进的旅游管理理念；加强市场营销管理，努力拓展客源市场，保持旅游发展的可持续性；加大旅游产品创新力度，防止旅游系统生命周期衰落，保持旅游系统竞争能力。以上涨落诱发因素通过区域旅游系统的非线性作用机制会被逐渐关联放大成巨涨落，从而为区域旅游系统的自组织演进不断提供创新动力，积极促进区域旅游系统自组织的有序演进。

四、区域旅游系统有序结构形成阶段

区域旅游系统“序参量”之间通过竞争与协同机制，可是区域旅游系统子系统之间形成相互制约、相互耦合、相互转化，形成正负反馈机制，产生正向的非线性相互协同作用，将区域旅游系统由原来的高熵无序跃迁到低熵有序的“自组织”动态系统（李如生，1986）。我们认为，在区域旅游系统在有序结构形成阶段是伴随着涨落和耗散的相互耦合的过程。耗散是区域旅游系统自组织演进自我保持的主导因素，而涨落是区域旅游系统自组织演进自我创新的主导因素。如果区域旅游系统只有涨落没有耗散或者耗散强度不能与涨落大小相耦合，区域旅游系统则失去了存在意义；如果区域旅游系统只有耗散没有涨落或者涨落的大小不能与耗散强度相耦合，则不会产生新旧结构的转换，不会形成有序结构。

因此，区域旅游系统自组织有序演进是在涨落和耗散交替主导作用下无限展开的。在非线性相干条件下的有利涨落借助良性反馈机制作用，区域旅游系统就会不断实现系统更新，并增强有序演进的动力和抗干扰能力以及提高区域旅游系统耗散的强度、质量与等级，形成内外良性循环，从而向区域旅游系统目标指向的“吸引子”自组织演进，以使得区域旅游系统自组织有序结构逐渐形成。区域旅游系统有序结构的形成仅是一个暂时性的自组织演进阶段，随着区域旅游系统内部非线性作用机制的越发不均衡、系统“吸引子”创新目标的适时变换以及外部时空条件的不断变化，区域旅游系统有序结构的形成阶段只是其自组织演进过程中的一个相对概念，从其整个演进轨迹来看，区域旅游系统应当在不断创新发展中实现其有序结构的形成。

第七节　区域旅游系统自组织优化策略

一、加大区域旅游系统全开放，为系统发展提供推力

区域旅游系统是一个典型的复杂非线性开放系统，为维持系统自组织有序演进，必须进一步扩大区域旅游系统开放的广度和深度。在经济全球化和区域经济一体化的宏观背景下，区域旅游系统如若仍坚持保守的思维理念必将走向瓦解崩溃。因此，区域旅游系统为增强其自组织演进动力应当要大尺度、全方位、多层次地加大对外开放力度，积极拓宽对外联系渠道，以保证系统内外熵流交换的通达性。从更深层面上考虑，全面加强开放就是为了区域旅游系统与外界进行物质、能量与信息的交互，以使所获取的负熵能充分

抵消系统总的熵增加并出现盈余，从而为区域旅游系统形成耗散有序的自组织状态奠定基础。

行政障碍性因素和系统开放意识淡薄是制约区域旅游系统进一步开放的两大障碍。区域旅游系统自组织运行过程中政府规制缺失和市场失灵现象是造成上述两点障碍的本质原因。因此，区域旅游系统自组织演进在坚持正确的政府调控力的基础上，努力实施开放条件下的合作共融，通过共推旅游产品、共塑旅游形象、共拓旅游市场、共建基础设施、共抵风险冲击与共护生态环境等一系列举措，为区域旅游系统自组织演进提供持续推力。

二、创造良好的系统内外条件，鼓励系统竞争与协同

如前文所述，竞争与协同是区域旅游系统自组织演进的根本动力。区域旅游系统内部子系统及要素之间线性叠加式的作用方式仅是区域旅游系统一种无序状态下的粗放型自组织，对整个系统自组织的历史进程和区域拓展并非起关键作用。因此，区域旅游系统应当积极创造有利的系统内外条件，提供良好的竞争环境、建立科学的协同机制以及营造完善的交流平台，从整个区域旅游系统协调共生的角度来审视其自组织演进的推进过程。

首先，区域旅游系统只有远离平衡态其自组织才是有前途的，而仅仅依靠系统处于平衡态的均质空间很难打破这种无序混乱的平衡态。因此，需要政府干预和制度变迁等外部力量，将区域旅游系统推向非平衡态，这就使得竞争成为可能。其次，区域旅游系统内部竞争从本质上讲，实际上表现为区域旅游系统内部“基核”与“外层”之间的“集聚—辐射”作用关系和转换机制。区域旅游系统的内部“基核”通过自身具有竞争力的生态位优势，不仅推动了自身行业的聚集和发展，为区域旅游系统的自组织演进获取了大量负熵，并形成了区域旅游系统的整体集聚效应。但“基核”并不是一成不变的，随着系统“外层”部分自身创新目标的实现以及有利涨落的充分利用，当“基核”发展滞后或结构失稳时，便成功转型为区域旅游系统“新基核”，以保证区域旅游系统整体的自组织演进。最后，当区域旅游系统“基核”与“外层”之间经过一系列的非线性作用之后，彼此必然会达成一种均有利于双方的协同规律，并根据这种协同规律采取一系列的竞合行动，从而整体上推动区域旅游系统自组织向更高层次的有序结构演进。

三、增强旅游系统承受阈弹性，注入系统发展的活力

旅游系统承受阈作为区域旅游系统自组织演进的序参量与其他变化参量一起协同作用，从整体上控制着系统自组织演进状态。增强旅游系统承受阈弹性以及加强旅游系统承受阈弹性管理是区域旅游系统自组织演进的主旨。区域旅游系统熵增最小化经济是增强旅游系统承受阈弹性的重要手段。它要求区域旅游系统的子系统在与外界环境进行物质、能量与信息的交换时，要保持各个子系统之间结构功能的耦合协同发展，增强旅游系统内部整体结构运转机能以及提高旅游系统整体运行效率，这样才能使旅游系统各子系统之间产生正的非线性协同效应，也就是使整个旅游系统总熵趋于减少，旅游系统运行朝着合乎目的、竞合协同、价值增值的方向发展。旅游系统熵最小化经济不仅是保持旅游系统有序化进程的保证，也为区域旅游系统自组织演进注入了活力。

增强旅游系统承受阈弹性作为区域旅游系统自组织演进过程中的一种科学管理理念，其从三个方面提高了区域旅游系统发展的活力。其一，增强旅游系统承受阈弹性的减少熵增策略；其二，增强旅游系统承受阈弹性的增大负熵策略；其三，增强旅游系统承受阈弹性的反馈机制构建。以上三个方面措施的协同实施充分保证了区域旅游系统自组织演进过程的活力，并为其自组织有序演进提供了有利保障。

四、自组织与他组织相互协调，完善系统自组织机制

他组织是相对于自组织而言的，是指在特定外部条件下进行组织形成的有序结构（向秋兰，2008）。区域旅游系统的自组织演进过程如果没有一定的外部力量的指引或调节必然会造成系统自组织演进轨迹的偏离或扭曲，最终使得区域旅游系统自组织无法继续向其“吸引子”创新目标迈进。这是因为一方面区域旅游系统自组织演进不能自发实现，它需要在政府监督、制度作用以及成长环境的共同运作下形成，上述外部力量的有效整合是形成区域旅游系统自组织演进的条件之一；另一方面强调系统的区域旅游系统的自组织性并不盲目排斥他组织，良好运转的他组织是一定要以遵循系统自组织运行规律为前提的（吴鹏举等，2008）。

区域旅游系统是一个复杂的非线性系统，具有明显的时空尺度特征。其在组织演进过程中，主要表现为微观层面要素的相互作用，只要微观要素的行为未被规划，系统便是自组织的。当然，有利的他组织显然会加速自组织的演进过程，推动区域旅游系统自组织有序结构的形成。以长三角区域旅游一体化为例，改革开放以来江浙沪区域旅游合作进程中，各级政府是最重要的推动力量。无论是旅游资源开发方面的合作，旅游交通建设方面的合作，旅游市场促销方面的合作，还是旅游信息服务、旅游人才培育方面的合作，都不乏各级政府活跃的身影，许多合作其实就是通过政府间的安排来进行的。另外，长三角区域旅游一体化过程中为了克服地方保护主义与一些与市场运行规律相违背的行政性障碍，完善的制度建设有待进一步加强与整合（葛立成等，2006）。

第八节　本章结论

本章引入自组织理论，将区域旅游系统发展更新作为一个整体进行研究，可以发现，区域旅游系统自组织发展机制不仅受到外界环境的扰动而且还受到子系统及要素之间相互作用的影响。区域旅游系统的自组织机制就是区域旅游系统在开放条件下，内部各类主体和要素所进行的多维度、多层次的竞争协同作用，通过这种作用为区域旅游系统不断提供自组织演进动力，从而形成了“无序—有序—混沌”的区域旅游系统自组织演进机制，实现了从“平衡态—非平衡态—新平衡定态”的循环转化过程。正是区域旅游系统自组织规律形成的微观机制与宏观秩序才使区域旅游系统具有持续演进发展的活力与动力。“旅游系统承受阈”作为区域旅游系统自组织演进的主序参量始终贯穿区域旅游系统自组织过程，并主宰支配着区域旅游系统的整个自组织演进行为，成为其自组织机制行为导向的核心法则。通过对区域旅游系统自组织形成过程和演进机制进行研究，发现区域旅游系统的自组织演进轨迹并不是单一的“线性叠加”，而是呈现历史与逻辑相统一属性的“螺旋式”演进方式，而“旅游系统承受阈”则是区域旅游系统自组织从初始形成到有序演进过程中的"主轴线"。因此，区域旅游系统有序演进既是其组织机制有效运行的必然结果，也是其自组织机制有效运行的客观要求。

然而，并非所有的区域旅游系统自组织运行过程都能达到有序演进的目标。造成这种结果的原因很多，比如区域旅游系统结构老化导致的功能紊乱、系统更新不及时、生态位条件不佳、控制参量不协调以及涨落管理不规范等。因此，区域旅游系统自组织运行机制应当加强创新网络的构建和创新目标的管理，只有系统内部创新知识的有利溢出才是区域旅游系统自组织有序演进的涨落"触发器"。本章从系统自组织视角对区域旅游系统的发展机理进行了理论解构，分析了区域旅游系统自组织的形成过程，探讨了自组织驱动机制，构建了自组织运行模型，研究了自组织演进机制以及提出了区域旅游系统自组织的优化策略，基本初步形成了区域旅游系统自组织发展机制的理论分析框架。但是，本章对区域旅游系统自组织发展机制的研究仅是做了初步尝试性的研究，仍有些许不足之处。比如，对于区域旅游系统自组织的研究，还需要利用数学模型对其非平衡相变、自组织临界性与临界分叉演化等方面进行量化研究，以便对区域旅游系统自组织的研究形成更为严谨科学的理论分析体系。显然，这一研究领域充满着潜力与挑战，期待更多学者投入到对区域旅游系统自组织的研究中。

参考文献：

[1] Leiper N. The framework of tourism [J]. Annals of Tourism Research，1979，6（4）：390–407.

[2] Mckercher B. A chaos approach to tourism [J]. Tourism Management，1999，20：425–434.

[3] Sessa A. The science of system for tourism development [J]. Annals of Tourism Research，1988（2）：219–235.

[4] 艾凉琼. 自然科学与社会科学协调发展的自组织机制 [J]. 系统科学学报，2008，16（1）：60–63.

[5] 鲍咏雪. 奥运会自组织演进机理研究 [J]. 武汉体育学院学报，2009，43（3）：50–53.

[6] 陈睿，吕斌. 区域旅游地空间自组织网络模型及其应用 [J]. 地理与地理信息科学，2004，20（6）：81–86.

［7］陈彦光．中国城市发展的自组织特征与判据——为什么说所有城市都是自组织［J］．城市规划，2008，30（8）：24–30.

［8］范艳丽，周秉根，吕永平．基于自组织理论的旅游产业结构协调发展研究［J］．世界地理研究，2009，18（1）：143–148.

［9］葛立成，聂献忠，李文峰．长三角区域旅游一体化研究［J］．浙江社会科学，2006（2）：215–219.

［10］哈肯．协同学引论［M］．北京：原子能出版社，1984.

［11］李如生．非平衡态热力学和耗散结构［M］．北京：清华大学出版社，1986.

［12］梁艺桦，杨新军，马晓龙．区域旅游合作演化与动因的系统学分析——兼论“西安咸阳旅游合作”［J］．地理与地理信息科学，2004，20（3）：105–108.

［13］吕挺琳．自组织视角下文化产业集群的优越性与演进［J］．经济经纬，2008（6）：34–36.

［14］苗东升．系统科学原理［M］．北京：中国人民大学出版社，1990.

［15］孙庆祝，李国．奥运会系统自组织演进发展环境和条件因素的分析［J］．体育与科学，2008，29（1）：3–7.

［16］王迪云．旅游耗散结构系统开发理论与实践［M］．北京：中国市场出版社，2006.

［17］吴鹏举，郭光普，孔正红等．基于系统自组织的产业生态系统演化与培育［J］．自然杂志，2008，30（6）：354–357.

［18］吴人韦．旅游系统的结构与功能［J］．城市规划汇刊，1999（6）：18–21.

［19］吴彤．自组织方法论研究［M］．北京：清华大学出版社，2001.

［20］向秋兰．基于自组织的循环产业集群稳定性研究［J］．贵州财经学院学报，2008（5）：104–107.

［21］徐菁，靳诚，沙润．基于熵的区域旅游系统的自组织研究——以长江三角洲为例［J］．南京师范大学学报（自然科学版），2008，31（2）：130–134.

［22］颜泽贤．复杂系统演化论［M］．北京：人民出版社，1993.

［23］颜泽贤．耗散结构与系统演化［M］．福州：福建人民出版社，1987.

［24］杨春宇，黄震方，毛卫东．基于系统科学的旅游地演化机制及规律性初探［J］．旅游学刊，2009，24（3）：55–61.

［25］赵磊，庄志民，周丹青．无尺度网络视角下旅游资源集聚区外部关系实证研究——以大皖南国际旅游区为例［J］．旅游论坛，2009，2（2）：209–213.

［26］赵磊，庄志民．旅游目的地竞争力模型比较研究［J］．旅游学刊，2008，23（10）：47–53.

［27］周志红．旅游自组织系统：区域旅游规划的根本目标［J］．热带地理，2002，22（3）：249–252.

第三章　网络：旅游系统研究的新经济社会学转向

第一节　引言

经济社会学已经不再是一种新奇的事物了。它诞生于19世纪末，并在20世纪70年代逐渐复兴。关于经济社会学，有人认为它是社会学分支学科，也有人认为它应当属于经济学学科，还有人认为两者兼而有之。其实，在大多数经济社会学的主要代表人物看来，经济社会学即是经济社会变迁的结果，也是经济学与社会学相互共通共融的结果。通过经济社会学有关理论分析现阶段所发生的经济现象，实现经济与社会的良性互动具有重要意义。然而，当代经济社会学在对具体的经济现象进行研究时出现了某种模糊性（刘录护，2008），一方面是把所有的经济现象纳入社会学的研究领域，忽略了经济学学科的合理性，另一方面，经济社会学对于经济现象的嵌入性与经济人狭隘的批评进行静态研究，忽略了经济现象的动态发展过程。由于旅游产业发展的无边界构成了旅游系统是一个多要素、多维度与多目标的复杂动态系统，旅游系统内部不仅存在着各要素之间的动态非线性相干关系，旅游系统与外界环境之间也无时无刻不进行着熵流的转换过程，但归根结底，旅游系统的社会目的是价值增值，包括经济价值，环境价值和社会价值三个方面的统一（吴人韦，1999）。旅游系统作为构成社会网络的经济行动成为经济社会学研究的基本对象。因此，本章通过对旅游系统进行经济社会学分析，借助经济社会学相关学科理论，将旅游系统置于社会网络机制研究环境中，致力于对以上两方面问题进行相应解释，从而形成旅游学研究的绝佳范式（Scott 等，2008），以期进一步揭示旅游学科领域中新经济社会学转向的价值意义。

经济学因其完整的理论体系对社会问题的解释具有较强的可操作性和逻辑严密性，通过建立相应的数理模型实现对社会问题的解构分析，但其在简化社会现实生活问题方面则存在短板。因此，建立在社会人基础之上的新经济社会学则对经济学中传统的边际均衡分析、传统的理性选择以及效用驱动的经济模型所提出的理论进行补充解释或替代解释（臧德顺，2010）。所谓新经济社会学，是与传统的经济社会学比较而言，一般认为它兴起于 20 世纪 80 年代，是经济社会学发展的第三阶段。新经济社会学在西方经济学界被称为是研究经济社会关系的三大视角之一（林竞君，2004）。新经济社会学认为个人的行动受到社会环境因素的影响，其行动嵌入到社会网络环境中，而非原子化的个人。新经济学主要理论主张包括经济行动是社会行动的一种，经济行动是被社会定位的，经济制度是一种社会建构。从目前新经济社会学研究的主要内容分析，社会网络、嵌入性与经济社会的构建是新经济社会学研究的核心内容。

第二节　旅游系统网络组织性质

从系统论考虑，旅游系统是各种旅游事象的集合体，是通过旅游者的活动将各组成要素相互联系、相互作用构成的一个有机整体，具有实现旅游经济价值与社会价值的整体功能。国外主要从三个方面来对旅游系统进行界定：①从系统复杂性角度，McKercher（1999）认为旅游系统是一个以非线性方式运行的、具有混沌特点的复杂系统；②从要素空间结构角度，Leiper（1979）提出了旅游地理系统模型，其中包括旅游者、旅游业、客源地、旅游通道和目的地五个要素，认为旅游系统是由旅游通道连接的客源地和目的地的组合；③从系统功能角度，Gunn（1972）认为旅游系统由需求板块和供给板块两个部分组成，旅游活动的实现至少涉及旅游吸引物、服务与设施、交通、信息与引导和旅游者这五个规划中的基本要素。综合上述旅游系统定义分类，本章结合国内旅游学者吴必虎（1998）将旅游系统分为旅游客源市场系统、旅游目的地系统、出游系统与支持系统四部分的旅游系统组成出发，将旅游系统简化为旅游主体系统（旅游者）、旅游客体系统（旅游目的地）与旅游媒介系统（旅游支撑体系）三部分，每部分均包含其子系统，且假设赋予三者拟人化的网络组织关系情境，并作为旅游系统网络参与的基本组元。由于新经济社会学是一门将经济学与社会学相融合来分析经济社会现象的科学，再加之无尺度性质的旅游系统根本目的是实现经济价值与社会价值的统一，因此本章根据旅游系统所具有的社会网络与经济网络的双网络性质[①]，结合社会网络理论与产业组织理论等有关理论方法来分析旅游系统的网络组织性质。

一、旅游系统的社会网络性质

社会网络于20世纪三四十年代出现后，主要用来分析社会结构与社会关系，随着社会网络逐步应用到诸多学科领域，使得社会网络理论成为一种比较成熟的社会科学研究范式。从抽象图论的角度考虑，旅游系统三部分实质上是投影到同一社会网络剖面上的具有不同社会职能的点线关系，而具体到不同尺度区域上异质性的旅游系统，三者之间也存在着多重非线性作用关系，而这种关系的主要系统表现形式即为旅游市场。根据此假设，本章即可利用社会网络理论来分析旅游系统的网络组织性质，旨在摆脱已有的对于旅游系统研究主要聚焦于其经济功能的一元结构观点，而社会网络透视旅游系统动态发展过程则是未来研究的一个热点领域（王素洁等，2009）。

（一）旅游系统的社会网络根植性

旅游系统的社会网络根植性是从社会学的视角分析旅游系统内部组元之间在社会体系、经济结构、社会制度与人际关系等社会因素与经济因素在旅游系统内部的相互作用，扩大旅游系统研究的社会学视野。旅游系统的社会网络根植性包括三个方面。①社会资本的根植性。旅游系统组元为了优先获

① 本章的网络研究同时包括社会网络与经济网络，但主要是社会网络。社会关系网络可视为个体在社会性交往中形成的社会性联系；经济关系网络可视为个体在经济活动中形成的经济性联系。本章中的网络关系主要是社会性网络关系，诸如信任、文化与社会资本等。但由于旅游系统在发展过程中表现出社会关系网络与经济关系网络相互交织与关联，旅游系统各组成部分的经济行动嵌入于一定的社会关系网络中，所以本章特别考虑旅游系统网络组织的社会性与经济性。

得“社会资源”与“社会关系”等社会资本形式，分别展开不同形式的协同竞合，以获取较为理想的生态位①。②信任文化的根植性。旅游系统因其运行过程的动态复杂性要求旅游系统组元之间应形成必要的信任机制，信任成为构成旅游系统社会网络的基本内涵。③行为场域的根植性。按照布迪厄（2007）的观点，“场域”是由不同的社会要素连接而组成，这些不同社会要素在复杂的社会关系中占有特定的位置，并发挥不同的作用。旅游系统实质上就是由旅游主体系统、客体系统与媒介系统三者之间行为所形成的“场域”，并在“惯习”的能动性与生成性推动下构成了旅游系统行为场域的根植性。

（二）旅游系统的社会网络中心性

社会网络理论认为，社会网络中的点线连接并非是杂乱无序的而是有意识的偏好性连接，这种偏好性表现为社会网络中集散节点所连接的自由度的个数。从旅游系统成长的时间断面上考虑，旅游集散节点在旅游系统成长过程中占据旅游系统网络中心度的位置，更容易在竞争激烈的旅游市场中取得旅游竞争优势。根据旅游系统的区域尺度大小以及旅游系统各节点的权力所衍生出的相互影响关系②，我们可以抽象地画出旅游系统网络各节点之间的网络相互支配关系社群图，然后通过点的中心度与图的中心势计算方法（见表3-1），可计算出旅游系社会网络的中心性。

表 3-1　社会网络中心性测量公式

	度数中心数	中间中心性	接近中心性
绝对点度中心度	$C_{AD}(i)=\dfrac{\sum_{i=1}^{n}(C_{AD_{\max}}-C_{AD_i})}{\max[\sum_{i=1}^{n}(C_{AD_{\max}}-C_{AD_i})]}$	$C_{ABi}=\sum_{j}^{n}\sum_{k}^{n}b_{jk}(i)$ $j\neq k\neq i\ (j<k)$	$C_{APi}^{-1}=\sum_{j=1}^{n}d_{ij}$
标准化中心度	$C_{AD}(i)/(n-1)$	$C_{RBi}=\dfrac{2C_{ABi}}{n^2-3n+2}$	$C_{APi}^{-1}=\dfrac{C_{APi}^{-1}}{n-1}$

① 这正符合社会网络理论主要代表人物美国杜克大学社会学系教授林南所认同的：个体之间的社会网络关系异质性越大则获取优势社会资源的可能越大，个体之间的社会资源互补性越强则越可能获取有用资源。

② 北卡罗来纳大学诺克教授从关系网络的角度对权利进行分析。他认为，权力不是个体或者群体的特征，而是社会行动者之间的实存或潜在的互动模式。权力的影响维度是对决策者行使权力产生影响的社会能力，它存在于社会交往网络中。

续表

	度数中心数	中间中心性	接近中心性
图的中心势	$C_{RD}=\frac{\sum_{i=1}^{n}(C_{RD_{\max}}-C_{RDi})}{n-2}$	$C_B=\frac{\sum_{i-1}^{n}(C_{RB_{\max}}-C_{RBi})}{n-1}$	$C_C=\frac{\sum_{i=1}^{n}(C'_{RC_{\max}}-C'_{RCi})}{(n-2)(n-1)}$

注：在旅游系统各节点组成的社会网络中，假设点 j 和 k 之间所存在的关系自由度用 g_{ik} 表示。则网络中第三个节点对于 j 和 k 的权利影响能力用 $b_{jk}(i)$ 表示，即点 i 处于点 j 和 k 之间关系自由度上的概率，而点 j 和 k 之间存在的经过点 i 的关系自由度数用 $g_{jk}(i)$ 来表示。则有 $b_{jk}(i)=g_{jk}(i)/g_{jk}$ ；d_{ik} 指点 i 与 j 之间的关系距离，即两点关系中所包含的线数。

（三）旅游系统的社会网络结构观

社会网络分析的结构观不同于传统的地位结构观，这种新结构观特别重视对关系的分析，主要表现为行动者之间的关系模式（林聚任，2009），探究的是社会网络的深层结构——隐藏在复杂的社会系统表面之下的一定的网络模式（Wellman，1983）。在旅游系统内部旅游者由于细分市场的不同而产生差异性的旅游消费诉求，使得旅游目的地根据旅游细分市场的需求差异化错位提供相应的旅游产品，在此中间环节，旅游媒介协助这一旅游活动最终完成。通过旅游系统核心聚焦的旅游产品生产消费的这一基本过程分析，三者在旅游产品从生产到消费的完整环节所扮演不同的角色且处于不同的位置，并具有结构等价性。

二、旅游系统的经济网络性质

（一）模型的基本假设

第一，信息不完全。旅游系统经济网络中参与者同时行动且至少有一个参与者不完全知道其他参与者的收益函数。第二，自愿合作性。旅游系统经济网络参与者之间的合作意愿是因为参与者发现彼此合作会产生潜在收益。第三，假设旅游系统经济网络有 n 个参与者。

（二）经济模型构建

假设旅游系统经济网络参与者 i 在每一时期的收益与成本为 R_i 与 C_i 均与时间 t 无关，其成本和收益与自身的努力程度 e_i 以及环境变化 φ 有关：$C_i=C_i(e_i,\varphi)$；其收益函数则与全体参与者的努力程度有关，设努力程度向量为$e=(e_1,e_2\cdots,e_i\cdots e_n)$，$R_i=R_i(e,\varphi)$。由于本章着重考虑旅游系统经济网络参与者努力程度与旅游经济网络整体稳定性之间的关系，故设定环境变化φ只作为外生参数进入参与者收益与成本函数，这一假设基本保证了旅游系统经济网络的必要形成。即可知道，参与者i在每一时期的利润函数为$\pi_i^t=R_i(e,\varphi)-C_i(e_i,\varphi)$，其中$\frac{\partial C_i(e_i,\varphi)}{\partial e_i}>0$，$\frac{\partial R(e,\varphi)}{\partial e}>0$，且$\frac{\partial^2 C_i(e_i,\varphi)}{\partial e_i^2}>0$（旅游系统经济网络参与者努力程度的边际成本是递增的，且$1,2,\cdots,i\neq j,\cdots n$）。

由于旅游经济网络组元都存在优先连接网络内部集散节点的可能性，因此每一时期都会有参与者退出旅游系统经济网络。假设每一时期每个参与者留在网络内部的概率为$\phi\ (0\leqslant\phi\leqslant1)$，则当$t$时，仍留存在旅游系统经济网络中的参与者个数的数学期望值为$E(n)=n\phi^t$。由于题设为当旅游经济网络中所存在的参与者数为n时，旅游系统运行的边际收益等于边际成本，其收益利润达到最大化，若此时参与者出现减少，即旅游系统会面临内部解构压力，旅游系统经济网络参与者的利润值（或效用值）都将成比例降低。于是，设贴现因子为$\delta\ (0\leqslant\delta\leqslant1)$，所以参与者$i$在时期$t$的利润的贴现值为：

$$\pi_i^t=[R_i(e,\varphi)-C_i(e_i,\varphi)]\cdot[\phi(1-\delta)]^t \tag{3.1}$$

旅游系统经济网络在时期t的利润贴现值为：

$$\sum_{j=1}^{n}\pi_j^t=\sum_{j=1}^{n}[R_j(e,\varphi)-C_j(e_j,\varphi)]\cdot[\phi(1-\delta)]^t \tag{3.2}$$

旅游系统经济网络莫利迪安生命周期所表达的旅游系统经济网络整个生命周期所获取的利润值为：

$$\begin{aligned}\Pi&=\sum_{t-0}^{\infty}\sum_{j=1}^{n}\pi_j^t=\sum_{t=0}^{\infty}\sum_{j=1}^{n}[R_j(e,\varphi)-C_j(e_j,\varphi)]\cdot[\phi(1-\delta)]^t\\&=\sum_{j=1}^{n}[R_j(e,\varphi)-C_j(e_j,\varphi)]\cdot\sum_{t=0}^{\infty}[\phi(1-\delta)]^t\\&=\sum_{j=1}^{n}[R_j(e,\varphi)-C_j(e_j,\varphi)]\cdot\frac{1}{1-\phi(1-\delta)}\end{aligned} \tag{3.3}$$

上式取极大值的必要条件为：$\frac{\partial \Pi}{\partial e_i}=0 \Rightarrow \frac{\partial \Pi}{\partial e_i}=\frac{1}{1-\phi(1-\delta)}\cdot\frac{\partial\sum_{j=1}^{n}\pi_j^t}{\partial e_i}=0$。因为本例中假设其他参与者努力程度并不互相进入参与者的成本函数，故有$\frac{\partial C(e_j,\varphi)}{\partial e_i}=0\ (i\neq j)$，所以上述利润极大化式子可变化为：

$$
\begin{aligned}
&\frac{\partial \Pi}{\partial e_i}=0\\
&\Rightarrow \frac{\partial \Pi}{\partial e_i}=\frac{1}{1-\phi(1-\delta)}\cdot\frac{\partial\sum_{j=1}^{n}\pi_j^t}{\partial e_i}\\
&\Rightarrow \frac{\partial \Pi}{\partial e_i}=\frac{1}{1-\phi(1-\delta)}\cdot\frac{\partial}{\partial e_i}\sum_{j=1}^{n}[R_j(e,\varphi)-C_j(e_j,\varphi)]=0\\
&\Rightarrow \frac{\partial \Pi}{\partial e_i}=\frac{1}{1-\phi(1-\delta)}\cdot[\sum_{j=1}^{n}\frac{\partial R_j(e,\varphi)}{\partial e_i}-\frac{\partial C_j(e_j,\varphi)}{\partial e_i}]=0\\
&\Rightarrow \sum_{j=1}^{n}\frac{\partial R_j(e,\varphi)}{\partial e_i}-\frac{\partial C_j(e_j,\varphi)}{\partial e_i}=0\\
&\Rightarrow \frac{\partial R_j(e,\varphi)}{\partial e_i}=\frac{\partial C_j(e_j,\varphi)}{\partial e_i}
\end{aligned} \tag{3.4}
$$

得出 e_i^* 满足上式。

可记 λ_i 为旅游系统经济网络参与者 i 彼此进行协同合作维持网络整体功能运行时的收益占整个旅游系统经济网络总收益的比例：

$$\lambda_i=\frac{R_i(e,\varphi)}{\sum_{j=1}^{n}R_j(e,\varphi)} \Leftrightarrow R_i(e,\varphi)=\lambda_i\sum_{j=1}^{n}R_j(e,\varphi) \tag{3.5}$$

如果是一次性博弈，参与者利润最大化的必要条件为：

$$\frac{\partial R_i(e,\varphi)}{\partial e_i}=\frac{\partial C_i(e_i,\varphi)}{\partial e_i} \tag{3.6}$$

得出 e_i^{**} 满足上式。

$$\frac{\partial R_i(e,\varphi)}{e_i}=\frac{\partial}{\partial e_i}[\lambda_i\sum_{j=1}^{n}R_j(e,\varphi)]=\lambda_i\frac{\partial}{\partial e_i}\sum_{j=1}^{n}R_j(e,\varphi) \tag{3.7}$$

有 $\lambda_i<1$，所以 $\frac{\partial C_i(e_i,\varphi)}{\partial e_i}<\sum_{j=1}^{n}\frac{\partial R_i(e,\varphi)}{\partial e_i}$，再加之 $\frac{\partial^2 C_i(e_i,\varphi)}{\partial e_i^2}>0$，所以有 $\frac{\partial C_i(e_i^{**},\varphi)}{\partial e_i}<\frac{\partial C_i(e_i^{*},\varphi)}{\partial e_i}$，显然，$e_i^{**}<e_i^{*}$ 成立。

在旅游系统经济网络形成过程中参与者在一次性博弈时所选择的努力水平要低于整个网络利润最大时而采取“不努力”的策略，主要因为旅游产业是一个关联性高且相当脆弱的产业，旅游产品的无形性、旅游资源的不可再生性以及旅游客源市场的季节性等原因使得旅游系统经济网络的参与者初次相互协作组成网络时具有相当的不确定性，而随着近年来国家一系列刺激旅游业发展的政策相继出台以及旅游产业日益成为国民经济的支柱产业的巨大发展机遇，将会极大鼓励旅游经济网络参与者的信心，也将促进旅游系统经济网络进一步得到拓展。

第三节　旅游系统网络结构嵌入性

“嵌入性”概念最早出现在波兰尼（Polanyi）所著《伟大转折》（*The Great Transformation*）一书中（兰建平，2009），随后新经济社会学创始人Granovetter（1985）提出了嵌入性理论的经典分析框架：关系性嵌入与结构性嵌入。关系性嵌入（Relational Embeddedness）指经济行动者嵌入与其所在的关系网络中并受其影响和决定的；结构性嵌入（Structural Embeddedness）指经济行动者嵌入更为广阔的社会关系网络。关系性嵌入主要集中于基于互惠预期而发生的双向关系，而结构性嵌入强调网络的整体功能和网络节点在网络中的结构位置（苏春艳，2004）。嵌入性理论随后又经过Uzzi（1997）、Whiteman和Cooper（2000）以及Hagedoorn（2006）等诸多学者的发展，在新经济社会学研究中产生了深远影响且显得越发重要。

一、旅游系统网结构关系性嵌入

（一）旅游系统网络强关系

Granovetter（1973）认为强关系维系着群体、组织内部的关系。我们可以从以下两个方面来考虑旅游系统网络的强关系建构。①旅游系统网络组元的资产专用性。利用交易费用理论采取契约的分析方法研究旅游系统网络，目的是旅游系统网络组织治理机制的完善，强化网络节点私人秩序的有效性。在这一过程中，旅游主体、客体与媒介系统为了完成一次旅游活动所进行的专用性投资使得三者之间建立了一种强关系，而且特别是无法收回的沉没成本，这就使得三者都为了避免出现此种情况，往往积极地表达出渴望合作的显示信号，做出参与旅游系统网络建构的可置信承诺。②旅游系统网络“内部市场”的特殊性。由于旅游产品生产与消费的同步性原理，旅游系统网络在旅游产品市场属性方面隐含有“内部市场”的特性，主要表现在旅游产品消费过程中，旅游系统网络组元之间的相互作用不仅受到旅游产品市场价格机制的影响，同时还受到由于旅游流的集聚扩散流效应而产生的旅游系统网络内部特有的基于社会交换范式基础上的市场交易秩序的重塑，这里必然牵涉到信任机制所产生的强关系。

（二）旅游系统网络弱关系

弱关系在群体、组织之间建立了纽带关系（Krackhardt，1992）。强关系获取的信息重复性较高，而弱关系分布范围较广，更能获取有价值的信息，即“弱关系的强力量”。我们可以从以下三个方面来考虑旅游系统网络的弱关系建构。①旅游系统网络融合能力的提升。在旅游需求差异化和旅游产品创新技术不断提高的推动下，旅游产业出现了多种新型业态，由于旅游关联产业因各自的功能作用、行业结构和技术特色不同，所以旅游系统网络的融合应坚持功能、结构、技术和市场融合四方面旅游系统网络融合路径，而旅游系统网络所体现的弱关系力量则为其融合能力的提升创造了条件。②旅游系统网络信息化的建设。旅游系统网络是一个信息密集型的复杂网络，旅游流的合理流动所创造的旅游系统网络经济效应的产生要求旅游信息化的建设相应配套，如国家旅游“金旅工程”的建设，将为旅游行业提高管理水平、运行效率和行业监管等方面创造信息优势。③旅游系统网络区域旅游合作的实践。区域旅游合作的多种形式（旅游圈、旅游经济示范区和旅游带等）所建构的弱关系拓展了旅游系统网络的地理边界、扩大了旅游系统网络的市场容量以及降低了旅游系统网络组织的交易成本等，创造了旅游系统网络化的动力系统。

二、旅游系统网络结构洞

Burt（1992）在其出版的《结构洞：竞争的社会结构》（*Structural Holes: The Social Structure of Competition*）一书中详细阐述了结构洞理论，所谓结构洞是指社会网络中的某个或某些个体发生直接联系，但与其他个体不发生直接联系或关系间断的现象，从网络整体看好像网络结构中出现了洞穴结构洞是两个联系关系之间非冗余的关系，两个关系人向网络贡献的利益是可累加的，而非重叠的。

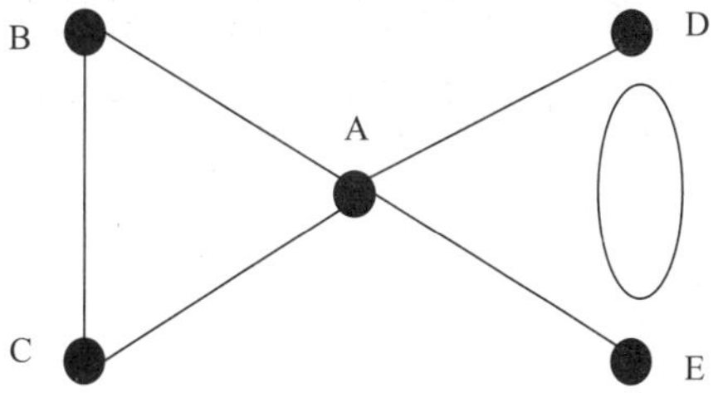

图 3–1　网络结构洞分析

当网络中两个节点出于某种利益考虑需要联系而无法直接联系时，一个结构洞[①]就出现了，图 3–1 中 D 与 E 之间如果想联系，则必须通过 A 才能发生联系,A 就充当了 D 与 E 之间结构洞的角色。另外还至少存在一种冗余联系，即对于 A 而言，即使它与 C 之间断开关系，但只要保持与 B 的联系，也可获取 C 相关的信息或资源。结构洞作为一种社会资本，可以将网络中原本不存在相关关系的网络小群体彼此相连，从而为两者提供获取新的信息或资源的机会，避免网络资源的冗余联系与重复性，提高了网络整体运行效率，同时

① 结构洞与弱关系的区别在于三个方面：一是弱关系指的是网络节点之间的相关关系，而结构洞指的是具有一定跨度的因果联系的动因；二是弱关系主要表现为网络节点之间的信息利益，而结构洞主要表现为网络节点之间的控制利益；三是弱关系充当“桥”的角色，主要指网络节点之间跨度本身，而结构洞指的是跨度的缺口。

结构洞因其能为网络中的双边关系提供利益共享平台而享有独特的竞争优势，主要表现为第三方获利。

Burt 的结构洞理论体系应用在旅游系统网络中主要集中于以下两点。一是旅游系统网络结构洞主体的行为指向。旅游系统网络内部行为主体采取什么措施来实现网络的重构建立以自己为中心的结构洞，从而获取信息与控制方面的竞争优势。二是旅游系统网络结构洞双边的行为指向。由于结构洞中很少有信息与资源的流动，原本所具有的两个关系稠密的双边个体强烈需要结构洞出现来实现连接新信息的流动。上述两个方面导致了旅游系统网络内部结构洞的出现不仅增加了新连接与新关系，更重要的是增加了旅游系统网络价值与网络效率，实现了旅游系统网络重构。

第四节　旅游系统网络经济社会的构建：旅游市场社会学的思考

新经济社会学并不将市场仅仅视为一种配置机制，更重要的是市场是来自网络的社会结构（Fligsten，1990）。White（1981）认为市场是一种“生产商能够自我再生产的角色结构”，首次提出了市场社会学[①]的基本核心为市场是由市场参与者间相互作用而再生产出来的结构组成。经济行动与市场的嵌入反映了经济和社会的关系，市场具有明显的社会性，市场是嵌入社会的构建，网络或者社会关系是存在于所有的市场互动之中。旅游市场作为旅游系统网络的“场域”表达，本章在借助于怀特市场社会学模型，初步说明旅游市场社会学建构，增强旅游系统网络经济社会学的研究深度。

根据旅游产品的生产特点分析，由于旅游资源的所有权一般归政府部门所有，而旅游资源则是旅游产品生产要素的基本组成部分，故本章认为当地政府作为旅游产品的供应商（政府作为旅游系统网络外生因素），旅游景区经

① 怀特关于市场分析的社会学特点在于从市场参与者的互动及其对市场参与者的内在影响来审视市场这一社会建构。在怀特的市场社会学模型中，市场社会学创造了一个独特的不同于经济学所占据的空间，生产商彼此观察以决定生产多少产品与生产何种质量的产品。

营企业作为旅游产品的生产商（旅游企业为旅游客体系统主要子系统）。旅游产品生产商在决定进行最优的投入时，必须注意政府与旅游者的行为反应。在怀特一般竞争市场四度空间的基础上进行简单修正，对于具有约束性质的旅游市场自我再生产的四度空间模型可表示为：

$$W(y)=(Ay^{g}+k)^{f}+\varepsilon\ (y>y^{*}) \tag{3.8}$$

$W(y)$ 表示为旅游市场上旅游企业关于旅游产品质量的价值，可理解为该旅游企业在旅游市场上的年收入或因此确定的市场份额。旅游企业与旅游者的反应比率只出现在 g 和 f 中，并随着他们之间的交易比率 ϑ 一起折合到 A 中，假设 ε 作为旅游市场变化的随机扰动项，定义 ε 两种情况，当旅游市场存在良性竞争时，ε 无意义；当旅游产品生产商过多增加旅游产品数量超过一定限度 y^{*} 时，由于受到政府对于旅游景区可持续发展的限制以及旅游景区旅游承载力的约束，此时 $\varepsilon<0$。

旅游市场四度空间市场模型的形成还需要必要的背景组成，用两组比率表示。a/c 表示旅游者对于旅游产品满意度的增长与旅游企业在收益安排既定的条件下根据产量而做出的预期成本的增长的一种权衡。b/d 表示旅游者对质量评价的增长与旅游企业在与当地政府互动中形成的伴随旅游产品质量的增加而出现的成本评价增长之间的另外一种平衡（见图 3–2）。

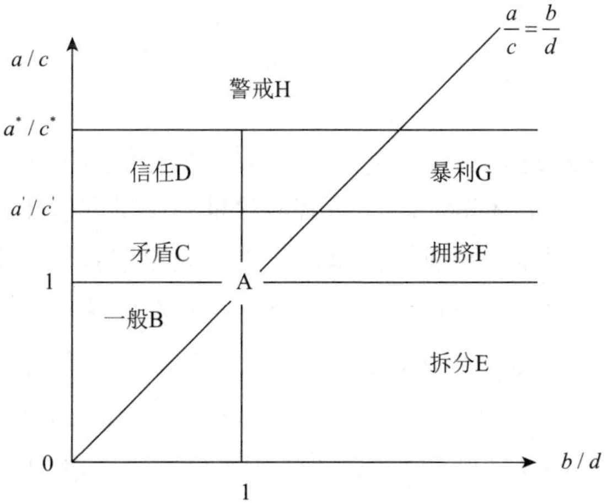

图 3–2　旅游市场社会模型

1. A 区域不支持 $W(y)$ 模型

根据怀特市场模型原理，旅游市场社会界面也是需要通过旅游产品的数量与质量评价的变化而实现均衡，所以当市场界面的评价敏感度相当时这种权衡的效果变得模糊且困难。

2. B 区域 $(b/d)<(a/c)<1$ 为一般区域

说明旅游市场四度空间均衡主要取决于旅游者与旅游企业之间的产量评价权衡，因为在该区域旅游者对于旅游产品需求的增长速度要小于旅游企业单位旅游数量的增长速度，旅游市场处于买方市场，而且对于他们给予旅游企业的成本要求而言，在旅游产品数量与质量上相对有限。

3. C 区域 $1<(a/c)<(a^{'}/c^{'})$ 且 $(b/d)<1$ 为矛盾区域

旅游者对旅游产品需求的增长速度逐渐大于旅游企业单位旅游产量的增长速度，形成了旅游市场社会空间中的一个非对称区域。旅游者对于旅游产品需求增长，但是却抑制了对于旅游产品质量的需求。

4. D 区域 $(a^{'}/c^{'})<(a/c)<(a^{*}/c^{*})$ 且 $(b/d)<1$ 为信任区域

旅游者对旅游产品需求的增长速度远大于旅游企业单位旅游产量的增长速度，旅游者对旅游企业十分信任，此时旅游市场处于卖方市场或者旅游市场出现了个别垄断寡头（旅游景点等级与知名度很高的旅游景点），此时旅游市场趋向一种非市场形式，旅游企业联合分割旅游市场。

5. E 区域 $0<(a/c)<1$ 且 $1<(b/d)$ 为拆分区域

旅游者对旅游产品质量的需求倾向高，反而抑制了对旅游产品需求数量的增加。

6. F 区域 $1<(a/c)<(a^{'}/c^{'})$ 且 $(a/c)<(b/d)$ 为拥挤区域

这一区域表示旅游者对旅游产品需求数量和质量都有相应的增加，但是旅游市场规模较为固定，更重要的是由于旅游企业技术创新水平增长的速度小于旅游企业根据旅游者要求的旅游产品质量提高的速度，导致旅游市场趋向于完全竞争市场，旅游企业可替代性增强，旅游市场表现拥挤。

7. G 区域 $(a^{'}/c^{'})<(a/c)<(a^{*}/c^{*})$ 且 $(a/c)<(b/d)$ 为暴利区域

说明旅游市场四度空间均衡主要取决于旅游者与旅游企业之间的质量评价权衡。在此区域中旅游企业拥有旅游产品独特的质量创新优势，再加上旅游者对旅游企业所生产的旅游产品具有高度信任，使得旅游市场上旅游企业的可替代性较小，旅游企业规模逐渐变大，收益率的增长促使自我生存能力提高，从而旅游市场也变大。

8. H 区域 $(a^{*}/c^{*})<(a/c)$ 为警戒区域

旅游市场上的主要特点就是旅游企业扩张规模并非是与旅游者对与旅游产品的需求量成正比的，因为从旅游资源的不可再生性与旅游可持续发展的角度考虑，旅游景区的旅游承载力与社会承载力以及政府所出台的相关旅游政策管理条例不允许旅游景区的过度开发，这也表明了旅游市场社会四度空间模型有别于一般产品市场社会四度空间模型的边界问题。

第五节　本章结论

本章立足于新经济社会学的视角对旅游系统的社会网络与经济网络性质进行了探讨，在对旅游系统网络结构的嵌入性进行分析时，分别探讨了旅游系统网络内部存在的强关系、弱关系以及结构洞。在创新意义层面上，本章结合旅游系统网络运行“场域”所形成的旅游市场发展特点，在怀特一般市场社会空间结构模型基础上构建了带有约束性质的旅游系统网络经济社会特征的主要表现形式，即旅游市场社会学。

本章首次提出了旅游系统研究的新经济社会学转向的初步分析，仍然存在三点有必要继续进行深入研究的理论内容。（1）旅游系统的社会网络分析。通过将社会网络分析理论运用到旅游学研究中来分析旅游系统社会网络的结构特征，可从社会学角度深刻理解旅游系统的柔性组织特点，形成旅游系统研究的新范式。（2）旅游系统网络结构洞。本章仅是从嵌入性角度简单分析了旅游系统网络内部结构洞的经济行为，并说明了旅游系统网络结构洞对于旅游系统网络内部组织结构的重构具有重要影响，在后续研究中还可从旅游系统网络内部结构洞在经济交易领域中的盈利模式进行分析。（3）旅游市场社会学的构建。本章仅是在怀特一般市场的结构模型基础上针对旅游市场的发展特点提出了有约束的旅游市场社会结构的四度空间模型，并进行了简要分析。除了怀特对于一般市场社会学的基本分析之外，在网络范式主导新经济社会学背景下，还可从弗雷格斯坦（Fligsten）对于市场结构在社会学分析中如何在政治和文化双重作用下呈现出的具体形态与运作逻辑来进一步补充完善旅游市场社会学的基本理论分析框架。综合上述分析，本章认为旅游系统网络研究的新经济社会学转向将会为我国旅游学研究开辟新的领域并形成独特的旅游研究范式。

参考文献：

[1] Burt R. Structural Holes：The Social Structure of Competition [M]. Cambridge Harvard Press，1992.

[2] Fligsten N. The Transformation of Corporate Control [M]. Cambridge，Mass：Harvard University Press，1990.

[3] Granovetter M. Economic action and social structure：the problem of embeddedness [J]. American Journal of Sociology，1985，91（3）：481–510.

[4] Granovetter M. The strength of weak ties [J]. American Journal of Sociology，1973，78（6）：1350–1360.

[5] Gunn C A. Tourism Planning：Basics Concepts Cases（4th）[M].New York：Routledge，1972.

[6] Hegedoorn J. Understanding the cross-level embeddedness of interfirm partnership [J]. Academy of Management Review，2006，31（3）：670–680.

[7] Krackhardt D. The Strength of Strong Ties：The Implication of Philos in Organizations [M]. Boston：Harvard Business School Press，1992.

[8] Leiper N. The framework of tourism [J]. Annals of Tourism Research，1979，6（4）：390–407.

[9] McKercher B. A chaos approach to tourism [J]. Tourism Management，1999，20：425–434.

[10] Scott N，Baggio R，Cooper C. Network analysis and tourism：From theory to practice [M].New York，USA：Channel View Publications，2008.

[11] Uzzi B. Social structure and competition in inter-networks：the paradox of embeddedness [J]. Administrative Science Quarterly，1997，42（1）：35–37.

[12] Wellman B. Network analysis：some basic principles [J]. Sociological Theory，1983（1）：156–157.

[13] White H. "Where Do Markets Come From?" [J]. American Journal of Sociology，1981（87）：517–547.

[14] Whiteman G，Cooper H. Ecological embeddedness [J]. Academy of Management Journal，2000，43（6）：1265-1282.

[15] 布迪厄. 实践与反思 [M]. 北京：三联书店，2007.

[16] 兰建平，苗文斌. 嵌入性理论研究综述 [J]. 技术经济，2009，28（1）：104-105.

[17] 林竞君. 嵌入性、社会网络与产业集群——一个新经济社会学的视角 [J]. 经济经纬，2004（5）：45-47.

[18] 林聚任. 社会网络分析：理论、方法与应用 [M]. 北京：北京师范大学出版社，2009.

[19] 刘录护. 经济社会学微观基础——经济行动的界定、演进与反思 [J]. 中山大学研究生学刊（社会科学版），2008，29（3）：70-72.

[20] 苏春艳. 经济行动的社会建构——新经济社会学对经济行动的嵌入性分析 [J]. 上海大学学报（社会科学版），2004，11（6）：22-25.

[21] 王素洁，胡瑞娟，程卫红. 国外社会网络方式下的旅游研究述评 [J]. 旅游学刊，2009，24（7）：90-94.

[22] 吴必虎. 旅游系统：对旅游活动与旅游科学的一种解释 [J]. 旅游学刊，1998，14（1）：21-25.

[23] 吴人韦. 论旅游规划的性质 [J]. 地理学与国土研究，1999，15（4）：50-54.

[24] 臧德顺. 格兰诺维特的嵌入理论与新经济社会学的最新进展 [J]. 中国社会科学院研究生院学报，2010（1）：108-114.

第二篇 2

旅游业与经济增长

第四章 旅游业发展与经济增长：基于省际面板协整分析

第一节 引言

旅游业发展作为经济增长重要组成部分之一，在全球范围内，其对经济增长的产业贡献越发重要，尤其在发展中国家显得尤为明显（Chang 等，2009）。例如，旅游消费作为地区产品出口的特殊形式，可通过对综合性关联产业的经济带动效应，对地区经济增长产生积极作用。根据世界经济论坛的统计，旅游产业已成为当今世界上最大产业之一，主要表现在：全球旅游产业 2010 年实现旅游总收入 58340.5 亿美元，占全球 GDP 的 9.3%；总共贡献超过 2.35 亿个就业机会，2020 年可能达 3.03 亿；与旅游产业相关的直接和间接联合经济活动分别占全球出口和投资的 4.8% 和 9.2%。世界旅游组织则认为，即使在目前全球经济低迷的背景下，旅游产业因其所具有的就业拉动效应可显著降低失业率，仍是最具潜力的产业部门。

与此同时，中国作为世界上最大的发展中国家，随着渐进式市场化改革的逐渐深入，近十年，旅游产业专业化平均水平已达 0.0982，倘若不考虑外生事件对旅游产业经济运行的负面影响，旅游产业规模则以约 22.09% 的平均速度扩张。由此可见，中国旅游产业已成为国民经济的重要产业力量。

因此，对旅游发展与经济增长之间关系的研究备受关注。尽管理论上，主流观点认为旅游发展对经济增长具有积极意义，但仍需对客观数据进行计量检验得出实证结论予以验证。早期的实证研究主要将传统时间序列数据协整检验方法定于一尊，由于无法兼顾截面个体效应，从而导致此种研究结论的可信度受到质疑，直到 Kim 等（2006）提出，应将面板数据分析方法引入其中以考虑截面信息。然而，两种方法在检验辨识旅游发展与经济增长之间是否存在长期协整关系时，均存在弊端：传统时间序列协整检验方法主要包括 E–G 协整检验和 Johansen 协整检验，前者当样本量较小时，协整向量的 OLS 估计有偏，从而减少了该检验的势，后者在滞后长度的选择方面却存在争议。另外，面板数据固定效应或随机效应回归由于无法处理和克服截面异质性与内生性，并且变量数据可能非平稳，因而在对两者长期关系的检验方面存在劣点。然而，Pedroni（1999，2000）相继发展的异质性面板协整技术（Heterogeneous Panel Cointegration Technique）在获取模型自由度、克服变量内生性和兼容截面异质性等方面表现出强大的检验能力，在可以有效判断多变量之间是否存在长期协整关系的同时，还可对协整方程进行完全修正最小二乘法（Fully Modified OLS，FMOLS）估计，进而得出变量之间的面板协整系数。

综上所述，本章研究的主要目的在于：实证上会支持“中国旅游发展影响经济增长”这一论断吗？中国旅游发展与经济增长之间存在长期协整关系吗？中国旅游发展对经济增长的长期贡献有多大（长期弹性）？为回答上述关键问题，本章在引入异质性面板协整技术基础上，首次通过构建多变量计量经济模型，实证检验中国旅游发展与经济增长之间的长期关系与效应。

第二节　旅游业发展与经济增长：一个证据

旅游业发展与经济增长之间的关系研究不仅是旅游经济学关注的核心内容，亦是旅游学者主要研究关切所在。自 20 世纪 90 年代以来，围绕两者长期关系的研究文献盈筐累箧，无疑，为本章梳理这一研究内容提供了有益参考依据。既有研究文献大致可归为两类：一类立足于理论分析层面，另一类侧重于实证检验部分。因此，本章将从理论与实证两方面为认知洞析旅游业发展影响经济增长的表现关系提供述评性证据。

理论上，在一般经济增长文献中，涉及旅游业发展与经济增长的关系，始肇于 Mckinnon（1964）所倡导的出口导向型经济增长假说（Export-led Growth Hypothesis，ELGH），基本观点是入境旅游类似于国际出口贸易，主要通过两种方式促进经济增长。首先，本地企业与国外目的地之间在竞争中提高生产率（Krueger，1980）；其次，实现本地企业规模经济（Helpman 和 Krugman，1985）。具体来讲，旅游业发展对经济增长的积极影响具有二维性：一维是旅游业发展对经济增长的直接收入效应。可通过创建外汇、增加税收以及带动就业等途径实现（Lee 和 Hung，2010）。另一维是旅游业发展对经济增长的间接收入效应。一方面，可以刺激对新型基础设施（Buhalis 和 Law，2008）、人力资本（Thrane，2008）与科技（Feng 和 Morrison，2007）的投资；另一方面，可通过直接、间接和诱导效应刺激关联产业发展，从广度和深度上对经济增长产生积极影响（Weng 和 Wang，2004）。

沿袭于此，基于旅游业发展对经济增长的贡献视角，研究文献主要存在两类分支。其一，核算经济贡献，即通过不同的经济方法度量旅游业发展对经济增长的产业贡献。主要方法包括投入产出分析（Input-output，I-O）、可计算一般均衡（Computable General Equilibrium，CGE）和旅游卫星账户（Tourism Satellite Account，TSA）　等（Frechtling，1999；Dwyer 等，2006；Sinclair 等，2010）。

其二，构建理论框架，主要来源于凯恩斯收入乘数效应理论（Cooper 等，2008）与外生或内生经济增长理论（Hazari 和 Sgrò，1995；Lanza 和 Pigliaru，1995；Lozano 等，2008）。前者是将旅游业视为外生总需求的一部分，通过多种传导渠道对地区收入和就业产生积极影响，即所谓的旅游乘数效应，但由于乘数理论存在缺陷，是一种短期分析。后者主要以 Lanza 和 Pigliaru（1995）的开拓贡献为典型代表，其理论思想是将卢卡斯两部门内生增长模型引入旅游研究，被认为是研究旅游发展与经济增长关系的理论逻辑起点，尤其为之后考察两者关系提供了理论基础。

我们重点分析后者。简要介绍下此内容核心观点：假设一个经济体系由制造业和旅游业两部门构成，制造业部门技术进步高于旅游业部门，当且仅当制造业与旅游业之间的贸易条件（the Terms of Trade）改善不仅仅能补偿两部门之间的技术差距，并且制造业产品与旅游产品之间替代弹性小于 1，即两种产品不具有紧密替代性的情况下，旅游专业化可以促进经济增长，这也得到 Algieri（2006）的研究证实。

Candela 和 Cellini（1997）基于相同的研究框架，认为经济体越小，贸易条件变动越能容易补偿技术差距（旅游专业化机会成本越小），所以倾向旅游专业化的国家规模都较小。Lanza 和 Pigliaru（2000）进一步放宽了假定条件，证实旅游资源禀赋程度较高的国家进行旅游专业化，即使贸易条件变动无法平衡技术差距，其也可拥有较高的经济增长率，这主要是因为旅游资源开发利用率提高可以在其中产生相应作用。当然，这也存在问题的另一面，即如果一个地区旅游资源的开发利用率随着之间推移超过其自身旅游资源的未来可持续成长潜力，旅游发展则并不会长期促进经济增长（Cerina，2007；Lozano 等，2008），但这并不是由于丰裕资源开发形成的“荷兰病”现象所致（Holzner，2011）。

上文所彰显研究意义大致如下：一是旅游发展对经济增长的产业贡献日益得到清晰刻画；二是得益于 Lanza 和 Pigliaru（1995，2000）以及 Brau 等人（2004，2007）的研究，对旅游业发展与经济增长关系的研究初见昭晰，主要理论分野在于，不仅肯定了旅游业发展对经济增长的积极意义，重要的是，将旅游产业视为决定经济增长的一个独立因素，从而将旅游业发展与经济增长关系的认知提升到了一个新的高度（刘睿等，2013）。

随着理论探索的深入推进，相应地实证检验工作就显得尤为必要。进入 21 世纪，聚焦两者关系的实证文献愈渐丰富。实质上，大致可分为两种，即单一国家研究（Single-country Studies）与跨国分组研究（Country-group Studies），主要以前者为主。其实，对单一国家的研究在早期主要侧重于案例研究，尤以 Shan 和 Wilson（2001）为代表，他们在对中国问题的研究中，首次尝试性地提出旅游发展与国际贸易之间存在着时间因果关系。之后 Balaguer 和 Cantavella-Jordà（2002）在对西班牙的研究中提出了“旅游导向型经济增长假说（Tourism-led Growth Hypothesis，TLGH）”，以此为标志，实证检验旅游发展与经济增长之间的关系可谓肇其端。然而，由于在研究对象、理论构建、模型设定以及计量技术方面的差异性，对 TLGH 成立与否，诸多研究结论仍莫衷一是、评价殊异。但是，毋庸置疑，主导性地仍推崇 TLGH 的存在性，而所使用的研究方法主要是针对单一国家的时间序列协整检验方法。质言之，主要是短期存在 TLGH 的国家：西班牙（Balaguer 和 Cantavella-Jordà，2002）、毛里求斯（Durbarry，2002）、尼加拉瓜（Croes 和 Vanegas，2008）、墨西哥（Brida 等，2008）、哥伦比亚（2009）、智利（Brida 和 Risso，2009）、哥伦比亚（Brida 等，2009）、台湾（Chen 和 Song，2009）、土耳其（Zortuk，2009）、乌拉圭（Brida 等，2010a）、意大利（Brida 等，2010b）、突尼斯（Belloumi，2010）、南非（Akinboade 和 Braimoh，2010）、约旦（Kreishan，2010）和马来西亚（Lean 和 Tang，2010）。

经验考察两者关系，还存在旅游业发展与经济增长互为因果关系和长期中 TLGH 并不存在两种研究结论。前者主要国家有希腊（Dritsakis，2004）、毛里求斯（Durbarry，2004）、土耳其（Ongan 和 Demiroz，2005）、西班牙（Cortés-Jiménez 和 Pulina，2006）、中国台湾（Kim 等，2006）和马耳他（Katircioglu，2009）等，后者主要国家有斐济（Narayan，2004）、韩国（Oh，2005）、中国（杨勇，2006）、土耳其（Katircioglu，2009）、中国香港（Tang 和 Jang，2009）、克罗地亚（James 和 Andrea，2010）和美国（Jin，2011）[①]。如果肯细看，以土耳其为例，对旅游业发展与经济增长关系的实证检验结论见仁见智，可见，对此问题的探析还需在完善计量检验技术基础上形成一致有益洞见。

对于跨国分组，主要沿着两条研究进路展开：面板模型回归与面板协整检验。面板模型回归仅能考察样本期内旅游发展对经济增长的影响关系与效应（或分组地区内），却无法判断长期关系与效应，我们仅对其择要阐释，例如，面板模型固定与随机效应回归、动态面板回归与非线性面板门槛回归等（Eugeniomartin 等，2004；Brau 等，2004；Fayissa 等，2011）。

与其相异，面板协整检验与估计则为判断变量之间长期关系与效应提供了严谨科学计量技术，其中，Lee 和 Chang（2008）首次将异质性面板协整技术引入旅游业发展与经济增长长期关系研究中，以判断两者在 OECD 和非 OECD 国家是否存在长期协整关系，由此开创了该内容研究的新思路。其基本结论为：OECD 和非 OECD 国家旅游发展与经济增长之间均存在面板协整

① 斐济、韩国、土耳其、中国香港和克罗地亚尽管不存在 TLGH，但却存在“经济增长驱动旅游发展假说（Economic-driven Tourism Hypothesis，EDTH）”。

关系，此外，无论是收入指标，抑或人次指标，非 OECD 国家旅游发展对经济增长的长期影响效应均大于 OECD 国家。此后，基于相同的研究框架引而申之，至少在我们视域范围内，国内外仅有 5 篇文献与本章论及内容直接相关。Narayan 等（2010）以 4 个太平洋岛国（斐济、汤加、巴布亚新几内亚和所罗门群岛）1988—2004 年为研究样本，在通过面板协整检验基础上，对协整方程进行 FMOLS 估计，研究结论显示 4 个国家入境旅游（旅游出口）与经济增长之间长期协整关系。紧接着，Dritsakis（2012）采用相同的研究方法，对 7 个地中海国家（西班牙、法国、意大利、希腊、土耳其、塞浦路斯和突尼斯）1980—2007 年的样本数据进行面板协整检验与估计证实，旅游发展（收入指标）与经济增长之间也存在长期协整关系（人次指标未通过面板协整检验），并且长期协整系数大于 1，充分凸显出旅游业发展对上述国家经济增长的长期战略意义。大体相沿，Felipa 和 Sofia（2012）利用 31 个欧洲国家 1988—2010 年样本数据，进一步经验证实旅游业发展与经济增长之间存在长期共同趋势。Ekanayake 和 Long（2012）的研究最具典型与全面性，他们将参考样本进行了极大可能扩展，对 140 个发展中国家 1995—2009 年面板数据进行实证检验，得出全样本 FMOLS 估计中旅游发展对经济增长存在长期显著影响效应，但分组样本则情况不一[①]。值得提及的是，王良健等（2010）首次将该方法应用到中国情境中，基于 31 个省际单元 1999—2007 年面板数据，研究发现国内旅游和入境旅游分别与经济增长存在长期协整关系。

综上诸端，我们对旅游业发展与经济增长之间的关系依次进行了理论与实证阐发，直切肯綮。测其全体，对此问题的研究表现出由简易到精深的演进脉络。评骘上述研究内容，约有三端：其一，从将旅游业发展视为对经济增长的一种产业贡献，到把旅游业发展纳入内生经济增长模型，此种理论认识上的向度转变为之后构建实证研究框架奠定了基础；其二，尽管单一截面两变量时间序列协整检验方法存在技术缺陷，但在对旅游发展与经济增长之间关系探究的滥觞期，不失为一种睿智之举，一方面，拓宽了对此问题的系统研究视域，另一方面，为政策制定者提供施政参考依据；其三，如上文所引，较为先进的异

① 他们将全样本分为五组：东亚和太平洋、欧洲和中亚、拉丁美洲和加勒比海、中东和北美、南亚和撒哈拉以南非洲地区。其中，在分组样本中，欧洲和中亚、拉丁美洲和加勒比海与南亚旅游发展对经济增长存在长期显著影响效应。

质性面板协整技术为我们提供了揭橥与剖析中国旅游发展与经济增长之间长期关系与效应的核心方法。具体到中国，杨勇（2006）采用两变量时间序列协整检验方法，研究发现1984—2004年期间中国国内旅游与经济增长之间并不存在长期协整关系，但是王良健等（2010）的研究则与其大有径庭。然而，王良健等（2010）的研究仍存三点阙疑：一是旅游业发展度量指标的构造值得商榷，二是未从整体上判断旅游业发展与经济增长之间的长期关系，三是含有单一回归变量协整方程的估计方法选择存疑。因此，在对中国问题的探讨上，犹有剩义，需要深入覆检重探。鉴于此，本章在遵循经典文献Lee和Chang（2008）及Ekanayake和Long（2012）研究范式基础上，为中国旅游发展与经济增长之间是否存在长期协整关系与效应提供最新经验佐证。

第三节　计量模型、变量与数据

一、计量模型

为了计量表征旅游发展与经济增长之间的长期关系，参考Seetanah（2011）与Ekanayake和Long（2012）研究思想，并参考Chirstopoulos和Tsionas（2004）与Shan（2005）模型构建思路，在传统Cobb-Douglas生产函数基础上，将旅游发展作为投入要素纳入解释变量框架中，构造出如下对数—线性计量实证模型：

$$\ln Y_{it} = A + \alpha \ln K_{it} + \beta \ln L_{it} + \gamma T_{it} + \varepsilon_{it} \tag{4.1}$$

其中，被解释变量Y表示经济增长；K表示物质资本存量，L表示劳动力投入量，T表示旅游发展；A是反映Hicks中性技术的生产率，主要是指除以上三要素之外能够引起技术变动的其他要素，为无法可观测部分；i和t分别代表省份和时间，ε是随机扰动项，表示与长期关系的偏离；α、β和γ分别表示物质资本、劳动力和旅游发展的产出弹性。

二、变量说明

1. 旅游发展

国外研究主要采用两种指标度量旅游发展水平，一种是旅游收入（Lee和Chang，2008；Adamou和Clerides，2009）；另一种是旅游人次（Cortés-Jiménez，2008；Kim等，2006）。前者是用旅游总收入与地区GDP之比作为代理指标，即通常所指的旅游产业专业化水平（Tourism Industry Specialization），用*TS*表示；后者是用旅游人次与地区人口总数之比作为代理指标，即人均旅游人次（Tourist Arrivals Per Capita），用*TP*表示。本章同时考虑以上两种旅游发展度量相对指标，与Lee和Chang（2008）及Dritsakis（2012）所构建的基准多变量回归模型保持一致，故式（4.1）可进一步拓展为两个计量经济模型：

$$\ln Y_{it} = a_i + b_t + \alpha \ln K_{it} + \beta \ln L_{it} + \gamma TS_{it} + \varepsilon_{it} \quad (4.2)$$

$$\ln Y_{it} = a_i + b_t + \alpha \ln K_{it} + \beta \ln L_{it} + \gamma TP_{it} + \varepsilon_{it} \quad (4.3)$$

2. 经济增长

采用各地区人均实际GDP度量，用*PGDP*表示。物质资本存量采用Goldsmith（1951）开创的永续盘存法，基本公式为：$K_{it} = I_{it} / P_{it} + (1-\delta_t)K_{i,t-1}$。其中，$K_{it}$表示第$i$地区第$t$年的资本存量，$K_{i,t-1}$表示第$i$地区第$t-1$年的资本存量，$I_{it}$表示第$i$地区第$t$年的固定资产投资，$P_{it}$表示相应的固定资产价格投资指数，$\delta_t$表示折旧率。为了得到初始资本存量和折旧率，本章参考张军等（2004）研究中所给出的1998年物质资本存量数据作为基数计算出本章初始物质资本存量，δ取值为9.6%。劳动力投入量：采用各地区年末从业人员数（万人）度量，用L表示。

三、数据来源

本章平衡面板数据特点是：（1）考虑到数据可得性，选取30个省份12年（1999—2010）样本数据，西藏自治区由于数据缺失严重予以剔除，由于受到1998年特大洪水灾害与亚洲金融危机影响，中国旅游产业受到重创，旅游统计数据奇异现象明显，故本章选取1999年作为样本初始年份；（2）除旅游发展度量指标来源于2000—2011年《中国旅游年鉴》之外，其他数据均来源于

2000—2011 年《中国统计年鉴》和中经网统计数据库。

第四节　计量检验与实证分析

为了确保面板数据的平稳性及防止伪回归，对各变量进行面板单位根及面板协整检验，以判断旅游发展与经济增长之间是否存在长期稳定均衡关系，在此基础上，采用 FMOLS 估计方法进行面板协整系数估计。

一、面板单位根检验

由于基准回归模型中所使用的变量均为宏观经济变量，因其在现实经济运行环境中具有时变性，常会受到非平稳性的干扰。因此，为了保证计量检验结果的有效性，克服伪回归问题，首先应对面板数据进行单位根检验，以检查其是否具有平稳性。面板单位根检验方法按照出现时间，可分为两个阶段：第一代面板单位根检验要求截面独立，又根据是否所有截面序列具有相同单位根过程，细分为同质单位根检验（Common Root Test）与异质单位根检验（Individual Root Test）两大类。前者主要有 LLC 检验、Breitung 检验和 Hadri 检验；后者主要有 IPS 检验、Fisher-ADF 检验、Fisher-PP 检验。第一代面板单位根检验在存在截面相关性时，检验结果可能并不可靠，然而新近出现的第二代面板单位根检验则假设存在截面相关的空间效应，对截面相关形式做了不同设定（截面弱相关和共同因子结构），可以同时考虑截面异质性与关联性，其中尤以 Pesaran（2007）发展的 CADF 检验最具典型。为了避免单一单位根检验的局限性，保证检验结果的稳健性，本章兼顾相同单位根与不同单位根的各类情况，同时使用七种单位根检验方法考察各变量数据平稳性。检验变量包括被解释变量 *GR* 与解释变量 *TP*、*TS*、*LNK*、*LNL*。

面板单位根检验结果如表 4-1 所示。需要注意的检验原理是，LLC 检验、Harris-T 检验、Breitung 检验、IPS 检验、Fisher-PP 检验、Hadri 检验和 Pesaran-CADF 检验的零假设均为存在单位根。其中，LLC 检验、Harris-T 检验、Breitung 检验和 Pesaran-CADF 检验的零假设为同质面板单位根，即截面系数相同的单位根；IPS 检验和 Fisher–PP 检验零假设是异质面板单位根，即截面系数不相同的单位根。

表 4–1 检验结果显示，LLC 检验、Harris–T 检验和 Hadri 检验拒绝某些变量原始数据“存在单位根”的零假设，认为某些变量为平稳时间序列，其他检验方法的结果则认为所有变量均为 I（1），即均无法拒绝“存在单位根”的零假设，各变量均为非平稳过程。需要强调的是，Maddala 和 Wu（1999）认为在有限样本、允许个体时间序列拥有随机成分等情况下，Fisher 型检验要优于其他检验。因此，在第一代面板单位根检验过程中，我们主要认同 Fisher 检验结果。另外，考虑到旅游发展与经济增长可能存在空间异质或依赖性，还应配合重点考察兼顾截面相关的第二代面板单位根 Pesaran–CADF 检验。两种代表性面板单位根检验结果都无法拒绝“存在单位根”的零假设，所以判定各变量的原始数据是非平稳的。

表 4–1　面板单位根检验

检验变量	检验方法							
	LLC	Harris–T	Breitung	IPS	Fisher–PP	Hadri	CADF	结论
PGDP	-1.054^{*}	0.891	1.065	−1.225	−0.614	5.981^{***}	0.701	I（1）
D（*PGDP*）	-2.765^{**}	-4.0^{19*}**	-7.668^{***}	-4.1^{89*}**	-8.776^{***}	−1.586	-3.673^{**}	I（0）
TS	-1.587^{*}	1.245^{*}	4.277	1.697	0.066	3.701^{**}	1.552	I（1）
D（*TS*）	-12.12^{***}	-21.43^{***}	-8.965^{***}	-6.764^{***}	14.61^{***}	−2.280	-0.388^{**}	I（0）
TP	2.290	2.312	9.802	6.361	−2.226	5.441	3.164	I（1）
D（*TP*）	-6.564^{***}	-7.383^{***}	0.374	-4.691^{***}	13.39^{***}	1.547	0.635^{*}	I（0）
LNK	6.429	4.750	1.216	1.518	1.141	4.158^{***}	3.100	I（1）
D（*LNK*）	-4.142^{***}	-6.129^{***}	-0.476^{**}	-5.983^{***}	16.85^{***}	−0.139	-0.116^{**}	I（0）
LNL	3.063	0.057	10.97	15.06	−5.036	12.90^{***}	−0.757	I（1）
D（*LNL*）	-6.271^{***}	-2.821^{**}	-1.409^{**}	-4.674^{***}	16.59^{***}	2.680	-1.988^{**}	I（0）

注：① D 表示变量一阶差分值；②面板单位根检验形式设定为含截距不含趋势项；③ Hadri 检验零假设为平稳序列；④ ***、** 和 * 分别表示 1%、5% 和 10% 显著性水平。

为避免直接对式（4.2）和式（4.3）进行伪回归，对各变量进行一阶差分值进行检验，一阶差分均为 I（0），即所有检验结果均在不同显著性水平上拒绝零假设，各变量一阶差分为平稳过程。因此，所有变量均为一阶单整，即为 I（1）过程。在时间序列中，Engle-Granger（1987）构建的协整检验是基于残差实现的：如变量之间存在协整关系，则残差应为 I（0）过程；如变量之间不存在协整关系，则残差应为 I（0）过程。随后，Pedroni（1999）和 Kao（1999）将 Engle-Granger 协整检验框架扩展到面板数据领域。根据上述计量先验认知，鉴于各变量同为一阶单整过程，初步可判断模型变量之间线性组合可能存在协整关系，下文可进行面板协整检验。

二、面板协整检验

一般来说，面板协整检验主要有两种方法：一种是零假设为“不存在协整关系”，基于平稳回归所得残差构造统计检验，对同质面板和异质面板均适用，代表性检验有 Pedroni（1999，2004）检验和 Kao（1999）检验；另一种是零假设为“存在协整关系”，基于回归残差的 LM 检验，代表性检验有 McCoskey & Kao（1998）检验和 Westerlund（2005）检验。按照一般研究惯例，考虑到面板协整检验稳健性，本章同时采用国内外研究普遍采用的 Pedroni 检验和 Kao 检验（杨俊、王佳，2012；Liddle，2012；Herzer 和 Nunnenkamp，2012）。Pedroni（1999）在没有协整关系的零假设条件下，利用协整方程，估计截面之间不同的斜系数、固定效应系数和个体确定趋势，通过构造 7 种形式面板协整检验统计量对回归残差进行平稳性检验，分别是用组内维度（Within-dimension）描述的 Panel v、Panel rho、Panel PP 与 Panel ADF 统计量和组间维度（Between-dimension）描述的 Group rho、Group PP 与 Group ADF 统计量。Pedroni（1999）建议，每一个标准化的统计量都趋于正态分布，但在小样本条件下，Panel ADF 和 Group ADF 统计量具有更优性质。Kao（1999）基于回归残差也构造出 DF 和 ADF 两种检验统计量，其中，ADF 统计量较为常见。

模型 1 和模型 2 面板协整检验结果如表 4-2 所示。Pedroni 检验中前 4 种统计量是同质性备择的检验结果，即假定所有截面具有共同的 AR 系数；后 3 种统计量是异质性备择的检验结果，即只要求每个截面的 AR 系数小于 1。Kao 检验则要求模型外生变量系数是齐性的，即不同截面外生变量系数相同。表 4-2 显示，Pedroni 检验结论并不一致，两种组内统计量 Panel v 和 Panel rho 与一种组间统计量 Group rho 均在 5% 水平上并不显著，即无法拒绝没有协整关系的零假设。Panel PP、Panel ADF、Group PP 和 Group ADF 统计量均在 1% 显著性水平上拒绝零假设，即表明模型存在协整关系。前已述及，Pedroni（1999）前已证明：在小样本中，Panel ADF 和 Group ADF 统计量检验效果最好，Panel v 和 Group rho 统计量检验效果最差，其他处于两者中间。考虑到本章数据样本偏小，Panel v 和 Panel rho 统计量可以不予考虑，在剩余 5 种检验统计量中，我们重点关注的具有小样本性质的 Panel ADF 和 Group ADF 统计量在 1% 水平上高度显著。因此，基本可认为变量之间存在协整关系。Kao 检验的 ADF 统计量也在 1% 显著性水平上拒绝零假设。

综上阐述，Pedroni 检验和 Kao 检验均认为模型 1 中 *TP*、*LNK*、*LNL* 和模型 2 中 *TS*、*LNK*、*LNL* 之间存在面板协整关系，即旅游发展与经济增长之间存在长期共同趋势，可以进一步估计协整方程，从而研究旅游发展对经济增长的长期积极作用。

表 4–2　面板协整检验

检验方法	统计量	模型1		模型2	
		统计量值	P值	统计量值	P值
Pedroni 检验	Panel v	–2.053	0.982	–2.224	0.989
	Panel rho	–2.372	0.875	2.867	0.999
	Panel PP	–3.928**	0.000	–6.113***	0.000
	Panel ADF	–8.209**	0.000	–5.238***	0.000
	Group rho	6.382	0.998	5.725	1.000
	Group PP	–14.236**	0.000	–8.651***	0.000
	Group ADF	–5.972**	0.000	–4.779***	0.000
Kao 检验	ADF	–4.417**	0.000	–5.934***	0.000

注：① ** 和 * 分别表示 1% 和 5% 显著性水平；② Pedroni 检验中，除 Panel v–stat 统计量是右侧检验以外，其他都是左侧检验。

三、面板协整估计

面板协整检验只能检验判断旅游发展与经济增长之间存在长期稳定均衡

关系，如要对协整关系进行具体估计，传统方法是直接对回归模型进行 OLS 估计，主要问题是，在面板数据模型中，可能存在的变量内生性和序列相关性会使 OLS 估计出现偏误（Blundell 和 Bond，1987；Arellano 和 Bond，1991）。为此，Phillips 和 Hansen（1990）首次提出对时间序列协整方程进行估计的 FMOLS 方法之后，Pedroni（2001）继而对其进行了发展完善，并拓展到异质性面板协整方程估计中。面板协整 FMOLS 估计方法对变量内生性与残差序列相关进行半参数校正，有助于克服伪回归问题。因此，本章采用适用于面板数据环境的 FMOLS 方法对两组面板协整方程进行估计。需要说明的是，Pedroni（2001）基于 FMOLS 的面板协整系数估计方法主要分为组内（Within-group）和组间（Between-group）两种形式，与组内面板估计方法相比，组间估计具有优良的小样本性质，并可提供基于样本均值的异质面板协整系数的一致性估计（Pesaran 和 smith，1995；Phillips 和 Moon，1999）。鉴于此，本章采用组间面板 FMOLS 方法进行面板协整系数估计[①]。

计量技术实现思路如下：首先分别对各个截面用 FMOLS 进行估计；然后，再进行面板协整系数估计，并对其 OLS 估计的系数进行非参数估计。Pedroni（2001）提出的截面组均值（Group Mean）估计方法，考虑了面板组间维度，提供了协整方程共同参数值的一致检验，并且优于混合面板（Pooled Panel）估计方法。在蒙特卡洛数值模拟过程中，估计的协整参数渐进无偏、一致，且具有稳健的有限样本性质，对数据的异质性也有较强的包容性。本章两模型面板协整检验结果分别见表 4–3 与表 4–4。

表 4–3 是模型 1 的面板 FMOLS 与个体 FMOLS 估计结果。面板 FMOLS 估计结果显示，全样本旅游发展（收入指标）对经济增长的长期影响弹性为 0.857，并且在 1% 水平上高度显著，说明在控制了 K 与 L 后，中国旅游发展对经济增长具有长期显著积极影响。同时，鉴于本章计量实证模型为对数—线性模型，即在其他条件不变的情况下，旅游产业专业化提升 10%，人均 GDP

---

① Stock 和 Watson（1993）发展的动态最小二乘法（Dynamic OLS，DOLS）是另一种面板协整方程估计方法。相比来讲，FMOLS 要求较少的假设条件，并且表现出较强的稳健性（Pedroni，2000）。但是，对于模型中包含单一回归变量的情况，Kao 和 Chiang（2000）认为 DOLS 估计偏误程度要小于 FMOLS。然而，由于 DOLS 包含解释变量超前项（Adding Lead）和差分滞后项（Lagging Difference Terms），当面板协整方程中包含多个解释变量或者时间序列有限时，DOLS 估计就会损失自由度，并影响估计效率。因此，本章选择面板协整方程 FMOLS 估计方法。

长期则相应提高 0.857%，最终将在长期正向促进经济增长提高 0.754%。此外，物质资本存量与劳动力投入量也均表现出对经济增长的长期显著影响，并且前者长期产出弹性（0.419）要明显大于后者（0.203），也反映出固定资产投资仍是促进中国经济长期增长的重要因素。个体 FMOLS 估计结果则显示，大部分省份均在不同显著性水平上显示出旅游发展对经济增长具有长期显著积极影响，这一占比达 70%。其中，有 7 个省份长期影响系数大于 1，依次分别是广东、上海、山东、辽宁、江苏、新疆和北京，意味着上述省份表现出旅游发展对经济增长的强势长期影响。然而，另有 9 个省份面板协整系数不显著，且都集中在中西部地区。

对上述实证结果进行撮述与归纳，经济发达省份旅游发展的创收能力对其增长的长期贡献意义相对突出。基于此种估计结果来思索其含义，旅游的增收能力与经济的增长规模之间可能存在“互动循环”效应，这一点存在长期的均衡稳定态势。经济增长规模大、质量高，从供求两端对旅游发展的支撑力强；旅游收入直接进入地方财政，通过分配与转移，依靠间接效应对经济增长的驱动力强。中西部地区现阶段由于产品结构单一、市场能级尚弱，旅游增收能力与经济增长规模之间互动强度不均衡，前者对后者的驱动效应要小于后者对前者的支撑强度。

表 4-3　全样本面板 FMOLS 和个体 FMOLS 面板协整估计结果（模型 1）

地区	*TS*	*LNK*	*LNL*
全国	0.857*** （8.69）	0.419*** （11.22）	0.203*** （16.65）
北京	1.018** （2.09）	0.310*** （2.66）	0.121** （2.23）
天津	0.972*** （6.17）	0.426*** （2.72）	0.187*** （3.81）
河北	0.581** （2.04）	0.585*** （3.45）	0.183** （2.18）
山西	0.433（1.47）	0.645*** （3.09）	0.194*** （6.40）
内蒙古	0.339（0.62）	0.732*** （6.03）	0.135*** （3.52）
辽宁	1.071*** （2.67）	0.574** （2.16）	0.235*** （3.52）
吉林	0.756*** （4.45）	0.624*** （9.60）	0.118（1.07）
黑龙江	0.838*** （6.44）	0.462*** （8.38）	0.212*** （6.31）
上海	1.192*** （5.79）	0.371*** （2.89）	0.217*** （5.82）

续表

地区	*TS*	*LNK*	*LNL*
江苏	1.049*** (2.95)	0.478*** (2.77)	0.131*** (5.60)
浙江	0.986*** (3.67)	0.435** (2.42)	0.171 (1.35)
安徽	0.359 (1.04)	0.724*** (3.65)	0.178*** (6.42)
福建	0.843*** (2.70)	0.336*** (3.37)	0.149** (2.52)
江西	−0.341 (−0.34)	0.662 (0.35)	0.215** (2.39)
山东	1.122*** (2.72)	0.445 (1.38)	0.251*** (3.65)
河南	0.515*** (2.63)	0.723** (4.55)	0.165 (1.17)
湖北	0.704*** (8.58)	0.562* (1.83)	0.254*** (6.45)
湖南	0.545*** (4.98)	0.758*** (7.82)	0.274* (1.63)
广东	1.221*** (2.60)	0.420*** (4.89)	0.125** (2.38)
广西	0.356 (1.24)	0.681* (1.56)	0.116 (0.20)
海南	0.533** (2.28)	0.474** (2.14)	0.134 (1.41)
重庆	0.894** (3.25)	0.493** (2.06)	0.151** (2.18)
四川	0.858*** (7.91)	0.461** (2.48)	0.212*** (3.63)
贵州	0.585 (0.84)	0.410 (0.66)	0.252 (0.87)
云南	0.887*** (6.26)	0.417** (2.44)	0.220*** (6.54)
陕西	0.843 (1.40)	0.512*** (3.13)	0.193* (1.57)
甘肃	0.716 (0.69)	0.647** (2.21)	0.117 (0.89)
青海	0.514*** (3.02)	0.773** (2.14)	0.250 (0.12)
宁夏	−0.551 (−0.22)	0.855 (0.54)	0.246 (0.46)
新疆	1.047** (2.42)	0.491** (2.06)	0.139*** (3.17)

注：***、** 和 * 分别表示 1%、5% 和 10% 显著性水平；括号内 t 统计量。
西藏自治区由于数据缺失严重予以剔除。

表 4–4 是模型 2 的面板 FMOLS 与个体 FMOLS 估计结果。面板 FMOLS 估计结果显示，全样本旅游发展（人次指标）对经济增长的长期产出弹性为 0.653，也在 1% 水平上显著，同样说明中国旅游发展不仅对经济增长具有长期显著积极影响，而且人均旅游人次每提升 10%，人均 GDP 则提高 0.653%，长期中带动经济增长提高 0.134%。个体 FMOLS 估计结果也显示出，与表 4–3

相同比例的省份旅游发展对经济增长具有长期显著正向效应，其中，山东长期影响系数最大，为1.02。

表4–4　全样本面板FMOLS和个体FMOLS面板协整估计结果（模型2）

地区	*TP*	*LNK*	*LNL*
全国	0.653*** (7.15)	0.345*** (6.12)	0.184*** (10.94)
北京	0.810*** (2.94)	0.321** (2.17)	0.172** (2.87)
天津	0.623** (2.39)	0.426** (2.50)	0.187** (3.81)
河北	0.614*** (2.58)	0.416*** (3.76)	0.142** (1.98)
山西	0.393 (0.96)	0.770 (1.09)	0.112*** (3.89)
内蒙古	−0.157*** (−2.86)	0.584*** (8.85)	0.225*** (5.86)
辽宁	0.607** (2.09)	0.545** (2.12)	0.169*** (2.88)
吉林	0.552** (2.39)	0.494** (2.02)	0.109* (1.88)
黑龙江	0.577*** (3.46)	0.301*** (4.59)	0.218*** (3.77)
上海	1.014*** (6.51)	0.303*** (3.03)	0.174** (2.41)
江苏	0.891** (2.54)	0.233** (2.16)	0.270*** (2.27)
浙江	0.842** (2.05)	0.336** (2.75)	0.180** (2.12)
安徽	0.398 (0.51)	0.535*** (5.09)	0.186*** (3.43)
福建	0.729*** ((7.55)	0.363*** (4.74)	0.148** (2.54)
江西	0.547*** (4.39)	0.432* (1.56)	0.181** (2.39)
山东	1.020** (2.33)	0.308** (2.01)	0.204*** (2.96)
河南	0.625** (2.21)	0.364*** ((2.62)	0.189** (2.28)
湖北	−0.368 (−0.13)	0.529* (1.90)	0.255*** (4.58)
湖南	0.611** (2.15)	0.447*** (5.01)	0.162*** (3.32)
广东	1.007** (2.23)	0.402*** (3.59)	0.172*** (4.74))
广西	0.426 (0.64)	0.515 (0.06)	0.201 (1.26)
海南	0.713*** (6.67)	0.440*** (2.59)	0.112* (2.68)
重庆	0.724*** (3.80)	0.348*** (2.72)	0.162*** (2.18)
四川	0.728*** (2.61)	0.409** (2.15)	0.113*** (6.59)
贵州	0.557 (0.74)	0.415 (0.34)	0.211 (1.14)
云南	0.635*** (5.49)	0.564** (2.47)	0.152*** (8.61)
陕西	0.582 (1.09)	0.407*** (3.71)	0.188 (0.86)

续表

地区	*TP*	*LNK*	*LNL*
甘肃	0.565（0.29）	0.372*（1.49）	0.249（0.56）
青海	−0.236（−0.81）	0.619（1.29）	0.247（0.28）
宁夏	0.485*（1.72）	0.521（0.19）	0.168（0.20）
新疆	0.766***（6.04）	0.443***（4.22）	0.172***（4.29）

注：同表 4-3。

综上两者，即可得出本章基本研究结论：中国旅游发展不仅与经济增长之间存在长期均衡协整关系，而且旅游发展对经济增长呈现出显著的长期正向影响。质言之，本章从实证上提出了 TLGH 在中国成立的经验佐证。就其长期产出弹性而言，以收入指标度量的旅游发展长期弹性要大于人次指标，这也与 Lee 和 Chang（2008）和王良健等（2009）的研究一致。根据现实情形推想，旅游收入对经济增长的促进作用具有即时直接性，而旅游人次则具有延迟分散性，其中差异隐含一个重要因素，即旅游人次多，并不绝对意味着会产生相应较高的旅游收入，换言之，旅游消费强度则是关键因素，而这又取决于旅游目的地的发展模式与综合竞争力。

四、稳健性分析

根据经济增长度量指标的不同，本章稳健性分析主要包括两部分：因变量分别为经济增长率（*GR*）和地区国内生产总值（*GDP*），面板协整方程 FMOLS 估计结果见表 4–5，其所列结果验证了上文所得研究结论的稳健性。

表 4–5 显示，当用平减后的 GDP 总量作为因变量度量指标时，所得结果与本章关键主旨一致，即旅游产业专业化和人均旅游人次每提升 10%，GDP 总量会相应地正向提高 2.062% 和 0.414%。同样地，旅游发展对经济增长率也具有显著长期影响效应，具体表现为旅游产业专业化和人均旅游人次每变动 1 单位，则会正向促进经济增长率长期中分别提高 0.016 个和 0.014 个单位。

表 4–5　稳健性分析

变量	*LNGDP*				*GR*			
	TS		*TP*		*TS*		*TP*	
	长期系数	T统计量	长期系数	T统计量	长期系数	T统计量	长期系数	T统计量
TS	0.588**	2.062			0.016**	1.964		
TP			0.414***	7.194			0.014***	3.592
LNK	0.422**	2.191	0.315***	4.119	0.464***	2.996	0.501***	4.793
LNL	0.227***	4.033	0.143***	4.635	0.219***	4.718	0.119***	4.235

注：***、** 和 * 分别表示 1%、5% 和 10% 显著性水平。

第五节　本章结论

本章基于中国 30 个省份 1999—2010 面板数据，在对模型变量平稳性进行两代面板单位根检验基础上，通过构建多变量线性—对数计量经济模型，利用新近发展的异质性面板协整技术对中国旅游发展与经济增长之间是否存在长期均衡协整关系进行实证检验，并对其协整方程进行 FMOLS 估计，进而得出中国旅游发展对经济增长的长期产出弹性。同时，本章的研究结论也分别通过了两种稳健性分析。

长期以来，囿于旅游经济学实证研究方法的局限，特别是以传统时间序列分析为代表的研究范式占据主流，导致围绕旅游业发展与经济增长之间关系的研究论断含义迥异，在理解上常滋纷扰，对于中国的情况不外如是。同时，伴随中国旅游经济规模迅速扩张的产业变迁背景，严谨客观地明晰旅游发展与经济增长之间的长期关系则显得尤为必要，核心宏旨在于为中央和地方政府制定旅游产业政策提供经验证据。本章在中国情境中引入先进计量检验技术，对中国旅游发展与经济增长之间的长期关系窃尝论之，力求断辞则备。

本章的研究结论可以述其荦荦大端如下：中国旅游发展与经济增长之间存在长期稳定均衡协整关系。考其要归，中国情境不仅支持 TLGH 的存在性，而且旅游业发展对经济增长具有长期显著积极影响，以收入和人次指标度量的旅游发展对经济增长的长期产出弹性分别为 0.857 和 0.653。

具体到本章所引研究方法，仍需考究完善，日渐精深完善的计量检验技术将为论证阐释旅游业发展与经济增长之间的真实关系提供实现可能。例如，Westerlund（2005，2006，2007）先后发展的包含结构突变的面板协整技术逐渐受到青睐。其优势在于三方面：一是国家或地区的制度变迁对面板数据造成冲击，将会影响协整检验结果，而 Westerlund 检验充分考虑到此点；二是无论是异质面板协整 Pedroni 检验，还是同质面板协整 Kao 检验技术，其检验统计量均为似然比，而此类检验并不适用于具有截面相关的面板数据，而 Westerlund 检验则使用自举法改进了 *LM* 检验功效（郑丽琳、朱启贵，2012）；三是如若先验判断两经济变量之间可能存在协整关系，则零假设为“存在协整关系”的统计检验更为准确有效，Westerlund 检验原理正是如此。这也是本章今后持续研究此内容的方向。

本研究所蕴含的政策指导意义清晰可见。首先，旅游业发展对经济增长具有长期积极意义，这就要求政府在制定旅游产业政策时，需注意政策实施的长期持续性，这对具有敏感性的旅游产业来讲十分重要，如此，可有效释放旅游产业对经济增长的贡献潜力。其次，盲目追求旅游人次增长，并不代表会对经济增长产生较大影响，相反，亦可能会产生多种负面影响。然而，通过转型升级旅游产业结构、创新提升旅游产品品质以及培育增强旅游产业竞争力等举措，提高旅游消费强度和旅游创收能力，才能从更大程度上促进经济增长。

参考文献：

［1］Adamou A，Clerides S. Prospects and Limits of Tourism-Led Growth：The International Evidence［R］. Social Science Electronic Publishing，2009.

［2］Akinboade O A，Braimoh L A. International tourism and economic development in South Africa：A Granger causality test［J］. International Journal of Tourism Research，2010，12（2）：149-163.

［3］Algieri R. International tourism specialization of small countries［J］. International Journal of Tourism Research，2006，8（1）：1-12.

［4］Arellano M，Bond S. Some tests of specification for panel data：Monte Carlo ecidence and an application to employment equation [J] . Review of Economic Studies，1991，58（2）：277–297.

[5] Balaguer J，Cantavellajordá M. Tourism as a long–run economic growth factor：the Spanish case [J] . Applied Economics，2002，34（7）：877–884.

[6] Belloumi M. The relationship between tourism receipts，real effective exchange rate and economic growth in Tunisia [J] . International Journal of Tourism Research，2010，12（5）：550–560.

[7] Brau R，Lanza A，Pigliaru F. How fast are small tourism countries growing? Evidence from the data for 1980 — 2003 [J] . Tourism Economics，2007，13（4）：603–613.

[8] Brau R，Lanza A，Pigliaru F. How fast are tourism countries growing? The cross country evidence [A] . Lanza A，Markandya A，Pigliaru F. The economics of tourism and sustainable development [C] . UK：Edward Elgar，2004，1–32.

[9] Brida J G，Lanzilotta B，Lionetti S，et al. The tourism–led growth hypothesis for Uruguay [J] . Tourism Economics，2010b，16（3）：765–771.

[10] Brida J G，Pereyra J S，Risso W A，et al. The tourism–led growth hypothesis：Empierical evidence from Colombia [R] . Mpra Paper，2009.

[11] Brida J G，Risso W A. Tourism as a Factor of Long–Run Economic Growth：An Empirical Analysis for Chile [J] . European Journal of Tourism Research，2009，2（2）：178–185.

[12] Brida J，Barquet A，Risso W. Causality between economic growth and tourism expansion：Empirical evidence from Trentino–Alto Adige [J] . Tourismos：An International Multidisciplinary Journal of Tourism，2010a，5（2）：87–98.

[13] Brida J，Carrera E，Risso W. Tourism's impact on long–run Mexican economic growth [J] . Economic Bulletin，2008，3（21）：1–8.

[14] Buhalis D，Law R. Progress in information technology and tourism management：20 years on and 10 years after the Internet – The state of e–Tourism research [J] . Tourism Management，2008，29（4）：609–623.

[15] Candela G，Cellini R. Countries'size，consumers'preference and specialization in tourism：A note [J] . Rivista Internazionale di Scienze Economiche e–Commmerciali，1997，44（4）：451–457.

[16] Cerina F. Tourism specialization and environmental sustainability in a dynamic economy [J] . Tourism Economics，2007，13（4）：553–582.

[17] Chang C L，Khamkaew T，Mcaleer M. A Panel Threshold Model of Tourism Specialization and Economic Development [J] . International Journal of Intelligent Technologies & Applied Statistics，2009，3（2）：159–186.

[18] Chirstopoulos K，Tsionas G. Financial development and economic growth：Evidence from panel unit root cointergration tests [J] . Journal of Development Economics，2004，73 (1)：55–74.

[19] Cooper C，Fletcher J，Gilbert D，Wanhill S，Fyall A. Tourism，Principles and Practice [M] . Essex：Prentice Hall，2008.

[20] Cortés J I. Which type of tourism matters to the regional economic growth? The cases of Spain and Italy [J] . International Journal of Tourism Research，2008，10 (2)：127–139.

[21] Cortésjiménez I，Pulina M. A Further Step into the ELGH and TLGH for Spain and Italy [R] . Working Papers，2006，1–23.

[22] Croes R，Vanegas M S. Cointegration and causality between tourism and poverty reduction. [J] . Journal of Travel Research，2008，47 (1)：94–103.

[23] Dritsakis N. Tourism as a long–run economic growth factor：an empirical investigation for Greece using causality analysis [J] . Tourism Economics，2004，10 (3)：305–316.

[24] Dritsakis N. Tourism Development and Economic Growth in Seven Mediterranean Countries：A Panel Data Approach [J] . Tourism Economics，2012，18 (4)：801–816.

[25] Durbarry R. The Economic Contribution of Tourism in Mauritius [J] . Annals of Tourism Research，2002，29 (3)：862–865.

[26] Durbarry R. The economic contribution of tourism in Mauritius [J] . Annals of Tourism Research，2004，29 (3)：862–865.

[27] Dwyer T，Hong S H，Koschützki D，et al. Visual analysis of network centralities. [C] // Asia–pacific Symposium on Information Visualization. 2006.

[28] Ekanayake E，Long A E. Tourism Development and Economic Growth in Developing Countries [J] . International Journal of Business & Finance Research，2012，6 (1)：51–63.

[29] Engle R，Granger C. Cointegration and error correction：Representation，estimation，and testing [J] . Econometrica，1987，55 (2)：251–276.

[30] Eugeniomartin J L，Martín Morales N，Scarpa R. Tourism and Economic Growth in Latin American Countries：A Panel Data Approach [J] . Social Science Electronic Publishing，2004.

[31] Fayissa B，Nsiah C，Tadesse B. Research note：Tourism and economic growth in Latin American countries–further empirical evidence [J] . Tourism Economics，2011，17 (6)，1365–1373.

[32] Felipa M，Sofia S. Tourism and growth in European countries：An application of likelihood–based panel cointegration [R] . Lisbon：ISCTE–IUL Institute University of Lisbon，2012，1–12.

[33] Feng R，Morrison A. Quality and value network. Marketing travel clubs [J] . Annals

of Tourism Research，2007，34（3）：588–609.

［34］Frechtling D C. The tourism satellite account：foundations，progress and issues［J］. Tourism Management，1999，20（1）：163–170.

［35］Goldsmith. A perpetual inventory of national wealth［R］. NBER Studies in Income and Wealth，1951，5–61.

［36］Hazari B，Sgrò P. Tourism and growth in a dynamic model of trade［J］. Journal of International Trade and Economic Development，1995，4（2）：243–252.

［37］Helpman E，Krugman P. Market structure and foreign trade［M］. Cambridge：The MIT Press，1985，21–35.

［38］Herzer D，Nunnenkamp P. The effect of foreign aid on income inequality：Evidence from panel cointegration［J］. Structural Change & Economic Dynamics，2012，23（3）：245–255.

［39］James P，Andrea M. Research note：The tourism–growth nexus in Croatia［J］. Tourism Economics，2010，16（4）：1089–1094.

［40］Jin J C. The effects of tourism on economic growth in Hong Kong［J］. Cornell Hospitality Quarterly，2011，52（3）：333–340.

［41］Kao C. Spurious regression and residual–based tests for cointegration in panel data［J］. Journal of Econometrics，1999，90（1）：1–44.

［42］Katircioglu S T. Revisiting the tourism–led–growth hypothesis for Turkey using the bounds test and Johansen approach for cointegration［J］. Tourism Management，2009，30（1）：17–20.

［43］Katircioglu S T. Testing the tourism–led growth hypothesis：The case of Malta［J］. Acta Oeconomica，2009，59（3）：331–343.

［44］Kim H J，Chen M H，Jang S C. Tourism expansion and economic development：The case of Taiwan［J］. Tourism Management，2006，27（5）：925–933.

［45］Krueger A O. Trade policy as an input to development［J］. American Economic Review，1980，70（2）：288–292.

［46］Lanza A，Pigliaru F. Specialization in tourism：The case of a small open economy［A］. 1995.

［47］Lanza A，Pigliaru F. Tourism and economic growth：Does a country's size matter?［J］. Rivista internazionale di Scienze Economiche e–Commerciali，2000，47（1）：77–85.

［48］Lean H，Tang C. Is the tourism–led growth hypothesis stable for Malaysia? A note［J］. International Journal of Tourism Research，2010，12（4）：375–378.

［49］Lee C C，Chang C P. Tourism development and economic growth：A closer look at panels［J］. Tourism Management，2008，29（1）：180–192.

［50］Lee C G，Hung W T. Tourism，health and income in Singapore［J］. International

Journal of Tourism Research，2010，12（4）：355–359.

［51］Liddle，Brantley. The importance of energy quality in energy intensive manufacturing：Evidence from panel cointegration and panel FMOLS［J］. Energy Economics，2012，34（6）：1819–1825.

［52］Lozano J，Gómez C M，Reymaquieira J，et al. The TALC hypothesis and economic growth theory［J］. Tourism Economics，2008，14（4）：727–749.

［53］Lozano J，Gomez C，Rey M J. The TALC hypothesis and economic growth theory［J］. Tourism Economics，2005，14（4）：727–749.

［54］Maddala G S，Wu S. A comparative study of unit root tests with panel data and a new simple test［J］. Oxford Bulletin of Economics & Statistics，1999，61（S1）：631–652.

［55］Mccoskey S，Kao C. A Residual–Based Test of the Null of Cointegration in Panel Data［J］. Econometric Reviews，1998，17（1）：57–84.

［56］Mckinnon R I. Foreign exchange constraints in economic development and efficient aid allocation［J］. Economic Journal，1964，74（294）：388–409.

［57］Narayan P，Narayan S，Prasad A. Tourism and economic growth：A panel data analysis for Pacific Island countries［J］. Tourism Economics，2010，16（1）：169–183.

［58］Oh C O. The contribution of tourism development to economic growth in the Korean economy［J］. Tourism Management，2005，26（1）：39–44.

［59］Ongan S，Demiroz D. The contribution of tourism to the long–run Turkish economic growth［J］. Ekonomick Casopis，2005，53（9）：880–894.

［60］Pedroni P. Critical Values for Cointegration Tests in Heterogeneous Panels with Multiple Regressors［J］. Oxford Bulletin of Economics & Statistics，1999，61（S1）：653–670.

［61］Pedroni P. Fully modified OLS for heterogeneous cointegrated panels［J］. Department of Economics Working Papers，2000，15（1）：93–130.

［62］Pedroni P. Panle cointegration：Asymptotic and finite sample properties of pooled time series tests with an application to the PPP hypothesis［J］. Department of Economics Working Papers，2004，20（3）：597–625.

［63］Pedroni P. Purchasing Power Parity Tests in Cointegrated Panels［J］. Department of Economics Working Papers，2001，83（4）：727–731.

［64］Pesaran H，Smith R. The natural rate of unemployment：The natural rate hypothesis and its testable implications［M］// The Natural rate of unemployment，1995.

［65］Pesaran H. A simple panel unit root test in the presence of cross–section dependence［J］. Journal of Applied Econometrics，2007，22（2）：265–312.

［66］Phillips P C B，Hansen B E. Statistical Inference in Instrumental Variables Regression with I（1）Processes［J］. Review of Economic Studies，1990，57（1）：99–125.

［67］Phillips P，Moon H. Linear regression limit theory for nonstationary panel data［J］. Econometrica，1999，67（5）：1057–1112.

［68］Sarantis N，Stewart C. Saving Behaviour in OECD Countries：Evidence from Panel Cointegration Tests［J］. Manchester School，2010，69（s1）：22–41.

［69］Seetanah B. Assessing the dynamic economic impact of tourism for island economies［J］. Annals of Tourism Research，2011，38（1）：291–308.

［70］Shan J，Wilson K. Causality between trade and tourism：empirical evidence from China［J］. Applied Economics Letters，2001，8（4）：279–283.

［71］Shan J. Does financial development 'lead' economic growth? A vector auto-regression appraisal［J］. Applied Economics，2005，37（12）：1353–1367.

［72］Thrane C. Earnings differentiation in the tourism industry：Gender，human capital and socio-demographic effects［J］. Tourism Management，2008，29（3）：514–524.

［73］Weng C C，Wang K L. Scale and scope economies of international tourist hotels in Taiwan［J］. Tourism Management，2004，25（6）：761–769.

［74］Westerlund J. New simple tests for panle cointegration［J］. Econometric Review，2005，24（3）：297–316.

［75］Westerlund J. Testing for error correction in panel data［J］. Oxford Bulletin of Economics and Statistics，2007，69（6）：709–748.

［76］Westerlund J. Testing for panel cointegration with a level break［J］. Economics Letters，2006，91（1）：27–33.

［77］Zortuk M. Economic impact of tourism on Turkey's economy：Evidence from cointegration tests［J］. International Research Journal of Finance and Economics，2009，25（2）：231–239.

［78］刘睿，李立华，唐伟．旅游是战略性支柱产业还是独立经济增长因子？——关于国外旅游和经济增长关系研究的综述［J］. 旅游学刊，2013，28（5）：35–42.

［79］王良健，袁凤英，何琼峰．基于异质面板模型的我国省际旅游业发展与经济增长研究［J］. 经济地理，2010，30（2）：311–316.

［80］杨俊，王佳．金融结构与收入不平等：渠道和证据——基于中国省际非平稳异质面板数据的研究［J］. 金融研究，2012（1）：116–128.

［81］杨勇．旅游业与我国经济增长关系的实证分析［J］. 旅游科学，2006，20（2）：40–46.

［82］张军，吴桂英，张吉鹏．中国省际物质资本存量估算：1952—2000［J］. 经济研究，2004，（10）：35–45.

［83］郑丽琳，朱启贵．中国碳排放库兹涅茨曲线存在性研究［J］. 统计研究，2012，29（5）：58–65.

第五章　旅游业与经济增长的非线性门槛效应

第一节　引言

旅游业发展与经济增长之间的关系历来是业界和学界关注的热门话题。2014 年，旅游业对全球经济的综合贡献达 7.58 万亿美元，约占全球 GDP 的 9.8%，创造就业机会 2.77 亿个，占全球就业人数的 9.4%（WTTC，2015）。同期，中国旅游业对 GDP 的综合贡献则达 6.61 万亿元，占 GDP 的 10.39%。旅游业直接和间接就业人数为 7873 万，占全国就业总人数的 10.19%。对比来看，中国旅游发展对经济增长的贡献程度略高于全球平均水平。旅游业因其可以为目的地创造外汇、带动就业、增加税收和平衡收支，逐渐成为一国或地区促进经济增长的战略工具（Archer，1995；Archer 和 Fletcher，1996；Sahli 和 Nowak，2007）。进而，全球范围内，围绕旅游发展与经济增长关系的应然性研究层出不穷（Pablo-Romero 和 Molina，2013），并为特定的国家或地区在发展经济过程中，在制定与旅游业发展相关政策时提供了理论认知和判断依据。

1998 年中央经济工作会议提出将旅游业作为国民经济新的增长点，成为中国旅游业发展模式由“计划事业型”向“市场产业型”转变的标志。自此，中国旅游业发展进入快速发展时期。通过观察中国 1999—2014 年旅游业专业化（旅游总收入 GDP 占比）变化趋势可以发现，尽管对旅游发展变化趋势的线性拟合呈现单调增高，但却无法掩盖旅游发展对经济增长综合贡献阶段变化的非一致性。毫无疑问，中国旅游业绝对规模正经历高速扩张期，通过发展旅游业带动经济增长，是否能成为经济转型期产业结构优化的有益选择还需深入研究。图 5-1 所隐含的一个重要信息是，由于时变环境的存在，旅游业发展同时具有波动性，从而导致其对经济增长的产业贡献也并非持续稳定。这种实践现象，在研究旅游发展与经济增长之间关系时需要谨慎对待（Arslanturk 等，2011；Balcilar 等，2014）。显然，这直接关系到旅游发展对经济增长影响效应的时变非线性。

目前，对旅游业发展与经济增长关系的研究主要涉及三个方向：其一，测算旅游经济贡献（Dwyer 等，2003）；其二，应用增长模型框架（Lanza 和 Pigliaru，2000）；其三，检验两者因果关系（Balaguer 和 Catavella–Jordá，2002）。然而，如果将时变环境因素纳入到旅游业影响经济增长的研究框架，细察来看，既有文献无论是在方法论，还是在分析框架上，均存在与实践现象相悖的学理弊端。首先，旅游经济影响的评估模型主要反映的是旅游业对经济增长的静态贡献，并且忽视了旅游业发展与经济增长关系的动态特征，受到 Lean 和 Tang（2010）及 Tang 和 Tan（2013）的质疑。其次，尽管现有研究遵循将旅游业纳入经典增长模型基础上的实证分析思路，但具体研究范式仍拘泥于线性框架，因而无法反映出旅游业与经济增长之间关系的非线性特征，尤其很难识别出旅游业影响经济增长的门槛效应。

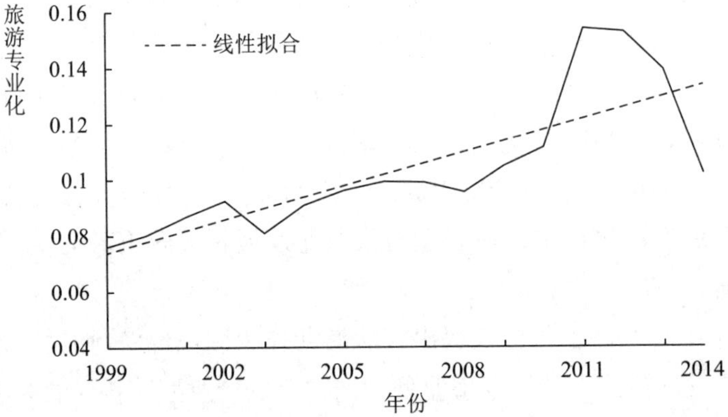

图 5–1　中国旅游专业化变化趋势

尽管，一个基本的共识是，旅游业发展对经济增长具有积极贡献（Khan 等，1995；Lee 和 Kwon，1995），但也有对此持相左的观点（Forsyth 等，1995；Palmer 和 Riera，2003）。该种争论始于 20 世纪 90 年代，焦点在于理论解析和实证检验两方面。假设理论差异在于研究视角的不同，那么实证检验结论的迥异则会受到截面异质性的干扰（Lee 和 Chang，2008）。因此，为了提高旅游业发展与经济增长之间非线性关系的估计效率，本章引入由 González 等（2005）所发展的面板平滑转换回归（Panel Smooth Transition Regression，PSTR）模型对旅游业经济影响非线性效应进行实证检验。PSTR 模型是以捕捉面板数据的截面异质性为主要研究目的的非线性回归模型，可以有效刻画面板数据的截面异质性，因而更符合社会经济的现实情境。

本章对旅游经济研究文献的补充和推进主要体现在如下三端。第一，在研究视角上，已有对旅游业发展与经济增长的经验研究主要停留在线性模型基础上，然而，无论是对两者关系的实践发现，抑或理论判断，旅游业发展与经济增长之间的非线性关系更加贴近经济现实。鉴于此，从旅游业经济影响非线性效应这一视角切入，检验与评估旅游业发展影响经济增长的关系与效应，对如何制定旅游产业政策以提升经济贡献具有重要的现实意义。第二，在研究方法上，PSTR 模型进一步放松了非线性面板门槛回归（Panel Threshold Regression，PTR）模型的严格约束条件，在有效刻画截面异质性特征的同时，允许估计参数随转换变量进行平滑变化，相比传统的面板固定效应或随机效应模型估计更具效率。第三，在研究内容上，丰富了旅游业影响经济增长方面的研究文献，尤其是拓展了旅游导向型经济增长（Tourism-led Growth，TLG）假说的研究体系，基于中国省际面板数据，借以探索旅游业发展影响经济增长的内在机制，从而为“TLG 在中国是否有效”的学术论证提供一种经验解释。

第二节 文献评述与理论探索

历史上，经济繁荣主要依赖于农业和制造业部门增长。因此，旅游业在经济活动中常被低估，并且被认为是非增长导向部门，很少受到经济学者和政策制定者的青睐（Papatheodorou，1999）。然而，当前旅游业已成为全球快速增长的服务业部门之一，其发展速度已经超过了全球整体经济增速。旅游业发展可通过溢出效应和外部性对经济活动产生积极影响，进而促进地区经济增长（Marin，1992）。

关于旅游业影响经济增长的研究文献，早期主要集中探讨旅游业收入的经济贡献，最初思想主要来源于McKinnon（1966）的“旅游创汇说”。随后，Gray（1966）通过测算发现，美国对世界其他地区的人均旅游需求收入弹性为5.13，加拿大则为6.6，从而初步证实了国际旅游收入对经济增长的贡献潜力。再者，旅游需求只有转换为旅游支出，并借助消费的乘数效应，才能综合提升旅游业发展对经济增长的拉动作用（Sinclair，1998）。于是，如何测度旅游消费支出变动所产生的经济效应成为旅游经济学研究的一个重要分支，代表性研究方法包括投入产出分析（Frechtling和Horváth，1999）、一般均衡模型（Dwyer等，2004）和旅游卫星账户（Ivanov和Webster，2006）。

为了寻求旅游业经济贡献的理论支撑，探析旅游业发展影响经济增长的溢出途径便成为应然性的研究关照。第一，旅游业对经济增长的直接贡献表现在提供外汇收入、创造就业岗位和增加税收收入（Belisle和Hoy，1980；Davis等，1988；Uysal和Gitelson，1994）。第二，地区间旅游业投资竞争效应提升了旅游相关企业生产率，进而规模经济扩大，生产成本降低，有益于经济增长（Krueger，1980）。第三，旅游业通过对其关联产业的间接诱导效应带动经济增长（Slee等，1997）。第四，旅游业也是技术知识扩散、研发投入和人力资本积累的重要因素（Braun，2003；Nowak等，2007）。除此以外，在Feder（1983）经济模型中，出口导向型增长（Export-led Growth）假说为旅游业促进经济增长开辟了另一种认识视角。既有出口导向型增长文献主要关注可贸易品与经济发展之间的关系，并未考虑到非贸易品。但是，随着非贸易品与经济增长之间关系的理论模型逐渐成为近期研究热点（Kim等，2006），基于这一新的认识视角，旅游业作为一种非贸易品的出口部门（Theobald，2001），某种程度上就引申出了旅游业是否会相应地促进经济增长的问题。沿着国际旅游业与贸易之间关系的研究脉络，Gray（1970）和Keintz（1971）最早对两者关系进行了探索，包括最近的大部分研究（Kadir和Jusoff，2010；Lionetti和Gonzalez，2012），均支持旅游业和贸易之间存在协整关系。

旅游业与经济增长之间的关系貌似硬币的正反面。旅游业作为经济增长的工具同样会受到质疑（Brohman，1996；Diagne，2004）。Sánchez-Rivero

等（2013）指出，一国旅游业不会自动引发经济增长，除非有鼓励这一过程的条件。例如，需要强化旅游业部门人力资本投资（Sinclair，1998）、增加公共安全支出（Dunn 和 Dunn，2002）和实施环境保护政策（Gursoy 和 Rutherford，2004）等。

对旅游业正面影响经济增长的经典批判当数 Copeland（1991）的“去工业化”学说和 Chao 等（2006）的“荷兰病”效应，两种观点的理论进路相似。Copeland（1991）认为旅游业扩张增加了非贸易品消费，贸易条件得到改善，但资源配置从可贸易部门（资本密集型）到非贸易部门（劳动密集型）的资本缩减过程，导致实际汇率升值，进而削弱了可贸易部门的外部竞争力，最终出现去工业化（De-industrialization）现象。资本和劳动力要素从传统贸易部门流向非贸易部门，实际汇率升值，就会产生一种经济“病”，即“荷兰病”，旅游业对经济增长的短期积极效应会引起长期经济体萎靡（Corden 和 Neary，1982）。Chao 等（2006）认为旅游业扩张分别通过资源效应和消费效应引发“荷兰病”，一方面，旅游业作为繁荣部门（Booming Sector）需要来自其他部门的资源要素保持生产；另一方面，旅游业扩张改善了贸易条件，外汇收入的增加刺激了对非贸易品的消费需求，抬升了非贸易品相对价格，进而又引起非贸易部门对资本和劳动需求的扩大，使得传统贸易部门凋敝。最终，实际汇率升值和国内商品价格上升，竞争力受到削弱，经济缩水。Capó 等（2007）就研究发现在西班牙著名的旅游岛屿，即巴里阿里群岛和加纳利群岛（the Balearic and Canary Islands）存在“荷兰病”效应。

倘若旅游业扩展会致使地区经济发生“荷兰病”，则会对社会福利产生负面影响。Chao 等（2006）揭示出旅游业在短期和中期可能会增加居民整体福利，这是由于旅游业抬高了非贸易品价格，但从长远来看，福利却在下降，因为这是一个长期资本消耗过程。对此，Holzner（2011）以 1970—2007 年世界 134 个国家为研究样本，对旅游依赖型国家（Tourism-dependent Countries）是否存在“荷兰病”效应进行了实证检验。结果发现，上述国家并不存在发生荷兰病效应的危险。相反，旅游依赖型国家不仅未出现实际汇率升值和去工业化情况，却经历了高于平均样本国家的经济增速。

旅游业发展影响经济增长的理论争端必然会掀起相应的实证检验。肇自 Ghali（1976）对夏威夷旅游业产出弹性的估计，从实证角度对旅游业与经济增长之间关系的切实研究要始于 Lanza 和 Pigliaru（2000），尤其是以 Balaguer 和 Cantavella-Jordà（2002）所提出的旅游导向型增长（Tourism-led Growth，TLG）假说为标志，诸多实证文献开始关涉此话题，并分别利用时间序列或面板数据计量经济模型对单一国家或多个国家 TLG 假说真实性进行实证检验。旅游业与经济增长之间主要存在四种实证关系（Chatziantoniou 等，2013）：支持旅游导向型增长假说（Blake 和 Sinclair，2003；Dritsakis，2004；Gunduz 和 Hatemi-J，2005；Kim 等，2006；Katircioglu，2009a；Akinboade 和 Braimoh，2010；Fayissa 等，2011；Tang 和 Abosedra，2012；Hye 和 Khan，2013；Tang 和 Abosedra，2014）；支持经济驱动型旅游业增长（Economic-Driven Tourism Growth，EDTG）假说（Narayan，2004；Oh，2005；Payne 和 Mervar，2010）；旅游业与经济增长之间存在双向因果关系（Dritsakis，2004；Durbarry，2004；Lee 和 Chang，2008；Chen 和 Chiou-Wei，2009；Seetanah，2011；Apergis 和 Payne，2012；Ridderstaat 等，2013）；旅游业与经济增长之间不存在因果关系（Eugenio-Martin 等，2004；Tang 和 Jang，2009；Katircioglu，2009b）。

综上可知，一个基本的事实是，主流观点支持旅游导向型增长假说，并得到了 Pablo-Romero 和 Molina（2013）的述评佐证，其在对关于旅游业与经济增长关系的 87 篇国外文献进行综述后发现，支持 TLG 假说的文献比率为 63%，仅有 4 篇文献并未证实两者之间存在关系。进一步深入到 TLG 假说文献内部，可以发现，Lanza 等（2003）的实证贡献推进了 TLG 假说研究内容的深入。Lanza 等（2003）的著作是第一篇采用面板数据模型对 TLG 假说进行研究的实证文献，在对 1977—1992 年 13 个 OECD 国家旅游业和经济增长关系进行实证检验后发现，旅游专业化程度在长期中并没有不利于经济增长，主要是因为以旅游业为基础的经济体（Tourism-based Economy）相对较低的生产率增速可以通过逐步提高旅游专业化得以弥补。自此，后续文献开始转向旅游专业化如何影响旅游业和经济增长之间的关系方面，其中，以 Gunduz 和 Hatemi-J（2005）为代表，指出旅游业占一国经济总量的比重是旅游业影响经济增长的重要决定因素，旅游专业化程度越高，旅游业对经济增长的影响力越大，这一观点随后得到 Kaplan 和 Çelik（2010）、Sequeira 和 Nunes（2008）、Adamou 和 Chlorides（2010）以及 Brida 等（2011）的研究支持。

既然旅游专业化会影响旅游业和经济增长之间的关系，这就意味着，随着旅游专业化程度的变化，旅游业和经济增长之间的关系则会呈现出非线性特征。Brau 等（2007）首先实证捕捉到此种门槛效应，其通过将 143 个国家 1980—2003 年平均人口小于 100 万且旅游平均专业化水平高于 10% 的国家定义为“小国”，运用虚拟变量回归发现，人口规模小的国家只有在旅游专业化程度很高的情况下才会支持 TLG 假说。Sequeira 和 Nunes（2008）则通过动态面板估计发现，当同时将经济体规模和旅游专业化作为分组变量时，一国经济是否增长并非是由经济体规模决定，而是受到其旅游专业化的影响。Po 和 Huang（2008）进一步推进了 Brau 等（2007）以及 Sequeira 和 Nunes（2008）的研究认识，运用较为先进的面板门槛回归（Panel Threshold Regression，PTR）方法，将入境旅游专业化作为门槛变量，通过对 88 个国家 1995—2005 年面板数据研究发现，入境旅游专业化存在两个门槛值，只有入境旅游专业化低于 4.05% 或高于 4.73% 时，入境旅游才对经济增长具有显著正向关系。Chang 等（2012）的研究逻辑与 Po 和 Huang（2008）相同，同样支持入境旅游专业化对经济增长影响的门槛效应。紧接着，Pan 等（2014）拓展了 Po 和 Huang（2008）及 Chang 等（2012）的研究方法，首次引入面板平滑转换回归（PSTR）模型对 15 个 OECD 国家 1995—2010 年 TLG 假说进行重新检验，并以汇率收益率和通货膨胀率为转换变量，实证发现入境旅游与经济增长之间存在非线性关系。

正如 Pablo-Romero 和 Molina（2013）所言，主流文献目前主要停留在旅游专业化是旅游业影响经济增长的决定因素这一研究共识，毫不讳言，众多学者无论是理论探索，还是实证检验，都为此做出了重要贡献，但对这种影响机制是如何发生，影响效应到底如何变化却知之甚少。在拓展对旅游业和经济增长因果关系的认识视域中，随着复杂精妙的计量统计技术的应用，对非线性行为认知的逐渐加深有益于动态刻画 TLG 假说的实践内涵（Sugihara 等，2012）。尽管已有文献证实 TLG 假说在中国真实有效（赵磊，2015），但却鲜有文献对中国旅游业与经济增长之间的非线性关系进行有说服力的实证研究。

本章是对 Po 和 Huang（2008）及 Chang 等（2012）研究内容的推进和深化，主要体现在研究方法的创新，尽管 Hansen（1999）面板门槛回归模型摒弃了对门槛变量进行主观分组的传统非线性检验手段，转向对门槛变量异质性信息进行内生分组，来考察不同门槛区间内估计参数的跳跃转换，但这种在门槛值前后发生的估计参数突变的假定，显然并不符合宏观经济变量之间因果关系渐进连续的客观事实。鉴于此，与 Pan 等人（2014）的研究紧密相关，本章选择使用目前较为前沿的非线性计量经济模型，即 PSTR 模型来实证检验旅游业影响经济增长的非线性关系。一方面，PSTR 模型允许截面异质性，同时还可以捕捉既有文献所一直忽视的旅游业对经济增长影响关系的时变性（Lean 和 Tang，2010；Arslanturk 等，2011；Tang 和 Tan，2013）；另一方面，PSTR 模型进一步放松了面板门槛回归（PTR）的限制条件，但又与 Pan 等人（2014）的研究不同，本章重点识别旅游业处于不同发展阶段时，旅游业与经济增长之间的关系变化形态，所以引入一个连续的以旅游业（国内旅游和入境旅游）发展水平作为转换变量的一般转换函数来替代 PTR 模型中特殊的离散转换函数，从而允许模型中旅游业经济影响效应随转换变量的变化而连续地平滑转换，这一点显然与不断变化的宏观经济现实更为契合。

第三节　方法、模型与变量

一、研究方法

由 González 等人（2005）提出，经由 Fouquau 等人（2007）完善的面板平滑转换回归（PSTR）模型是经典的检验变量之间非线性关系的前沿计量技术，通过放松 Hansen（1997）所开发的面板门槛回归模型的约束条件扩展而来，与传统的面板数据固定和随机效应模型相比，PSTR 模型不仅可以有效刻画模型参数的截面异质性，还可以有效克服内生性所导致的参数估计量偏误问题，尤其是允许模型参数随转换变量做缓慢平滑的非线性转换。

单变量两机制（Regime）的基本 PSTR 模型定义如下：

$$y_{i,t} = \mu_i + \beta_0' x_{i,t} + \beta_1' x_{i,t} g(q_{i,t};\gamma,c) + u_{i,t} \qquad (5.1)$$

式中，i 为省份，t 为时间；被解释变量是 $y_{i,t}$ 是一个标量，解释变量 $x_{i,t}$ 是一个时变外生变量的 k 维向量；μ_i 是固定个体效应；$u_{i,t}$ 是误差项。$g(q_{i,t};\gamma,c)$ 是转换函数，是关于转换变量 $q_{i,t}$ 的值域为［0，1］的有界连续函数，对于其具体函数形式，Granger 和 Teräsvirta（1993）将 $g(q_{i,t};\gamma,c)$ 定义为逻辑函数形式：

$$g(q_{i,t};\gamma,c)=\left\{1+\exp[-\gamma\prod_{j=1}^{m}(q_{i,t}-c_j)]\right\}^{-1} \quad (5.2)$$

式中，c 是一个 m 维的转换发生的位置参数向量，γ 是平滑参数，决定转换函数的转换速度，$\gamma>0$。

可见，在 PSTR 模型中，变量估计系数由线性部分 β_0 和非线性部分 $\beta_1\cdot g(\cdot)$ 共同构成。显然，模型存在两种机制，当 $g(\cdot)=0$ 时，模型存在低机制（Low Regime）；当 $g(\cdot)=1$ 时，模型存在高机制（High Regime）。同时，随着转换函数值［0，1］之间平滑移动时，模型估计系数会以 c 为中心在 $\beta_0\sim\beta_0+\beta_1$ 之间单调转换。

二、模型设定

基于经典的旅游业经济增长模型（Durbarry，2004；Seetanah，2011；Ekanayake 和 Long，2012），并根据前述理论分析，为了深入揭示在不同旅游专业化阶段，中国 TLG 假说有效的复杂机制，本章通过构建旅游业影响经济增长的 PSTR 模型来对两者之间的非线性关系进行实证检验，计量模型设定如下：

$$\ln Y_{i,t}=\mu_i+\beta_0 TR_{i,t}+\beta_1 TR_{i,t}g(TR_{i,t};\gamma,c)+\delta' Z_{i,t}+u_{i,t} \quad (5.3)$$

式中，$Y_{i,t}$ 为省份 i 在 t 期的经济增长水平，$TR_{i,t}$ 为省份 i 在 t 期的旅游业发展水平，$Z_{i,t}$ 为一组控制变量向量。$g(TR_{i,t};\gamma,c)$ 是以旅游专业化 $TR_{i,t}$ 为转换变量的转换函数，省份 i 在 t 期经济增长对旅游专业化弹性系数为：

$$e_{i,t}=\frac{\partial\ln Y_{i,t}}{\partial TR_{i,t}}=\beta_0+\beta_1 g(TR_{i,t};\gamma,c)+\beta_1 TR_{i,t}\frac{\partial g(TR_{i,t};\gamma,c)}{\partial TR_{i,t}} \quad (5.4)$$

经济增长水平采用人均实际 GDP 对数衡量。旅游业发展水平采用旅游专业化衡量，即省份旅游总收入占 GDP 比值（Lee 和 Chang，2008；Adamou 和 Clerides，2010）。相关控制变量：短期内投资水平提高有助于经济增长（Mankiw 等，1992），采用投资规模占 GDP 比值来衡量投资份额（*invest*）；经济增长来自于人力资本的积累（Lucas，1988），人力资本（ln *human*）是经济增长的重要决定因素，采用人均劳动受教育年限衡量；政府支出可以反映"看得见的手"对经济增长的干预程度（Barro，2000），采用政府支出占 GDP 比值衡量政府规模（*govern*）；出口贸易可以通过促进技术进步推动经济增长（Lucas，1988），采用进出口贸易总额占 GDP 比值衡量贸易开放（*open*）；产业结构变迁与经济增长密切相关（Chenery，1980），采用第三产业就业人员比重衡量产业结构（*indstu*）。

三、数据来源

考虑到数据可得性与一致性，本章使用 1999—2013 年中国大陆 30 个省、市、自治区（西藏剔除）省级面板数据。旅游产业数据来源于《中国旅游年鉴（2000—2014）》，其他原始数据分别来源于《中国统计年鉴（2000—2014）》、中经网统计数据库和中国经济数据库。

第四节　实证结果分析

应用 PSTR 模型实证检验旅游业与经济增长之间的非线性关系，需要遵循三个步骤：①检验模型非线性；②确定平滑参数 γ 和位置参数 c；③模型稳健性检验。

一、模型非线性检验

在建立 PSTR 模型之前，首先对方程（5.3）进行非线性检验，以考察是否存在非线性机制转换效应，即对原假设 $H_0:\gamma=0$ 进行检验，由于模型包含未识别参数 γ 和 c，故而无法对模型进行传统的非线性检验。为了检验截面异质性，González 等人（2005）建议遵循 Luukkonen 等（1998）的做法，考虑设置同质性零假设$H_0:\gamma=0$，并在$\gamma=0$处用转换函数一阶泰勒展开式替代，从而构造出辅助回归方程：

$$\ln Y_{i,t}=\mu_i+\beta_0 TR_{i,t}+\beta_1 TR_{i,t}^2+\beta_2 TR_{i,t}^3+\beta_3 TR_{i,t}^4+\delta' Z_{i,t}+u_{i,t} \qquad (5.5)$$

方程（5.5）“线性检验”的原假设为：$H_0^*:\beta_1=\beta_2=\beta_3=0$，也等同于检验$H_0:\gamma=0$，然后通过分别估计方程（5.5）和线性固定效应模型，并根据两个模型的残差平方和进而构造统计量进行检验，利用服从χ^2分布的LM检验统计量和服从F分布的LM_F检验统计量进行检验：

$$LM=\frac{TN(SSR_0-SSR_1)}{SSR_0}$$

$$LM_F=[\frac{(SSR_0-SSR_1)}{mk}]/[\frac{SSR_0}{TN-N-mk}]\sim F(mk,TN-N-mk) \qquad (5.6)$$

式中，T为时间长度，N为截面个数，k为外生变量个数，SSR_0和SSR_1分别为接受和拒绝原假设的残差平方和。经检验，LM_F统计量为6.35，并在1%水平上显著拒绝H_0^*，所以接受模型存在非线性的假设。

二、模型参数估计

通过检验发现异质性存在，则应考虑PSTR模型参数估计，要比线性模型能更好地克服参数异质性问题，从而得到稳定可靠的估计结果。PSTR模型的参数估计主要采用非线性最小二乘法（Nonlinear Least Squares，NLS）得到估计值（Thanh，2015）。其中，转换函数的斜率系数γ和位置参数c可采用网格搜索法（Grid Search Arithmetic）或模拟退火法（Simulated Annealing Arithmetic）得到。鉴于网格搜索法受限于搜索精度，本章首先采用模拟退火法获得平滑参数γ和位置参数c的初始值，然后采用NLS方法对方程（5.3）进行估计。

以旅游专业化为门槛变量的PSTR模型估计结果显示，PSTR模型发生非线性转换的位置参数c为0.073，表明以旅游专业化衡量的旅游业发展门槛值为0.073，模型存在两个机制。其中，旅游专业化低于门槛值（$TR_{i,t}\leqslant 0.073$）时，转换函数$g(TR_{i,t};\gamma,c)$取值趋于0，并且共有166个观测值，占全部观测值比重为 36.9%；旅游专业化高于门槛值（$TR_{i,t} > 0.073$）时，转换函数 $g(TR_{i,t};\gamma,c)$ 取值趋于 1，并且共有 284 个观测值，占全部观测值比重为 63.1%。模型在旅游业经济影响效应机制之间平滑的斜率系数 γ 为 27.23，表明模型在低高机制之间转换速度相对较快，并呈现平滑渐进变化趋势（见图 5–2）。简言之，当旅游业处于不同发展阶段时，旅游业与经济增长之间的关系出现了平滑转换。

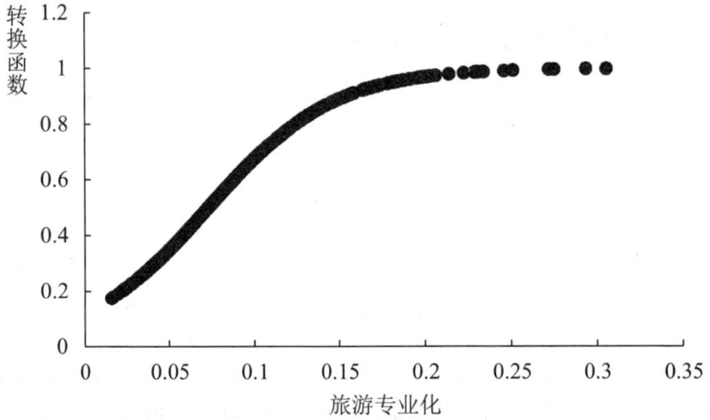

图 5–2　旅游专业化转换函数图像

PSTR 模型同时报告出，TR 估计系数 β_0 为 1.585，在 1% 水平上显著，而 $TR * g(\cdot)$ 估计系数 β_1 为 –0.531，在 5% 水平上显著，表明旅游业经济影响效应具有动态性和非线性。当转换函数 $g(TR_{i,t};\gamma,c)=0$ 时，旅游业经济影响效应为 1.585（β_0），模型处于高机制；当转换函数 $g(TR_{i,t};\gamma,c)=1$ 时，旅游业经济影响效应为 1.054（$\beta_0+\beta_1$），模型处于低机制，旅游业经济影响效应在低与高机制之间以旅游专业化门槛值 0.073 为中心，随着自身状态变量的变动，旅游业经济影响效应在［1.054，1.585］之间平滑转换。结合图 5–3 决定，旅游专业化与旅游业经济影响效应显著负相关，即尽管旅游业对经济增长依然具有正向促进作用，但随着旅游业专业化程度不断增高，旅游业发展对经济增长影响的边际效应递减。具体而言，当旅游业发展水平较低时，旅游业经济影响效应处于高影响状态，当旅游业发展跨越门槛值 0.073 时，旅游业经济影响效应开始逐渐从高影响状态向低影响状态转换，并最终持续处于低影响状态。

这一研究结论与 Adamou 和 Clerides（2010）对 1980—2005 年全球 162

个国家旅游业与经济增长之间非线性关系的实证发现基本一致，在旅游专业化初期阶段，旅游业会较大幅度推动经济增长，但推动效果会逐渐减弱，即当旅游专业化达到一定程度之后，其会弱化旅游业对经济增长的贡献率。究其原因，第一，单纯的旅游产业刺激政策很难在长期保持旅游业对经济增长的持续贡献，这是因为旅游产品吸引力具有时间衰减规律，如果目的地旅游产品创新能力缺乏或者旅游产业结构调整滞后，都可能会引起旅游客源消费市场的“心理倦怠（Psychological Tiredness）”效应；第二，旅游业盲目快速扩张，最直接的后果是旅游投资扭曲引致资源配置效率降低，初级观光旅游产品“产能过剩”致使旅游部门生产要素边际生产率下降，旅游业产出规模报酬递减最终导致旅游业对经济增长的贡献下降；第三，鉴于某些外部影响因素，诸如公共投资、人力资本、经济资本和产业结构可能会影响旅游业和经济增长之间的关系（Tang 和 Jang，2009；Narayan 等，2010；Holzner，2011），如果旅游业在发展过程中脱离于上述相关宏观经济变量的外部约束，同样会减弱旅游业对经济增长的影响效应。

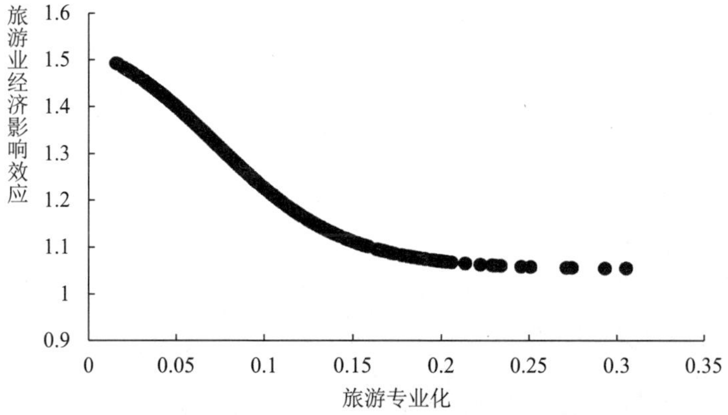

图 5–3 旅游业经济影响效应非线性变化（旅游专业化）

在控制变量对经济增长的影响方面，投资率、人力资本和产业结构均对经济增长存在显著正向效应，这与既有理论预期相符。需要指出的是，贸易开放并未对经济增长产生显著促进效应，这与陆铭和陈钊（2009）的经验结果相一致，表明贸易开放是否成为促进中国经济增长的持续动力有待商榷，可能的原因是由于国际金融危机、人民币汇率升值和出口产品创新附加值低等原因而共同导致出口贸易受挫。政府规模对经济增长存在显著正向效应，这与王小鲁等（2009）的研究结论相反，但与张杰等（2016）在几乎相同样本期内（1999—2012 年）所得出的实证结论一致。对比既有研究结论表明，在不同发展阶段，维持中国经济增长的动力正在发生显著变化，犹如经济开放度和政府干预。

表 5–1　模型参数估计结果

变量	PSTR 模型	PTR模型	普通面板模型（乘积项）	普通面板模型（线性）
TR	1.585*** （0.382）			1.107*** （0.165）
invest	0.426*** （0.051）	0.385*** （0.036）	0.382*** （0.036）	0.352*** （0.035）
ln *human*	0.409*** （0.077）	0.389*** （0.078）	0.387*** （0.078）	0.410*** （0.079）
govern	0.513*** （0.151）	0.633*** （0.118）	0.637*** （0.119）	0.663*** （0.121）
open	0.019 （0.021）	0.032 （0.030）	0.032 （0.030）	0.027 （0.031）
indstu	0.215** （0.091）	0.347*** （0.112）	0.349*** （0.112）	0.321*** （0.113）
$TR\ (TR \geqslant 0.067)$		2.022*** （0.293）		
$TR\ (TR > 0.067)$		1.227*** （0.165）		
*TR***D*1			1.987*** （0.297）	
*TR***D*2			1.227*** （0.166）	
γ	27.23** （13.41）			
c	0.073* （0.039）			
*TR**g(·)	–0.531** （0.243）			

注：***、** 和 * 分别表示 1%、5% 和 10% 显著性水平；括号内为标准差。

在普通面板模型线性估计中，旅游专业化估计系数为 1.107，由于遗漏了旅游业与经济增长之间的非线性关系，导致旅游业经济影响效应倾向于低估旅游业对经济增长的线性影响效应，同时高估旅游业对经济增长的整体影响效应，处于旅游业经济影响效应低机制与高机制之间。因而，相比于普通面板模型线性估计，PSTR 模型更好地刻画了旅游业对经济增长的动态影响。

为了验证 PSTR 模型非线性检验的稳健性，以旅游专业化作为门槛变量，首先构建旅游业影响经济增长的面板门槛回归模型：

$$\ln Y_{i,t} = \mu_i + \beta_1 TR_{i,t} I(TR_{i,t} \leqslant q) + \beta_2 TR_{i,t} I(TR_{i,t} > q) + \delta' Z_{i,t} + u_{i,t} \qquad (5.7)$$

式中，q 为门槛值，$I(TR_{i,t} \leqslant q)$ 和 $I(TR_{i,t} > q)$ 为示性函数。

PTR 模型主要采用的是网格搜索法，通过迭代，直到残差平方和最小时的最优估计所对应的门槛值则为初始值，q 为 0.067。表 5–1 中 PTR 模型估计结果显示，旅游业经济增长影响效应存在基于旅游专业化的正向非单调性“门槛效应”，即旅游业经济增长影响效应存在非线性。当旅游专业化低于门槛值 0.067 时，旅游业经济影响效应为 2.022；当旅游专业化高于门槛值 0.067 时，旅游业经济影响效应为 1.227。由此发现，当旅游业处于不同发展水平时，旅游业对经济增长的影响效应不同，表现出显著门槛特征。此外，我们也通过构建上述门槛值与虚拟变量的乘积项，当 $TR_{i,t} \leqslant q$（$TR_{i,t} > q$）时，虚拟变量定义为 $D1$（$D2$），并对乘积项进行普通面板模型估计，发现乘积项的估计系数和显著性均与 PTR 模型估计结果基本一致。因此，无论是 PTR 模型估计，还是虚拟变量乘积项估计，均表明 PSTR 模型对旅游业经济影响效应的非线性估计结果具有稳健性。

三、模型稳健性分析

本章采用旅游业发展水平另一代理变量，旅游人次比作为度量指标（Nowak，2007；Kim 等，2006），进行 PSTR 模型稳健性检验，估计结果列于表 5–2。首先，以旅游人次比作为门槛变量的 PSTR 模型估计结果显示，位置参数 c 为 7.305，表明当旅游人次比低于门槛值（$TP_{i,t} \leqslant 7.305$），且 $g(TP_{i,t};\gamma,c)=0$ 时，旅游业经济影响效应为 0.026，模型处于高机制；当旅游人次比高于门槛值（$TP_{i,t} > 7.305$），且 $g(TP_{i,t};\gamma,c)=1$ 时，旅游业经济影响效应为

0.008，模型处于低机制，旅游业经济影响效应在低与高机制之间以人次比门槛值 7.305 为中心，随着自身状态变量的变动，在［0.008，0.026］之间平滑转换。平滑参数γ为 1.287，结合图 5–4，表明模型在位置参数前后机制转换速度较慢，旅游业经济影响效应在低与高机制之间转换速率为 1.287。当采用旅游人次比度量旅游业发展水平时，随着旅游业处于不同发展阶段，尤其是当旅游人次比跨越门槛值之后，由图 5–5 所示，旅游业经济影响效应开始由高影响状态向低影响状态转换，旅游业对经济增长影响的边际效应开始降低。综上分析，旅游业影响经济增长的非线性 PSTR 模型估计结果具有稳健性，在旅游业不同发展阶段，旅游业经济影响效应并非线性，而是在低与高机制之间平滑转换。

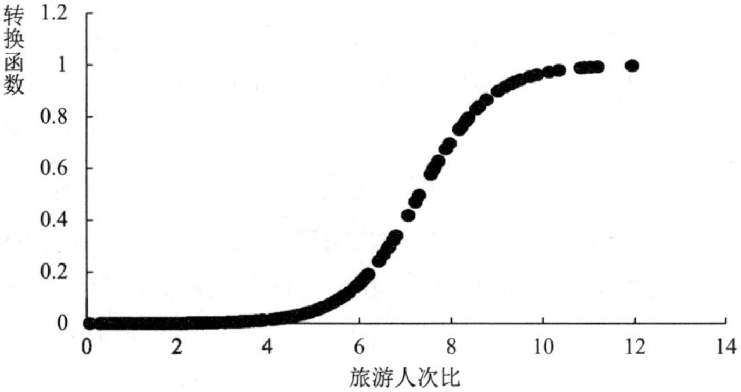

图 5–4　旅游人次比转换函数图像

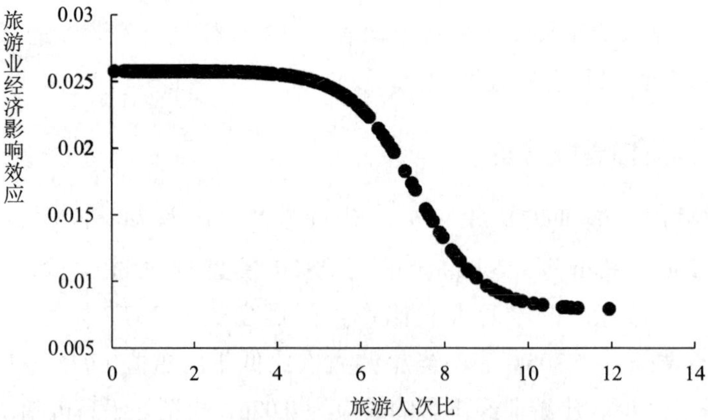

图 5–5　旅游业经济影响效应非线性变化（旅游人次比）

表 5-2 中 PTR 模型结果显示，同样采用最优网格搜索法确定门槛值，当旅游人次比低于门槛值 7.637 时，旅游人次比估计系数为 0.027，且在 1% 水平上统计显著；当旅游人次比高于门槛值 7.637 时，旅游人次比估计系数为 0.004，但统计不显著。鉴于此，循上逻辑，首先定义基于 PTR 模型门槛值的虚拟变量，再通过对旅游人次比与虚拟变量的乘积项进行固定效应模型估计，结果发现当旅游人次比低于门槛值 7.637 时，旅游人次比估计系数为 0.026，当旅游人次比高于门槛值 7.637 时，旅游人次比估计系数为 0.006，并且分别在 1% 和 10% 水平上统计显著，进而佐证了以旅游人次比为门槛变量，PSTR 模型对旅游业和经济增长之间非线性关系进行检验的稳健性。在普通面板模型线性估计中，旅游人次比估计系数为 0.008，并且统计显著，同样由于未考虑旅游业与经济增长之间的非线性关系，导致旅游业经济影响效应极大低估了旅游业对经济增长的线性影响效应，同时与旅游业对经济增长的整体影响效应相近，相比来看，PSTR 模型估计更能客观地反映出旅游业对经济增长影响的非线性变化。此外，控制变量估计系数符号和显著性也基本稳健。

表 5-2　稳健性估计结果

变量	PSTR模型	PTR模型	普通面板模型（乘积项）	普通面板模型（线性）
TP	0.026*** （0.005）			0.008** （0.003）
invest	0.329*** （0.035）	0.302*** （0.036）	0.314*** （0.036）	0.409*** （0.036）
ln *human*	0.328*** （0.079）	0.252*** （0.085）	0.271*** （0.086）	0.370*** （0.090）
govern	0.762*** （0.118）	0.759*** （0.115）	0.757*** （0.117）	0.749*** （0.125）
open	0.015*** （0.028）	0.017 （0.031）	0.019 （0.030）	0.026 （0.032）
indstu	0.377*** （0.118）	0.396*** （0.112）	0.354*** （0.113）	0.239** （0.239）
$TR\ (TR \leqslant 7.637)$		0.027*** （0.004）		
$TR\ (TR > 7.637)$		0.004 （0.003）		

续表

变量	PSTR模型	PTR模型	普通面板模型（乘积项）	普通面板模型（线性）
*TR**D1			0.026*** （0.004）	
*TR**D2			0.006* （0.003）	
γ	1.287** （0.601）			
c	7.305*** （2.746）			
*TR**g(·)	-0.018* （0.11）			

注：***、** 和 * 分别表示 1%、5% 和 10% 显著性水平；括号内为标准差。

第五节　本章结论

本章追寻着 Pablo-Romero 和 Molina（2013）对旅游业和经济增长之间关系的述评方向，随着对旅游业影响经济增长理论认识的深化，以及实证计量技术的进步，如何往前推进 TLG 假说的研究视域，尤其是深入、客观和精确地揭橥旅游业对经济增长影响效应的非线性变化是当前国际旅游经济学需要破解和厘清的核心问题。尽管 Pan 等（2014）首次将非线性经典 PSTR 模型应用到 TLG 假说实证检验，但其与本章研究内容相比，仍存在两点局限：一是研究对象主要是 OECD 国家，却忽视了世界上最大的发展中国家；二是主要考察的是政策变量（汇率收益率和通货膨胀率）作为转换变量时，入境旅游与经济增长之间的非线性关系，但并未识别旅游业处于不同发展阶段时，由于其状态变量的变化所导致的旅游业与经济增长之间的非线性关系。

中国作为全球最大的国内旅游市场和第四大入境旅游接待国，深入到其内部省际层面，对 TLG 假说进行再检验，以探究当旅游业发展水平处于不同阶段时，旅游业对经济增长影响效应的非线性变化，不仅是对中国旅游经济学研究体系的切实拓展，也为地方政府制定有效的旅游经济刺激政策提供理论依据。

本章基于中国1999—2013年省级面板数据，采用非线性面板平滑转换回归（PSTR）模型，对旅游业与经济增长之间的非线性关系进行实证检验，有效克服了普通面板数据模型因遗漏了非线性因素而导致的无法捕捉旅游业经济影响效应的动态机制转换，从而使得估计结论更符合经济现实情境。旅游业发展水平对旅游业经济影响效应具有正向非线性特征影响，即在旅游业不同发展阶段，旅游业对经济增长均具有显著正向促进效应，但旅游业发展水平则与旅游业经济影响效应显著负相关，随着旅游业发展水平的提高，旅游业经济影响效应处于高机制，当旅游业发展跨越门槛值之后，旅游业经济影响效应处于低机制，旅游业规模的扩张反而会弱化旅游业对经济增长的边际贡献，同时以位置参数为中心，旅游业经济影响效应在高低机制之间平滑转换，当以旅游专业化度量旅游业发展水平时，平滑转换速率要高于以旅游人次比度量旅游业发展水平时。

本章研究结论为地区实施旅游业促进经济增长的经济政策提供了理论基础。首先，TLG假说在中国客观有效，表明旅游业发展对经济增长的综合贡献能力值得信任，鼓励旅游业发展可以作为促进区域经济增长的有效工具。其次，在保持旅游业规模扩张的同时，还需注重内在发展质量，尤其是提升旅游业发展效率，核心要义是优化旅游产业结构。质言之，现代旅游产品愈发具有技术知识密集型特点，突破大众观光旅游的粗放型发展模式窠臼，通过优化资源要素配置和提升产品创新能力来共同引领旅游业内涵式集约化发展，才能稳健地发挥旅游业对经济增长的持续贡献。另外，鉴于当前中国旅游业发展仍主要依赖于资源要素驱动，在旅游业发展未跨越门槛值阶段，由资源比较优势所带来的“要素红利”和规模经济使得旅游业经济影响效应处于高机制，然而，随着旅游资源消耗殆尽，旅游业影响经济增长的边际效应则会随着时间推移而逐渐减弱。因此，为了推动旅游业经济影响效应由低机制再向高机制转换，一方面，可以通过鼓励与旅游业相关的经济活动来培育旅游业与其关联产业之间的产业融合，以拓宽旅游业对经济增长的影响渠道和传导路径；另一方面，在充分重视经济增长的决定因素时，还需调整和强化相关宏观经济变量对旅游业发展的溢出效应，进而为旅游业影响经济增长提供有利外部性条件。

参考文献：

[1] Adamou A，Clerides S. Prospects and limits of tourism- led growth：The international evidence [J]. Review of Economic Analysis，2010，2（3）：287–303.

[2] Akinboade O A，Braimoh L A. International tourism and economic development in South Africa：A granger causality test [J]. International Journal of Tourism Research，2010，12（2）：149–163.

[3] Apergis N，Payne J E. Tourism and growth in the Caribbeanevidence from a panel error correction model [J]. Tourism Economics，2012，18（2）：449–456.

[4] Archer B，Fletcher J. The economic impact of tourism in the Seychelles [J].Annals of Tourism Research，1996，23（1）：32–47.

[5] Archer B. The impact of international tourism on the economy of Bermuda，1994 [J]. Journal of Travel Research，1995，34（2）：27–30.

[6] Arslanturk Y，Balcilar M，Ozdemir Z A. Time–varying linkages between tourism receipts and economic growth in a small open economy [J]. Economic Modelling，2011，28（1）：664–671.

[7] Balaguer J，Cantavella- Jordá M. Tourism as a long- run economic growth factor：The Spanish case [J]. Applied Economics，2002，34（7）：877–884.

[8] Balcilar M，Eyden R V，Gupta I L R. Time–varying linkages between tourism receipts and economic growth in South Africa [J].Applied Economics，2014，46（36）：4381–4398.

[9] Barro R J. Inequality and growth in a panel of countries [J]. Journal of Economic Growth，2000，5（1）：5–32.

[10] Belisle F J，Hoy D R. The perceived impact of tourism by residents a case study in Santa Marta，Colombia [J]. Annals of Tourism Research，1980，7（1）：83–101.

[11] Blake A，Sinclair M T. Tourism crisis management：US response to September 11 [J]. Annals of Tourism Research，2003，30（4）：813–832.

[12] Brau R，Lanza A，Pigliaru F. How fast are small tourism countries growing? Evidence from the data for 1980–2003 [J]. Tourism Economics，2007，13（4）：603–613.

[13] Braun P. Regional tourism networks：The nexus between ICT diffusion and change in Australia [J]. Information Technology and Tourism，2003，6（4）：231–243.

[14] Brida J G，Punzo L F，Risso WA. Tourism as a factor of growth：The case of Brazil [J].Tourism Economics，2011，17（6）：1375–1386.

[15] Brohman J. New directions in tourism for third world development [J].Annals of

Tourism Research, 1996, 23 (1): 48–70.

[16] Capó J, Font A R, Nadal J R. Dutch disease in tourism economies: Evidence from the Balearics and the Canary Islands [J]. Journal of Sustainable Tourism, 2007, 15 (6): 615–627.

[17] Chang C L, Khamkaew T, McAleer M. IV estimation of a panel threshold model of tourism specialization and economic development [J]. Tourism Economics, 2012, 18 (1): 5–41.

[18] Chao C C, Hazari B R, Laffargue J P. Tourism, Dutch diseasr and welfare in an open dynamic economy [J]. Japanese Economic Review, 2006, 57 (4): 501–515.

[19] Chatziantoniou I, Filis G, Eeckels B. Oil prices, tourism income and economic growth: A structural VAR approach for European Mediterranean countries [J]. Tourism Management, 2013, 36 (3): 331–341.

[20] Chen C F, Chiou- Wei S C. Tourism expansion, tourism uncertainty and economic growth: New evidence from Taiwan and Korea [J]. Tourism Management, 2009, 30 (6): 812–818.

[21] Chenery H B. Interactions between industrialization and exports [J]. American Economic Review, 1980, 70 (2): 281–287.

[22] Copeland B R. Tourism, welfare and de–Industrialization in a small open economy [J]. Economica, 1991, 58 (232): 515–29.

[23] Corden W M, Neary J P. Booming sector and deindustrialization in a small open economy [J]. Economic Journal, 1982, 92 (368): 825–848.

[24] Davis D, Allen J, Consenza R M. Segmenting local residents by their attitudes, interests, and opinions toward tourism [J]. Journal of Travel Research, 1988, 27 (2): 2–8.

[25] Diagne A K. Tourism development and its impacts in the Senegalese petite côte: A geographical case study in centreperiphery relations [J]. Tourism Geographies, 2004, 6 (4): 472–492.

[26] Dritsakis N. Tourism as a long–run economic growth factor: An empirical investigation for Greece using causality analysis [J]. Tourism Economics, 2004, 10 (3): 305–316.

[27] Dunn H S, Dunn L L. Tourism and popular perceptions: Mapping Jamaican attitudes [J]. Social and Economic Studies, 2002, 51 (1): 25–45.

[28] Durbarry R. Tourism and economic growth: The case of Mauritius [J]. Tourism Economics, 2004, 10 (4): 389–401.

[29] Dwyer L, Forsyth P, Spurr R. Evaluating tourism's economic effects: New and old approaches [J]. Tourism Management, 2004, 25 (3): 307–317.

[30] Dwyer L，Forsyth P，Spurr R. Tourism's contribution to a state economy：A multi-regional general equilibrium analysis [J] . Tourism Economics，2003，9 (4)：431–448.

[31] Ekanayake E M，Long A E. Tourism development and economic growth in developing countries [J] . International Journal of Business & Finance Research，2012，6 (1)：61–63.

[32] Eugenio– Martin J L，Morales M N，Scarpa R. Tourism and Economic Growth in Latin American Countries：A Panel Data Approach [R] . Canary Islands：Universidad of Las Palmas de Gran Canaria，2004：1–20.

[33] Fayissa B，Nsiah C，Tadesse B. Tourism and economic growth in Latin American countries– further empirical evidence [J] . Tourism Economics，2011，17 (6)：1365–1373.

[34] Feder G. On exports and economic growth [J] . Journal of Development Economics，1983，12 (1)：59–73.

[35] Forsyth P，Dwyer L，Clarke H. Problems in use of economic instruments to reduce adverse environmental impacts of tourism [J] . Tourism Economics，1995：265–282.

[36] Fouquau J，Hurlin C，Rabaud I. The Feldstein–Horioka puzzle：A panel smooth transition regression approach [J] . Economic Modelling，2007，25 (2)：284–299.

[37] Frechtling D C，Horváth E. Estimating the multiplier effects of tourism expenditures on a local economy through a regional input–output model [J] . Journal of Travel Research，1999，37 (4)：324–332.

[38] Ghali M A. Tourism and economic growth：An empirical study [J] . Economic Development & Cultural Change，1976，24 (3)：527–38.

[39] González A，Terasvirta T，Dijk D V. Panel Smooth Transition Regression Models [R] . Stockholm：Stockholm School of Economics，2005：1–15.

[40] Granger C W. Teräsvirta T. Modelling Non– linear Economic Relationships [M] . Oxford：Oxford University Press，1993：15–26.

[41] Gray H P. International Arrivals：International Trade [M] . Lexington，MA：D. C. Heath. 1970.

[42] Gray H P. The demand for international travel by the United States and Canada [J] . International Economic Review，1966，7 (1)：83–92.

[43] Gunduz L，Hatemi–J A. Is the tourism–led growth hypothesis valid for Turkey? [J] . Applied Economics Letters，2005，12 (8)：499–504.

[44] Gursoy D，Rutherford D G. Host attitudes toward tourism：An improved structural model [J] . Annals of Tourism Research，2004，31 (3)：495–516.

[45] Hansen B E. Threshold effects in non– dynamic panels：Estimation，testing，and inference [J] . Journal of Econometrics，1997，93 (2)：345–368.

[46] Holzner M. Tourism and economic development：The beach disease? [J] . Tourism

Management，2011，32（4）：923–933.

［47］Hye Q M A，Khan R E A. Tourism–led growth hypothesis：A case study of Pakistan［J］. Asia Pacific Journal of Tourism Research，2013，18（4）：303–313.

［48］Ivanov S，Webster C. Measuring the impact of tourism on economic growth［J］. Tourism Economics，2006，13（3）：379–388.

［49］Kadir N，Jusoff K. The cointegration and causality tests for tourism and trade in Malaysia［J］. International Journal of Economics and Finance，2010，2（1）：138–143.

［50］Kaplan M，Çelik T. The Impact of Tourism on Economic Performance：The case of Turkey［J］. International Journal of Applied Economics and Finance，2010，4（4）：254–259.

［51］Katircioglu S T. Revisiting the tourism–led–growth hypothesis for Turkey using the bounds test and Johansen approach for cointegration［J］. Tourism Management，2009a，30（1）：17–20.

［52］Katircioglu S T. Testing the Tourism–led Growth Hypothesis：The case of Malta［J］. Acta Oeconomica，2009b，59（3）：331–343.

［53］Keintz R M. A study of the demand for international travel to and from the United States［J］. The American Economist，1971，15（1）：137–138.

［54］Khan H，Phang S Y，Toh R S. The multiplier effect：Singapore' s hospitality industry［J］. Cornell Hospitality Quarterly，1995，36（1）：64–69.

［55］Kim H J，Chen M H，Jang S C. Tourism expansion and economic development：The case of Taiwan［J］. Tourism Management，2006，27（5）：925–933.

［56］Krueger A. Trade policy as an input to development［J］. American Economic Review，1980，70（2）：188–292.

［57］Lanza A，Pigliaru F. Tourism and Sustainable Economic Development［M］. NewYork：Springer，2000：57–69.

［58］Lanza A，Temple P，Urga G. The implications of tourism specialisation in the long run：an econometric analysis for 13 OECD economies［J］.Tourism Management，2003，24（3）：315–321.

［59］Lean H H，Tang C F. Is the tourism–led growth hypothesis stable for Malaysia? A note［J］. International Journal of Tourism Research，2010，12（4）：375–378.

［60］Lee C C，Chang C P. Tourism development and economic growth：A closer look at panels［J］. Tourism Management，2008，29（1）：180–192.

［61］Lee C，Kwon K. Importance of secondary impact of foreign tourism receipts on the South Korean economy［J］. Journal of Travel Research，1995，34（2）：50–54.

［62］Lionetti S，Gonzalez O. On the relationship between tourism and growth in Latin

America [J] . Tourism and Hospitality Research, 2012, 12 (1): 15–24.

[63] Lucas R E. On the mechanics of economic development [J] . Journal of Monetary Economics, 1988, 22 (1): 3–42.

[64] Luukkonen R, Saikkonen P, Teräsvirta T. Testing linearity against smooth transition autoregression [J] . Biometrika, 1988, 75 (3): 491–499.

[65] Mankiw N G, Romer D, Weil D N. A contribution to the empirics of economic growth [J] . Quarterly Journal of Economics, 1992, 107 (2): 409–437.

[66] Marin D. Is the export–led hypothesis valid for industrialized countries? [J] . Review of Economics and Statistics, 1992, 74 (4): 678–688.

[67] Mckinnon R. Foreign exchange constraints in economic development and efficient aid allocation [J] . Economic Journal, 1966, 76 (301): 388–409.

[68] Narayan P K. Fiji's Tourism demand: The ARDL approach to Cointegration [J] . Tourism Economics, 2004, 10 (2): 193–206.

[69] Nowak J J, Sahli M, Cortés–Jiménez I. Tourism, capital good imports and economic growth: Theory and evidence for Spain [J] . Tourism Economics, 2007, 13 (4): 515–536.

[70] Nowak J J, Sahli M, Cortés–Jiménez I. Tourism, capital good imports and economic growth: Theory and evidence for Spain [J] . Tourism Economics, 2007, 13 (4): 515–536.

[71] Oh C O. The contribution of tourism development to economic growth in the Korean economy [J] . Tourism Management, 2005, 26 (1): 39–44.

[72] Pablo–Romero M P, Molina J A. Tourism and economic growth: A review of empirical literature [J] . Tourism Management Perspectives, 2013, 8 (1): 28–41.

[73] Palmer T, Riera A. Tourism and environmental taxes. With special reference to the "Balearic ecotax" [J] . Tourism Management, 2003, 24 (6): 665–674.

[74] Pan S C, Liu S Y, Wu P C. Re–testing the tourism–led growth hypothesis using panel smooth transition regression models [J] . Tourism Economics, 2014, 20 (1): 39–50.

[75] Papatheodorou A. The demand for international tourism in the Mediterranean region [J] . Applied Economics, 1999, 31 (5): 619–630.

[76] Payne J E, Mervar A. The tourism–growth nexus in Croatia [J] . Tourism Economics, 2010, 16 (4): 1089–1094.

[77] Po W C, Huang B N. Tourism development and economic growth: A nonlinear approach [J] . Physica A Statistical Mechanics and Its Applications, 2008, 387 (22): 5535–5542.

[78] Ridderstaat J, Croes R, Nijkamp P. Tourism development, quality of life and

exogenous shocks：A systemic framework［J］. International Journal of Society Systems Science，2013，5（4）：321–336.

［79］Sahli M，Nowak J J. Does inbound tourism benefit developing countries? A trade theoretic approach［J］. Journal of Travel Research，2007，45（4）：426–434.

［80］Sánchez–Rivero M，Pulido–Fernández J I，Cárdenas–García P J. Quantitative Methods in Tourism Economics［M］. Berlin：Physica–Verlag HD，2013：235–251.

［81］Seetanah B. Assessing the dynamic economic impact of tourism for island economies［J］. Annals of Tourism Research，2011，38（1）：291–308.

［82］Sequeira T N，Nunes P M. Does tourism influence economic growth? A dynamic panel data approach［J］. Applied Economics，2008，40（18）：2431–2441.

［83］Sinclair M. Tourism and economic development：A survey［J］. Journal of Development Studies，1998，34（5）：1–51.

［84］Slee B，Farr H，Snowdon P. The economic impact of alternative types of rural tourism［J］. Journal of Agricultural Economics，1997，48（3）：179–192.

［85］Sugihara G，May R，Ye H. Detecting causality in complex ecosystems［J］. Science，2012，338（6106）：496–500.

［86］Tang C F，Abosedra S. Small sample evidence on the tourismled growth hypothesis in Lebanon［J］. Current Issues in Tourism，2012，17（3）：234–246.

［87］Tang C F，Abosedra S. The impacts of tourism，energy consumption and political instability on economic growth in the MENAcountries［J］. Energy Policy，2014，68（5）：458–464.

［88］Tang C F，Tan E C. How stable is the tourism– led growth hypothesis in Malaysia? Evidence from disaggregated tourism markets［J］. Tourism Management，2013，21（8）：1579–1591.

［89］Tang C H，Jang S C. The tourism– economy causality in the United States：A sub–industry level examination［J］. Tourism Management，2009，30（4）：553–558.

［90］Thanh S D. Threshold effects of inflation on growth in the ASEAN– 5 countries：A panel smooth transition regression approach［J］. Journal of Economics，Finance and Administrative Science，2015，20（38）：41–48.

［91］Theobald W F. Global Tourism，（the 2nd Edition）［M］. Butterworth & Heinemann，Oxford. 2001：25.

［92］Uysal M，Gitelson R. Assessment of economic impacts：Festivals and special events［J］. Festival Management and Event Tourism，1994，2（1）：3–10.

［93］陆铭，陈钊 . 分割市场的经济增长——为什么经济开放可能加剧地方保护？［J］. 经济研究，2009，（3）：42–52.

[94] 王小鲁，樊纲，刘鹏 . 中国经济增长 方式转换和增长可持续性 [J] . 经济研究，2009,（1）：44–47.

[95] 张杰，高德步，夏胤磊 . 专利能否促进中国经济增长——基于中国专利 资助政策视角的一个解释 [J] . 中国工业经济，2016,（1）：83–98.

[96] 赵磊 . 旅游发展与经济增长——来自中国的经验 证据 [J] . 旅游学刊，2015，30（4）：33–49.

第六章　旅游业、产业结构变迁与经济增长

第一节　引言

进入新世纪，无论是全球范围，还是中国现实，旅游业已毋容置疑地成为国家和地区经济增长的重要动力。数据显示，2015 年，全球游客数量达 11.84 亿人次，旅游收入共计 1.4 万亿美元，分别上升了 4.4% 和 3.6%，旅游业对全球国内生产总值的综合贡献 7.8 万亿美元，占全球国内生产总值总量的 10%，旅游业收入占世界出口额 7%，其增速也超过了世界商品贸易 2.8% 的增速。与此同时，中国旅游业总收入达 4.13 万亿元人民币，同比增长 11%，旅游业对国内生产总值直接贡献为 3.32 万亿元，综合贡献为 7.34 万亿元，分别占国内生产总值 4.9% 和 10.8%。对比来看，中国旅游业对经济增长的综合贡献率略高于世界水平。因此，聚焦中国情境下旅游业与经济增长关系的应然研究成为旅游经济学领域的学术关切（Pablo–Romero 和 Molina，2013）。详言之，深入揭示旅游业导向型经济增长（Tourism Led Growth，TLG）假说在中国案例的生成发生机制，需从多维视角对该理论命题进行经验探析。

事实上，中国经济在经历高速增长之后，伴随这一奇迹的核心学术思考即是关于经济增长源泉的广泛讨论。基于新古典增长理论和新增长理论，既有研究主要是从资本投资、生产效率、人力资本和市场改革等视角来解释中国经济增长（Chow 和 Lin，2002；Wang 和 Yao，2003；Zhang 和 Zhuang，2011；Zhu，2012）。然而，若是按照以上理论逻辑，势必会遗漏结构主义学派所推崇的产业结构变迁因素，其基本立论在于，生产要素从低效率部门向高效率部门转移，以获得资源配置的“结构红利”，是保证经济可持续增长

的重要源泉（Chenery 等，1986）。需要注意的是，尽管产业结构变量在中国TLG 假说计量方程中已有所体现（赵磊，2015），但仍存在两点弊端。其一，忽视了产业结构的动态变迁过程。经典的产业结构三大理论，配第—克拉克定理、霍夫曼定理和库兹涅茨法则均指出产业结构变迁与经济增长存在密切关系，而既有 TLG 计量模型设定中，对产业结构变量的构造仅是停留在静态层面的比例配置，而忽视了产业间的动态调整规律。其二，忽视了产业结构变迁的调节作用。从供给侧考虑，旅游业对经济结构调整具有敏感性，甚至存在一定程度的依赖性（Adams 和 Parmenter，1995），这是由旅游业生产要素的综合性所决定，所以产业结构在不同变迁阶段，为了实现新的旅游业供求均衡，旅游业对经济增长的影响机制和效应也必然会存在差异性，然而产业结构变迁因素并未被纳入到旅游业影响经济增长的实证研究框架，从而导致对 TLG 假说的实证检验出现扭曲。

随着当前中国经济由快速增长渐次进入新常态，产业结构变迁因素仍是推动中国经济增长的直接动因。与此同时，旅游业作为重要的现代服务业部门，产业结构在调整过程中为旅游业发展创造并提供所需的要素条件，不仅是支撑旅游业规模发展，更是提升旅游业经济贡献率的重要保障。鉴于此，为了拓展中国 TLG 假说研究框架，丰富国内旅游经济学研究体系，本章将旅游业、产业结构变迁与经济增长纳入到统一分析框架进行理论阐释与实证检验。与既有研究相比，本章研究创新体现在以下方面：

1. 研究视角

本章对中国 TLG 假说的实证研究进行了大胆推进和突破，即首次将产业结构变迁因素纳入到 TLG 假说的实证研究框架，而摒弃将产业结构仅是作为静态控制变量的传统方式，同时在更加契合现代经济发展规律的基础上赋予产业结构以“动态”含义，其研究目的在于，一方面实证检验产业结构变迁因素在中国情境中TLG假说检验中是否存在影响作用，另一方面若存在影响，则对中国旅游业和经济增长之间的关系进行重新检验与评估。

2. 研究内容

产业结构变迁不仅是经济增长的重要引擎，也是促进旅游业发展的供给动力，在中国特殊经济背景下，探索 TLG 假说的内在机制，显然不应忽视并割裂旅游业与产业结构变迁之间的相互作用关系，而本章对含有产业结构变迁因素的 TLG 假说进行实证检验，这在国内旅游经济学领域尚属首次，更是对中国 TLG 假说研究框架的切实推进与创新。

第二节　事实判断

质言之，将旅游业、产业结构变迁与经济增长放在同一研究框架中考察三者关系，以发现产业结构变迁因素影响中国 TLG 假说的事实依据，主要是基于以下三个方面的先验判断：

一、产业结构变迁的基本事实

毫无疑问，产业结构的动态变迁是经济增长的内在需求和主要推力。无论是前期工业化阶段为中国经济增长的奇迹所驱动的“结构性增速”，抑或当前工业化向城镇化跃迁时，由产业结构的调整而诱发的经济增长的“结构性减速”，产业结构变迁对整个宏观经济的增长与波动带来了深刻变革，而旅游业作为地区经济增长的新生力量，甚至是主导产业，更因其所内在的行业敏感性特征，所以也概莫能外。为了展现中国产业结构变迁的基本事实，本章首先对产业结构变迁进行测度，以揭示并提供中国产业结构变迁的基本特征和客观证据。

对于产业结构变迁程度的测算，基于海明距离的传统 Moore 指数尽管可以表征产业结构的动态变迁，但其弱点在于无法有效刻画产业结构变迁的升级趋势。因此，为了兼顾产业结构变迁动态性和方向性内涵，并借鉴张勇和蒲勇健（2015）与孙叶飞等（2016）对传统 Moore 指数的拓展思路，改进后的 Moore 指数测度公式为：

$$Moore_{i,t+1}^{i,j}=\frac{\sum_{k\neq j}(p_{i,t}^{k})^{2}+p_{i,t}^{k}\cdot p_{i,t+1}^{k}}{\sqrt{\sum_{k=1}^{m}(p_{i,t}^{k})^{2}\cdot[\sum_{k\neq j}(p_{i,t}^{k})^{2}+(p_{i,t+1}^{j})^{2}]}}\times\frac{\sum_{k\neq j}(p_{i,t+1}^{k})^{2}+p_{i,t}^{k}\cdot p_{i,t+1}^{k}}{\sqrt{\sum_{k=1}^{m}(p_{i,t+1}^{k})^{2}\cdot[\sum_{k\neq j}(p_{i,t+1}^{k})^{2}+(p_{i,t}^{j})^{2}]}} \quad (6.1)$$

$$Moore_{i,t+1}^{i}=\sum_{j=1}^{m}j\cdot p_{i,t}^{j}\cdot Moore_{i,t+1}^{i,t} \quad (6.2)$$

其中，i 表示地区，t 表示时期，j 表示产业，m 表示产业部门，$p_{i,t}^{j}$ 为 i 地区 t 时期第 j 产业占比，$Moore_{i,t+1}^{i,j}$ 表示 i 地区的 j 产业从 t 期到 t+1 期的产业结变迁指数，$Moore_{i,t+1}^{i}$ 表示 i 地区产业从 t 期到 t+1 期的产业结变迁指数。

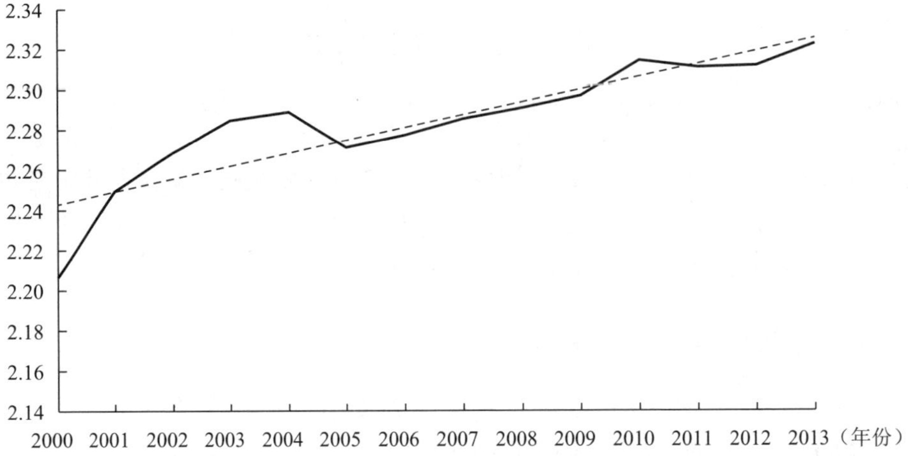

图 6–1　中国产业结构的动态跨期变迁

基于式（6.1）和式（6.2），利用 1999—2013 年省际产业产值数据，可计算得到省际和全国历年产业结构相对上一期产业结构的高级化变迁程度的测度数值。1999—2013 年期间中国省际三次产业结构变迁分别呈现出三个方面的特征，即整体平稳、阶段波动和地区差异（见图 6–1）。在样本期内，中国省际产业结构在阶段波动中以相对稳定的速度逐渐升级变迁，同时表现出一定的地区差异，例如，北京产业结构跨期变迁 Moore 值最高（平均 2.685），河南则最低（平均 2.137），说明北京产业结构变迁速度最快，河南则最慢。从全国整体范围来看，中国产业结构变迁 Moore 值从 2000 年的 2.207，上升到 2013 年的 2.323，其间提高了约 5.26%，并表现出显著的一致性趋势（见表 6–1）。

表 6–1　省际产业结构跨期变迁 Moore 值[①]

省份	2000年	2002年	2004年	2006年	2008年	2010年	2012年	2013年
北京	2.5241	2.6492	2.6690	2.6769	2.7088	2.7455	2.7523	2.7561
天津	2.4106	2.4182	2.4102	2.3840	2.3823	2.4355	2.4473	2.4563

① 仅列出部分年份省际产业结构跨期变迁值，其余年份备索。由于数据缺失，西藏除外。

续表

省份	2000年	2002年	2004年	2006年	2008年	2010年	2012年	2013年
河北	2.1560	2.1796	2.1977	2.1839	2.2081	2.2240	2.2274	2.2332
山西	2.2772	2.3595	2.3349	2.3110	2.3050	2.3261	2.2926	2.3284
内蒙古	2.1321	2.1982	2.2431	2.2407	2.2310	2.2831	2.2583	2.2630
辽宁	2.2699	2.2986	2.3111	2.2854	2.2630	2.2934	2.2804	2.2939
吉林	2.0829	2.2120	2.2201	2.2174	2.2346	2.2422	2.2273	2.2292
黑龙江	2.1915	2.2193	2.2370	2.2124	2.2178	2.2567	2.2188	2.2489
上海	2.4747	2.5087	2.4964	2.4960	2.5147	2.5850	2.5727	2.5975
江苏	2.2299	2.2495	2.2671	2.2745	2.3029	2.3292	2.3617	2.3715
浙江	2.2223	2.2902	2.3267	2.3338	2.3546	2.3808	2.3893	2.4040
安徽	2.0332	2.1441	2.2265	2.2267	2.2254	2.2132	2.1935	2.2004
福建	2.2211	2.2372	2.2519	2.2566	2.2914	2.3151	2.2999	2.3025
江西	2.1371	2.1726	2.1707	2.1678	2.1534	2.1998	2.2159	2.2290
山东	2.1973	2.2087	2.2162	2.2138	2.2377	2.2512	2.2946	2.3138
河南	2.0561	2.1000	2.1668	2.1214	2.1521	2.1504	2.1660	2.1818
湖北	2.1554	2.2373	2.2527	2.2368	2.2700	2.2561	2.2383	2.2405
湖南	2.1384	2.1999	2.2367	2.2093	2.2205	2.2618	2.2425	2.2542
广东	2.2458	2.3782	2.3850	2.3652	2.3778	2.4062	2.4024	2.4144
广西	2.0905	2.1677	2.1874	2.1810	2.1740	2.1858	2.1661	2.1873
海南	2.0145	2.0925	2.0714	2.0801	2.1108	2.1727	2.1937	2.2196
重庆	2.2307	2.2760	2.2957	2.2872	2.2977	2.2852	2.2751	2.3105
四川	2.1219	2.1765	2.1981	2.1828	2.1707	2.2076	2.1914	2.2070
贵州	2.0541	2.1328	2.1819	2.2092	2.2508	2.3410	2.3603	2.3484
云南	2.1438	2.1782	2.2029	2.2013	2.2142	2.2342	2.2575	2.2502
陕西	2.2521	2.3005	2.2929	2.2574	2.2399	2.2871	2.2505	2.2518
甘肃	2.1654	2.2232	2.2509	2.2469	2.2408	2.2531	2.2556	2.2633
青海	2.2553	2.2849	2.3101	2.2711	2.2536	2.2683	2.2304	2.2362
宁夏	2.2433	2.3029	2.3130	2.2965	2.2714	2.3225	2.3222	2.3345
新疆	2.1750	2.2284	2.1785	2.1596	2.1743	2.1884	2.1660	2.1837

二、产业结构变迁与旅游业发展

产业结构变迁主要从供需两方面对旅游业产生影响。从需求方面看，在一个经济体中，如果不同部门并非按照等边际原则配置生产要素，产业结构变迁即意味着资本和劳动力要素在不同部门之间重新配置，便会促进生产率的集约式增长，进而会决定经济增长的规模和方式，再进一步影响旅游业潜在客源市场的可支配收入与消费意识，前者刺激了旅游产品消费规模，而后者关涉到旅游产品消费结构，即产业结构变迁最终会从需求规模和结构两方面影响旅游业发展。在供给方面，可从如下三点进行考虑：

（1）产业结构变迁改变了中国旅游业发展模式，在工业化阶段，主要以要素资源驱动式的大众观光旅游为主，而随着服务业经济时代到来，以技术进步驱动的体验式休闲度假成为旅游业发展模式的转变方向。

（2）中国旅游业现阶段正处于规模报酬递增阶段，作为现代服务业的重要组成部分，产业结构变迁的资源配置效应使得劳动、资本、技术等生产要素开始向旅游部门转移、流动和集聚，从而为旅游业发展提供了重要源泉。

（3）产业结构变迁重塑旅游产品体系，尤其是现代服务业的发展，为旅游产业融合创造了优越条件，随即出现了有别于旅游业内部传统单项产品（旅游景区、旅行社、星级酒店、旅游车船）之外，形式新颖、类型丰富以及功能多样的购物娱乐、商务会奖以及文化体验等旅游消费弹性较高的休闲度假产品，以此拓展旅游者的扩展性旅游消费支出，从而最终会增强旅游业的收入效应。

图 6–2 显示，在中国历年旅游业总收入中，除了旅游者基本旅游消费支出之外，属于扩展旅游消费支出的比例基本呈现线性增长趋势，并且基本与产业结构变迁动态趋势一致（除 2003 年“非典”事件外）。与此同时，旅游者扩展旅游消费支出所创造的收入在旅游业总收入中占比已近 90%，而旅游消费的基本支出，即用于“食、住、行、游”四个旅游要素方面的支出比例日渐下降，这也充分说明产业结构变迁对旅游业要素资源的配置效应，从产品创新方面内生驱动了旅游业发展。

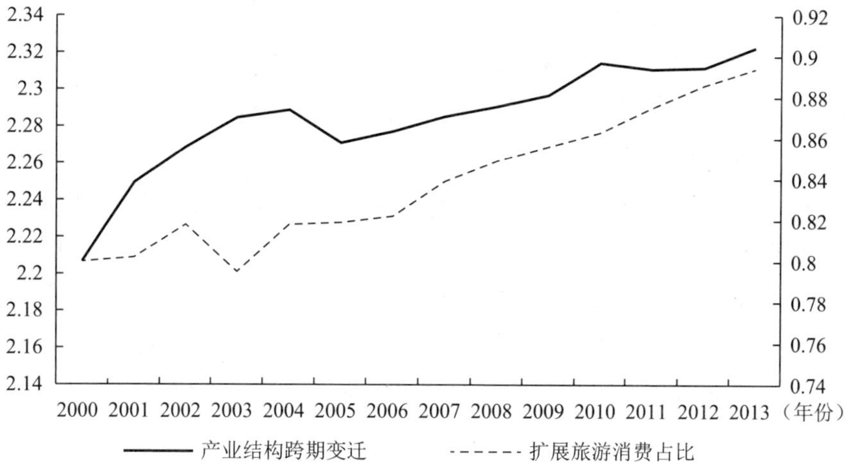

图 6-2　产业结构跨期变迁与扩展旅游消费占比变化

三、产业结构变迁与旅游业经济贡献率

目前来讲，从中国产业结构变迁的方向来看，以现代制造业为驱动，现代服务业为主导，是产业结构优化升级的主要目标，前者是经济增长的基础，后者是经济增长的动力，这一点在中国学术界基本已无理论争辩。值得关注的是，旅游业作为现代服务业的重要组成部分，因产业结构变迁而引发的要素资源配置所产生的“结构效应”，显著扩大了旅游业生产要素的投入规模，从而为驱动旅游业发展提供了必不可少的基本增长因素，更重要的是，由于技术要素的流入，不仅直接推动了旅游业的技术进步，使得旅游业生产率得以提升，旅游业因此获得发展的“结构红利”，不仅旅游业规模扩张可通过对上下游关联产业的波及效应，为经济增长注入新的活力，进而提高了旅游业对经济增长的绝对贡献率，而且技术进步主导旅游业发展方式转型，开始向知识密集型转变，而旅游业发展质量的改善实现了其在规模扩张基础上的可持续发展，进一步也保障了旅游业对经济增长的持续贡献率。以上阐述的是由产业结构变迁驱动旅游业发展而对经济增长产生的整体贡献。事实上，在具体的微观影响机制上，作为现代新兴产业部门，旅游业还可以弥补以工业化为主导的经济结构所固有的诸多弊端，如旅游业刺激居民消费率、旅游业转变社会消费理念、旅游业引导新型城镇化以及旅游业引领产业结构转型等，

从而可以有益于平衡经济结构体系。

不仅如此，在经济服务化和新型工业化作为中国产业结构变迁主要目标的条件下，新型工业化与现代旅游业之间并非相互矛盾，而是彼此相互促进，成为推动经济增长的重要力量。

从产业关联角度分析，新型工业化发展在很大程度上决定了现代服务业的需求规模和产品结构，尤其是“以人为本”的现代企业经营管理理念愈加重视员工的精神层面，所以，以现代商务、会奖旅游为标志的新兴旅游业态，作为闲暇时间的一种利用形式，因其对技术进步产生正外部性而有助于人力资本形成，进而对企业员工劳动生产率具有提升效应，最终在整体上有利于经济增长（Romer，1990；Jones，1995）。新型工业化要求现代旅游业所内涵的此种“生产性”服务业特点，进一步扩大了旅游业的消费对象，拓宽了旅游产品的消费空间，并且也在一定程度上反过来促进了新型工业化的发展，从而也间接提高了旅游业对经济增长的贡献率。综上，结合图 6-3 可知，除个别年份由于外部环境因素影响导致旅游业经济贡献率出现奇异值之外（非典、金融危机、汇率升值），旅游业经济贡献率与产业结构跨期变迁的变化趋势也基本具有一致性，这也反映出两者之间所存在的正相关关系。

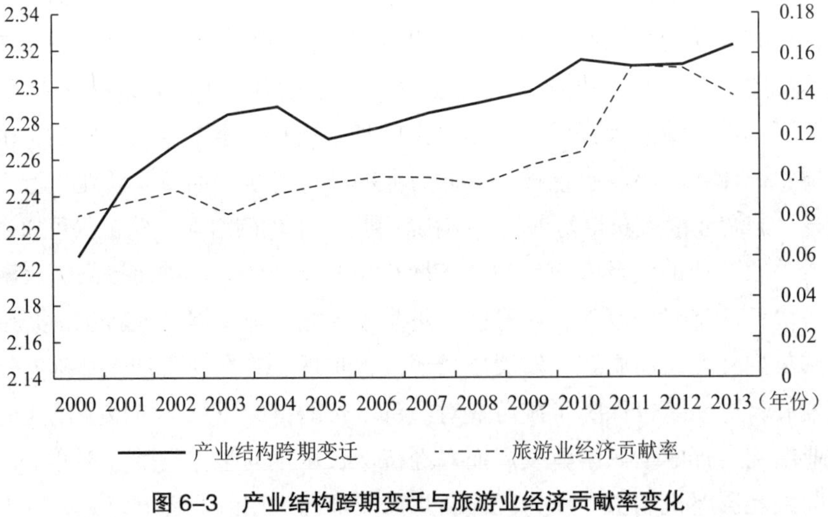

图 6–3　产业结构跨期变迁与旅游业经济贡献率变化

第三节　进一步理论分析

在中国，由于旅游业对经济贡献率的显著提升，围绕 TLG 假说在中国是否存在的理论辨析与实证检验也一直是旅游经济学持续关注的核心领域。其中一个论点是，现代旅游业因其产业关联度高、就业带动性好以及技术后发优势等特征，逐渐成为引领地区产业结构调整的新兴产业力量，而由此推动产业结构的转型与升级是驱动经济增长的主要机制之一。与此同时，一个无法忽视的事实是，产业结构变迁作为改善生产率的核心因素，是一种普遍的宏观经济变动规律，在供需两端决定了对旅游业发展的影响，然而，对该理论推设的应然研究较为鲜见。当前，经济增长方式倒逼产业结构优化升级，中国社会因此正经历全面而又深刻的产业结构变迁，本章从旅游业的视角切入，实质上主要关切的理论命题是：产业结构变迁因素在旅游业影响经济增长过程中是否具有调节效应。

针对此理论命题，在以上对产业结构变迁与旅游业关系的基本事实进行初步判断时，已相应展开了理论叙述。从动态的视角审视，产业结构变迁意涵经济体的产业结构由低级向高级的规律性演变过程，主要包括产业结构合理化和产业结构高级化两个演进维度。前者是指要素资源在部门之间配置所产生的结构协调与经济均衡效应；后者是指要素资源在效率差异部门之间流动所导致的产业升级和生产率提升效应。具言之，旅游业作为新兴产业部门，产业结构合理化可以高效地配置有助于旅游业发展所必需的要素资源，从而持续增强旅游业边际生产力，同时凭借其显著的产业关联效应，促使要素资源在产业间流动，在以满足消费者综合性体验需求为导向的旅游产品生产理念下，要素资源的市场配置效应推动了产业结构的均衡协调。旅游业作为“经济结构服务化”的典型行业，产业结构高级化为旅游业跨越式发展提供了关键技术要素，有助于实施旅游业创新驱动战略，进而创造旅游业价值链增值，并推动旅游业经济增长方式转变，最终实现旅游业发展质量的提升，尤其是技术进步驱动以效率为主导的旅游业规模扩张，显著增强了旅游业经济贡献率。

倘若深入到上述理论机制内部，旅游业的经济增长效应亦会表现出基于产业结构变迁的变化特征，即随着产业结构的动态变迁，旅游业的经济增长效应亦会发生相应变化（见图 6-4）。一个直接的依据是，正如事实判断与发现部分所述，旅游业的发展对产业结构调整具有敏感性，产业结构的转型与升级，势必会影响旅游业发展的规模与质量，从而导致旅游业的经济增长效应并非简单线性，而如图 6-3 所示，产业结构跨期变迁与旅游业经济贡献率两者波动变化趋势的近似一致性，也为基于产业结构变迁的旅游业对经济增长影响过程的调节效应提供了事实佐证。然而，需要注意的是，并非正如前文所述，产业结构变迁会对旅游业影响经济增长机制具有正向调节作用。譬如，一方面，倘若要素资源在产业部门间错配而导致产业结构不合理，从而限制了旅游业扩张所需的要素资源，也会抑制旅游业对经济增长的贡献。另一方面，旅游业作为服务业主要门类，特别是以劳动密集型为主的传统旅游业，其生产率要低于工业制造业，而由于工业化所面临的资源和环境的双重约束，经济结构在服务化倾向过程中，要素资源则从生产率相对较高的制造业部门转移到生产率相对较低的服务业部门，从而导致要素资源在旅游业部门的配置效率下降，进而从全社会层面上抑制了生产率的提升。

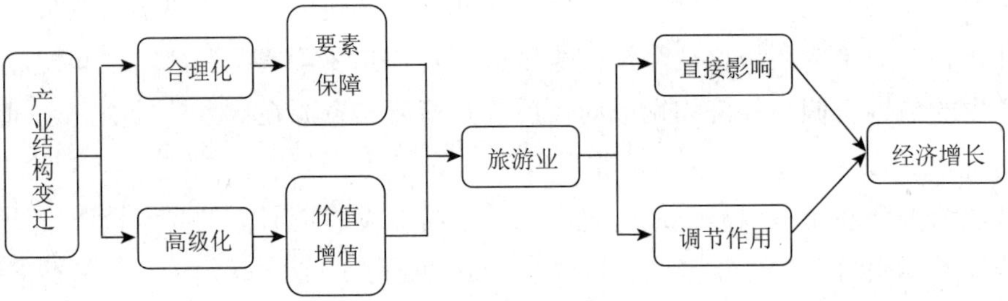

图 6-4　基本理论框架

第四节　模型、变量和数据

一、模型设定

基于上述理论阐释，需将产业结构变迁因素纳入到中国 TLG 假说检验的实证框架，首先检验旅游业和产业结构变迁对经济增长的影响，然后再构建旅游业与产业结构变迁的交互项，以便考察产业结构变迁是否会对旅游业的经济增长效应具有调节作用，故设定如下形式的面板数据模型：

$$\ln growth_{it} = \alpha + \beta TOUR_{it} + \xi IND_{it} + \psi TOUR_{it} \times IND_{it} + X_{it}\delta + \mu_i + \varepsilon_{it} \quad (6.3)$$

式中，μ_i 是非观测的不随时间变化的个体因素；X 是控制变量集，包括投资份额、人力资本、政府规模、贸易开放、制度环境和城镇化。下标 i 和 t 分别代表省份和年份，ε_{it} 代表随机误差项；$growth_{it}$ 为被解释变量，即省份 i 在 t 期的经济增长水平；$TOUR_{it}$ 和 IND_{it} 则分别表示省份 i 在 t 期的旅游业发展和产业结构变迁水平。

由于产业结构变迁具有两个基本的动态维度，即产业结构合理化（TL_{it}）和产业结构高级化（TS_{it}），同时为了检验旅游业与产业结构变迁之间的交互作用，需在式（6.3）中同时予以体现，所以模型拓展为：

$$\ln growth_{it} = \alpha + \beta TOUR_{it} + \xi_1 TL_{it} + \psi_1 TOUR_{it} \times TL_{it} + X_{it}\delta + \mu_i + \varepsilon_{it} \quad (6.4)$$

$$\ln growth_{it} = \alpha + \beta TOUR_{it} + \xi_2 TS_{it} + \psi_2 TOUR_{it} \times TS_{it} + X_{it}\delta + \mu_i + \varepsilon_{it} \quad (6.5)$$

二、变量度量

（一）旅游业水平

对旅游业水平的测度，主要分为收入和人次两个指标，即旅游专业化和旅游人次比，具体分别以旅游业总收入占国内生产总值比值（Lee 和 Chang,

2008；Adamou 和 Clerides，2009）和旅游人次占总人口比值度量（Kim 等，2006；Cortés–Jiménez，2008）。然而，囿于国内旅游人次存在着重复统计问题，很可能会因此高估旅游业的真实水平，而旅游业对经济增长的收入效应直接反映出其对经济增长的贡献强度，所以本章采用收入指标来度量地区旅游业发展水平，这与 Chang 等（2012）和赵磊（2015）的研究保持一致。

（二）产业结构变迁

1. 产业结构合理化

产业结构合理化的目标是实现要素资源在产业间优化配置，以使产业相互协调发展。因此，一般采用结构偏离度对产业结构合理化进行度量，测度公式为：

$$E=\sum_{i=1}^{n}\left|\frac{Y_i/L_i}{Y/L}-1\right|=\sum_{i=1}^{n}\left|\frac{Y_i/Y}{L_i/L}-1\right| \tag{6.6}$$

式中，E 表示产业结构偏离度；Y 为产值，L 为就业，i 为产业，n 为产业部门数。依据古典经济学假设，经济体若最终处于均衡状态，各产业部门生产率水平应相同。定义 Y/L 为生产率，当经济体处于均衡状态时，各产业部门生产率与经济体总生产率水平相等，即 $Y_i/L_i=Y/L$，$E=0$。同时，E 表示经济体偏离均衡状态的程度，E 值越大，表示经济体偏离均衡状态的程度越大，即产业结构越不合理。实质而言，经济体很难实现其理想均衡状态，而经济非均衡则是一种普遍常态，这一经济现象尤其在发展中国家表现异常突出（Chenery 和 Taylor，1968），也即 $E\neq0$。然而，需要注意的是，产业结构的此种偏离度测量指标具有商榷之处，即忽略了产业部门在经济体中的相对重要地位，因而存在较大测量偏差。

为克服上述弊端，按照干春晖等（2011）的做法，采用测度区域经济发展差距的泰尔指数（Theil index）来度量产业结构合理化指标。相应公式为：

$$TL=\sum_{i=1}^{n}\left(\frac{Y_i}{Y}\right)\ln\left(\frac{Y_i}{L_i}\Big/\frac{Y}{L}\right) \tag{6.7}$$

相似地，若经济体处于均衡状态，则 $TL=0$，该指数不仅兼顾了相关产业部门在国民经济中的相对重要性，同时亦保留了产业结构偏离度的理论内涵和经济意义，而若 $TL\neq0$，则表明产业结构不合理，偏离均衡状态。

2. 产业结构高级化

产业结构高级化是产业结构升级的一种衡量形式，表现为产业结构由低级到高级的动态变迁。为此，本章遵循付凌晖（2010）的测度方式，以三次产业部门增加值占比与其所对应坐标体系夹角的变化来度量产业高级化指标。首先，定义夹角计算公式如下：

$$\theta_j = \arccos[\frac{\sum_{i=1}^{\alpha} x_{i.j} \cdot x_{i,0}}{\sqrt{\sum_{i=1}^{\alpha} x_{i.j}^2} \cdot \sqrt{\sum_{i=1}^{\alpha} x_{i,0}^2}}]\ (\alpha = 1,2,3; j = 1,2,3) \tag{6.8}$$

以每一产业部门增加值占比作为空间向量的一个分量，从而构建一组三维向量 $X_0 = (x_{1,0}, x_{2,0}, x_{3,0})$，依次分别计算 X_0 与产业部门由低层次到高层次排列的向量 $X_1 = (1,0,0)$，$X_2 = (0,1,0)$，$X_3 = (0,0,1)$ 的夹角 θ_1、θ_2 和 θ_3，定义三次产业综合转移效应 $TS = \pi - \theta_2 - \theta_3$，其值越大，表示产业部门之间综合转移水平越高。

（三）控制变量

第一，投资份额（*invest*）。根据新古典经济学理论，资本投资是驱动经济增长的重要内生源泉，采用资本形成总额与国内生产总值比值度量。第二，人力资本（*human*）。内生经济增长理论指出，人力资本对技术创新存在显著的溢出效应，因而成为经济增长的重要决定因素，采用平均受教育年限度量。第三，政府规模（*govern*）。政府"干预"行为在经济活动中具有重要作用，采用政府支出占国内生产总值比值度量。第四，贸易开放（*trade*）。出口贸易有效拓宽了国内产品市场需求规模，采用进出口贸易总额占国内生产总值比值度量。第五，制度环境（*institution*）。制度环境是决定长期经济绩效的基本因素，采用非国有企业职工所占比例衡量。第六，城镇化（*urban*）。城镇化为经济增长提供了必要的供需条件，采用城镇人口占总人口比值衡量。

三、数据说明

考虑到数据可得性与一致性，本章采用 1999—2013 年中国大陆 30 个省、市、自治区（西藏除外）省级面板数据。其中，旅游业数据来源于《中国旅游年鉴（2000—2014）》，其他原始数据分别来源于《中国统计年鉴（2000—2014）》《新中国六十年统计资料汇编》、中经网统计数据库和中国经济数据库。

第五节　实证结果分析

一、旅游业对经济增长的影响

使用1999—2013年省级平衡面板数据对公式（6.4）、公式（6.5）的回归结果如表6–2所示。为了对比分析，模型（1）和模型（2）是对公式（6.4）、公式（6.5）在未纳入旅游业和产业结构变迁的交互项之前的回归结果，模型（3）和模型（4）是对公式（6.4）、公式（6.5）的回归结果。模型（1）和模型（2）显示旅游业估计系数在1%水平上显著为正，而模型（3）和模型（4）分别显示旅游业估计系数在10%和5%水平上显著为正，由此说明中国旅游业发展对经济增长具有显著的积极影响，即TLG假说在中国具有真实性，从而为中国实施旅游业促进经济增长的产业发展战略提供了经验依据。从理论上分析，旅游业对经济增长的直接影响机制表现在旅游业可以为地区经济增长提供外汇收入、创造就业岗位和增加税收收入，间接影响机制表现在旅游业可以通过对其关联产业的间接诱导效应带动经济增长。

二、产业结构变迁对经济增长的影响

模型（1）回归结果显示，产业结构合理化估计系数在1%显著性水平上为正，鉴于产业结构合理化指标测度的反向性，表明产业结构合理化对经济增长具有一定的抑制作用。究其原因，由于中国要素市场化滞后，使得要素无法按照市场机制进行合理配置，从而产生要素市场的扭曲，直接导致要素在经济产业部门间发生错配，由此所引发的产业结构不合理的非均衡效应会对经济增长产生显著负向影响，进而也有力地验证了现阶段中国要素市场存在“扭曲配置”而诱发经济负面影响的学术观点（罗德明等，2012；袁鹏、杨洋，2014）。对此公认的一个合理解释是，由于受到诸多来自于制度方面

的约束，在要素市场扭曲的情形下，生产要素无法遵循市场机制实现在产业间最优配置，进而导致生产要素在产业间配置效率低下，由此加剧的产业结构不合理现象，势必对经济体的全要素生产率产生负面影响，进而最终会抑制经济增长（Hsieh 和 Klenow，2009）。

模型（2）回归结果报告出另一产业结构变迁的重要维度，即产业结构高级化估计系数也通过了 1% 水平的显著性检验，并且符号为正，说明产业结构高级化对经济增长具有显著积极影响，由于产业结构高级化反映出要素资源在效率差异部门之间流动时，可以实现要素资源在产业升级演进中的优化配置，因而有效提升了总体全要素生产率水平，所以上述的产业结构素质的提升过程所产生的“结构红利”直接促进了经济增长。从理论上分析，产业结构高级化对经济增长的影响路径可概括为三个方面。其一，产业结构的高技术效应。由技术进步推动的产业升级，不仅可以提高新兴产业及现代服务业的边际生产力，同时也极大改善了传统产业的劳动生产率。其二，产业结构的高信息效应。现代信息技术的应用，可以有效提高市场经营主体的管理水平和经营绩效，进而可以增强对要素资源的利用效率。其三，产业结构的高集约效应。产业结构在高级化演进时，同时还伴随着产业组织的合理化，进而有助于促进产业间实现专业化分工协作，并产生规模经济效益，由此使得生产效率得以提升。综上，产业结构高级化是保持经济持续增长的重要源泉。

综上所述，产业结构高级化对经济增长具有促进作用，而产业结构合理化则对经济增长具有抑制作用，尤其是前者系数绝对值大于后者，说明产业结构高级化对经济增长的“升级效应”要大于产业结构合理化对经济增长的“扭曲效应”，产业结构升级对全要素生产率的提升效应弥补了产业结构转型所引致的效率损失，成为中国经济增长的动力。本章对此的研究发现并不同于干春辉等和于斌斌的研究结论（干春晖等，2011；于斌斌，2015），尤其是后者的立场为“中国产业结构并非具有服务趋向的高级化，无法支撑经济的高速增长”。本章对此类论点的质疑之处在于，由于其对产业结构高级化的测度仅是简单采用二、三产业的产值比重衡量，从而主观抹杀了包括农业在内的三次产业的综合转移效应，尤其是忽视了农业要素资源向二、三产业的转移效应，从而导致出现以局部而表征全局的狭隘视域。此外，本章的研究发现正说明，要素资源向高效率部门配置，即产业结构的服务化倾向所引发的生产率提升效应是推动中国经济增长的重要机制。

表 6-2　模型估计结果

变量	(1)	(2)	(3)	(4)
TOUR	1.090*** (0.166)	1.089*** (0.167)	0.545* (0.291)	0.851** (0.845)
TL	0.208*** (0.068)		0.034 (0.102)	
TOUR×*TL*			1.598** (0.703)	
TS		0.372*** (0.140)		0.641*** (0.212)
TOUR×*TS*				0.139* (0.871)
invest	0.335*** (0.035)	0.300*** (0.037)	0.349*** (0.035)	0.293*** (0.037)
human	0.027** (0.012)	0.028** (0.012)	0.028** (0.012)	0.026** (0.012)
govern	0.700*** (0.115)	0.651*** (0.116)	0.629*** (0.119)	0.671*** (0.117)
trade	0.031 (0.031)	0.027 (0.031)	0.033 (0.031)	0.027 (0.031)
institution	0.188** (0.074)	0.106 (0.071)	0.165** (0.74)	0.103 (0.071)
urban	0.184** (0.058)	0.176*** (0.058)	0.200*** (0.058)	0.198*** (0.059)
省份效应	控制	控制	控制	控制
F 统计量	103.89***	99.13***	103.76***	96.11***
R^2	0.824	0.824	0.826	0.824
样本量	450	450	450	450

注：***、** 和 * 分别表示 1%、5% 和 10% 显著性水平；括号内为标准差。

三、旅游业与产业结构变迁交互项对经济增长的影响

为揭示产业结构变迁因素对旅游业影响经济增长过程的作用机制，分别对产业结构合理化和高级化与旅游业的交互效应予以检验。模型（3）回归结果报告出旅游业与产业结构合理化交互项估计系数在 5% 水平上正向显著，说明在当前产业结构合理化水平较低的情形下，在对经济增长影响方面，旅游业和产业结构合理化之间具有一定程度的替代效应。换言之，当要素资源在产业部门间误置时，由于恶化了产业部门间协调发展状态，导致要素资源无法流入规模报酬递增的新兴部门，如旅游业，而旅游业供给侧对经济增长的贡献主要来源于旅游业产品供给形式的多样化，正是由于旅游业缺乏来自于多元化要素资源的有效配置，从而抑制了旅游业对经济增长的积极贡献。

模型（4）回归结果报告出旅游业与产业结构高级化交互项估计系数显著为正，并在 10% 水平上具有统计意义，意指产业结构高级化正向调节旅游业对经济增长的影响作用，旅游业和产业结构高级化之间具有一定程度的互补效应，抑或理解为旅游业也会加强产业结构高级化对经济增长的积极影响。旅游业作为典型的现代新兴服务业部门，其对经济增长的促进作用势必离不开产业结构的服务化升级，即产业结构高级化对旅游业的经济增长效应具有积极的溢出效能。因此，推动产业结构高级化以增强旅游业对经济增长的积极效应是揭示旅游导向型经济增长模式的创新视角。

第六节　本章结论

本章研究表明:（1）旅游业估计系数显著为正，表明旅游业是促进中国经济增长的动力因子之一，中国存在 TLG 假说;（2）在样本期内，以泰尔指数反向度量的产业结构合理化对经济增长存在抑制作用，而产业结构高级化则对经济增长具有积极作用，同时产业结构高级化对经济增长的积极“结构效应”要大于产业结构合理化对经济增长的负面“失衡效应”;（3）以泰尔指数反向度量的产业结构合理化负向调节旅游业影响经济增长效应，而产业结构

高级化正向调节旅游业影响经济增长效应。

本章的边际学术贡献包括以下两个方面。（1）深入地推进了国内外关于TLG假说的实证研究框架，这不仅有利于进一步客观揭示旅游业对经济增长的影响效应和机制，更重要的是，在面临地区经济结构转型的宏观背景下，可以为地方政府提供旅游业作为刺激地区经济增长的战略工具选择。这一学术贡献，是对 Pablo-Romero 和 Molina（2013）关于西方 TLG 假说述评性研究的回应和延伸。（2）拓展和深化了关于产业结构变迁和经济增长之间关系的研究框架，既有研究主要是将生产性服务业中的金融、信息和研发等行业纳入其中，以探讨在产业结构变迁的影响下，上述细分服务行业与经济增长之间的关系（Nelson，1994；Teece，1996；Rajan 和 Zingales，2011），而本章首次将旅游业引入上述研究框架，从而丰富了该领域的研究内容。

本章研究结论形成如下政策性启示：（1）可继续实施旅游业导向型经济增长战略，旅游业对经济增长的积极贡献值得信赖；（2）政府在推进产业结构调整时，除了应着重强调产业结构高级化，还需高度关注产业结构合理化，由此即可以通过产业结构升级提升全要素生产率，还可以减缓由要素资源在产业部门间的错配而导致产业结构合理化对经济增长的抑制效应，所以要尽可能实现要素资源的均衡流动和产业部门之间的协调发展；（3）产业结构在服务化升级过程中，现代性服务业部门应需探索、创造与旅游业的融合发展机制，强化其知识、技术和服务优势对旅游业的溢出功能，进而扩大创新培育新型旅游产品业态的增量优势。除此之外，继续推进产业结构合理化，依靠市场调节机制来减缓要素资源的扭曲错配，鼓励、引导要素资源在产业部门间均衡配置，实现产业部门间协调发展，从而为提升旅游产品组织效率，健全旅游产品体系创造要素保障。

参考文献：

[1] Adamou A，Clerides O. Prospects and Limits of Tourism-Led Growth：The International Evidence [R]. RCEA Working Paper，2009.

[2] Adams P D，Parmenter B R. An applied general equilibrium analysis of the economic effects of tourism in a quite small，quite open economy [J]. Applied Economics，1995，27（10）：985-994.

[3] Chang C L, Khamkaew T, McAleer M. IV estimation of a panel threshold model of tourism specialization and economic development [J]. Tourism Economics, 2012, 18 (1): 5–41.

[4] Chenery H B, Robinson S, Syrquin M. Industrialization and Growth: a Comparative Study [M]. London: Oxford University Press, 1986.

[5] Chenery H B, Taylor L. Development patterns: among countries and over time [J]. Review of Economics & Statistics, 1968, 50 (4): 391–416.

[6] Chow G, Lin A. Accounting for economic growth in Taiwan and Mainland China: a comparative analysis [J]. Journal of Comparative Economics, 2002, 30 (3): 507–530.

[7] Cortés–Jiménez I. Which type of tourism matters to the regional economic growth? The cases of Spain and Italy [J]. International Journal of Tourism Research, 2008, 10 (2): 127–139.

[8] Hsieh C T, Klenow P J. Misallocation and manufacturing TFP in China and India [J]. Quarterly Journal of Economics, 2009, 124 (4): 1403–1448.

[9] Jones C I. Time series tests of endogenous growth models [J]. Quarterly Journal of Economics, 1995, 110 (2): 495–525.

[10] Kim H, Chen M, Jan S. Tourism expansion and economic development: the case of Taiwan [J]. Tourism Management, 2006, 27 (5): 925–933.

[11] Lee C, Chang C. Tourism development and economic growth: a closer look at panels [J]. Tourism Management, 2008, 29 (1): 180–192.

[12] Nelson R R. The co–evolution of technology, industrial structure, and supporting institutions [J]. Industrial and Corporate Change, 1994, 3 (1): 47–63.

[13] Pablo–Romero M P, Molina J A. Tourism and economic growth: a review of empirical literature [J]. Tourism Management Perspectives, 2013, 8 (1): 28–41.

[14] Rajan R G, Zingales L. Financial systems, industrial structure, and growth [J]. Oxford Review of Economic Policy, 2001, 17 (4): 467–482.

[15] Romer P M. Capital, labor and productivity [J]. Brooking Papers on Economic Activity, 1990, 98 (5): 71–102.

[16] Teece D J. Firm organization, industrial structure, and technological innovation [J]. Journal of Economic Behavior & Organization, 1996, 31 (2): 193–224.

[17] Wang Y, Yao Y. Sources of China's economic growth 1952–1999: incorporating human capital accumulation [J]. China Economic Review, 2003, 14 (1): 32–52.

[18] Zhang C, Zhuang L. The composition of human capital and economic growth: Evidence from China using dynamic panel data analysis [J]. China Economic Review, 2011, 22 (1): 165–171.

［19］Zhu X. Understanding China's growth：past，present，and future［J］. The Journal of Economic Perspectives，2012，26（4）：103–124.

［20］付凌晖 . 我国产业结构高级化与经济增长关系的实证研究［J］. 统计研究，2010，27（8）：79–81.

［21］干春辉，郑若谷，余典范 . 中国产业结构变迁对经济增长和波 动的影响［J］. 经济研究，2011（5）：4–16.

［22］罗德明，李晔，史晋川 . 要素市场扭曲、资源错置与生产率［J］. 经济研究，2012（3）：4–14.

［23］孙叶飞，夏青，周敏 . 新型城镇化发展与产业结构变迁的经济 增长效应［J］. 数量经济技术经济研究，2016，33（11）：23–40.

［24］于斌斌 . 产业结构调整与生产率提升的经济增长效应——基于中 国城市动态空间面板模型的分析［J］. 中国工业经济，2015（12）：83–98.

［25］袁鹏，杨洋 . 要素市场扭曲与中国经济效率［J］. 经济评论，2014（2）：28–40.

［26］张勇，蒲勇健 . 产业结构变迁及其对能源强度的影响［J］. 产业经济研究，2015（2）：15–22.

［27］赵磊 . 旅游发展与经济增长——来自中国的经验证据［J］. 旅游学刊，2015，30（4）：33–49.

第三篇 3

旅游业与城镇化

第七章　旅游业集聚与城镇化

第一节　引言

随着空间经济思维逐渐纳入主流经济学研究范畴，作为新经济地理学研究领域的核心问题，空间集聚在城镇发展中的产业表现逐渐引起理论关注。究其原因，主要在于三点：其一，根据一般空间集聚论，空间集聚过程分三个演进脉络，即微观要素集聚、中观产业集聚和宏观城镇集聚，其中，产业集聚通过优化城镇功能空间结构，提升区域要素资源配置效率，形成驱动城镇化发展的内在推力；其二，传统的经济地理学理论对此问题做了开创性工作，其认为在利润最大化动机下，作为市场微观主体的初始企业在进行区位决策时所释放的经济活动存在一种空间集中的向心力，该种集中态势主要通过要素和生产的空间流动与组织外显，从而形成产业集聚的雏形，然后带动人口集聚，产业和人口动态集聚的双重叠加效果推动了城镇化发展；其三，城镇化进程依赖于合意性产业结构所内生的发展动力，产业集聚作为产业结构调整优化的动态表现形式，通过不断增强产业间“结构红利”来提升城镇化质量。

在结构转型理论中，城镇化是工业化的伴生品，尽管工业化对城镇化的影响深刻，然而中国城镇化滞后于工业化却是不争事实。原因有二：一方面，中国工业化进入结构调整转型期，面临资源与环境双重约束，其对劳动市场的就业弹性放缓；另一方面，随着社会分工日益深化，产业结构演进作为城镇化的动力机制，大力发展服务业成为当前中国推进新型城镇化建设的新引擎。既有研究主要是在工业化背景下，探究以制造业为代表的产业集聚对城镇化的作用途径、机制与效应（Moomaw，1988；Drucker 和 Feser，2012；谢治春，2014）。然而，伴随服务业集聚活动愈发活跃，这一经济现象逐渐引起学界关注，并主要围绕其集聚测度、形成机制和影响因素三个维度而展开研究（Cook 等，2007；Cohen 和 Paul，2008；王晶晶等，2014），而已有文献则主要是基于产业层面研究服务业对城镇化的影响机制（Aslesen 和 Isaksen，2007）。肇自 Kolko（2010）系统工作，服务业集聚对城镇化的影响研究成为一种恰逢其时的学术关照。尤其是，随着当前中国旅游业产品供给的功能空间纵向延伸，旅游业日益呈现出传统生活性和新兴生产性双重内涵特征，以旅游业为主导在一定地域空间上所形成的服务业融合式集聚经济为城镇发展带来了新活力（Ashworht 和 Page，2011；Yang，2012）。对于这一旅游经济活动情境，兴起于 20 世纪 90 年代初的城镇旅游研究虽未直接论及，但也已洞悉旅游业对于城镇发展的现实重要性（Gladstone，1998；Edwards 等，2008）。沿袭此种理论进度，考虑将上述研究视角拓展到较为宏观的视域层面，即着眼于城镇化的战略全局，深度研判、分析与论证旅游业集聚对城镇化的影响机理，以冀探寻新型城镇化的实践途径未免不是一种有益尝试。

本章对旅游业和城镇化领域研究文献的补充和推进主要体现在如下三端：第一，在研究视角上，首先构建旅游业集聚影响城镇化的理论框架，进而为后续经验研究提供学理基础；第二，在研究方法上，为了避免变量之间的内生性导致的有偏参数估计结果，采用估计动态面板的系统广义矩估计法（SYS-GMM）来克服此偏误问题；第三，在研究内容上，深化了旅游经济学研究体系，尤其是，深入到旅游业导向型经济增长（Tourism Led Growth，TLG）假说理论内部，基于中国省级面板数据，借以探索旅游业集聚影响城镇化的内在机理和实现机制，从而为围绕“TLG 在中国是否存在”的学术激辩提供一个尝试性解释。

第二节 文献评述

旅游业与城镇化之间的关系成为近期研究热点，除了这一命题本身的理论逻辑演进之外，其与现实景象也存在极为密切的联系。城镇化作为转型期国家扩内需、促增长和转方式的新引擎，产业支撑是其建设的根本，而由产业结构演进引起的要素流动是城镇化发展的主要市场力量，其中产业集聚经济则是重要的微观运行机制。本章的研究重心在于，以旅游业集聚为契入点，力图从理论和实证阐释路径上探研其对城镇化进程的系统影响。与此内容相近的既有文献大致有三类，下面分而述之。

一、产业集聚与城镇化

产业集聚是指产业在空间上动态分布的集中形态，也是生产要素在空间范围内不断汇聚的过程（Nakamura，1985）。从宏观上看，产业集聚初始是以同一产业内部若干企业为载体的经济活动在一定空间范围内的集聚现象，随着产业关联效应逐渐放大，产业在广义地域空间上异质性集聚，进一步影响地域要素流向、产业布局和城镇功能，从而由产业集聚上升到空间集聚（Spatial Agglomeration），细检这一逻辑变化，空间集聚相比产业集聚，其内涵更丰富、外延更广阔，从而在更宽泛意义上影响城镇化进程（Kondo，2004；刘乃全，2012）。换言之，产业集聚是城镇化的本质。Theresa 和 Prettner（2013）在新经济地理学框架内引入世代交叠模型（Overlapping Generation Structure，OLG），从理论上分析了产业集聚引起的人口流动是城镇化进程的助推力量。单就产业集聚而言，既有文献首先关注到制造业中存在的集聚现象（Duffy，1987；Head 等，1995；Tuan 和 Ng，2004）。对该内容的研究，主要分为内外两个向度。对内，主要聚焦于制造业集聚的存在形态。例如，Carlei 和 Nuccio（2014）以意大利为例，基于自组织映射网络（Self-Organizing Maps，SOM）分析了制造业的空间集聚活动。此外，Martin 和 Ottaviano（1999）、Behrens 等人（2007）和 Tabuchi（2013）分别对影响制造业集聚的相关因素进行了研究。对外，重点探讨制造业集聚的经济意义，基本指向于制造业集聚与经济增长之间的关系而展开，例如，Geppert 等（2006）、Bautista（2006）、Mitra 和 Sato（2007）和 Brulhart 和 Sbergami（2009）分别对日本、德国、墨西哥以及 105 个国家进行了相应研究，但结论莫衷一是。

延续上述理论脉络，即具体到某一细分产业集聚与城镇化关系方面，国外文献对此仅有部分涉及，且也仅囿于制造业集聚对城镇化某个维度的影响。

Mano 和 Otsuka（2000）认为，在 1960—1995 年期间，日本制造业集聚对要素流动所产生的“推拉”效应显著影响区域城镇化空间结构。Yamamura 和 Shin（2007）以 1960—2000 年大东京地区相关产业数据为研究对象，结果发现制造业集聚对城市生产率存在积极影响。相比国外文献，国内研究对此内容的关注起步较晚、内容集中，且逻辑同步，整体结论为：无论是制造业，还是服务业集聚，均对中国城镇化进程存在促进作用（陈立泰等，2013；谢治春，2014）。

二、旅游业集聚形成机制

服务业是否存在集聚？这一理论推想已被 Huallcháin（1989）、O'Donoghue 和 Gleave（2004）、Hilber 和 Voicu（2010）及 Helbich（2012）在分别对美国、英国、罗马尼亚和越南服务业研究中得以验证。作为在服务业中占主导地位的旅游业，其集聚形成机制既与一般产业集聚原理具有共同性，也蕴含行业内在属性的异质性。前者涉及理论逻辑，后者关乎实践特征。关于旅游业集聚的一般性，同样遵循 Marshall（1920）关于外部性是产业集聚源泉的经典理论解读。论及旅游业集聚的本质性，主要依据在于旅游业具有天然的关联产业融合势能（Goodall 和 Asworth，1990），进而不断催生新型产品业态，通过满足旅游需求异质偏好，拓展旅游企业利润区间，以实现旅游集聚经济。细微的差异显现于此，以产业集聚存在的 MAR 外部性作为切入点，就制造业而言，同一产业内不同企业之间所提供的产品形式，要么是本企业最终产品，或者即是下游企业所需中间产品。与其相异，旅游业内部核心部门之间并不存在“中间投入品”，而是最终旅游产品的组成单元，其间体现的是旅游产品综合性的特点（Graitson，1982）。

旅游业集聚的初始动力来自于住宿业的网络化和集群式发展，学术界对此已基本达成一致共识（Baum 和 Mezias，1982；Baum 和 Haveman，1997；Chung 和 Kalnins，2001）。正如 Chung 和 Kalnins（2004）在一篇有关着重分析零售业和服务业集聚的文献综述中所描述的那样，“住宿业作为一项经济部门，集聚红利诱惑和资源溢出可能是决定其空间集聚分布的重要因素”。这显然是一种基于旅游业供给面的思考。质言之，旅游业集聚动态过程的微观作用主体始于酒店和住宿业。在需求面，Yang（2012）基于新经济地理学框架，认为在考虑旅游消费者市场需求情况下，旅游企业区位抉择倾向于在接近较大市场规模的地区，而当大量旅游企业选择相似的空间区位时，则有市场规模优势的地区将会积累更多的旅游经济优势。深言之，旅游企业选择空间集聚，通过密集经济活动实现旅游产品创新（Morrison 等，2004），实现对旅游消费市场需求偏好异质性的产品动态匹配，由此构成旅游业集聚的动力机制。

三、旅游业影响城镇化

Zelinsky（1973）和 Stanback（1985）最先观察到美国的一些城市和地区，包括佛罗里达、亚利桑那、加利福尼亚、拉斯维加斯、里诺和太浩湖专注于旅游业，自从第二次世界大战结束以后，并作为“愉悦、度假和退休”之地逐渐发展起来。此时，这种现象仅是作为城镇发展的一种特殊表现形态被注意。真正从理论本源上开始探究旅游业对城镇化的影响，要追溯到 Mullins（1991）在对澳大利亚黄金海岸（Gold Coast）和阳光海岸（Sunshine Coast）研究中所提出的旅游城镇化（Tourism Urbanization）理念，他提出旅游业催生城镇以“生产和消费愉悦”为主的产品业态不断涌现，并通过其所引起的人口和劳动力迅速增长、柔性生产系统①，以及大量新流入人口和一些核心家庭组成的常住居民对城镇化产生深远影响，这一过程表现出显著的后福特主义式大众愉悦消费特征。Mullins（1994）甚至认为，“作为一种新型城镇模式，旅游城镇化可以使居民生活方式小资化（Petit Bourgeois）”，显然，该论点也首次反映出旅游对“人的城镇化”所具有的积极意义。随后，Mullins（2003）又对澳大利亚旅游业影响城镇化的演变历程进行了追踪研究。综括 Mullins 系列研究内容，旅游城镇化的核心要义在于：一是旅游城镇化引起城镇人口和劳动力迅速增长，城镇规模扩大；二是旅游城镇化推动服务业发展，城镇产业结构变动；三是旅游城镇化引起城镇阶级结构改变，小资产阶级凸显。考

① 柔性生产系统中的“柔性”指的是生产系统对用户需求变化的响应速度，是对生产系统适应市场变化能力的一种度量。在该文中，Mullins 所指的柔性主要是一种商品生产和营销的一种新方式，有别于福特主义（Fordism），其重点在于小批量生产（Small-batch Production）、利基营销（Niche Marketing）、密集分包（Extensive Subcontracting）、兼职依赖（Reliance on Part-time）和临时就业（Temporary Employment）。Mullins（1991）在其所著 *Tourism Urbanization* 一文中所提到的柔性生产系统指的是大量劳动力在旅游业、零售贸易、建筑和 FIRE（金融、保险和房地产）产业就业。

其要归，Mullins 上述研究思想渊源，主要得益于其深蕴西方所谓的后现代主义城镇化思想（Harvey，1989；Sack，1992；Sassen，1994）。滥觞于 Mullins 开拓性贡献，基源于“旅游业与城镇化”的研究文献日益繁富。Gladstone（1998）深化了 Mullins 的旅游城镇化理念，根据旅游业在美国城市中的成长路径差异，将其分为两组，即“能够满足退休享受和 3S（Sun，Sand and Sea）度假”与“专营大型资本密集型旅游吸引物（Largc，Capital-intensive Tourist Attractions）”的城市，分别代表休闲城市和旅游大都市，通过对比发现，在休闲城市中旅游业对城镇化的影响过程与 Mullins 所持旅游城镇化理论相似，而旅游大都市则与其并不一致，其因在于，置于不同的社会结构背景，旅游城镇化的形成机制具有差异性。

国内研究方面，陆林和葛敬炳（2006）对 Mullins（1991，1994）和 Gladstone（1998）三篇典型文章进行深入对比研究，认为旅游城镇化是旅游作为城镇化的一种动力，并引导人口向城镇集中的过程，其中，旅游作为现代享乐消费的重要组成部分，引起的城镇化过程是一种新的城镇化模式。与其相似，王红和宋颖聪（2009）也认同旅游业在城镇化发展中的“动力说”，即旅游业发展可以推动旅游目的地人口和产业集聚及城镇在空间上扩张和重构过程。

不止如此，高楠等（2013）进一步引申出了旅游业影响城镇化的三点主要作用途径：一是旅游业产业关联度高，不仅可以直接促进，也能间接带动城镇相关产业发展，从而提升经济城镇化水平；二是旅游业就业弹性大，其作为劳动密集型行业，可以有效解决部分农村剩余劳动力转移就业，提升人口城镇化水平；三是旅游业对外开放性强，旅游业发展增强了城镇与外界之间的熵流交换，活跃了城镇经济活动，促使城镇规模扩大，优化了城镇空间结构。

合观上文，三类文献思路为本章研究提供了可据研究益见，特别是为我们从理论上抓住旅游业集聚对城镇化影响机制的关键意义深刻。第一类文献是本章研究思想的本源和前提，构成了具体研究体系的逻辑起点。后两类文献则提供了研究开展的旅游学理论依据，尽管对于旅游业集聚与城镇化之间的关系问题亦付阙如。基于既有文献的撮述与归纳，本章大胆假设的命题是将旅游业集聚纳入旅游业影响城镇化的分析框架，以期拓宽相应理论研究视域，再进一步依靠“用数据说话”的分析思想，对所出命题进行小心求证。由此观之，本章研究内容展示了一种整合三类文献于一体的综合思想，并通过理论分析与实证检验对其进行深入理解和诠释。

第三节　理论阐释

近十年来，中国旅游业规模以年均超过15%[①]速度扩张，创造了中国旅游业“增长的奇迹”。为检视这一现象，我们还需从旅游业供求两端找寻答案。从需求端看，虽然入境旅游需求受到多重因素制约，但随着国内人均可支配收入持续提高，居民消费能力和结构正在显著增强和逐步改善。其中，以“旅游、健康和文化”等为主题的体验享受型消费成为刺激居民消费率的新亮点[②]。就供给端而言，“要素红利”成为驱动传统旅游业发展的主要力量，这一点主要获益于过去中国旅游业整体处于规模报酬递增阶段的基本事实，扩大要素投入规模，发挥要素边际生产力，是推动中国旅游业发展的惯常做法。

然而，当中国旅游业保持可观速度成长的同时，对其时空特征，或经济效应的应然思考成为旅游学研究逻辑的必然应答。对于前者，涉及对中国旅游业本体论的认识，既有研究大多关切于此，成果丰硕，譬如，旅游经济差异测算、旅游产业结构调整和旅游发展效率评价等。关涉后者，主要体现中国旅游业的经济发展内涵。若将两者主观割裂，就会导致对中国旅游业产业存在价值的理解偏于一隅。具言之，我们将旅游业集聚与城镇化置于其中，并将两者展开为一个统一过程，是本章研究体系的中心脉络。

基本主线是：根据新经济地理学，集聚与经济相伴而生，旅游业也不例外。旅游业集聚具有时空两维性。相对于空间性来讲，旅游业集聚的时间性

① 对这一数据的来源，官方并未统计。我们根据《中国旅游统计年鉴（副本）》所公布的年度数据，通过计算旅游业总收入年均增长率而得出。

② 按照一般观点，当前中国居民消费率约为35%，与全球约61%的水平相比，仍偏低。当然，受到基础资料、样本选择和统计方法方面的局限，可能会存在这一数值被低估的情况。但，不可否认的是，导致中国居民消费率偏低的原因很多，如储蓄率过高、收入分配不公和服务业滞后等。然而，一个较为统一的观点是，由于城镇化滞后所引致的内需不足是制约居民消费率的症结所在。

即是对其形成机理的历史逻辑表达。考虑两点：其一，新古典经济学认为，分工是增长的源泉，而就旅游业来讲，产业内部门分工尤为重要，这主要取决于旅游产品的综合性，分工是前提，由此所导致的外部性和报酬递增又进一步导致旅游业集聚，然后通过缪尔达尔循环累积因果关系机制，使得集聚自我强化；其二，旅游业以需求为导向，旅游者消费偏好与体验诉求是旅游产品供给主体需要识别并捕捉的利润区，所以旅游产品的供求平衡过程需要时间。旅游城镇化作为先验理论，在旅游集聚经济对经济增长的影响图景中，预示着城镇化在旅游业集聚影响经济增长过程中存在可能的中介效应，此种推设主要生发于 TLG 理论框架内部。不揣浅陋，下文试图从四个理论方向阐发旅游业集聚对城镇化的影响机制。

一、旅游业集聚促进产业转型

产业转型升级是城镇化进程的持续支撑力量。一方面，以集约型工业和现代服务业为主导的优势非农经济是确保城镇化质量的主抓手；另一方面，近期兴起的旅游引导农村城镇化现象成为提升城镇化水平的新内容。旅游业集聚引发产业转型路径有三。第一，新时期国家将旅游业定位为战略性支柱产业和现代服务业，说明以有效满足外来客源市场和本地居住人群休闲需求偏好为导向的旅游业集聚本身即是地区产业结构转型的路径之一。切中肯綮地说，外部性理论为解释该种转型路径提供了理论基础，期初主要以旅游业内部核心部门企业专业化集中所产生的 MAR 型外部性为源发动力，随后在旅游业关联效应作用下，而由相关产业间企业多样化集中所形成的 Jacobs 型外部性则是旅游业集聚促进产业转型路径的直接表现。第二，旅游业集聚通过拓宽市场空间引领产业结构转型，在广度上看，以旅游业集聚为主所形成的规模经济分别在需求与成本关联、中间投入品共享和“本地市场效应”[①]三方面拓展了市场广度；从深度上讲，旅游需求的差异性和旅游体验的整体性要求旅游产业价值链持续创新和纵深延展，即呈现包含诸多产业内容集合的泛旅游业集群这一概念。其主要特点是：部门主体多元化、外部形态多样化和集聚租金循环化。对第二点的解释主要以亚当·斯密的古典“市场范围假说”

① 旅游业“本地市场效应”是指为满足本地社区居民旅游休闲强需求所构建的具有综合旅游功能的泛旅游产品在满足本地需求的同时，吸引了外部客源市场。

作为理论预设，旅游业集聚从广度和深度两方面拓宽了市场范围，反之，市场范围的扩大又进一步促进产业分工，而分工的日益精细化自然会推动产业结构转型，而产业结构升级又需要空间实现载体，城镇化正是产业转型升级所需空间实现方式的主要形式。第三，乡村旅游为推动城镇化带来了新变革，为农村城镇化提供了新思路。乡村旅游作为农村地区的特色非农产业，有助于优化农村产业结构，有效整合并提高农村地区要素生产率。此外，以乡村旅游为主导的农村产业结构为农村城镇化创造了产业支撑，进而也有助于实现农民的就地城镇化。

二、旅游业集聚引发就业效应

旅游业集聚所引发的城镇就业效应主要分为直接效应和关联效应。一是传统上，旅游业被视为劳动密集型行业，本身即具有较强的就业带动作用。同时，当前中国旅游业亦处在转型期，产品主导形式正在从观光旅游向休闲度假深度转变，由此决定了中国旅游业属性特征也开始由劳动密集型向资本密集型跨越，资本积累成为中国旅游业发展的主要源泉，资本深化越发显著，技术进步能力正在由弱变强。此外，以产业持续融合为核心的旅游业集聚不断获取知识溢出，也为旅游业集聚所发生的技术创新产生了正面作用。中国旅游业集聚呈现出上述双重技术进步，创新技术在旅游产品开发和业态培育方面作用明显，从而增强了旅游业集聚拉动就业的增量效应①，进一步推动了产业集聚与人口集聚的协同进行。二是由旅游业集聚所促发的产业转型升级对就业影响的关联效应是推动城镇化的重要途径之一。无论是配第·克拉克定理，还是库兹涅茨经验法则，均指出产业结构与就业结构之间的互动性，即产业结构的变动决定就业结构的调整，而在中国，由于多种原因，后者却严重滞后于前者，这也导致了围绕中国采取与托达罗模型（Todaro Model）相吻合的政策措施对推动城镇化是否合理的学术争论。当前，在制造业就业弹性增长缓慢的背景下，充分发挥第三产业就业“吸纳器”的作用，尤其是为农村剩余劳动力转移提供更多的城镇就业机会，是破解当前城镇化质量偏低，

① 需要说明的是，现阶段中国旅游业技术进步对就业的影响效应并不会出现诸如制造业中所发生的“资本替代劳动的路径偏差”问题，主要还是因为中国旅游业的转型之路还长，旅游业集聚所产生的技术创新强度还很微弱。在旅游业内部，并未开始真正出现技术进步替代就业的直接效应。

尤其是人口城镇化滞后的重要旨趣。显然，以产业结构转型与升级为传导渠道，旅游业集聚所引致的城镇就业效应是助推城镇化的应然之举。

三、旅游业集聚优化空间结构

实然，上文两点均隐含了旅游业集聚影响城镇空间结构的内在机制，这体现了旅游业集聚对城镇空间结构的间接作用，具言之，产业转型的空间重塑与分工性，以及劳动要素的空间流动和聚集性都在不同程度上对城镇地域空间结构产生影响。从过程上看，显然，这种效能存在一定的时间滞后性。旅游业集聚对城镇空间结构的直接影响机制为：在促使旅游业集聚的外部性中，以 Jacobs 技术外部性为代表的多样化经济决定了旅游业集聚的地理特征，进而依靠集聚力吸引大量诸如物质、资本和知识等可流动要素并改变相对市场规模，然后通过规模报酬递增强化上述循环累积因果关系，最终对城镇空间结构形态施加作用，这是一种相对笼统的分析视角。在更为细致的理论机理上分析，旅游业通过发挥产业关联乘数效应，在规模经济和范围经济驱使下，借助广义集聚力吸引邻近生产要素在空间范围内向集聚中心流动，在空间集聚中心成长到一定程度时，由于规模效益降低、土地价格上涨和交易成本增加等规模不经济，从而开始对邻近地区产生扩散辐射效应，再考虑到旅游业发展的空间溢出功能，又进一步从广度上推动了邻近地区产业布局与结构升级，由于旅游业集聚在空间范围内这种集聚与辐射效应，最终推动了城镇空间结构演化。质言之，旅游业集聚通过优化城镇产业空间结构和等级结构，最终优化城镇空间分布的区域结构。

四、旅游业集聚转变生活方式

旅游业集聚对消费主体来说，带有强烈的需求印记和审美动机，产品供给内容的多样化和创新性，给旅游者带来的是丰富多彩的旅游体验和精神愉悦。遵循马斯洛需求层次理论，在当下旅游活动越发成为社会文明生活方式的时代背景下，旅游业集聚有力契合了居民对更高层次生活质量的心理诉求。这一点在 2009 年国务院出台的《关于加快发展旅游业的意见》（国发〔2009〕41 号）文件中对新时期旅游业的社会功能定位得以体现，即旅游业应成为推动社会进步和提高人民生活质量的民生产业。由此可见，旅游业集聚为人们追求精神文明生活创设了实现条件。尤其是，旅游业在农村地区的集聚过程，对农村发展方式、农业生产方式和农民生活方式带来了显著三重变革，“美丽乡村、生态集约、现代文明”成为旅游业集聚提升农村城镇化的三个关键词。综上来看，旅游业集聚对生活方式的转变存在三种途径：其一，旅游业集聚为城镇本地居民提供了广义休闲产品，以满足由于城镇居民可支配收入持续提高而释放的井喷式休闲需求，休闲的内涵与本质即是培养人们文明健康的精神态度和生活方式；其二，旅游业集聚的就业效应实现农村剩余劳动力向城镇转移就业，并可以有效推动这部分城镇新流入人群（Newcomers）逐渐融入城镇，通过共享城镇公共基础设施和学习先进文明生活方式（Urtasun 和 Gutiérrez，2006），保证这部分人群实现“人的城镇化”；其三，正如上文所指，农村地区所出现的不同形式的（泛）旅游业集聚，有效推动了农村“就地城镇化”进程，进而从根本上实现农村居民生活方式的“就地转型”。

第四节 研究设计

一、模型设定

为实证检验旅游业集聚对城镇化的影响关系与效应，我们在第三节理论分析框架内，借鉴陈立泰等（2013）与谢治春（2014）计量经济思想，将城镇化作为被解释变量进行线性建模，基准模型设定如下①：

$$\ln urban_{i,t} = \alpha + \beta \ln tour\_agl_{i,t} + \ln X_{i,t}\gamma + \eta_i + \varepsilon_{i,t} \tag{7.1}$$

控制变量集合 X 为：

$$\ln X_{i,t} = \phi \ln fraden_{i,t} + \lambda \ln indstr_{i,t} + \varphi \ln human_{i,t} + \psi \ln open_{i,t} + \zeta \ln govern_{i,t} \tag{7.2}$$

为了消除纲量差异，所有变量均进行对数化处理。其中，下标 i 和 t 分别

① 我们未在计量模型中将经济增长发展纳入控制变量集，是因为既有研究多已证实城镇化与经济发展之间存在逆向因果关系，为了规避模型不必要的内生性问题，因此不予考虑这一变量。

代表省份和年份，η_i 表示不可观测的个体固定效应，$\varepsilon_{i,t}$ 表示随机扰动项。式（7.1）中 β 为核心待估系数，主要通过其反映旅游业集聚（*tour_agl*）对城镇化（*urban*）的系统影响。式（7.2）控制变量集合元素依次包括基础设施、产业结构、人力资本、对外开放和政府规模。

二、变量构造

城镇化作为模型因变量，采用人口城镇化率表示，即年末城镇人口与该地区年末总人口的比重来度量城镇化水平[①]。

在国内外关于产业集聚的研究文献中，区位熵被广泛用于衡量某产业的区域集聚程度，也是测量产业布局规模效益与产业产业化水平的一种方法。本章综合了数据可得性等因素，选用区位熵指数来衡量旅游业集聚度，不仅能够反映出区域旅游业发展质量差异，也能体现出区域旅游业发展的时空演变特征，指标定义为：

$$Q_i = \frac{d_i / \sum_{i=1}^{n} d_i}{D_i / \sum_{i=1}^{n} D_i} \tag{7.3}$$

d_i 为某区域 i 部门的某一指标，D_i 为高层次区域 i 部门的同一指标，n 为某类产业的部门数量。

在控制变量中，基础设施采用交通密度衡量，为了使省级单元的年际交通基础设施存量具有可比性，采用每平方公里土地面积平均交通里程数进行刻画，即采用铁路、公路和内河航道里程与所在省域面积之比度量。基础设施被认为是提升城镇化率的有效手段，而考虑到基础设施的地区差异性，首先应对其予以控制。按照惯例，产业结构采用二、三产业产值比重度量。产业支撑是城镇化进程的驱动力量，直接关系到城镇化质量的高低。人力资本采用地区年末劳动者平均受教育年限度量。城镇化的首要动力来源于“以人为本”，“人”的城镇化是全面推进城镇化的主要抓手，人力资本建设对于改

① 现存文献对于城镇化水平的度量方式有两种，除本章指标选取之外，还可采用地区非农人口与总人口比重来度量。然而，由于统计口径的不一致，加之某些省份非农人口数值缺失严重，故而本章并未采用此种城镇化率度量方式。

变城乡二元结构存在积极意义，也使其成为城镇化进程不能忽略的基本事实。对外开放，采用外贸依存度衡量，即地区进出口总额占 GDP 比重度量。对外开放有利于扩大地区市场规模，进而为城镇化发展提供了需求条件。政府规模采用地方财政支出占 GDP 比重测度。处理好政府与市场的关系是城镇化的关键之举，地方政府的干预对城镇化产生重要影响。

三、数据说明

本章研究样本为中国 30 个省级单元 1999—2012 年平衡面板数据。旅游业相关数据主要来源于《中国旅游统计年鉴（2000—2013）》《中国旅游统计年鉴（副本）（2000—2013）》和《中国旅游年鉴（2000—2013）》。其他经济统计数据分别来源于《中国统计年鉴（2000—2013）》《新中国六十年统计统计资料汇编》和中经网统计数据库。另外，为了避免数据异常值的影响，对样本数据按照上下 1% 进行 Winsorize 缩尾处理。

第五节 实证检验

一、描述性统计

首先，通过变量描述性统计观察其内在差异状况，然后，依据变量相关系数辨识是否存在共线性。表 7–1 列出了主要变量描述性统计与相关系数，其中，旅游业区位商最小值为 0.207，最大值为 2.811，均值为 1.009，说明中国旅游业集聚存在显著省际非均衡性。样本期间，城镇化变量均值为 38.16%，显示出中国城镇化水平仍有待提升。本章核心解释变量旅游业集聚与被解释变量城镇化之间 Pearson 相关系数为 0.2502，且在 1% 水平上统计显著，说明从直观上察觉，旅游业集聚与经济增长之间存在正相关关系。此外，表 1 中还包含另外一个重要信息，如理论阐释部分所述，产业转型升级可能是旅游业集聚推动城镇化的传导渠道之一，而事实上，旅游业集聚与产业结构变量相关系数为 0.2138，从而消除了两者之间可能存在共线性的疑虑。整体上，解释变量之间相关系数绝对值大多低于 0.6，通过进一步考察解释变量方差膨胀因子（Variance Inflation Factor，VIF），发现取值区间为［1.20，2.24］之间，远小于最大容忍度 10，处在可接受范围内，说明变量间并不存在多重共线性。

表 7-1 主要变量相关系数与描述性统计

变量	lnurb	lntou_agl	lnfraden	lnindstr	lnhuman	lnopen	lngovern
ln *urb*	1						
ln *tou_agl*	0.2502***	1					
ln *fraden*	0.3855***	0.6253***	1				
ln *indstr*	0.3292***	0.2138***	0.235***	1			
ln *human*	0.8345***	0.3692***	0.5136***	0.3853***	1		
ln *open*	0.4612***	0.3873***	0.481***	0.2163***	0.405***	1	
ln *govern*	0.0185***	−0.0458	−0.2948***	0.0598	−0.0511	−0.4109***	1
最小值	0.146	0.207	0.020	0.286	5.438	0.001	0.063
最大值	0.893	2.811	2.427	0.769	11.836	0.147	0.612
均值	0.3816	1.009	0.637	0.405	8.115	0.031	0.174
标准差	0.152	0.430	0.462	0.076	1.022	0.025	0.078
观察值	420	420	420	420	420	420	420

注：***、** 和 * 分别表示 1%、5% 和 10% 显著性水平。下同。

二、面板单位根检验

由于基准回归模型中所使用的变量均为宏观经济变量，因其在现实经济运行环境中具有时变性，常会受到非平稳性的干扰。因此，为了保证计量检验结果的有效性，克服“伪回归”问题，首先应对面板数据进行单位根检验，以检查其是否具有平稳性。

一般认为面板数据单位根检验方法有 6 种，根据是否所有截面序列具有相同单位根过程，可以将检验单位根过程的方法分为同质单位根检验与异质单位根检验两大类，前者主要有 LLC 检验、Breitung 检验和 Hadri 检验；后者主要有 IPS 检验、Fisher-ADF 检验、Fisher-PP 检验。由于单位根检验理论非常复杂且方法颇多，应当综合考虑多种检验方法来考察检验结果（易丹辉，

2014）。本章以超过一半得出的结论拒绝单位根检验的方式，认为该变量在面板数据回归过程中可以被接受。各变量面板单位根检验结果如表 7–2 所示。

表 7–2 显示，不存在任一变量水平值通过一半以上的单位根检验，即所有变量均为 I（1），各变量均为非平稳过程。需要强调的是，Maddala 和 Wu（1999）认为在有限样本、允许个体时间序列拥有随机成分等情况下，Fisher 型检验要优于其他检验。因此，我们主要认同 Fisher 检验结果，其零假设为“存在单位根”，表 7–2 所列各变量均无法同时拒绝 Fisher–ADF 和 Fisher–PP 检验。

为避免直接对式（1）进行伪回归，对各变量进行一阶差分值进行检验，一阶差分均为 I（0），各变量一阶差分为平稳过程。因此，所有变量均为一阶单整，即为 I（1）过程。在时间序列中，Engle–Granger（1987）构建的协整检验是基于残差实现的：如变量之间存在协整关系，则残差应为 I（0）过程；如变量之间不存在协整关系，则残差应为 I（1）过程。随后，Pedroni（1999）和 Kao（1999）将 Engle–Granger 协整检验框架扩展到面板数据领域。根据上述计量先验认知，鉴于各变量同为一阶单整过程，初步可判断模型变量之间线性组合可能存在协整关系，下文可进行面板协整检验。

表 7–2　面板单位根检验

检验变量	检验方法						
	LLC	Breitung	IPS	Fisher–ADF	Fisher–PP	Hadri	结论
ln *urb*	−6.058***	−0.526	1.374	35.411	41.531	9.026***	I（1）
D（ln *urbn*）	−15.049***	−5.474***	−7.206***	148.664***	344.41***	45.788***	I（0）
ln *tou_agl*	−0.893	3.246	2.164	50.229	43.509	8.955***	I（1）
D（ln *tou_agl*）	−10.511***	−6.546***	−5.411***	119.636***	164.749***	9.069***	I（0）
ln *fraden*	−1.706**	−3.581***	1.111	33.504	39.919	5.516***	I（1）
D（ln *fraden*）	−16.636***	−13.946***	−7.457***	145.32***	180.138***	8.986***	I（0）
ln *indstr*	−3.709***	−0.942	0.162	50.439	52.626	9.293	I（1）
D（ln *indstr*）	−14.51***	−6.591***	−7.485***	151.593***	228.923***	11.646***	I（0）
ln *human*	−1.742**	−3.709***	3.251	23.475	16.862	6.977***	I（1）
D（ln *human*）	−19.131***	−8.267***	−13.371***	239.703***	333.007***	16.793***	I（0）

续表

检验变量	检验方法						
	LLC	Breitung	IPS	Fisher-ADF	Fisher-PP	Hadri	结论
ln *open*	−4.089***	−0.624	−0.977	78.751**	53.328	9.469***	I（1）
D（ln *open*）	−12.51***	−0.624	−5.053***	122.871***	93.217***	14.206***	I（0）
ln *govern*	−0.091	−3.243***	5.017	18.619	24.353	6.258***	I（1）
D（ln *govern*）	−13.358***	−9.541***	−6.472***	134.51***	143.734***	8.443***	I（0）

注：① D 表示变量一阶差分值；②面板单位根检验形式设定为含截距和趋势项；③ Hadri 检验备则假设为平稳序列；④ ***、** 和 * 分别表示 1%、5% 和 10% 显著性水平。

三、面板协整检验

传统的面板协整检验方法零假设为“不存在协整关系”，基于平稳回归所得残差构造统计检验，对同质面板和异质面板均适用，代表性检验有 Pedroni（1999，2004）检验和 Kao（1999）检验。按照一般研究惯例，考虑到面板协整检验稳健性，本章同时采用国内外研究普遍采用的 Pedroni 检验和 Kao 检验（王佳、杨俊，2012；Liddle，2012；Herzer 和 Nunnenkamp，2012）。Pedroni（1999）在没有协整关系的零假设条件下，利用协整方程，估计截面之间不同的斜系数、固定效应系数和个体确定趋势，通过构造 7 种形式面板协整检验统计量对回归残差进行平稳性检验，分别是用组内维度描述的 Panel v、Panel rho、Panel PP 与 Panel ADF 统计量和组间维度描述的 Group rho、Group PP 与 Group ADF 统计量。Pedroni（1999）建议，每一个标准化的统计量都趋于正态分布，但在小样本条件下，Panel ADF 和 Group ADF 统计量具有更优性质。Kao（1999）基于回归残差也构造出 DF 和 ADF 两种检验统计量，其中，ADF 统计量较为常见。

面板协整检验结果如表 7–3 所示。Pedroni 检验中前四种统计量是同质性备择的检验结果，即假定所有截面具有共同的 AR 系数；后三种统计量是异质性备择的检验结果，即只要求每个截面的 AR 系数小于 1。Kao 检验则要求模型外生变量系数是齐性的，即不同截面外生变量系数相同。表 7–3 显示，

Pedroni 检验结论并不一致，两种组内统计量 Panel v 和 Panel rho 与一种组间统计量 Group rho 均在 5% 水平上并不显著，即无法拒绝没有协整关系的零假设。Panel PP、Panel ADF、Group PP 和 Group ADF 统计量均在 1% 显著性水平上拒绝零假设，即表明模型存在协整关系。前已述及，Pedroni（1999）前已证明：在小样本中，Panel ADF 和 Group ADF 统计量检验效果最好，Panel v 和 Group rho 统计量检验效果最差，其他处于两者中间。考虑到本章数据样本偏小，Panel v 和 Panel rho 统计量可以不予考虑，在剩余 5 种检验统计量中，我们重点关注的具有小样本性质的 Panel ADF 和 Group ADF 统计量在 1% 水平上高度显著。因此，基本可认为变量之间存在协整关系。Kao 检验的 ADF 统计量也在 1% 显著性水平上拒绝零假设。

表 7–3　面板协整检验

检验方法	统计量	统计量值	P值
Pedroni 检验	Panel v	–2.312	0.989
	Panel rho	8.259	1.000
	Panel PP	–12.038***	0.000
	Panel ADF	–3.258***	0.000
	Group rho	9.226	1.000
	Group PP	–22.243***	0.000
	Group ADF	–3.251***	0.001
Kao 检验	ADF	–4.459	0.000

注：Pedroni 检验中，除 Panel v–stat 统计量是右侧检验以外，其他都是左侧检验。

四、初始检验

（一）静态面板估计

在实证研究策略上，对于基准模型（1）的初始估计结果列于表 7–4。首先对静态面板数据估计模型进行判定。表 7–4 第（1）~（3）列分别报告了面板混合最小二乘法（Pooled OLS）、固定效应（FE）模型和随机效应（RE）模型估计结果。第（2）列面板设定 F 检验结果表明个体效应显著，即认为固定效应估计优于混合估计；第（3）列 Breush–Pagan LM 检验强烈拒绝不存在个体随机效应的原假设，即认为随机效应估计优于混合估计；第（2）列 Hausman 检验显著拒绝随机效应和固定效应回归系数无差异的原假设，即认为固定效应模型优于随机效应模型。同时，第（3）列 Sargan–Hansen 检验也显著拒绝随机效应和固定效应系数估计值不存在显著差异的原假设。综上检验，我们以固定效应模型作为基准回归结果。由于本章样本数据属于"短面板"，时间维度 T 相对于 N 较小，截面个体信息较少，故并不讨论扰动项是否存在自相关，故一般假设其独立同分布。

表 7–4 第（2）列显示，在对相关变量进行控制之后，旅游业集聚对城镇化具有正向影响，并且在 1% 水平上显著，说明在其他条件不变的情况下，旅游业集聚上升 1%，城镇化正向变动 0.0823%。由此，初始检验结果对前文理论预设提供了经验佐证。换言之，鼓励旅游业的集聚活动，成为提升城镇化水平的有益良措。在服务经济时代来临之际，通过旅游业的集聚经济活动引领消费结构和产业结构升级，以需求引发供给，靠供给刺激需求，共同激发综合型服务产业发展，从而有效支撑、牵引和承载城镇化进程。

下面同时转向模型控制变量的结果分析。人力资本和政府规模对城镇化建设存在显著正向影响，且均在 1% 水平上高度显著。前者与 Bertinelli 和 Black（2004）、Storper 和 Scott（2009）以及曾昭法和左杰（2013）的研究结论一致，其理论落脚点在于人力资本可以有效提升城镇生产率。推进城镇化是一项非常复杂的系统工程，当前城镇化作为国家战略，政府干预作用也已被普遍认可，无论是制度供给，还是财政投资，充分体现出政府干预作为城镇化发展外部变量的应有之义。纵观世界城镇化演变历程，政府干预也是必要之举，差异主要在于不同阶段干预的强度高低。

此外，基础设施、产业结构和对外开放三个控制变量回归系数为正，但在统计学上并不显著，下面分而述之。基础设施回归系数不显著，表面上看不太符合常理，因为，众所周知，基础设施建设是推进城镇化的直接手段之一。然而，细看，本章实证所得此结论可能由两方面原因所致。一方面，表 7–1 所示旅游业集聚与其相关系数达 0.6253，对此不难理解，交通可达性是旅游产品交易成功的先决条件，换言之，基础设施是构成旅游产品生产函数的重要因素，但是，由此产生的共线性也会干扰城镇化对基础设施的估计效果；另一方面，城镇化所涵内容包罗万象，以交通密度衡量的基础设施如果从实质上提升城镇化水平，还需要多种作用渠道的承载传导。由是观之，我们将基础设施滞后一期项和中心化后的旅游业集聚与基础设施交互项纳入模型回归，表 7–4 第（4）列报告出相应估计结果，两者回归系数均在 5% 水平上显著为正，分别意味着：交通基础设施转化为城镇化动力的确存在时间滞后性，这也深刻提醒我们政府在扩大基础设施投资的同时，还需系统考虑其利用效率问题，否则盲目扩大基础设施投资规模，很有可能导致地方政府债务风险；同时，基础设施越发达的地区，旅游业集聚对城镇化的影响效果越明显，在这里旅游业集聚成为基础设施推动城镇化建设的传导渠道之一。换言之，基础设施建设是有效发挥旅游业集聚正向影响城镇化效应的必要条件。

本章的研究还发现以第三产业增加值占比所衡量的产业结构对城镇化产生的正向影响不显著，这与肖功为和贺翀（2013）的研究结论并不一致。究其因，本章在选取产业结构度量指标时，并未涉及第二产业份额，所表达的主要是检验以第三产业为主的产业结构调整对城镇化的意义所在，现阶段中国正处于产业结构转型期，通过加快发展现代服务业来优化城镇体系成为新的战略命题，与此同时，当前工业化仍是城镇化发展的不可忽视的重要支撑因素，这一点同样毋庸置疑。所以，一个综合的原因是，城镇化滞后于工业化所导致的现代服务业滞后之谜暂时抑制了其对城镇化的促进效应。为了证实此种解释，我们将产业结构滞后一期纳入模型进行回归，第（5）列报告出上期产业结构对城镇化影响效应不显著，但当考虑到产业结构的动态持续性时，当期产业结构则对城镇化表现出 10% 水平上的正向显著性，并且回归系数值相对较大，充分说明服务业的发展潜力未来对城镇化的助推效应值得期待。

表 7–4　城镇化对旅游业集聚静态回归结果

变量	（1）	（2）	（3）	（4）	（5）	（6）
ln *tou_agl*	−0.0881** （0.042）	0.0823*** （0.036）	0.0352*** （0.036）		0.1027* （0.041）	−0.1366** （0.067）
ln tou_agl^2						0.2499*** （0.064）
ln *fraden*	−0.0022 （0.029）	0.0327 （0.034）	0.0412* （0.025）		0.0281 （0.035）	0.0297** （0.016）
L.ln *fraden*				0.0787** （0.035）		

续表

变量	(1)	(2)	(3)	(4)	(5)	(6)
ln *tou_agl* × ln *fraden*				0.0484** (0.023)		
ln *indstr*	0.0981 (0.062)	0.0959 (0.117)	0.1453 (0.097)	0.0155 (0.127)	0.3309* (0.193)	0.2993*** (0.081)
L.ln *indstr*					0.2911 (0.198)	
ln *human*	2.3587*** (0.234)	0.9937*** (0.196)	1.9016*** (0.158)	0.9277*** (0.206)	0.9078*** (0.205)	2.6139*** (0.123)
ln *open*	0.0711** (0.029)	−0.0124 (0.018)	0.0437*** (0.017)	0.0085 (0.021)	0.0107 (0.021)	0.1109*** (0.016)
ln *govern*	0.1104* (0.056)	0.5387*** (0.071)	0.2521*** (0.043)	0.6185*** (0.078)	0.6081*** (0.076)	0.1926*** (0.033)
面板设定 F 检验		14.20***		11.88***	13.32***	14.20***
Hausman 检验		126.98***				
Breush–Pagan LM 检验			251.91***			
Sargan–Hansen 统计量			70.278***			
备注	Pooled OLS	FE	RE	FE	FE	FE
R^2	0.7464	0.6542	0.6654	0.6443	0.6483	0.7300
观察值	420	420	420	390	390	420

注：***、** 和 * 分别表示 1%、5% 和 10% 显著性水平；括号内为标准差。下同。

（二）旅游业集聚的城镇化效应是线性的吗？

对于这一疑问的认识，主要基于直观察觉和理论推理两个方面做出。简单地讲，虽然表 7–4 第（2）列报告出旅游业集聚对城镇化存在显著正向影响，但在第（1）列混合估计中我们却发现旅游业集聚的回归系数则显著为负，尽管由于混合估计假设解释变量对被解释变量的影响与个体效应无关，其在许多问题的研究中并不被适用，然而，这也潜在地为我们释放出了一个警示性信号，即旅游业集聚引起的城镇化效应可能存在非线性特征，图 7–1 对此假设进行了直观刻画，即旅游业集聚与城镇化之间存在 U 形关系。

从理论上讲，集聚所引起的累积循环因果关系会强化旅游业规模经济对城镇化的正面影响效应，这也契合表 7–4 第（2）列的实证结论。内在系统地看，旅游业在集聚初期也可能会对城镇化产生负面影响。综合来看，可以从以下两个方面寻找答案。首先，综合性基础设施是旅游业集聚的前提条件，而期初由于需求市场正在培育期，必然会导致基础设施利用效率并未达到最优状态，从而在整体上对区域空间利用效率产生负面影响，延缓了城镇化推进速度；其次，旅游业集聚在初始期存在明显的集聚力大于辐射力的特征，集聚经济的产生虽然为区域经济注入了活力，同样相伴生地会出现较大空间尺度上的经济非均衡，反过来又会影响地区间城镇化建设能力，导致城镇化空间结构相对失衡，这也符合产业集聚的一般规律。

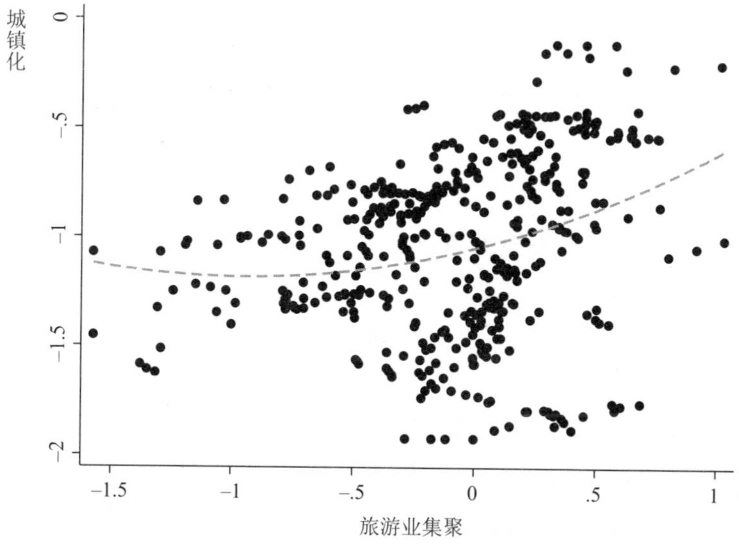

图 7–1 旅游业集聚与城镇化之间的非线性关系

由图 7–1 大致可以测算出当旅游业集聚水平达到 0.6065 时（低于均值），处于旅游业集聚对城镇化正负影响效应的临界点，并且呈现出渐次增强趋势。换言之，样本期间内中国旅游业平均集聚水平对城镇化建设具有积极意义。另外需要注意的是，图 7–1 中 U 形关系图的右半部分斜率要大于左半部分，并且左半部分曲线较为平缓，说明旅游业集聚期初对城镇化的负面影响效应相对微弱，而当旅游业集聚水平跨越门槛值之后，旅游业集聚水平越高，其对城镇化的促进作用越强。为了检验上述直观判断，我们将旅游业集聚平方项纳入基准方程式（1）进行回归，表 7–4 第（6）列分别报告出旅游业集聚一次项回归系数显著为负，而旅游业集聚平方项回归系数显著为正，表明本章找到了旅游业集聚与城镇化之间存在 U 形关系的经验证据。

（三）旅游业集聚的内生性检验

除了以上实证发现之外，还需关注到另一问题，即我们所关心的核心解释变量旅游业集聚是否是内生的？因为这直接关系到模型估计结果的有效性。针对此问题，我们还是回到对旅游业集聚可能作为内生变量的理论说明。对于这一问题的担忧，主要来源于旅游业集聚与城镇化之前可能存在的双向互动关系。旅游业集聚影响城镇化的理论机制前文已做论述，而在理论上，城镇化也会为旅游业的集聚活动创造广阔的市场需求空间，并且也会为旅游业的集聚提供条件基础。如此来看，对式（1）的估计需要切实考虑模型内生性问题。接下来，我们假定旅游业集聚是内生变量，从而为其寻找合适的工具变量，需要满足的前提条件是：工具变量与内生解释变量相关，但要与随机扰动项无关。根据学术惯例，我们分别选取 1980 年旅游业密度和旅游业集聚滞后一、二期分别作为旅游业集聚的工具变量。鉴于这一问题的重要性，使用 Davidson–MacKinnon 检验予以验证，其原假设为“旅游业集聚是外生的”。当我们使用工具变量固定效应两阶段最小二乘法（IV–FE–2SLS）估计之后发现，选择两种工具变量之后的 Davidson–MacKinnon 检验 P 值分别为 0.3961 和 0.6101，即无法拒绝“旅游业集聚是外生的”，所以我们判定旅游业集聚在模型中是外生的。

五、动态面板估计

（一）模型拓展

城镇化进程具有动态持续性，即当期城镇化依赖于上期的城镇化推进情况，为捕捉这种动态调整过程，我们在基准模型方程式（1）基础上引入城镇化的滞后一期项，将其扩展为如下形式的动态面板数据模型：

$$\ln urban_{i,t} = \alpha + \rho \ln urban_{i,t-1} + \beta \ln tour\_agl_{i,t} + \ln X_{i,t}\gamma + \eta_i + \varepsilon_{i,t} \qquad (7.4)$$

（二）估计方法

为了保证获得计量方程（7.4）的无偏估计量，我们将主要采用系统广义矩估计（SYS–GMM）方法进行模型估计。这主要是因为无法观测的省级异质性特征 η 可能与其他解释变量相关，因此 OLS 方法会产生遗漏变量偏差问题。此外，由于方程（7.2）引入了被解释变量滞后一期项作为解释变量，其可能与随机扰动项相关，所以即使采用固定效应模型估计剔除了异质性的省级个体效应 η，同样依然无法解决内生性所导致的参数估计偏误问题。本章面板数据属于典型的短面板结构，这一数据结构采用动态面板处理技术是一个非常好的选择（Roodman，2006）。

为了克服内生性问题，Arrellano 和 Bond（1991）指出当模型中一些变量是内生变量时，普通面板回归结果是有偏的，动态面板方法可以消除模型的内生性偏误，从而得到更加有效的估计结果，并建议采用差分广义矩估计法（DIF–GMM）来进行参数估计。其基本思想是先进行一阶差分以消除固定效应影响，采用水平值的滞后项作为差分方程中相应变量的工具变量，然而，这种差分方法较易受到弱工具变量的影响而产生向下的大的有限样本偏差（Blundell 和 Bond，1988；Bond，2002）。为了弥补差分 GMM 估计方法的不足，Arellano 和 Bover（1995）、Blundell 和 Bond（1998）进一步提出了系统广义矩估计（SYS–GMM）方法。该方法的基本原理是：一方面，用差分方程消除固定效应，采用解释变量水平滞后项作为差分项的工具变量；另一方面，又使用差分项的滞后项作为水平项的工具变量，以此增加工具变量个数来解决水平滞后项的弱工具变量问题。蒙特卡洛试验表明，SYS–GMM 比 DIF–GMM 更有效，主要是能够同时使用差分方程和水平方程的信息，具有更好地有限样本性质（Blundell 等，2000），是目前解决联立内生性偏误的有效方法（Roodman，2006）。

SYS–GMM 估计的有效性依赖于模型中工具变量选取的有效性残差差分项不存在高阶序列相关假定。因此，我们采用 Hansen 统计量[①]检验工具变量

① 另一种对工具变量进行过度识别检验的方法是Sargan检验，它要求满足同方差性，而这一般很难成立（Roodman，2006）。Hansen 检验则不要求满足同方差性，但是在两步 SYS–GMM 中较易受到过量工具变量的影响而弱化其检验的有效性，Roodman（2006）指出，Hansen 检验的 P 值以 0.25 为界来确定工具变量的有效性。

是否过度约束；Hansen 差分统计量检验新增工具变量是否有效；原假设分别为工具变量为过度识别，即检验工具变量是否有效，原假设为工具变量有效和新增工具变量有效。采用 Arellano–Bond 检验进行残差差分性序列相关检验，根据 Roodman（2006）建议，认为差分后的残差项允许存在一阶序列相关，但只要不存在二阶序列相关，SYS–GMM 依然有效。

SYS–GMM 可使用一步和两步 SYS–GMM 估计两种方法。经验研究中，通常使用一步 SYS–GMM（Bond，2002），主要是因为两步 SYS–GMM 标准差存在向下偏倚，但是从理论上讲，两步 SYS–GMM 标准协方差矩阵总是稳健的，并且考虑到解释变量可能存在的异方差，本章主要报告两步 SYS–GMM 估计结果。

（三）估计结果

本部分的估计顺序是，模型中先仅考虑城镇化动态项和旅游业集聚，而后依次放入控制变量进行回归。理由在于：首先，充分检验旅游业集聚估计结果的稳健性；其次，在控制城镇化动态项后，逐项观察相关控制变量的回归系数及其显著性。从表 7–5 对动态计量方程（3）两步系统广义矩估计结果来看，各检验统计量表明：Hansen 检验不能拒绝工具变量过度识别的原假设，即工具变量联合有效；残差序列相关性检验表明，差分后的残差项只存在一阶序列相关而无二阶序列相关，因而可以判定误差项无序列相关性；检验 GMM 类和 IV 类的工具变量子集有效性的 Hansen 差分统计量（Difference–in–Hansen）对应的 P 值表明 SYS–GMM 新增工具变量有效。以上检验表明，SYS–GMM 估计结果是稳健的。第（1）~（3）列均报告出城镇化具有显著较强的动态惯性，尤其重要的是，我们所关心的旅游业集聚回归系数依然显著为正，进一步验证了表 7–4 第（2）列所得研究结论的稳健性。由于表 7–5 第（3）列纳入了全部控制变量，我们将重点分析此研究结论。表 7–5 第（1）~（3）列所报告的旅游业集聚回归系数由大变小，这也说明相关控制变量的确显著（对外开放）降低了旅游业集聚对城镇化的影响效应。根据表 7–5 第（3）列估计结果，城镇化动态惯性系数为 0.7867，表明解释变量的长期效应是短期效应的约 4.69 倍。旅游业集聚影响城镇化的短期效应为 0.0974，而根据测算可知，旅游业集聚影响城镇化的长期效应为 0.4566。换言之，在长期，旅游业集聚水平提高 1%，其会正向促进城镇化提升约 0.4566%。再看下相应的控制变量，与表 7–4 第（2）列相比，基础设施和产业结构两个变量回归系数均显著，只有对外开放回归系数仍然不显著。基础设施和产业结构短期效应分别为 0.0264 和 0.0149，长期效应则为 0.1238 和 0.0699。

表 7–5 城镇化对旅游业集聚动态回归结果

变量	(1)	(2)	(3)
*L.*ln *urban*	0.7294*** (0.046)	0.6960*** (0.061)	0.7867*** (0.015)
ln *tou_agl*	0.1359*** (0.047)	0.1005* (0.057)	0.0974*** (0.028)
ln *fraden*		0.0832*** (0.021)	0.0264** (0.012)
ln *indstr*		0.0641*** (0.010)	0.0149** (0.007)
ln *human*			0.7243*** (0.049)
ln *open*			0.0022 (0.021)
ln *govern*			0.3888*** (0.041)
备注	SYS–GMM2	SYS–GMM2	SYS–GMM2
AR（1）P 值	0.000	0.000	0.000
AR（2）P 值	0.150	0.194	0.139
Hansen 检验	1.000	1.000	1.000
Difference–in–Hansen 检验	1.000	1.000	0.855

第六节 本章结论

城镇化是确保经济持续发展的内需所在，也是实现经济现代化的必由之路。中国城镇化进程同时也存在诸多典型症结，人口城镇化滞后于土地城镇化，同样滞后于工业化，产业集聚与人口集聚失衡，产业集聚空间利用效率低，诸如此类。与此同时，随着工业产业集聚效能凸显瓶颈，现代服务业因其可提高就业效应、优化产业结构和促进产城融合，成为新时期推进城镇化进程的突破口。尤其是，旅游业作为现代服务业的主导力量，旅游驱动型城镇化逐渐成为探索新型城镇化建设的重要途径。需要注意的是，现阶段，中国旅游产品结构正处于战略转型期，旅游业发展模式亟须从要素驱动转向投资驱动，为了向旅游者提供新奇、丰富和完整的旅游产品体验，旅游业开始深度融合，旅游经济活动集聚日益频繁，旅游业集聚成为转型期中国旅游业发展的新常态。基于上述理论延伸，本章试图为旅游业集聚对城镇化的影响研究提供一个比较完整的逻辑分析框架。具言之，首先从理论上揭示旅游业集聚影响城镇化的实践机制，并利用中国30个省级单元1999—2012年度面板数据，分别从静态和动态两个维度对这一理论机制进行实证检验。

所得研究结论如下所列：①旅游业集聚与城镇化之间存在面板均衡协整关系，旅游业集聚对城镇化具有显著正向影响；②旅游业集聚不仅与城镇化之间存在线性关系，并且旅游业集聚对城镇化还具有非线性影响效应，即呈现出U形特征；③在动态面板估计中，旅游业集聚影响城镇化的短期效应是0.0974，而当捕捉到城镇化动态变化时，长期影响效应则可达0.4566；④对于控制变量而言，人力资本和政府规模始终对城镇化具有正向影响，并且在统计意义上高度显著，但文中并未找到对外开放可以影响城镇化的经验证据。在动态面板估计中，基础设施和产业结构均对城镇化建设具有显著推动作用。需要说明的是，在静态面板估计中，尽管以交通密度衡量的即期基础设施对城镇化的影响并不显著，但其滞后一期项却显著，并且基础设施与旅游业集聚交互项亦显著。此外，只有反映出服务业发展的动态持续过程时，即期产业结构才对城镇化产生正向影响。

本章研究结论具有一定创新建设性，其中所蕴含的政策启示如下：

（1）培育、激励和强化旅游业集聚是有效发挥旅游驱动型城镇化的核心手段。质言之，旅游业集聚是旅游驱动城镇化进程的重要作用机制。以旅游业集聚促进城镇化建设，主要可从质量提升方面予以体现，这正是破除传统城镇化弊端，推进新型城镇化建设的有益之举。传统城镇化，主要以要素粗放投入为驱动力，虽规模扩张显著，但也同时伴随生态系统失调、产业配置失稳和空间结构失衡等问题。与其不同，新型城镇化更加强调以质量作为提升城镇化水平的内生动力，其中以人为本，人口城镇化则是重中之重。旅游业集聚可分别从“产业、人口和空间”三个方面有效增强城镇化质量，旅游业在集聚过程中通过其融合性，呈现泛旅游产业特性，这种由旅游市场需求所引致的供给结构变化有力推动了关联产业整合、转型与升级，然后，一方面通过带动消费、就业和服务集聚实现人口集聚，另一方面通过产业调整、重塑与布局优化区域城镇化空间结构。然而，真正实现旅游业“集与聚”，在充分发挥市场调节作用基础上，仍离不开政府引导。政府应从体制创新、政策保障、管理升级和人才支撑四个方面为旅游生产要素的集聚流动提供保障，并鼓励建设不同形式、多种功能和内容丰富的旅游业集聚载体，如旅游综合体、旅游集聚示范区、旅游经济特区、旅游产业园、旅游综合改革实验区和全域旅游区等。政府通过有序规划、战略引导和政策扶持来助推旅游业集聚发展。

（2）分别从内外两方面拓宽旅游业集聚对城镇化的作用途径。从严格意义上来说，主要是通过增强旅游业集聚技术溢出效应和发挥其规模经济效应两种渠道作用于城镇化。从逻辑关系上来看，旅游业集聚对城镇化的影响机制遵循由内而外的实现规律，当然，这一过程所伴随的也是旅游业集聚经济的扩大和空间利用效率的提升。由理论分析可知，从内部来讲，应当首先注重“狭义”旅游业集聚的形成，即以旅游业所属五个部门提供的基本旅游产品为核心，强化旅游业部门之间在产品价值链上的协调合作，通过此“狭义”旅游业集聚所产生的 MAR 型外部性作为基础动力，然后在旅游市场需求细分化导向下，以资源整合、产品创新、品牌塑造和服务共享等融合方式，深化劳动分工和增强知识溢出，借助产业需求关联效应形成横向产业融合与纵向产业贯通相结合的“广义”旅游业集聚，实现规模经济效益，降低生产成本，产生城市化经济，推进城镇化进程。鉴于此，基于旅游业 MAR 型外部性基础的“狭义”旅游业集聚是前提，更重要的是，要建立泛旅游业集聚体系理念导引下的产业促融机制，以此优化城镇三产结构，切实推进以产兴城、以城促产和产城融合，最终为旅游业集聚促进城镇化发展提供内生动力。

（3）人力资本投资仍是提高城镇化建设水平的有效手段，也是新型城镇化建设的加速器。传统城镇化向新型城镇化转变，重点还是在于以人为本，其中，人力资本投资则是关键环节，尤其是农村人力资本建设。以人为本的城镇化，需加强对农村教育、医疗、就业和健康等方面的人力资本投资，不仅可以使农村人力资本质量得以提升，有助于实现农民市民化，还可以形成人力资本投资与农民增收的良性循环，进而缩小城乡收入差距，确保城镇化发展中兼顾效率与公平。市场调节在推进城镇化建设中固然重要，但也要考虑到市场经济自发、盲目与滞后性，尤其是在农村城镇化过程中，除应遵循市场规律之外，政府还应充分发挥规划、指导、干预和规范的作用，努力建设“服务型”政府。交通基础设施应保持适度规模的持续性投资，同时也要提高其利用效率，此外，还应继续深入推进城乡基础设施均等化，以便推进城镇化健康发展。特别地，在旅游经济集聚活跃地区，也需相应强化基础设施配套建设，以便增强旅游业集聚对城镇化的促进作用。2012 年，中国第三产业增加值占国内生产总值比重为 44.6%，不仅滞后于低收入国家近 50% 的平均水平，而且也严重滞后于国内城镇化水平，究其深层原因，还是因为第三产业内部结构不合理，随着产业分工不断深化，传统服务业供给过剩与现代服务业供不应求矛盾越发凸显，最终产生当前第三产业发展对城镇化进程影响甚微的局面，这一点在静态面板估计结果中得以证实。毫无疑问，第三产业除具有较高就业弹性之外，其还起到强化城镇聚集效应，为城镇化发展提供后续动力的作用，因此，在未来一段时间，还需进一步协调二、三产业的同步发展，第二产业技术变革、结构调整与产品升级，可以有效发挥其对第三产业的带动作用，进而增强第三产业的就业效应。此外，在继续发挥传统服务业劳动密集型基础上，也要加快第三产业的创新发展，大力发展现代新型服务业，构建以现代服务业为主导的城镇产业体系，夯实第三产业对城镇化的支撑作用。

参考文献：

[1] Arellano M，Bond S. Some tests of specification for panel data：Monte Carlo ecidence and an application to employment equation [J]. Review of Economic Studies，1991，58（2）：277–297.

[2] Arellano M，Bover O. Another look at the instrumental variable estimation of error-components [J]. Journal of Econometrics，1995，34（7）：877–884.

[3] Ashworth G，Page J. Urban tourism research：Recent progress and current paradoxes

[J]. Tourism Management, 2011, 32 (1): 1–15.

[4] Aslesen W, Isaksen A. New perspectives on knowledge–intensive service and innovation [J]. Geografiska Annaler, 2010, 89 (s1): 45–58.

[5] Baum C, Haveman A. Love thy neighbor? Differentiation and agglomeration in the Manhattan hotel industry [J]. Administrative Science Quarterly, 1997, 42 (2): 304–338.

[6] Baum C, Mezias J. Localized competition and organizational failure in the Manhattan hotel industry [J]. Administrative Science Quarterly, 1992, 37 (4): 580–604.

[7] Behrens K, Gaigné C, Ottaviano g, Thisse J. Countries, regions and trade: On the welfare impacts of economic integration [J]. European Economic Review, 2007, 51 (5): 1277–1301.

[8] Bertinelli L, Black D. Urbanization and growth [J]. Journal of Urban Economics, 2004, 56 (1): 80–96.

[9] Blundell R, Bond S. Initial conditions and moment restrictions in dynamic panel data models [J]. Journal of Econometrics, 1998, 87 (7): 115–143.

[10] Blundell R, Bond S, Windmeijer F. Estimation in dynamic panel data models: Improving on the performance of the standard GMM estimator [J]. Advances in Economics, 2000, 15 (2): 53–91.

[11] Bond S. Dynamic panel data models: a guide to micro data methods and practice [J]. Portuguese Economic Journal, 2002, 4 (2): 141–162.

[12] Brulhart M, Sbergami F. Agglomeration and growth: Cross–country evidence [J]. Journal of Urban Economics, 2009, 65 (1): 48–63.

[13] Carlei V, Nuccio M. Mapping industrial patterns in spatial agglomeration: A SOM approach to Italian industrial districts [J]. Pattern Recognition Letters, 2014, 40 (5): 1–10.

[14] Chung W, Kalnins A. Agglomeration effects and performance: A test of the Texas lodging industry [J]. Strategic Management Journal, 2001, 22 (10): 969–988.

[15] Chung W, Kalnins A. Resource seeking agglomeration: A study of market entry in the lodging industry [J]. Strategic Management Journal, 2004, 25 (7): 689–699.

[16] Cohen J, Paul C. Agglomeration and Cost Economies for Washington State Hospital Services [J]. Regional Science and Urban Economics, 2008, 38 (6): 553–564.

[17] Cook G, Pandit N, Beaverstock J, et al. The role of location in knowledge creation and diffusion: evidence of centripetal and centrifugal forces in the City of London financial services agglomeration [J]. Environment and Planning A, 2007, 39 (6): 1325–1345.

[18] Drucker J, Feser E. Regional industrial structure and agglomeration economies: An analysis of productivity in three manufacturing industries [J]. Regional Science and Urban Economics, 2012, 42 (2): 1–14.

[19] Duffy N. Returns to scale behavior and manufacturing agglomeration economics in US urban areas[J] . Journal of Regional Analysis and Policy，1987，17（1）：42–54.

[20] Ellison G，Glaeser E. Geographic concentration in U.S. manufacturing industries：A dartboard approach[J] . Journal of political economy，1997，105（5）：889–927.

[21] Engle R，Granger C. Cointegration and error correction：Representation，estimation，and testing [J] . Econometrica，1987，55（2）：251–276.

[22] Gladstone D. Tourism Urbanization in the United States [J] . Urban Affairs Review，1998，34（1）：3–27.

[23] Goodall B，Asworth G. Marketing in the tourism industry [M] . London：Routledge，1990.

[24] Graitson D. Spatial competition à la Hoteling：A selective survey [J] . The Journal of Industrial Economics，1982，31（1）：13–25.

[25] Harvey D. The condition of postmodernity：An enquiry into the origins of cultural change [M] . Oxford：Blackwell，1989.

[26] Head K，Ries J，Swenson D. Agglomeration benefits and location choice：Evidence from Japanese manufacturing investments in the United States [J] . Journal of International Economics，1995，38（3）：223–247.

[27] Helbich M. Beyond postsuburbia? Multifunctional service agglomeration in Vienna' s urban fringe[J] . Tijdschrift voor economische en sociale geografie，2012，103（1）：39–52.

[28] Henderson V. The urbanization process and economic growth：The so–what question [J] . Journal of Economic growth，2003，8（1）：47–71.

[29] Herzer D，Nunnenkamp P. The effect of foreign aid on income inequality：Evidence from panel cointegration [J] . Structural Change and Economic Dynamics，2012，23（3）：245–255.

[30] Hilber C，Voicu I. Agglomeration economies and the location of foreign direct investment：Empirical Evidence from Romania [J] . Regional Studies，2010，44（3）：355–371.

[31] Huallcháin B. Agglomeration of services in American metropolitan areas [J] . Growth and Change，1989，20（3）：34–49.

[32] Kao C. Spurious regression and residual–based tests for cointegration in panel data[J]. Journal of Econometrics，1999，90（1）：1–44.

[33] Kolko J. Urbanization, agglomeration, and coagglomeration of service industries [M]. Chicago：University of Chicago Press，2010.

[34] Kondo H. Multiple growth and urbanization patterns in an endogenous growth model with spatial agglomeration [J] . Journal of Development Economics，2004，75（1）：167–

199.

［35］Liddle B. The importance of energy quality in energy intensive manufacturing：Evidence from panel cointegration and panel FMOLS［J］. Energy Economics，2012，34（6）：1819–1825.

［36］Maddala G，Wu S. A comparative study of unit root tests with panel data and a new simple test［J］. Oxford Bulletin of Economics and statistics，1999，61（S1）：631–652.

［37］Mano Y，Otsuka K. Agglomeration Economies and Geographical Concentration of Industries：A Case Study of Manufacturing Sectors in Postwar Japan［J］. Journal of the Japanese and International Economies，2000，14（3）：189–203.

［38］Martin P，Ottaviano G. Growing locations：Industry location in a model of endogenous growth［J］. European Economic Review，1999，43（2）：281–302.

［39］Moomaw R. Agglomeration Economies：Localization or Urbanization?［J］. Urban Studies，1988，25（2）：150–161.

［40］Morrison A，Lynch P，Johns N. International tourism networks［J］. International Journal of Contemporary Hospitality Management，2004，16（3）：197–202.

［41］Mullins P. Tourism urbanization［J］. International Journal of Urban and Regional Research，1991，15（3）：326–342.

［42］Mullins P. Class relations and tourism urbanization：The regeneration of the petite bourgeoisie and the emergence of a new urban form［J］. International Journal of Urban and Regional Research，1994，18（4）：591–608.

［43］Mullins P. Cities and vsitors：regulating people，markets，and city space［M］. London：Blachwell Publishing，2003：95–110.

［44］Nakamura R. Agglomeration economies in urban manufacturing industries：A case of Japanese cities［J］. Journal of Urban Economics，1985，17（1）：108–124.

［45］O'Donoghue D，Gleave B. A note on methods for measuring industrial agglomeration［J］. Regional Studies，2004，38（4）：419–427.

［46］Pedroni P. Critical values for cointegration tests in heterogeneous panels［J］. Oxford Bulletin of Economics and Statistics，1999，61（s1）：653–670.

［47］Pedroni P. Fully modified OLS for heterogeneous cointegrated panels［J］. Advances in Econometrics，2000（15）：93–130.

［48］Pedroni P. Panel Cointegration：Asymptotic and finite sample properties of pooled time series tests with an application to the PPP hypothesis［J］. Econometric Theory，2004，20（3）：597–625.

［49］Roodman D. How to do xtabond2：An introduction to difference and system GMM in Stata［R］. Washington：Center for Global Development，2006.

[50] Sack D. Place, modernity, and the consumer's world: A relational framework for geographical analysis [M] . Baltimore: Johns Hopkins University Press, 1992.

[51] Sassen S. Cities in a world economy [M] . Thousand Oaks: Pine Forge Press, 1994.

[52] Storper M, Scott A. Rethinking human capital, creativity and urban growth [J] . Journal of Economic Geography, 2009: 9 (2): 147–167.

[53] Tabuchi T. Agglomeration in World Cities [J] . Procedia–Social and Behavioral Sciences, 2013, 77 (4): 299–307.

[54] Theresa G, Prettner K. Agglomeration and demographic change [J] . Journal of Urban Economics, 2013, 74 (3): 1–11.

[55] Tuan C, Ng L. Manufacturing agglomeration as incentives to Asian FDI in China after WTO [J] . Journal of Asian Economics, 2004, 15 (4): 673–693.

[56] Urtasun A, Gutiérrez I. Tourism agglomeration and its impact on social welfare: An empirical approach to the Spanish case [J] . Tourism Management, 2006, 27 (5): 901–912.

[57] Yamamura E, Shin I. Dynamics of agglomeration economies and regional industrial structure: The case of the assembly industry of the Greater Tokyo Region, 1960–2000 [J] . Structural Change and Economic Dynamics, 2007, 18 (4): 483–499.

[58] Yamashita N, Matsurra T, Nakajima K. Agglomeration effects of inter–firm backward and forward linkages: Evidence from Japanese manufacturing investment in China [J] . Journal of the Japanese and International Economies, 2014, 34 (12): 24–41.

[59] Yang Y. Agglomeration density and tourism development in China: An empirical research based on dynamic panel data model [J] . Tourism Management, 2012, 33 (6): 1347–1359.

[60] 陈立泰，张洪玮，熊海波 . 服务业急救能否促进城镇化进程——基于中国省际面板数据的分析 [J] . 西北人口，2013, (2)：55–59.

[61] 高楠，马耀峰，李天顺，等 . 基于耦合模型的旅游产业与城市化协同发展研究 [J] . 旅游学刊，2013，28 (1)：62–68.

[62] 刘乃全 . 空间集聚论 [M] . 上海：上海财经大学出版社 .2012：5–11.

[63] 陆林，葛敬炳 . 旅游城市化研究进展及启示 [J] . 地理研究，2006，25 (4)：741–750.

[64] 王红，宋颖聪 . 旅游城镇化的分析 [J] . 经济问题，2009, (10)：126–128.

[65] 王佳，杨俊 . 金融结构与收入不平等：渠道和证据——基于中国省际非平稳异质面板数据的研究 [J] . 金融研究，2012, (1)：116–128.

[66] 王晶晶，黄繁华，于诚 . 服务业集聚的动态溢出效应研究—来自中国 261 个地级及以上城市的经验证据 [J] . 经济理论与经济管理，2014, (3)：48–58.

［67］肖功为，贺翀．中国产业结构优化升级引致的城镇化效应研究——一个省级面板分位数模型的实证检验［J］．财经理论与实践，2013，34（5）：90-94.

［68］谢治春．制造业集聚与城镇化推进：基于省际面板数据的空间计量分析——基于省际面板数据的空间计量分析［J］．当代经济科学，2014，36（4）：21-25.

［69］易丹辉．数据分析与 EViews 应用［M］．2 版．北京：中国人民大学出版社．2014：283-285.

［70］曾昭法，左杰．中国省域城镇化的空间集聚与驱动机制研究——基于空间面板数据模型［J］．中国管理科学，2013，21（11）：580-586.

第八章　中国是否存在旅游导向型城镇化

第一节　引言

城镇化与经济增长相伴而生，任何一个步入中等收入或高收入行列的国家均离不开城镇化（Lampard，1955）。根据新兴古典经济学（New Classical Economics），城镇化使得分工精准化，并产生专业化生产，人口迁移和产业集聚产生了巨大市场的同时，随之引起的交易成本降低，显著提高了生产效率，进而促进了经济增长（杨小凯，2003）。当前，虽然中国人均 GDP 已超 10000 美元，已进入中高等收入阶段，但经济仍面临“下行压力”，未来如何避免和跨越“中等收入陷阱”步入高收入国家行列成为中国经济转型发展的关键。Lewis（1972）指出，若实现人均 GDP10000 美元的收入目标，一国城镇化水平应达到 60% 以上。然而，截止到 2015 年年底，中国城镇化率达 56.1%，尽管首次超过了世界平均水平，但欧美发达国家城镇化率则已达 80%。由此可见，进一步提升城镇化水平，增强城镇化拉动内需的规模和潜力，是推进经济转型发展的关键动力。

城镇化发展需要强有力的产业支撑，产业结构转换是城镇化发展的动力机制。在城镇化初级和中级阶段前期，工业化是城镇化发展的初始动力，而第三产业则是城镇化发展到高级阶段的后续动力，前者涉及城镇化规模，后者关乎城镇化质量，产业结构的动态高级化与城镇化演变阶段存在互动协调关系（Chenery 和 Syrquin，1975）。与传统“工业决定论”相比，第三产业分别在实现城镇经济聚集效益，激发城镇外部经济效应和发挥城镇经济扩散动能方面对城镇化具有推动作用（Aslesen 和 Isaksen，2007）。肇自 Kolko（2010）系统工作，服务业对城镇化发展的影响研究成为一种恰逢其时的学术关照。因此，深入到第三产业内部，探索以现代服务业为核心的多途径城镇化成为实现城镇现代化的切实思考（吴必虎，2013）。当前，旅游业作为第三产业的龙头，随着旅游产品供给类型的横向拓展及其功能空间的纵向延伸，旅游业日益呈现出传统生活性和现代生产性双重内涵特征，并以旅游产业融合为主导，在一定地域空间上所形成的服务业集聚经济为城镇化发展带来了新活力（Ashworth 和 Page，2011；Yang，2012）。对于这一旅游经济活动现象，兴起于 20 世纪 90 年代初的城市旅游研究虽未直接论及，但业已洞悉城镇化发展的旅游产业内涵（Gladstone，1998）。

现代旅游作为一种推动产业转型、经济增长、社会变迁和文化重构的内在动力，既能够直接引发城镇规模的扩大、非农人口的转移和城镇景观的地域推进，也能从内涵上推动城镇质量提升、城镇空间结构重组和城镇功能转变（王红、宋聪颖，2009）。沿袭此种理论推断，本章首先在对“旅游导向型城镇化（Tourism–led Urbanization，TLU）”进行理论分析基础上，试图对这一理论预设进行实证检验，希冀为多途径探寻新型城镇化实践途径提供经验佐证。

本章对旅游业和城镇化领域研究文献的补充和推进主要体现在如下三点：第一，在研究视角上，首先对旅游业影响城镇化的理论脉络进行逻辑分析，为后续实证研究提供学理基础；第二，在研究方法上，首先采用普通面板数据回归模型对旅游业影响城镇化的线性影响关系进行实证检验，鉴于模型可能存在的内生性问题，同时采用动态面板数据回归模型以避免内生性所导致的估计偏误问题，此外，为了捕捉旅游业与城镇化之间可能存在的非线性关系，本章还采用经典的非线性面板计量经济模型，即面板门槛回归（Panel Threshold Regression，PTR）模型和面板平滑转换回归（Panel Smooth Transition Regression，PSTR）模型对其进行实证检验，故本章共使用四种面板计量经济模型进行统计分析；第三，在研究内容上，深化了旅游经济学研究体系。在我们视域范围内，本章是国内首篇利用较为先进的计量经济模型对旅游业与城镇化之间关系进行分析的实证文献，目的是在更贴近宏观经济现实背景下，以期客观揭示旅游业对城镇化的影响机制。

第二节　典型事实与理论分析

世界旅游组织研究表明，当一国人均 GDP 达到 3000 美元时，旅游需求呈现爆发式增长；当一国人均 GDP 达到 5000 美元时，将步入成熟的度假经济时期。2011 年，中国人均 GDP 已达 5121 美元，中国旅游产业发展已进入繁荣期。由图 8-1 所描绘的旅游人次（国内旅游人次与入境旅游人次之和）变化趋势可以看出，2011 年以后，旅游人次曲线斜率明显变大。自 1998 年，中央经济工作会议将旅游业确定为国民经济新的增长点之后，在中央政策引导下，地方政府先后将旅游业作为支柱产业和重点产业进行培育。回顾整个旅游业发展历程，我们发现中国旅游发展阶段与城镇化进程之间存在协调一致性，可基本分为三个阶段：第一阶段（2002 之前），旅游业处于缓慢增长阶段，城镇化率低于 40%；第二阶段（2003—2010 年），随着人均 GDP 增长到 3000 美元左右，旅游业迎来加速增长阶段，旅游人次迅速从约 10 亿人次扩张到 22 亿人次，年平均增长率达 10.8%，同期城镇化率也由 40% 增长到近 50%；第三阶段（2011 年之后），随着人均 GDP 超过 5000 美元，旅游业

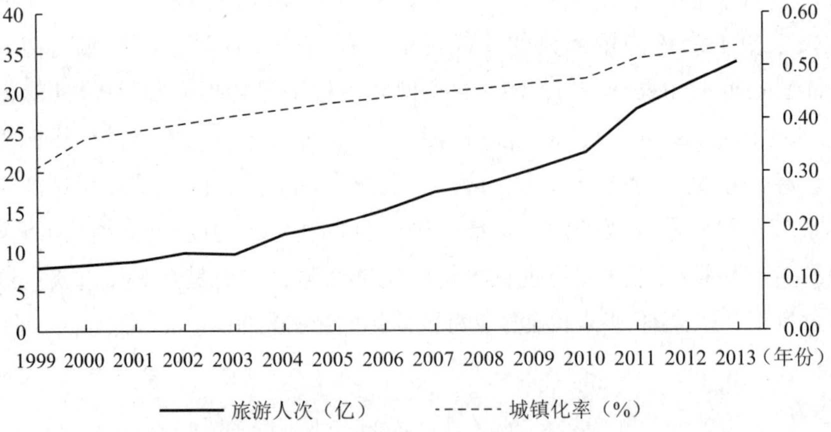

图 8-1　旅游人次与城镇化率变化趋势

进入高速增长阶段，与此同时，城镇化率也已突破 50%，但仍严重滞后于同期美国和日本的城镇化率（80% 和 90%）。

图 8-1 刻画出旅游业发展与城镇化进程之间存在一定耦合协调性。为了初步考察两者之间是否存在显著相关性，通过进一步测算 Pearson 相关系数可知，两者相关系数为 0.4944，并且在 1% 水平上具有统计显著性，由此说明旅游业与城镇化之间存在显著正相关关系。再者，为兼顾省际异质因素，图 8-2 在省级层面反映出旅游业与城镇化之间的线性拟合趋势，初步揭示出旅游业发展对城镇化进程具有正向促进作用。

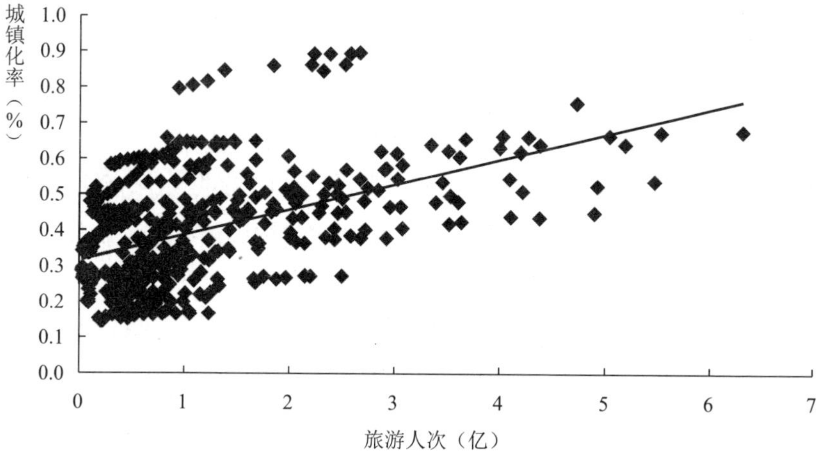

图 8-2　旅游人次与城镇化率线性拟合

通过对中国的典型事实初步观察发现，旅游业发展所表现出对城镇化进程的推动作用并非偶然，而是存在着某种深刻的理论机制。细察旅游业与城镇化关系的经典研究文献，首推 Mullins（1991）的理论贡献，其在对澳大利亚黄金海岸（Gold Coast）和阳光海岸（Sunshine Coast）研究中所提出的旅游城镇化（Tourism Urbanization）概念框架对后续研究产生了深远影响。因此，我们首先对 Mullins（1991）所构建的旅游城镇化理论内涵进行简要介绍。旅游城镇化作为一种新型城镇化演绎路径，起源于福特主义时期（Fordism）的高工资和大众消费，成熟于 20 世纪 70 年代，即后福特主义（Postfordism）时期大众享乐消费的兴起，是一种后现代化城市（Postmodernity）形态。旅游城镇化共包含 7 个相互关联的特征部分：①社会因素不同导致城镇空间差异；②以独特的城镇象征符号吸引旅游者；③快速膨胀的人口和劳动力；④作为后福特主义一部分的弹性生产体系（Flexible System of Production）；⑤政府干预城镇建设；⑥大众和定制享乐消费并存；⑦社会因素不同导致居民结构差异。一言蔽之，Mullins（1991）所指的旅游城镇化概念的理论基点是后福特式的后现代主义城镇消费观，这是理解旅游城镇化的核心要义。

沿袭 Mullins（1991）关于旅游城镇化的理论阐释进路，为了详尽揭示旅游城镇化的形成机制，首先要追溯到城市和消费关系的逻辑起点。工业革命催生了生产与消费的明显分离。20 世纪初，规模化、标准化的福特主义生产方式带来了产品的极大丰富和工资的大幅增长，创造了“福特式大众消费模式”，并为奢侈消费在中产阶级普及创造了前提。20 世纪 60 年代后，西方社会由工业社会转向后工业社会，进入后现代时期。以“弹性积累”为特征的后福特主义生产方式取代福特主义，消费需求由被动适应转向积极制造，将现代消费推演到一个新阶段，消费的物质性进一步减弱，文化和社会象征性进一步增强（Campbell，1995）。福特式生产方式和后福特式消费体系为“消费的休闲化”和“休闲的消费化”孕育了基本条件。后现代城镇的出现和后现代消费的兴起，使得城镇空间既成为“消费的工具”，又成为“消费的对象”，并具有鲜明的大众享乐消费特征。于是，旅游城镇化成为以后现代化的城镇形式为代表的新型城镇化最有力的表达方式（Bauman，2011）。

后现代时期的显著特征之一是工作被更广泛的闲暇所取代。带薪假期与可支配收入的增加，以及个人流动性的提高，旅游从休闲中分离出来，并成为重要的日常消费活动。旅游对于城镇化的影响，已不再局限于传统意义上的滨海度假地、近郊乡村和自然风景区，城镇以便捷的交通条件、优越的人文环境和多样的文化休闲娱乐设施成为“后工业化休闲模式中主要的旅游目的地”（Williams，2006）。与此同时，现代旅游消费对城镇化的影响，已由“城镇空间中的消费（酒店、剧院、博物馆、酒吧……）”转变为“城镇空间消费（遗址遗迹、历史街区、创意园区、文化展示……）”，城镇空间中一切独特的物质和非物质要素都纳入了旅游消费的范畴（Law，1996）。

接下来，我们具体转向现代旅游消费对城镇化进程的影响途径。其一，旅游消费引发城镇功能转变。以非物质、发展性和体验化为特征的旅游消费作为后现代消费语境的典型形式，使得提供广义旅游消费服务成为城镇的主要功能，而以制造业为主的生产功能开始弱化。旅游消费所引导的城镇“泛旅游生产”，成为城镇发展的新动力。其二，旅游消费改变城镇空间结构。首先，旅游消费活动的动态性和集聚性，需要旅游消费场所凸显结构化和规模化进行匹配，从而直接影响城镇空间结构。其次，旅游消费活动的综合性和层次性，促使旅游消费活动向城镇“非旅游消费空间”（交通空间、居住空间、商务空间和公共文化空间）渗透，并使其发生转变（非旅游消费空间转变为旅游消费空间）、重叠（兼具旅游消费和非旅游消费双重空间角色）和混合（旅游消费作为非旅游消费空间配套活动），城镇“非旅游消费空间”的功能构成和空格结构发生了本质改变。以上两种方式催生了作为旅游目的地的混合旅游消费功能城市不断出现。其三，旅游消费提升城镇发展活力。一方面，多样性的旅游消费向城镇“非旅游消费空间”内部渗透，产生了旅游类消费化现象，进而在宽泛意义上拓宽了城镇旅游消费空间。另一方面，为了满足旅游者对城镇空间的消费偏好而兴起的城镇旅游，实际是一种典型的“空间体验消费活动”，原本具有非旅游消费功能的城镇“非旅游消费空间”从被动接受旅游消费的“自发性渗透”到“能动性混合”，加速了旅游类消费化。以上具有多种混合旅游消费功能的特定旅游类消费化功能结构，实际上是城镇泛旅游要素在空间上的合理配置与集聚，由此所产生的多样化经济提升了城镇发展活力。其四，旅游消费重构城镇整体环境。旅游消费的本质是获取一种审美愉悦和体验，旅游消费场所为了实现“注意力经济”，通过设计令人印象深刻的可视化形象来吸引城镇旅游者，从而在微观层面上影响城镇形态。此外，随着城镇旅游深入发展，“城镇空间中的旅游消费”拓展到“城镇空间旅游消费”范畴，城镇环境景观化作为旅游者审美体验和消费对象，也是对城镇景观实现一种整体重构。

如果说 Mullins（1991）对于旅游城镇化概念框架的解释理路是从旅游消费出发的话，显然，这是一种基于普遍内生视角的狭义需求分析。中国作为世界第四大入境旅游接待国，并且拥有全世界最大的国内旅游消费市场，旅游业在国民经济体系中的作用日益综合。因此，我们还需在中国特殊情境下将旅游业与城镇化之间的关系置于一个更为宏观的广义供给分析框架。我们主要从以下四个方面来进行阐述。首先，旅游业促进产业转型。旅游业通过产业融合效应，引领和构建以现代服务业体系为主的优势非农产业，不仅可以创新旅游产品新业态，以有效满足外来客源市场和本地居住人群旅游休闲需求偏好，尤其是为城镇化发展提供了新型产业支撑。其次，旅游业增强就业效应。一方面，除了旅游业自身具有劳动密集型特点之外，同时伴随着中国旅游业属性开始向资本密集型跨越，资本积累成为中国旅游业发展的主要源泉，资本深化越发显著，技术进步能力正在由弱变强，从而提升了旅游业拉动就业的增量效应①。另一方面，旅游业促进产业结构转型，相应决定了就业结构调整。例如，乡村旅游作为农村地区的特色非农产业，通过优化农村产业结构，创造了大量农村就业机会，进而有助于实现农民的就地城镇化。再次，旅游业优化空间结构。以满足旅游者的综合性消费偏好为导向，在规模经济和范围经济驱使下，旅游业在地理空间上开始集聚，并借助广义集聚力吸引邻近生产要素在空间范围内向旅游业集聚中心流动，在空间集聚中心成长到一定程度时，由于规模效益降低、土地价格上涨和交易成本增加等规模不经济，从而开始对邻近地区产生扩散辐射效应，再考虑到旅游业的空间溢出功能，又进一步从广度上推动了邻近地区产业布局与结构升级，由于旅游业集聚在空间范围内这种集聚与辐射效应，最终推动了城镇空间结构演化。最后，旅游业转变生活方式。城镇旅游的就业效应实现农村剩余劳动力向城镇转移就业，可以有效推动这部分城镇新流入人群（Newcomers）逐渐融入城镇，通过共享城镇公共基础设施和学习先进文明生活方式，有利于这部分人群实现“人的城镇化”。

刘敏等（2015）在对国内外旅游城镇化研究进行述评时指出，国内研究围绕旅游业与城镇化关系的探讨多集中在空间、土地利用、人口和就业方面，但与国外研究所关注的内生性旅游消费方式与特征方面则相对缺失。例如，陆林和葛敬炳（2006）认为旅游城镇化是旅游作为城镇化的一种动力，并引导人口向城镇集中的过程，其中，旅游作为现代享乐消费的重要组成部分，引起的城镇化过程是一种新的城镇化模式。与其相似，王红和宋颖聪（2009）也认同旅游业在城镇化发展中的“动力说”，即旅游业发展可以推动旅游目的地人口和产业集聚及城镇在空间上扩张和重构过程。本章主要的理论贡献在

① 需要说明的是，现阶段中国旅游业技术进步对就业的影响效应并不会出现诸如制造业中所发生的“资本替代劳动的路径偏差”问题，主要还是因为中国旅游业的转型之路还长，旅游业集聚所产生的技术创新强度还很微弱。在旅游业内部，并未开始真正出现技术进步替代就业的直接效应。

于：一方面，基于消费与城市关系视角，内在深化了 Mullins（1991，2003）所初步提出的旅游城镇化概念框架，这是一种规律性认识；另一方面，立足中国情境，在宏观视域层面对旅游业的发展影响城镇化的机制进行了理论分析，这是一种实践性理解。正如 Mullins（1991）所言，由于缺乏恰当的理论支撑，其贡献仅是引入了旅游城镇化这一概念，迫切需要在完善理论框架的基础上，并对这一理论命题进行实证研究才能对旅游业影响城镇化现象做出详尽解释。

第三节　研究设计

一、变量和数据

根据本章的研究目的，检验旅游业与城镇化之间的关系，即“旅游导向型城镇化”假说是否存在是实证研究的核心。本章研究数据为基于 1999—2013 年中国大陆 30 个省级单元（除西藏外）构成的平衡面板数据。旅游相关数据主要来源于《中国旅游统计年鉴（2000—2014）》《中国旅游统计年鉴（副本）（2000—2014）》和《中国旅游年鉴（2000—2014）》。其他经济统计数据分别来源于《中国统计年鉴（2000—2014）》《新中国六十年统计统计资料汇编》和中经网统计数据库。

模型因变量为城镇化（*urban*），采用人口城镇化率表示，即年末城镇人口与地区年末总人口的比重来度量城镇化水平（Kasarda 和 Crenshaw，1991；Fay 和 Opal，1999）。

模型核心解释变量为旅游业（*tour*），采用旅游人次比（Tourist Arrivals as Population Proportion）表示，即国内旅游人次和入境旅游人次之和与年末地区总人口的比重来度量旅游业发展水平（Kim 等，2006；Sequeira 和 Nunes，2008）。

除上述关注核心变量外，模型中还引入了可能影响地区城镇化的其他控制变量。具体包括：经济发展水平与城镇化之间存在显著的正向相关关系，一般采用人均实际国内生产总值（ln *pgdp*）度量。工业化（*se_val*）是城镇化的动力来源，采用更能反映工业化水平的工业化率，即工业增加值与GDP之比度量。服务业（*th_val*）具有较高的就业弹性，在引领产业升级的同时，创造了大量城镇就业机会，采用第三产业就业人员比重度量。教育水平（ln *edu*）可以有效提升劳动生产率，是实现“人的城镇化”的重要途径，采用普通高等学校在校生数度量。城乡收入差距（*ineq*）对城镇化的影响存在不确定性，采用城镇人均可支配收入与农村人均纯收入之比度量。

二、模型设定

由于宏观经济变量的时变性，旅游业对城镇化的影响效应并非仅是简单地表征出线性特征，而是可能呈现出复杂的非线性机制。因此，本章同时采用普通面板固定效应回归模型、动态面板回归模型、面板门槛回归模型和平滑转换回归模型对“旅游导向型城镇化（TLU）”假说进行实证检验。

（一）普通面板固定效应回归模型

鉴于模型可能存在未被观察的因素，会导致模型存在遗漏变量偏误。对于遗漏变量偏误的解决，可以运用固定效应模型控制不随时间变化的个体非观测因素（Halaby，2004）。基于此，首先将面板固定效应模型作为实证检验的初始设定，然后再依次对计量模型进行扩展。普通面板固定效应模型设定如下：

$$urban_{it} = \alpha + \beta tour_{it} + \boldsymbol{X}_{it}\boldsymbol{\delta} + \mu_i + \varepsilon_{it} \tag{8.1}$$

式中，μ_i 是非观测的不随时间变化的个体因素；$\boldsymbol{X}$ 是控制变量集，包括经济发展水平、工业化水平、服务业发展、教育水平和城乡收入差距。下标 i 和 t 分别代表省份和年份，ε_{it} 代表随机误差项。

（二）动态面板回归模型

城镇化进程存在“惯性”，即当期城镇化依赖于上期的城镇化推进情况，为捕捉这种动态调整过程，在式（8.1）基础上引入城镇化的滞后一期项，将其扩展为如下形式的动态面板回归模型：

$$urban_{it} = \alpha + \rho urban_{i,t-1} + \beta tour_{it} + \boldsymbol{X}_{it}\boldsymbol{\delta} + \mu_i + \varepsilon_{it} \tag{8.2}$$

为了保证获得计量式（8.2）的无偏估计量，主要采用系统广义矩估计（SYS–GMM）方法进行动态面板数据模型估计。这主要是因为无法观测的省级异质性特征 μ_i 可能与其他解释变量相关，因此 OLS 方法会产生遗漏变量偏差问题。此外，由于方程（8.2）引入了被解释变量的滞后一期项作为解释变量，其可能与随机扰动项相关，所以即使采用固定效应模型估计剔除了异质性的省级个体效应 μ_i，同样依然无法解决内生性所导致的参数估计偏误问题。

为了克服内生性问题，Arellano 和 Bond（1991）指出当模型中一些变量是内生变量时，普通面板回归结果是有偏的，动态面板估计方法可以消除模型的内生性偏误，从而得到更加有效的估计结果，并建议采用差分广义矩估计法（Differenced Generalized Method of Moments，DIF–GMM）来进行参数估计。其基本思想是先进行一阶差分以消除固定效应影响，采用水平值的滞后项作为差分方程中相应变量的工具变量，然而，这种差分方法较易受到弱工具变量的影响而产生向下的大的有限样本偏差（Blundell 和 Bond，1988）。为了弥补差分 GMM 估计方法的不足，Arellano 和 Bover（1995）、Blundell 和 Bond（1998）进一步提出了系统广义矩估计（System Generalized Method of Moments，SYS–GMM）方法。该方法的基本原理是：一方面，用差分方程消除固定效应，采用解释变量水平滞后项作为差分项的工具变量；另一方面，又使用差分项的滞后项作为水平项的工具变量，以此增加工具变量个数来解决水平滞后项的弱工具变量问题。蒙特卡洛试验表明，SYS–GMM 比 DIF–GMM 更有效，主要是能够同时使用差分方程和水平方程的信息，具有更好的有限样本性质（Blundell 等，2000），是目前解决联立内生性偏误的有效方法（Roodman，2006）。

（三）面板门槛回归模型

首先考虑单一门槛情况下，Hansen（1999）所开发的面板门槛回归（Panel Threshold Regression，PTR）模型设定形式：

$$y_{it}=\beta_1 x_{it}I(q_{it}\le\gamma)+\beta_2 x_{it}I(q_{it}>\gamma)+\mu_i+\varepsilon_{it} \tag{8.3}$$

式中，q_{it} 为门槛变量，γ 为特定门槛值，$I(q_{it}\le\gamma)$ 和 $I(q_{it}>\gamma)$ 为示性函数。采用矩阵形式可表示为：

$$y_{it} = \beta' x_{it}^*(\gamma) + \mu_i + \varepsilon_{it} \quad (8.4)$$

模型需要估计门槛值 γ 和参数 β。首先应该先消除个体效应 μ_i，$y_{it}^* = y_{it} - \frac{1}{T}\sum_{i=1}^{T} y_{it}$，其他变量同样处理后替代式（8.3），方程变换为：

$$y_{it}^* = \beta_1 x_{it}^* I(q_{it} \le \gamma) + \beta_2 x_{it}^* I(q_{it} > \gamma) + \varepsilon_{it}^* \quad (8.5)$$

对所有观测值进行累叠，并采用矩阵形式将式（8.5）表示为：

$$Y^* = X^*(\gamma)\beta + e^* \quad (8.6)$$

对特定的门槛值 γ，可采用 OLS 方法估计式（8.6）得到 β 估计值：

$$\beta(\gamma) = (X^*(\gamma)' X^*(\gamma))^{-1} X^*(\gamma)' Y^* \quad (8.7)$$

估计的残差平方和为：

$$S_1(\gamma) = \hat{e}^*(\gamma)' \hat{e}^*(\gamma) \quad (8.8)$$

式中，$\hat{e}^*(\gamma) = Y^* - X^*(\gamma)\beta(\gamma)$ 为残差估计向量。

然后，采用逐步搜索法，通过最小化式（8.8）获得 $\hat{\gamma}$，即如下公式：

$$\hat{\gamma} = \arg\min_{\gamma} S_1(\gamma) \quad (8.9)$$

如果得到 $\hat{\gamma}$，即可得到 $\beta = \beta(\hat{\gamma})$。残差估计向量 $\hat{e}^* = \hat{e}^*(\gamma)$，残差方差估计向量为 $\sigma^2 = \sigma^2(\hat{\gamma}) = \frac{1}{n(T-1)} \hat{e}^{*\prime}(\hat{\gamma}) \hat{e}^*(\hat{\gamma}) = \frac{1}{n(T-1)} S_1(\gamma)$。得到参数估计值后，还需进行两方面假设检验：一是检验门槛效应是否显著，二是检验门槛估计值是否真实。门槛效应检验原假设为 $H_0: \beta_1 = \beta_2$，备择假设为 $H_1: \beta_1 \ne \beta_2$。由于在零假设下，门槛参数无法识别，并受到干扰参数影响，导致传统似然比检验统计量 LR 呈现"非标准分布"。Hansen（1996）建议采用"自助抽样法（Bootstrap）"获得其渐进分布，继而构造其基于似然比检验的 P 值，并计算了相应置信区间，在显著性水平为 α 时，若 $LR \leqslant -2\ln(1-\sqrt{1-\alpha})$，则拒绝原假设。

为捕捉旅游业对城镇化影响的非线性关系，面板门槛回归模型设定如下：

$$urban_{it} = \beta_1 tour_{it} I(tour_{it} \leqslant q) + \beta_2 tour_{it} I(tour_{it} > q) + \boldsymbol{X}_{it}\boldsymbol{\delta} + \mu_i + \varepsilon_{it} \quad (8.10)$$

（四）面板平滑转换回归模型

由 González 等（2005）提出，经由 Fouquau 等（2008）完善的面板平滑转换回归（Panel Smooth Transition Regression，PSTR）模型是经典的检验变量之间非线性关系的前沿计量技术，通过放松 Hansen（1999）所开发的面板门槛回归（PTR）模型的约束条件扩展而来，与传统的面板数据固定和随机效应模型相比，PSTR 模型不仅可以有效刻画模型参数的截面异质性，可以有效克服内生性所导致的参数估计量偏误问题，尤其是允许模型参数随转换变量做缓慢平滑的非线性转换。

单变量两机制（Regime）的基本 PSTR 模型定义如下：

$$y_{it} = \beta_0^{'} x_{it} + \beta_1^{'} x_{it} g(q_{it};\gamma,c) + \mu_i + \varepsilon_{it} \tag{8.11}$$

式中，$g(q_{it};\gamma,c)$ 是转换函数，是关于转换变量 q_{it} 的值域为［0，1］的有界连续函数，对于其具体函数形式，Granger 和 Teräsvirta（1993）将 $g(q_{it};\gamma,c)$ 定义为逻辑函数形式：

$$g(q_{i,t};\gamma,c) = (1+\exp(-\gamma\prod_{j=1}^{m}(q_{i,t}-c_j)))^{-1} \tag{8.12}$$

式中，c 是一个 m 维的转换发生的位置参数向量，γ 是平滑参数，决定转换函数的转换速度，$\gamma > 0$。

可见，在 PSTR 模型中，变量估计系数由线性部分 β_0 和非线性部分 $\beta_1 \cdot g(\cdot)$ 共同构成。显然，模型存在两种机制，当 $g(\cdot)=0$ 时，模型存在低机制（low regime）；当 $g(\cdot)=1$ 时，模型存在高机制（high regime）。同时，随着转换函数值［0，1］之间平滑移动时，模型估计系数会以 c 为中心在 β_0□$\beta_0+\beta_1$ 之间单调转换。

旅游业影响城镇化面板平滑转换回归模型设定如下：

$$urban_{it} = \beta_0 tour_{it} + \beta_1 tour_{it} g(tour_{it};\gamma,c) + \boldsymbol{X}_{it}\boldsymbol{\delta} + \mu_i + \varepsilon_{it} \tag{8.13}$$

第四节　基于四种面板计量模型的实证分析

一、固定效应模型

4 种实证检验旅游业影响城镇化线性和非线性关系的面板数据回归计量模型估计结果依次报告于表8–1。首先，面板设定F检验表明个体固定效应显著。同时，Hausman 检验拒绝了随机效应和固定效应系数没有系统性差异的原假设。因此，优先选择面板数据固定效应模型。个体固定效应模型回归结果报告出旅游业回归系数为 0.0385，并且在 1% 水平上统计显著，表明在其他因素不变的情况下，旅游人次比提高 1%，会相应正向促进城镇化率上升 0.0385%。

二、动态面板模型

为了捕捉城镇化推进的“动态惯性”，被解释变量（城镇化）的一期滞后项被纳入到计量模型中，其可能会与随机误差项相关，从而会导致模型存在内生性问题，最终使得回归结果发生偏倚（有偏与不一致）。为了克服模型内生性，同时鉴于本章面板数据结构为“大N小T”，所以采用系统广义矩估计方法（SYS–GMM）是估计动态面板数据计量模型的恰当选择（Roodman，2006）。在诊断模型估计稳定性方面，分别采用 Hansen 检验和 Arellano–Bond 检验分别予以判定。Hansen 检验主要用于检验工具变量过度识别问题，而 Arellano–Bond 检验用于检验残差自相关问题。首先，检验过度识别假设的 Hansen 统计量的p值为 0.82，大于 0.05 临界值，表明动态面板模型不存在过度识别问题。其次，残差自相关的检验表明，残差项的一阶差分序列$\Delta\varepsilon_{it}$存在 1 阶自相关，但不存在 2 阶自相关，表明模型残差序列ε_{it}不存在自相关。显然，模型设定通过了各方面检验。动态面板模型估计结果显示，城镇化滞后一期项回归系数显著为正，说明城镇化建设存在明显的动态持续性。同时，旅游业回归系数为 0.0317，同样在 1% 水平上具有统计显著性，只不过与固定效应模型估计相比，旅游业回归系数略有降低。

表 8-1　基于四种面板数据回归模型的估计结果

估计变量	固定效应模型	动态面板模型	PTR模型	PSTR模型
tour	0.0385^{***} (0.002)	0.0317^{***} (0.001)		0.0271^{***} (0.003)
ln *pgdp*	0.0510^{*} (0.027)	0.0257^{***} (0.005)	0.1075^{***} (0.028)	0.1137^{***} (0.039)
se_val	0.0219 (0.026)	0.0572^{***} (0.009)	0.0339 (0.026)	0.3110 (0.243)
th_val	0.2026^{**} (0.080)	0.0756^{***} (0.026)	0.1554^{*} (0.082)	0.2144^{*} (0.111)
ln *edu*	0.0191^{**} (0.008)	0.0001^{***} (0.039)	0.0003^{**} (0.001)	0.0003^{***} (0.001)
ineq	−0.0065 (0.005)	−0.0156 (0.002)	−0.0036 (0.005)	−0.0299 (0.036)
L.urban		0.6209^{***} (0.013)		
F_test	25.85^{***}			
Hausman_test	32.53^{***}			
R^2	0.7038		0.8049	
AR(1)*_test*		−3.88 [0.000]		
AR(2)*_test*		0.18 [0.858]		
Hansen_test		26.41 [0.820]		
$tourI(tour \leqslant 9.17)$			0.0338^{***} (0.003)	
$tourI(tour > 9.17)$			0.0397^{***} (0.002)	
γ				1.271^{*} (0.702)
c				7.322^{**} (3.678)
$tour * g(\cdot)$				0.0160^{**} (0.007)

注：*、** 和 *** 分别表示在 1%、5% 和 10% 水平上显著；括号内为标准差，中括号内为检验统计量 p 值。

三、面板门槛回归模型

固定效应模型和动态面板模型估计主要是对旅游业影响城镇化的线性关系进行实证检验。接下来，我们的回归策略要转向两者非线性关系方面的实证检验。我们先采用由 Hansen（1999）所开发的面板门槛回归（PTR）模型，并以旅游人次比作为门槛变量，来对旅游业和城镇化之间是否存在非线性关系进行实证检验。

首先，要对门槛效应进行检验，目的是要识别门槛值的个数，进而以便于确定门槛模型的设定形式。因此，依次在单一门槛、双重门槛与三重门槛的设定下对式（8.10）进行估计，表 8–2 报告出门槛效应检验的 F 统计量和采用“自抽样法（Bootstrap）”模拟得到的 p 值。由表 8–2 可知，旅游人次比在 5% 统计水平上显著存在一个门槛值，但双重和三重门槛效应并未通过统计显著性检验，进而说明模型仅存在一个门槛值。

表 8–2　门槛效应检验

模型				临界值		
	F值	p值	BS次数	1%	5%	10%
单一门槛	14.679**	0.030	300	28.920	13.150	9.484
双重门槛	15.999	0.437	300	55.507	39.959	31.518
三重门槛	3.542	0.120	300	9.578	5.697	4.245

其次，门槛效应检验之后，需要对检验出的单一门槛值进行识别，门槛参数的估计值和对应的 95% 置信区间列于表 8–3。门槛参数的估计值，即指的是似然比检验统计量 LR 为零时 γ 的取值，表 8–3 报告出旅游人次比单一门槛值为 9.17。

表 8–3　门槛值估计结果

模型	门槛估计值	95%置信区间
单一门槛	9.170	[9.170，9.291]
双重门槛	2.820	[2.320，3.191]
三重门槛	2.066	[0.424，8.165]

与此同时，还可借助由图 8–3 所绘制的单一门槛中似然比函数序列作为旅游人次比门槛参数的趋势图，可以直观地观测门槛值的估计和置信区间的构造过程，图中虚线为似然比统计量的临界值，门槛估计值的 95% 置信区间是所有似然比值小于 5% 显著水平下的临界值 7.35 的 γ 构成的区间。图 8–3 显示出，当旅游人次比的门槛参数估计值处于［9.170，9.291］区间时，似然比取值小于 5% 显著性水平下的临界值处于门槛模型中关于门槛估计值是否等于真实值的原假设接受域内，即旅游人次比的单一门槛值与其实际门槛值等同。

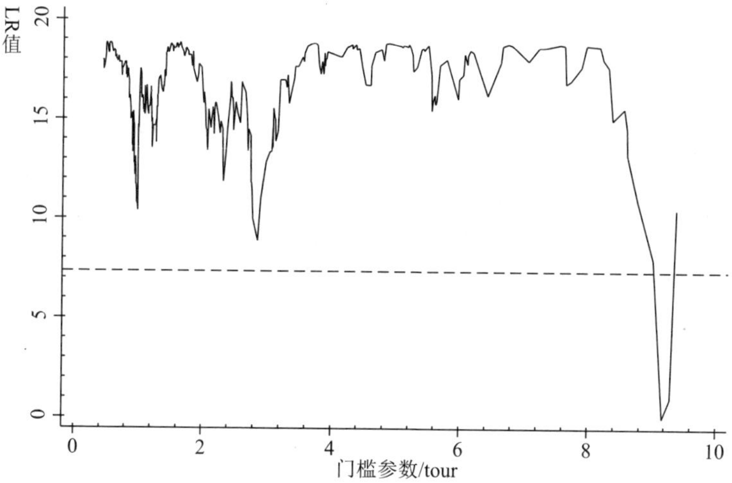

图 8–3 旅游人次比单一门槛值识别

最后，表 8–1 报告出对式（8.10）的面板门槛估计结果。以旅游人次比作为门槛变量的模型估计结果显示，旅游业对城镇化影响呈现出基于旅游人次比的显著正向非单调性单一门槛效应，即旅游业与城镇化之间存在显著的非线性关系。旅游业对城镇化的非线性影响效应具体表现在：以旅游人次比作为门槛变量，当旅游人次比低于门槛值 9.17 时，旅游业对城镇化的影响效应为 0.0338，并且在 1% 水平上显著；当旅游人次比跨越门槛值 9.17 时，旅游业对城镇化的影响效应为 0.0397，比其未跨越门槛值时，影响效应略有提升。究其因，可从旅游业供需两端予以阐释。从需求端，一方面，旅游业发展水平越高，表明旅游者（旅游主体）的旅游消费规模越大，旅游消费层次越高，旅游消费范围越广，也就意味着旅游消费需求从多途径对城镇化内涵产生深远影响；另一方面，从旅游的本质上理解，旅游业发展水平可从旅游者空间流动性得以反映，旅游者空间流动性频繁，由其所引起的旅游业空间集聚形态演变则会相应引发城镇化空间结构变化。从供给端，目的地（旅游客体）为了提升旅游业发展水平，会通过促进资本、资源、土地和人口等要素的系统优化配置来拓宽旅游消费空间，创新旅游产品业态，最终会在经济、社会和文化方面推动城镇化建设。

四、平滑转换回归模型

应用面板平滑转换回归（PSTR）模型实证检验旅游业与城镇化之间的非线性关系，首先应当检验模型非线性，然后再确定平滑参数γ和位置参数c。因此，在建立 PSTR 模型之前，首先应对式（8.13）进行非线性检验，以考察是否存在非线性机制转换效应，即对原假设$H_0:\gamma=0$进行检验，由于模型包含未识别参数γ和c，故而无法对模型进行传统的非线性检验。为了检验截面异质性，借鉴 González 等（2005）的做法，可考虑设置同质性零假设$H_0:\gamma=0$，并在$\gamma=0$处用转换函数一阶泰勒展开式替代，从而构造出辅助回归方程：

$$urban_{it}=\beta_0 tour_{it}+\beta_1 tour_{it}^2+\beta_2 tour_{it}^3+\beta_3 tour_{it}^4+\boldsymbol{X}_{it}\boldsymbol{\delta}+\mu_i+\varepsilon_{it} \quad (8.14)$$

上式“线性检验”的原假设为：$H_0^*:\beta_1=\beta_2=\beta_3=0$，等同于检验$H_0:\gamma=0$，然后通过分别估计式（8.14）和线性固定效应模型，并根据两个模型的残差平方和进而构造统计量进行检验，利用服从F分布的LM_F检验统计量进行检验。经检验，LM_F统计量为 6.88，并在 1% 水平上显著拒绝H_0^*，进而接受存在非线性的假设。

因检验发现异质性存在，应考虑 PSTR 模型参数估计，其要比线性模型能够更好地克服参数异质性问题，从而得到稳定可靠的估计结果。PSTR 模型的参数估计主要采用非线性最小二乘法（Nonlinear Least Squares，NLS）得到估计值。其中，转换函数的斜率系数γ和位置参数c可采用模拟退火法获得，然后再采用非线性最小二乘法方法对式（8.13）进行估计。

表 8-1 报告出同样以旅游人次比为门槛变量的 PSTR 模型估计结果。

PSTR 模型发生非线性转换的位置参数 c 为 7.322，表明以旅游人比衡量的旅游业发展水平门槛值为 7.322，模型存在两个机制。其中，旅游人次比低于门槛值时，转换函数 $g(tour_{it};\gamma,c)$ 取值趋于 0；旅游人次比高于门槛值时，转换函数 $g(tour_{it};\gamma,c)$ 取值趋于 1。同时，模型在旅游业影响城镇化的两个机制之间平滑的斜率系数 γ 为 1.271，表明模型在低与高机制之间转换速度相对较慢，并呈现平滑渐进变化趋势。当旅游业处于不同发展水平时，旅游业与城镇化之间的关系出现了平滑转换。

PSTR 模型同时报告出，*tour* 估计系数 β_0 为 0.0271，在 1% 水平上显著，而 $tour * g(\cdot)$ 估计系数 β_1 为 0.016，在 5% 水平上显著，由此说明旅游业对城镇化的影响效应具有非线性。当转换函数 $g(tour_{it};\gamma,c)=0$ 时，旅游业城镇化影响效应为 0.0271（β_0），模型处于低机制；当转换函数 $g(tour_{it};\gamma,c)=1$ 时，旅游业城镇化影响效应为 0.0431（$\beta_0+\beta_1$），模型处于高机制。旅游业城镇化影响效应在低与高机制之间以旅游人次比门槛值 7.322 为中心，随着自身状态变量的变动，在［0.0271，0.0431］区间平滑转换。结合图 8-4 决定，以旅游人次比衡量的旅游业发展水平与旅游业城镇化影响效应存在显著正相关，即旅游业对城镇化具有显著正向促进作用，并且随着旅游人次比不断扩大，旅游业发展对城镇化影响的边际效应逐渐增强。具言之，当旅游业发展水平较低时，旅游业城镇化影响效应处于高影响状态，当旅游业发展水平跨越门槛

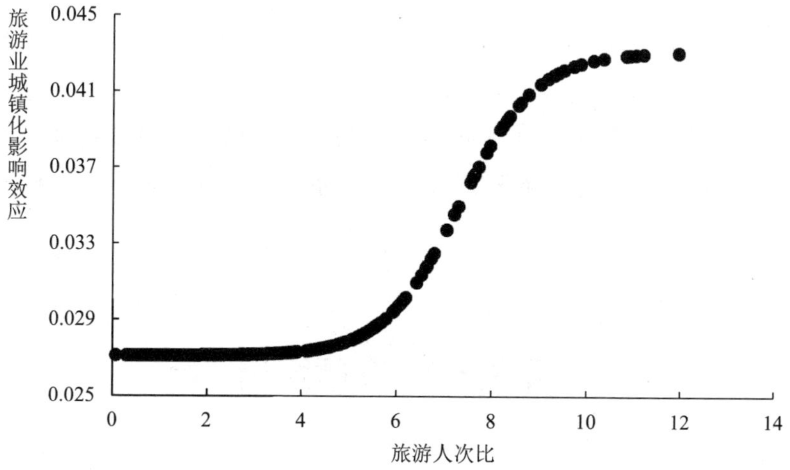

图 8-4 旅游业城镇化影响效应非线性变化

值 7.322 时，旅游业城镇化影响效应开始逐渐从低影响状态缓慢向高影响状态转换，并最终持续处于高影响状态。

在控制变量对城镇化的影响方面，以人均实际 GDP 衡量的经济发展水平回归系数显著为正，说明经济发展水平的确对城镇化具有正向促进作用。经济发展所直接产生的城乡居民相对收入差异、有效消费需求的增长和基础设施投资的增加均会从不同程度上驱动城镇化进程。以工业增加值占比衡量的工业化水平回归系数为正，但统计并不显著。尽管这一结论并未验证通常所理解的城镇化是工业化“副产品”的基本常识，但就中国情境而言，有其特殊的时代背景。当前，一方面，鉴于国内要素价格上升和国际市场复杂环境，工业出口增速逐渐回落；另一方面，中国经济为了跨越“中等收入陷阱”，以期通过“转方式”和“调结构”寻求未来增长潜力，尤以发展技术创新和环境友好的高水平工业化为主要改革方向，工业结构调整所产生的“阵痛期”导致工业增加值占比出现下降。因此，综合因素导致现阶段中国工业化对城镇化的推动作用可能出现“暂时性”弱化。服务业发展水平对城镇化存在显著正向影响。作为产业升级和结构调整的方向，服务业增长速度加快使其逐渐取代工业成为城镇化向高级阶段发展的主要推动力。服务业不仅具有实现“人口城镇化”的就业优势，同时对城镇功能的完善、城镇形象的提升和城镇活力的激发均可发挥无可比拟的产业支撑作用。教育水平对城镇化影响显著为正。教育是提升人力资本水平的直接手段，可以有效改善劳动效率，提高未来预期收入，进而有利于促进人口向城镇流动。城乡收入差距回归系数不显著，说明城乡收入差距对城镇化的影响并不确定。一方面，城乡收入差距使得农村生产要素向城镇流动，成为城镇化发展的动力；另一方面，城乡收入差距导致农村产业支撑体系渐为薄弱，阻碍了农村城镇化进程。

第五节　本章结论

传统工业化推动的城镇化发展模式渐显弊端，主要体现在人口城镇化滞后于土地城镇化、城镇空间结构失衡以及城镇生态环境破坏严重等方面。然而，新型城镇化摒弃了传统城镇化依赖规模扩张的粗放思维，而是转向于强调提升城镇化质量。其“新”在于，注重以人为本，着重推动城镇现代化和城镇生态化，以提升城镇的文化、休闲和公共服务等内涵为中心。与此同时，随着中国逐渐步入工业化后期，后现代消费观和后现代城市呼之欲出。如何将后现代消费理念融入城镇化建设过程中，不仅是新型城镇化推进的有益途径，也是后现代城市发展的内在要求。值得注意的是，旅游为恰当地理解上述理论推设提供了一个很好的切入视角，由此我们提出了“旅游导向型城镇化（TLU）”这一理论假说。

本章首先应用普通面板和动态面板回归技术对上述理论假说进行实证检验，估计结果表明旅游业对城镇化存在显著正向影响，进而初步提出了“旅游导向型城镇化”假说存在的经验佐证。不仅如此，鉴于旅游业和城镇化两个宏观经济变量之间关系的时变性和复杂性，有必要进一步将旅游业和城镇化之间的影响关系拓展到非线性框架，这显然有助于揭示“旅游导向型城镇化”的内在机制。因此，本章进一步采用两种经典的非线性面板回归技术，即面板门槛回归模型和面板平滑转换回归模型对“旅游导向型城镇化”所可能存在的门槛效应进行实证检验，估计结果表明旅游业对城镇化的影响效应不仅具有门槛特征，并且以门槛为中心的非线性效应变换具有平滑性。需要指出的是，面板平滑转换回归模型估计结果报告出旅游业对城镇化的影响效应在［0.0271，0.0431］区间平滑转换，而无论是固定效应模型，抑或动态面板模型，还是面板门槛回归模型，所报告出的相应旅游业城镇化影响效应均处于上述区间，这也相应验证了以上三种估计结果的稳健性。

本章研究结论分别从理论和实证角度丰富和深化了旅游经济学和城镇化探索方面的研究文献，并且为多途径开展新型城镇化建设提供了有益参考，尤其是为地区实施旅游业驱动城镇化战略奠定了理论基础。首先，“旅游导向型城镇化”在中国当前推进城镇化建设过程中是一种可以借鉴并实施的城镇化发展模式，旅游业是驱动城镇化发展的重要动力之一。休闲旅游业作为现代服务业的重要标志，随着后现代社会形态的渐次确立，以休闲旅游业为导向的产城一体化，不仅可以实现产业集聚与人口集聚的空间匹配，克服当前人口城镇化滞后于土地城镇化的主要弊端，也有助于优化城镇空间结构。其次，本章揭示出旅游业城镇化影响效应的变化规律，呈现出基于旅游人次比的显著正向非线性特征。随着旅游业发展水平提升，旅游业对城镇化的影响效应相应增强，这也充分强调了旅游产业政策的持续性对实施旅游业驱动城镇化战略的重要意义。

参考文献：

［1］Arellano M，Bond S. Some tests of specification for panel data：Monte Carlo ecidence and an application to employment equation［J］. Review of Economic Studies，1991，58（2）：277–297.

［2］Arellano M，Bover. Another look at the instrumental variable estimation of error-components［J］. Journal of Econometrics，1995，34（7）：877–884.

［3］Ashworth G，Page S J. Urban tourism research：Recent progress and current paradoxes［J］. Tourism Management，2011，32（1）：1–15.

［4］Aslesen H W，Isaksen A. New perspectives of knowledge-intensive services and innovation［J］. Geografiska Annaler，2007，89（s1）：45–58.

［5］Bauman Z. Sociology and postmodernity［J］. International Journal of Politics Culture & Society，2011，36（4）：790–813.

［6］Blundell R，Bond S. Initial conditions and moment restrictions in dynamic panel data models［J］. Journal of Econometrics，1998，87（7）：115–143.

［7］Blundell R，Bond S，Windmeijer F. Estimation in dynamic panel data models：Improving on the performance of the standard GMM estimator［J］. Advances in Economics，2000，15（2）：53–91.

［8］Campbell C. Acknowledging Consumption：A review of new studies［M］. London：Routlege，1995.

［9］Chenery H B，Syrquin M. Patterns of development，1950–1970［M］. Oxford：Oxford University Press，1975.

［10］Fay M，Opal C. Urbanization without growth：A not so uncommon phenomenon［R］. World Bank：World Bank Policy Research，1999.

［11］Fouquau J，Hurlin C，Rabaud I. The Feldstein–Horioka puzzle：A panel smooth transition regression approach［J］. Economic Modelling，2007，25（2）：284–299.

［12］Gladstone D. Tourism urbanization in the United States［J］. Urban Affairs Review，1998，34（1）：3–27.

[13] González A，Terasvirta T，Dijk D V. Panel smooth transition regression models [R]. Stockholm：Stockholm School of Economics，2005.

[14] Granger C W. Teräsvirta T. Modelling non-linear economic relationships [M]. Oxford：Oxford University Press，1993.

[15] Halaby C N. Panel models in sociological research：Theory into practice [J]. Annual Review of Sociology，2004，30（1）：507-544.

[16] Hansen B E. Inference when a nuisance parameter is not identified under the null hypothesis [J]. Econometrica，1996，64（2）：413-30.

[17] Hansen B. E. Threshold effects in non-dynamic panels：Estimation，testing，and inference [J]. Journal of Econometrics，1999，93（2）：345-368.

[18] Kasarda J D，Crenshaw E M. Third world urbanization：Dimensions，theories，and determinants [J]. Annual Review of Sociology，1991，17（1）：467-501.

[19] Kim H J，Chen M H，Jang S C. Tourism expansion and economic development：The case of Taiwan [J]. Tourism Management，2006，27（5）：925-933.

[20] Kolko J. Urbanization，agglomeration，and coagglomeration of service industries [M]. Chicago：University of Chicago Press，2010.

[21] Lampard E E. The history of cities in economically advanced areas [J]. Economic Development & Cultural Change，1955，3（2）：81-136.

[22] Law C M. Tourism in major cities [M]. London：Routledge，1996.

[23] Lewis W A. International economic and development：Essays in honor of Raul Prebisch [M]. New York：Academic Press，1972.

[24] Mullins P. Tourism urbanization [J]. International Journal of Urban and Regional Research，1991，15（3）：326-342.

[25] Mullins P. Cities and vsitors：Regulating people，markets，and city space [M]. New York：John Wiley & Sons，2003.

[26] Roodman D M. How to do xtabond2：An Introduction to “Difference” and “System” GMM in Stata [J]. Stata Journal，2006，9（1）：86-136.

[27] Sequeira T N，Nunes P M. Does tourism influence economic growth? A dynamic panel data approach [J]. Applied Economics，2008，40（18）：2431-2441.

[28] Williams A. Tourism and hospitality marketing：Fantasy，feeling and fun [J]. International Journal of Contemporary Hospitality Management，2006，18（6）：482-495.

[29] Yang Y. Agglomeration density and tourism development in China：An empirical research based on dynamic panel data model [J]. Tourism Management，2012，33（6）：1347-1359.

[30] 刘敏，刘爱利，孙琼，赵瑞克．国内外旅游城镇化研究进展 [J]．人文地理，

2015（6）：13-18.

[31] 陆林，葛敬炳．旅游城市化研究进展及启示［J］．地理研究，2006，25（4）：741-750.

[32] 王红，宋颖聪．旅游城镇化的分析［J］．经济问题，2009（10）：126-128.

[33] 吴必虎．多途径城市化［M］．北京：中国建筑工业出版社，2013.

[34] 杨小凯．新兴古典经济学与超边际分析［M］．北京：社会科学文献出版社，2003.

第九章　旅游业是否会影响城镇化经济增长效应

第一节　引言

城镇化是发展中国家实现经济增长的重要工具（Martine 和 Marshall，2007；Scott 和 Storper，2010；Bai 等，2012）。毋庸置疑，过去 30 年，城镇化在释放需求和创造供给方面对中国经济的持续增长贡献巨大（周一星，1982）。切中肯綮地看，城镇化主要是通过影响区域经济的供需均衡变化和要素空间分配（Han 等，2012），来加速建立新自由主义资本积累制度（He 和 Wu，2009；Wu，2010），从而引发城镇制造业产业集中和工业扩张（Lin，2009；Chan，2010），以促进区域生产力提升，而相应的社会分工也随之越发细化，由此所产生的人力资本外部性效应再进一步提升城镇劳动生产率，并通过政策和市场的双重作用吸引大量潜在投资者共同创造产业价值链增值（Smart 和 Lin，2007）进而最终实现区域产业结构升级（Han 等，2012）。在此经济规律形成过程中，从宏观上，大量新兴行业集中涌现，经济结构开始服务化倾向，经济增长由此获得了新引擎（Helbich，2012）；在微观上，居民收入水平显著提高，生产和生活方式开始转变，先进的消费示范效应得以扩散（Lucas，2004）。本质上讲，城镇化会凭藉其所引发的产业、资本和人口集聚，实现城镇空间生产的规模报酬递增和社会生产率提高，进而对经济增长产生显著的直接影响。具言之，城镇化也可以通过创造地区就业、刺激地区投资、提高人力资本以及驱动现代化等作用途径而对经济增长产生间接溢出效应（Tripathi 和 Mahey，2016）。

不可否认的是，面临着资源和环境的双重约束，粗放式的传统城镇化已不符合经济增长方式转变的根本要求，而以内涵集约为典型特征的新型城镇化成为未来保持中国经济持续增长的最大红利。实际上，伴随着经济结构调整的服务化趋向，产业结构变迁作为城镇化的动力机制，尤其是大力发展服务业成为当前中国推进新型城镇化建设的新引擎。与此同时，近年来，旅游业作为服务业的主导部门，随着旅游需求规模的爆发提升，以及旅游供给侧的深入改革，无论是旅游产业链的纵向延伸，抑或旅游关联度的横向融合，旅游业引导的（新型）城镇化建设，为地区经济增长注入了新活力。事实上，现代旅游业作为一种推动产业转型、经济增长和社会变迁的内在动力，既能够直接引发城镇规模的扩大和非农人口的转移，也能从内涵上推动城镇空间结构重组和城镇功能转变（王红、宋颖聪，2009），最终旅游业通过提升城镇化质量，实现对经济增长的间接影响。

鉴于此，本章研究贡献主要体现在如下三个方面：第一，在研究视角上，本章在重新检验城镇化影响经济增长的基础上，充分考虑到旅游业迅速扩张的典型事实，并沿袭旅游引导城镇化的建设理念，将旅游业纳入到城镇化影响经济增长的基本研究框架，主要是实证检验旅游业是否会调节城镇化的经济增长效应；第二，在研究方法上，首先将旅游业与城镇化的乘积项纳入计量模型，然后再采用多种面板数据模型估计方法对其进行实证检验，以为旅游业发展对城镇化影响经济增长的调节作用提供实证依据；第三，在研究内容上，本章不仅对城镇化影响经济增长研究路径进行有益探索，同时也深化了旅游经济学的研究体系，这在既有学术视域中尚属首次。此外，无论在新型城镇化模式的探索，还是在结构转型中经济增长路径选择的探索方面，都突显了旅游业在中国的重要战略地位。

第二节　文献综述与理论分析

一、城镇化与经济增长

城镇化在一国经济增长过程中扮演十分重要的角色（Tripathi 和 Mahey，2016）。关于城镇化与经济增长关系的研究，肇始于卢卡斯城乡二元模型，该模型在内生增长模型框架的基础上，运用人力资本理论描绘了劳动力从传统的土地技术密集型部门向人力资本密集型部门转移的过程，并强调了城市在积累现代产业新技能和促进经济增长方面的重要作用（Lucas，1988）。研究表明，发达国家城镇化水平和工业化水平基本同步，共同作用于一国经济（Henderson，2003），但发展中国家的城镇化水平参差不齐，其能否驱动经济增长尚未达成共识。不可否认，城镇化与经济增长之间的确存在内在关联，并已得到研究论证（Lampard，1957）。例如，Henderson（2000）对 80~100 个国家（1960—1995 每 5 年数据）的城市集中度和经济增长的关系进行了实证检验，发现城市化率与人均 GDP 之间相关系数高达 0.85。主流观点也支持城镇化与经济增长存在显著正向关关系的基本结论（Liu，2009；Hossain，2011；Shahbaz 和 Lean，2012），并且这种关系存在长期趋势（Mccoskey 和 Kao，1997）。事实上，城镇化作为一个复杂系统，其对经济增长是否存在积极影响仍褒贬不一（Bloom 等，2008）。以中国为例，对当前城镇化进程的评判主要集中于滞后城市化与超前城市化两种观点争议（Lu 和 Ge，2006；Chen 等，2013），由此导致对中国城镇化影响经济增长的探究未有定论。

二、旅游业与城镇化

理论上，城镇化作为一项基础性的宏观经济和社会制度变革，其所产生的要素集聚效应、规模经济效应和社会分工效应推动经济的增长（Harris 和 Todaro，1970；Au 和 Henderson，2006；Duranton 和 Puga，2002）。目前，对于旅游业与城镇化关系的理论思考，主要切入点源于“旅游城镇化（Tourism Urbanization）”概念的提出（Mullins，1991）。实质而言，旅游城镇化的根本意图，与当前中国所推行的新型城镇化内涵高度吻合，某种程度上讲，旅游城镇化实际是新型城镇化的多途径的实践探索。通过梳理旅游城镇化的理论演变，其起源于福特主义时期（Fordism）的高工资和大众消费，成熟于 20 世纪 70 年代，即后福特主义（Postfordism）时期大众享乐消费的兴起，是一种后现代化城市（Postmodernity）形态。后现代城镇的出现和后现代消费的兴起，使得城镇空间既成为“消费的工具”，又成为“消费的对象”，并具有鲜明的大众享乐消费特征。于是，旅游城镇化成为以后现代化的城镇形式为代表的新型城镇化最有力的表达方式。质言之，在新型城镇化战略背景下，旅游城镇化作为“传统城镇化”向“新型城镇化”转变的实践路径，也成为推动经济增长方式转变的城镇化动力机制。

三、城镇化、旅游业与经济增长

上述理论阐释为旅游业纳入到城镇化影响经济增长的研究框架提供了可能的切入视角。主要依据在于两方面：一方面，旅游业引导的城镇化建设模式，通过提升城镇化规模和质量而作用于经济增长；另一方面，旅游业亦会调节城镇化对经济增长的影响效应。具言之，可从如下方面予以理解：

首先，旅游业引起城镇要素集聚。旅游业具有产业关联度高的特点（Goodall 和 Asworth，2012），为了满足日益差异化、细分化和体验化的旅游市场需求，旅游产品的综合性供给要求旅游产业链不断拓展延伸，旅游业与城镇关联产业之间深度融合，以培育可以匹配旅游者异质性需求偏好的多样化旅游产品业态，而旅游产品吸引力的地理不可转移性，从而促使城镇产业要素向旅游集聚中心空间集中，由此而引起的城镇要素集聚效应促进了经济增长。

其次，旅游业引领城镇产业升级。现代旅游业的迅速扩张，已正在逐渐摆脱资源要素的驱动模式，而是向技术和资本密集型转变，尤其是相对于传统工业化而言，作为新兴服务业，旅游业规模报酬递增优势更为明显，同时在旺盛的旅游消费市场主导下，城镇化建设过程中的技术、资本以及劳动力等生产要素开始向旅游业转移流动，由此资源配置效应所引致的经济结构服务化趋向越发明显，最终通过引领城镇产业升效应而驱动经济增长。

再次，旅游业引发城镇功能转变。一方面，随着旅游消费的乘数效应逐渐增强，必然会通过多种传导渠道在一定程度上刺激和扩大城镇消费功能，从而推动经济增长（马晓河，2011）；另一方面，以非物质、发展性和体验化为特征的旅游消费作为后现代消费语境的典型形式，使得提供广义旅游消费服务成为城镇的主要功能，而以制造业为主的生产功能开始弱化。旅游消费所引导的城镇“泛旅游生产”，成为经济增长的新动力。

最后，旅游业引导城镇结构优化。以满足旅游者的动态综合性消费偏好为导向，一方面，需要旅游消费场所凸显结构化和规模化进行匹配，从而直接影响城镇空间结构；另一方面，在规模经济和范围经济驱使下，旅游业在地理空间上也开始出现集聚现象，并借助广义集聚力吸引邻近生产要素在空间范围内向旅游业集聚中心流动，在空间集聚中心成长到一定程度时，便开始对邻近地区产生扩散辐射效应，再叠加于旅游业的空间溢出效应，又进一步从广度上推动了邻近地区产业布局与结构升级，最终推动了城镇空间结构优化，从而为经济增长创造了内生动力（Henderson，2003）。

第三节　计量模型、变量与数据

一、模型设定

为了计量表征城镇化、旅游发展对经济增长的影响，以新经济增长理论为基本框架，并参考（Fayissa 等，2007）的研究思想，假定生产函数为柯布—道格拉斯函数：

$$Y_{it} = AK_{it}^{\ \alpha} L_{it}^{\ \beta} H_{it}^{\ \gamma} \tag{9.1}$$

其中，Y_{it} 表示 i 省 t 年的总产出，K、L、H 与 α、β、γ 分别表示物质资本、劳动力与人力资本投入及其产出弹性，A 代表希克斯中性技术进步的效用函数，并假定生产函数规模报酬不变，即 $\alpha+\beta+\gamma=1$。式（9.1）两边同除以 L_{it}：

$$Y_{it}/L_{it} = A(K_{it}/L_{it})^{\alpha}(H_{it}/L_{it})^{\gamma} \tag{9.2}$$

A 作为效率参数，依赖于多种因素的综合影响，其中包括本章所研究的关键解释变量城镇化（urb）和旅游业与城镇化乘积项（$urbtour$），同时参考相关经济增长溢出因素，则有 $A = urb_{it}^{\varphi} \times urbtour_{it}^{\phi} \times X_{it}^{\theta}$，并将其带入（9.2）式，并两边取对数：

$$\ln(Y_{it}/L_{it}) = \alpha\ln(K_{it}/L_{it}) + \gamma\ln(H_{it}/L_{it}) + \varphi\ln urb_{it} + \phi\ln urbtour_{it} + \theta\ln X_{it} \tag{9.3}$$

X_{it} 为控制变量集，主要包括政府规模（gov）、第二产业比重（sec）、第三产业比重（thi）、外贸依存度（tra）；T_{it}/L_{it} 用人均实际产出（$pgdp_{it}$）表示；

K_{it}/L_{it} 用人均物质资本（pk_{it}）表示；H_{it}/L_{it} 用人均受教育年限（edu_{it}）表示。同时，在式（9.3）中加入非观测的个体固定效应 μ_i 以及随机扰动项 ε_{it}，基准计量模型设定为：

$$\ln pgdp_{it} = \alpha_0 + \varphi \ln urb_{it} + \phi \ln urbtour_{it} + \theta \ln X_{it} + \mu_i + \varepsilon_{it} \qquad (9.4)$$

二、变量构造

（一）核心变量

1. 经济增长

一般而言，常用 GDP 总量和人均实际 GDP 度量地区经济增长水平。GDP 适宜总量指标更适合反映综合国力，人均 GDP 虽然剔除了人口规模的影响，却没有考虑到物价因素。基于上述模型推导，并考虑历年地区物价波动，本章采用人均实际 GDP 作为地区经济增长水平的度量指标，具体做法以 1999 年为基期平减的地区生产总值与当年地区人口总数比值表示。

2. 城镇化

尽管仅从人口出发去衡量城镇化水平略显单薄，但人口由农村向城市集聚的过程在一定程度上能反应出农村居民生活方式、消费意识的转变过程，因此采用各地区城镇人口占总人口的比重来度量城镇化水平。

3. 旅游城镇化

旅游城镇化是本章核心解释变量，采用旅游业与城镇化的乘积项进行衡量。其中，旅游发展采用旅游专业化测度（Lee 和 Chang，2008），一般采用旅游发展总收入与 GDP 比值度量。

（二）控制变量

1. 人均物质资本

以 1999 年为基期，首先将固定资产投资环比指数换算为定基指数，并对 1999—2014 年固定资产投资额进行平减，再按照“永续盘存法”，利用 $K_t = (1-\delta)K_{t-1} + I_t$，计算出相应年份的物质资本存量。对于初始物质资本存量的测算，$K_0 = I_0/(g+\delta)$，其中 I_0 为初始年份投资量，g 为其后数年投资的平均增长速度，δ 为资本折旧率，取值为 9.6%。所得物质资本存量与劳动力相除即为人均物质资本存量。

2. 人力资本

内生增长理论认为，人力资本是经济增长的主要来源（Lucas，1988），根据模型推导，本章采用人均劳动受教育年限作为人力资本水平的代理变量。

3. 政府规模

政府规模反映了国家政策（看得见的手）对于经济增长的干预程度（Chen 和 Lee，2005），一般采用政府支出占 GDP 的比值来衡量。

4. 产业结构

产业结构变迁是经济增长的重要动力（Peneder，2003），分别采用第二产业和第三产业就业人口占总就业人口比重来衡量。

5. 外贸依存度

外贸依存度表示地区对外开放水平，是衡量国民经济依赖对外贸易程度的重要指标，对于促进经济增长有重要的作用，一般采用进出口总额占 GDP 的比重来衡量。

三、数据来源

本章研究样本为中国 30 个省、市和自治区（西藏和港澳台除外）1999—2014 年省级平衡面板数据。其中，原始数据分别来自于国研网宏观经济数据库、各省国民经济和社会发展统计公报（1999—2014）、各省历年统计年鉴（2000—2015）和中国历年统计年鉴（2000—2015）。

四、描述性分析

本章两个核心解释变量，即城镇化和旅游城镇化乘积项与经济增长的 Pearson 相关系数分别为 0.7998 和 0.7162，且在 1% 水平上显著，说明从数据简单关系上反映，核心解释变量与被解释变量之间分别存在正相关关系。值得注意的是，我国地域辽阔，各地区之间资源禀赋、产业结构和经济增速呈现不均衡态势，经济发展差异明显，若仅从时间序列模型考察旅游城镇化对经济增长的影响效应，将会忽略各地区的异质性，若单纯考虑截面数据模型又无法反映经济增长的动态性。为克服上述缺陷，采用我国省级面板数据的计量模型更为合理，为了保证数据的平稳性和消除异方差，本章对各变量指标都进行了对数化处理。表 9-1 显示了变量对数化后的描述性统计结果。

表 9-1 主要变量的描述性统计

变量	观察值	极小值	极大值	均值	标准差
经济增长	480	7.8070	10.2174	8.9683	0.4801
城镇化	480	−1.9338	−0.1098	−0.9235	0.4272
旅游城镇化	480	−5.5994	−0.6345	−3.3745	0.8178
人力资本	480	1.6938	2.4874	2.1011	0.1270
人均物质资本	480	7.7801	12.3316	10.2807	0.9993
政府规模	480	−2.9957	−0.4943	−1.7833	0.4202
外贸依存度	480	−3.5066	0.5423	−1.7206	1.0176
第二产业比重	480	−2.9565	−0.4510	−1.4670	0.4622
第三产业比重	480	−2.1456	−0.2575	−1.1509	0.2887

此外，为了分别直观考察城镇化和旅游城镇化与经济增长之间的变动关系，图 9-1 和图 9-2 分别描绘了它们之间的拟合关系。可以看出，城镇化与经济增长以及旅游城镇化与经济增长之间呈现出较为明确的正向线性拟合关系。然而，上述描述性分析并不能揭示出城镇化，一级旅游业对城镇化经济增长效应的作用机制，仅是为实证检验提供初步参考，所以还需要通过对计量模型进行实证检验予以佐证。

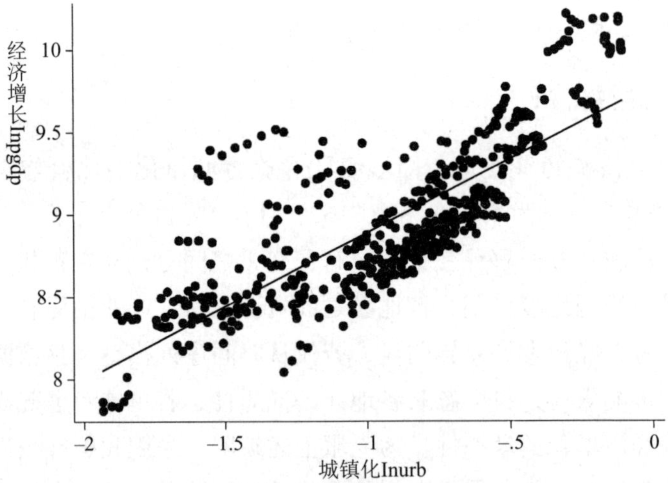

图 9-1 城镇化与经济增长线性拟合

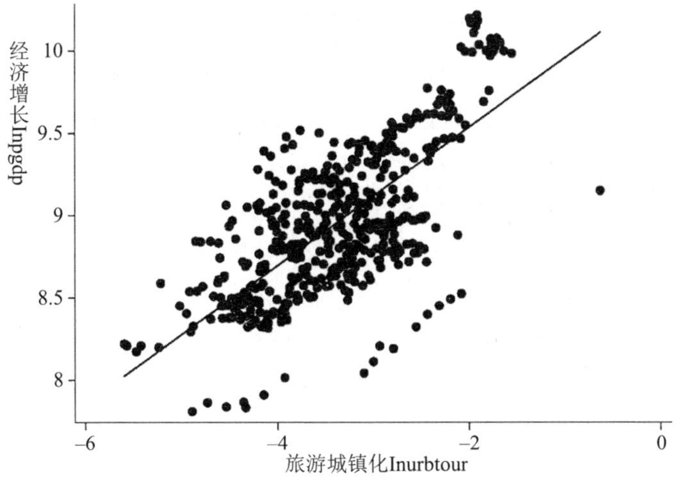

图 9-2　旅游城镇化与经济增长线性拟合

第四节　实证结果分析

一、面板数据平稳性检验

为了避免"伪回归"产生，在进行模型回归之前，应首先进行面板数据平稳性的单位根检验。面板数据单位根检验方法归为两种，即同质单位根检验和异质单位根检验。通常 LLC、Hadri Z 检验法适用于同质单位根检验，IPS、Fisher-ADF、Fisher-PP 检验法适用于异质单位根检验。为了避免单一检验方法导致的检验误差，本章对每一个变量均采用了 5 种不同的方法进行检验，借此提高检验结果的可信度。

5 种检验方法的原假设均为面板数据存在单位根，由于单位根检验理论的复杂性和适用对象的差异性，部分检验结果显示接受原假设，因此本章设置的检验标准为同一变量进行 5 种单位根检验，超过一半得出拒绝原假设的结论则认为该变量可以进行回归分析。表 9-2 报告出各变量检验结果拒绝面板存在单位根的原假设，表明变量存在时间序列的平稳性。

表 9–2　变量单位根检验

变量	LLC test	IPS test	Fisher–ADF test	Fisher–PP test	Hadri Z test
ln *pgdp*	–3.5873***	4.8351	91.9297***	60.4020	15.7819***
ln *urb*	–2.4546***	2.2670	99.8727***	34.7027	12.7093***
ln *urbtour*	–7.1766***	–1.4356*	114.3926***	88.4080***	5.9299***
ln *edu*	–11.8568***	–6.2112***	122.8431***	165.1537***	3.0798***
ln *pk*	1.1176	7.1259	151.4461***	151.4461***	27.9792***
ln *gov*	–9.4318***	–3.9124***	144.5656***	118.7224***	4.6250***
ln *tra*	–5.6553***	0.4721	195.8081***	86.9994***	21.2658***
ln *ser*	–7.1836***	–0.0016	135.6960***	70.8430	34.9827***
ln *thi*	–9.3002***	0.6461	138.0126***	100.2141***	37.2394***

注：***、** 和 * 分别表示 1%、5% 和 10% 显著性水平。

二、全样本模型估计结果

本章采用面板普通最小二乘法对式（9.4）进行估计。表 9–3 分别报告出不同的模型估计结果。首先，列（1）报告出模型的混合估计结果，可以看出，除旅游城镇化估计系数不显著之外，其余变量的估计系数均在不同程度上具有统计显著性。由于省际异质性因素的存在，即模型可能存在不随时间变化的省份个体效应，所以有必要对此予以检验。列（2）报告出固定效应估计结果，F 检验强烈拒绝原假设，认为固定效应明显优于混合回归。此外，再进一步采用 Breush–Pagan LM 检验法检验个体效应是否以随机效应的形式存在，其结果强烈拒绝“不存在个体随机效应”的原假设，故认为随机效应优于混合回归，然后 Hausman 检验结果显著拒绝“随机效应和固定效应回归系数无差异”的原假设，即认为固定效应模型优于随机效应模型。事实上，以上个体固定效应模型无法解决不随时间，但随个体而异的遗漏变量问题，因此，除了控制个体固定效应之外，还需控制时间固定效应，所以进一步采用同时控制个体和时间的双向固定效应模型，并将其作为基准模型回归结果，见列（3）。首先，城镇化估计系数为 0.0678，且在 5% 水平上显著，说明中国城镇化进程对经济增长存在显著的积极影响，在其他条件不变的情况下，城镇化提升 1%，会正向促进经济增长提高 0.0678%。此外，模型的关键解释变量，即旅游城镇化的估计系数为 0.0346，且在 5% 水平上统计显著，表明旅游业的确会正向调节城镇化的经济增长效应，意味着旅游业发展水平越高，其会调整城镇化对经济增长的影响效应逐渐增强。同时，在其他条件不变的情况下，旅游城镇化乘积项的估计系数提升 1%，其会正向促进经济增长提高 0.0346%。

表 9-3　全样本估计结果

变量	（1）Pooled OLS	（2）FE	（3）Two-way FE
ln *urb*	0.2307*** （0.043）	0.0595** （0.028）	0.0678** （0.031）
ln *urbtour*	−0.02497 （0.017）	0.0459*** （0.015）	0.0346** （0.014）
ln *edu*	0.2932*** （0.113）	−0.0193 （0.093）	0.5033*** （0.119）
ln *pk*	0.1140*** （0.015）	0.1280*** （0.012）	0.2084*** （0.016）
ln *gov*	−0.2415*** （0.023）	−0.0648* （0.027）	0.0044 （0.031）
ln *tra*	0.1848*** （0.011）	−0.0181 （0.013）	−0.0182 （0.013）
ln *ser*	0.0459*** （0.020）	0.0748*** （0.027）	0.0062 （0.026）
ln *thi*	0.3091** （0.041）	−0.0354 （0.036）	0.0175 （0.033）
F test	578.74***	197.6***	
Hausman test		906.64***	
Brush−Pagan LM test			
R^2	0.9077	0.8221	0.8683
Observations	480	480	480

注：***、** 和 * 分别表示 1%、5% 和 10% 显著性水平；括号内为标准差。

三、分地区模型估计结果

中国国土幅员辽阔，城镇化进程与经济增长模型呈现出显著的区际差异，这也决定了城镇化对经济增长的影响过程也具有非一致性，单纯的全样本实证结果发现，并不能完全表征内部区域的具体内容。例如，陈明星（2009）等指出，我国城镇化和经济增长关系总体上基本协调，东部沿海地区以城市化超前经济发展水平类型为主，而中西部地区则以城市化滞后经济发展为主，仍然需要适度加快发展。顺言之，旅游业对城镇化的经济增长效应的调节作用亦可能存在区域差异。因此，本章把全国划分为东部、中部、西部三大区域，然后分别通过面板数据固定效应模型进行实证检验。表 9–4 报告出 3 大区域城镇化估计系数均具备统计显著性，并且 3 大地区城镇化估计系数依次递减，这也说明城镇化的经济增长效应存在显著的区域差异性。此外，东部地区旅游城镇化的估计系数为正，且在 5% 水平上显著，但中西部地区旅游城镇化的估计系数均不具有统计显著性，这是本章的另一重要发现。

究其原因，中西部地区不仅城镇化进程滞后于东部，而且旅游业发展水平也相对较低，从而导致中西部地区旅游发展对城镇化的经济增长效应调节作用较弱。具体原因在于两方面：一方面，尽管由于后发优势，中西部地区旅游业发展迅速，但仍主要是以对旅游资源的初级开发为主，观光旅游产品占据主导，这就使得旅游产品的附加值较低，旅游产业对城镇产业体系的关联及波及效应较弱；另一方面，中西部地区城镇产业体系过度依赖于传统工业部门，产业结构相对单一，尤其是新兴服务业发展滞后，反而从供给侧严重制约了现代旅游产品新型业态的培育，不仅抑制了旅游市场需求，同时也阻碍了中西部地区旅游业发展模式向休闲度假转变，换言之，中西部地区城镇产业要素无法满足现代旅游市场的系统需求，从而弱化了旅游业对城镇化影响经济增长的调节作用。

表 9–4　分地区估计结果

变量	东部	中部	西部
ln *urb*	0.5128*** （0.057）	0.4444*** （0.039）	0.2041*** （0.042）
ln *urbtour*	0.0747** （0.031）	−0.0003 （0.021）	−0.0142 （0.022）
ln *edu*	0.0063 （0.203）	0.5545*** （0.123）	0.1868 （0.119）

续表

变量	东部	中部	西部
ln *pk*	0.0158 (0.021)	0.1034*** (0.017)	0.1346*** (0.017)
ln *gov*	−0.2499*** (0.053)	−0.2986*** (0.050)	−0.0245 (0.028)
ln *tra*	0.0956*** (0.021)	−0.0505** (0.021)	−0.0535*** (0.015)
ln *ser*	0.3486*** (0.042)	−0.2505*** (0.033)	0.0079 (0.028)
ln *thi*	1.0157*** (0.099)	−0.0401 (0.052)	0.0258 (0.040)
备注	FE	FE	FE
R^2	0.9595	0.8855	0.9266
Observations	176	128	176

第五节　进一步分析

旅游发展对城镇化经济增长效应所产生的显著正向调节作用，充分体现出旅游业发展可以作为有效增强城镇化影响经济增长的重要作用机制，也说明中国旅游业在经历了近 20 年持续扩张后，其作为现代服务业和国家战略性支柱产业而对经济增长动力和过程的积极影响和显著贡献开始呈现显性化。在此运动中，伴随着旅游产业链不断纵向延伸和横向拓展，旅游业不断吸引城镇产业要素集中，不断刺激城镇人口消费升级，而由城镇产业集聚外部性和规模报酬递增而产生的城镇集聚经济，则有效促进了经济增长。

一、旅游业调节人口城镇化

根据 Williamson（1988）城市化动力说的“推拉”理论，城镇化的根源机制是农业劳动力的转移，城镇化注重人口从农村向城镇转移的容纳度和有效性。旅游业属于劳动密集型产业，对人力资本质量要求不高，就业门槛相对较低，不争的事实是，旅游业吸引了大量农村剩余劳动力。2014年年末，旅游业带动直接就业2779.4万人，间接就业5093.6万人，旅游就业总人口占到全国就业总人口的10.19%，旅游业发展为城镇化提供了劳动力的蓄水池。再者，人口的空间转移只是城镇化的第一步，若实现人口城镇化，还需要确保农民进入城镇后获得稳定的非农就业机会，以及收入能够支撑起城镇的定居和消费是重要前提。截止到2014年年底，全国共有高等旅游院校及开设旅游系（专业）的普通高等院校1122所，中等职业学校933所，全行业在职人员培训总量达462.13万人次，不少农村人口通过教育和培训实现自身价值的进阶，从旅游业基础服务岗转向中高级管理岗，就业面涉及旅游计调、开发、规划、运营、咨询和房地产等多方面，同时，收入增高、户籍落实以及社保稳定也自然使这部分人群建立起与城镇的事实联系。

二、旅游业调节经济城镇化

中国旅游业对于经济城镇化的调节需要从供需两端进行阐述。从需求端看，经济城镇化对经济增长的影响主要通过促进消费和引导投资来传导，而旅游业的快速发展无疑在促进城镇消费和引导城镇投资方面颇有建树。从过去的城镇旅游消费来看，1999年中国的城镇居民旅游消费为1748.23亿元，占国内旅游收入61.7%，到2014年，中国的城镇居民旅游消费为24219.76亿元，占国内旅游收入79.9%，城镇居民在旅游方面的消费支出大幅增长。另外，从2014年旅游投资来看，据中国旅游投资项目库数据显示，2014年全国旅游业实际完成投资7053亿元，同比增长达32%，旅游投资的热点主要聚焦与城镇化发展相适应的旅游城镇建设、乡村旅游产品开发、休闲度假产品建设以及与新型工业化相结合的大型旅游装备制造业等，旅游业发展无疑扩大了城镇投资需求，促进了区域经济的增长。从供给端看，旅游业作为现代服务业的主导产业，具有极强的产业带动性，在过去的几十年加速了中国城镇的服务集聚，通过规模经济促进了二、三产业的发展。综上，中国旅游业从需求和供给两方加速调节了经济城镇化的进程，成为中国经济新的增长点。

三、旅游业调节空间城镇化

宏观上，旅游业的发展推动了中国城镇的基础设施建设和市政建设，包括道路交通设施的规划整治、公共设施服务功能和水平的提升、城市专项服务平台的搭建、城市资源的优化整合和环境的治理，加速了对城镇空间的改造、扩容、功能提升，优化了城镇的再生体系，提升了城镇的接待能力。例如，全国各省市都不同程度地对区域内的旅游基础设施和重点旅游项目落实了资金投入，包括建设游客服务中心、旅游标识、厕所、停车场、步行道、非干线公路、提供垃圾处理设施、优化乡村环境以及培植乡村旅游业等。这些基础设施不仅优化了旅游区域的空间结构和功能配置，也优化了城镇居民的生活空间和资源共享。微观上，旅游消费活动的综合性和层次性，促使旅游消费活动向城镇“非旅游消费空间”（交通空间、居住空间、商务空间和公共文化空间）渗透，并使其发生转变（非旅游消费空间转变为旅游消费空间）、重叠（兼具旅游消费和非旅游消费双重空间角色）和混合（旅游消费作为非旅游消费空间配套活动），多样性的旅游消费向城镇“非旅游消费空间”内部渗透，产生了旅游类消费化现象，进而在宽泛意义上拓宽了城镇“非旅游消费空间”的功能构成和空格结构。

第六节　本章结论

本章研究结论对提升旅游业的产业地位具有重要的指导意义。城镇化作为中国经济增长的内需动力，增强城镇化的经济增长效应，不仅需要直接提升和改善城镇化规模和质量，更重要的是，如何拓宽或调节城镇化对经济增长的作用机制至关重要，这也是探索城镇化驱动经济持续增长的多途径实践目标。近年来，随着中国旅游业的日益扩张，尤其是在巨大的旅游市场需求背景下，旅游业迫切需要供给侧改革，尤其是旅游供给的需求导向，使得旅游产品规模的提升与业态的创新，对城镇要素集聚、产业升级以及结构优化产生了深远影响，由此而形成的旅游业引导型（新型）城镇化建设模式，也成为推动经济增长规模和转变经济增长方式的重要路径。

首先，通过提升旅游业效率，吸引城镇要素转移，实现城镇产业体系转型升级。尽管中国旅游业依靠规模报酬递增，产业规模扩张迅速，但也无法掩盖发展质量不高的事实。所以，中国旅游业发展模式的核心是未来需淡化要素资源的规模投入，而是应依靠生产效率的提升。旅游业效率的提升，尤其是边际生产力的提高，同时在旺盛的需求促使下，城镇产业要素会在市场调节规律下，不断向旅游业转移集聚，而旅游业显著的服务行业属性，会进一步带动城镇经济体系倾向于服务化，这一产业变迁过程则为经济增长提供了发展源泉。

其次，通过刺激旅游业消费，拓宽城镇空间体验，实现城镇消费功能强化提升。传统旅游业消费仅是停留在大众旅游产品层面，是单纯对旅游资源的初级消费，而现代旅游消费对城镇化的影响，已由"城镇空间中的消费（酒店、剧院、博物馆、酒吧……）"转变为"城镇空间消费（遗址遗迹、历史街区、创意园区、文化展示……）"，多样性的旅游消费向城镇"非旅游消费空间"内部渗透，产生了旅游类消费化现象，进而在宽泛意义上拓宽了城镇旅游消费空间体验，而这种"空间体验消费活动"又进一步实现了城镇整体消费功能的强化提升，从而增强了城镇化对经济增长的消费促进机制。

最后，通过优化旅游业结构，增强城镇产业集聚，实现城镇空间结构组织优化。当前，中国旅游业结构过度依赖于传统行业，因而严重制约了旅游业的供给规模和活力。所以，随着旅游业发展趋势向休闲度假转变，旅游业结构的多样化调整迫在眉睫。为了满足旅游者提供综合性体验，通过优化旅游业结构，诱使以互补性功能为主的旅游相关产业在不同空间尺度范围地理集中，从而吸引大量诸如物质、资本和知识等可流动要素并改变相对市场规模，然后通过规模报酬递增强化集聚的循环累积机制，最终有利于实现城镇空间结构的组织优化，进而形成了城镇化对经济增长的集聚动力机制。

参考文献：

[1] Au C C，Henderson J V. Are Chinese cities too small?［J］. Review of Economic Studies，2006，73（3）：549-576.

[2] Bai X，Chen J，Shi P. Landscape urbanization and economic growth in China：Positive feedbacks and sustainability dilemmas［J］. Environmental Science & Technology，2012，46（1）：132-139.

[3] Bloom E D，Canning D，Fink G. Urbanization and the wealth of nations［J］.

Science, 2008, 319 (7): 772–775.

[4] Chan K W. Fundamentals of China's urbanization and policy [J] . China Review an Interdisciplinary Journal on Greater China, 2010, 10 (1): 63–93.

[5] Chen M, Liu W, Tao X. Evolution and assessment on China's urbanization 1960–2010: Under–urbanization or over–urbanization? [J] . Habitat International, 2013, 38 (4): 25–33.

[6] Chen S T, Lee C C. Government size and economic growth in Taiwan: A threshold regression approach [J] . Journal of Policy Modeling, 2005, 27 (9): 1051–1066.

[7] Duranton G, Puga D. From sectoral to functional urban specialization [J] . Journal of Urban Economics, 2002, 57 (2): 343–370.

[8] Fayissa B, Nsiah C, Tadasse B. Impact of tourism on economic growth and development in Africa [J] . Working Papers, 2007, 14 (4): 807–818.

[9] Goodall B, Asworth G. Marketing in tourism industry: The promotion of destination regions [M] . London: Routledge, 2012.

[10] Han X, Wu P L, Dong W L. An analysis on interaction mechanism of urbanization and industrial structure evolution in Shandong, China [J] . Economy & Management, 2012, 13 (1): 1291–1300.

[11] Harris J R, Todaro M P. Migration, unemployment and development: A two–sector analysis [J] . American Economic Review, 1970, 60 (1): 126–142.

[12] He S, Wu F. China's emerging neoliberal urbanism: Perspectives from urban redevelopment [J] . Antipode, 2009, 41 (2): 282–304.

[13] Helbich M. Beyond postsuburbia? Multifunctional service agglomeration in Vienna's urban fringe [J] . Tijdschrift Voor Economische En Sociale Geografie, 2012, 103 (1): 39–52.

[14] Henderson V. How urban concentration affects economic growth [J] . Policy Research Working Paper, 2000, (42): 1–42.

[15] Henderson V. The urbanization process and economic growth: The so–what question [J] . Journal of Economic Growth, 2003, 8 (1): 47–71.

[16] Hossain M S. Panel estimation for CO2 emissions, energy consumption, economic growth, trade openness and urbanization of newly industrialized countries [J] . Energy Policy, 2011, 39 (11): 6991–6999.

[17] Lampard E E. The industrial structure of American cities: A geographic study of urban economy in the United States, by Gunnar Alexanderson [J] . Journal of Economic History, 1957, 17 (3): 265–266.

[18] Lee C C, Chang C P. Tourism development and economic growth: A closer look at

panels [J] . Tourism Management，2008，29（1）：180–192.

[19] Lin G C S. Peri–urbanism in globalizing China：A study of new urbanism in Dongguan [J] . Eurasian Geography & Economics，2006，47（1）：28–53.

[20] Liu Y. Exploring the relationship between urbanization and energy consumption in China using ARDL (autoregressive distributed lag) and FDM (factor decomposition model) [J]. Energy，2009，34（11）：1846–1854.

[21] Lu L，Ge J B. Reflection on the research progress of tourism urbanization [J] . Geographic Research，2006，25（4）：741–750.

[22] Lucas R E. Life earnings and rural–urban migration [J] . Journal of Political Economy，2004，112（1）：29–59.

[23] Lucas R E. On the mechanics of economic development [J] . Journal of Monetary Economics，1988，22（1）：3–42.

[24] Martine G，Marshall A. State of world population 2007. Unleashing the potential of urban growth [J] . New York New York UNFPA，2007，33（3）：639–640.

[25] Mccoskey S, Kao C. A residual–based test of the null of cointegration in panel data [J]. Econometric Reviews，1997，17（1）：57–84.

[26] Mullins P. Tourism urbanization [J] . International Journal of Urban & Regional Research，1991，15（3）：326–342.

[27] Peneder M. Industrial structure and aggregate growth [J] . Structural Change & Economic Dynamics，2003，14（4）：427–448.

[28] Scott A，Storper M. Regions，globalization，development [J] . Regional Studies，2010，37（6）：191–205.

[29] Shahbaz M，Lean H H. Does financial development increase energy consumption? The role of industrialization and urbanization in Tunisia [J] . Energy Policy，2012，40（1）：473–479.

[30] Smart A，Lin G C S. Local capitalisms，local citizenship and translocality：Rescaling from below in the Pearl River Delta region，China [J] . International Journal of Urban & Regional Research，2007，31（2）：280–302.

[31] Tripathi S，Mahey K. Urbanization and economic growth in Punjab (India)：An empirical analysis [J] . Urban Research Practice，2016.

[32] Williamson J G. Migration and urbanization [J] . Ideas Help Page，1988，1（1）：33–45.

[33] Wu F L. How neoliberal is China's reform? The origins of change during transition [J]. Eurasian Geography & Economics，2010，51（5）：619–631.

[34] 陈明星，陆大道，查良松 . 中国城市化与经济发展水平关系的国际比较 [J] . 地

理研究，2009，28（2）：464–474.

［35］马晓河 ."中等收入陷阱" 的国际观照和中国策略［J］. 改革，2011（11）：5–16.

［36］王红，宋颖聪 . 旅游城镇化的分析［J］. 经济问题，2009（10）：126–128.

［37］周一星 . 城市化与国民生产总值关系的规律性探讨［J］. 人口与经济，1982（1）：28–33.

第四篇 4

旅游业与收入差距

第十章　旅游业发展是否会影响居民消费

第一节　引言

在我国经济增长转型期，节能减排与效率优先成为关键因素（Ling 和 Teng，2006）。从整个产业结构变迁角度考虑，第三产业的发展将为我国经济增长提供新动力，而旅游业作为第三产业的重要组成部分，因其所具有的特殊行业性质与发展潜力成为区域经济增长的重要战略支撑要素（Buhalis，1998；Leiper，2008）。在此背景下，充分重视旅游业发展的经济增长效应，进一步提升旅游深化程度，以此推动国内居民消费水平成为一项重要研究课题。

旅游业发展对区域经济增长存在显著正向关系，并具有动态持续性（Balaguer 和 Cantavella-Jorda，2002；Dritsakis，2004；Durbarry，2004）。由于区域经济增长结构的差异性，旅游业发展与经济增长之间的短期脉冲响应和长期协整关系意味着旅游业发展对居民消费水平的影响机制也存在着地域性（Sengupta，1994；Chi-Ok，2005）。国内旅游市场发展引起旅游资本要素的区域流动，而入境旅游市场发展则带来地区财富的持续积累，两者共同影响整体旅游市场发展对经济增长的影响效应，从而通过产业结构资本要素配置的交叉循环流动形成"新钱"来构建旅游发展对居民消费水平的影响传导机制。就旅游业发展自身而言，旅游活动即是一种显性的居民消费活动，不同的旅游需求层次结构对旅游消费水平产生直接影响（Klenosky，2002；Middelkoop 等，2003；Money 和 Crotts，2003）。除此之外，旅游者在目的地所进行的旅游消费活动具有延展性，旅游消费体系通过多个产业部门的相互合作扩大了旅游消费面（Becken 和 Gnoth，2004），同时也增加了目的地旅游消费行为的复杂性。相关理论研究表明，旅游业发展所带来的直接旅游消费

（Kemperman 等，2009；Divisekera，2010）、地区收入增加（Andriotis，2002；Croes，2006）和动态持续效应（Divisekera，2003；Divisekera 和 Kulendran，2006）是旅游业发展影响居民消费的重要缘由。特别地，由于旅游业发展能够增加目的地居民的福利效应，并且有助于提升居民生活质量（Urtasun 和 Gutierrez，2006），这意味着旅游发展对居民消费的影响同时具有经济社会价值属性。由此，旅游业发展对居民消费具有重要影响。然而，鲜有文献对二者的微观作用机制进行实证检验。

事实上，旅游业发展与居民消费同为经济增长的重要因素，二者存在密切联系。先验理论认为，旅游业发展对区域经济增长具有较高贡献率，从而提高了居民消费水平。从旅游业发展深层次上分析，入境旅游市场发展如同有形贸易品的国内出口（Culpan，1987），地区财富增加对汇率造成上升压力，进而影响到本地区商品价格水平，所以旅游业发展对居民消费同时也存在着一定程度的抑制效应（Crouch，1992）。因此，研究旅游业发展对居民消费的影响具有创新意义。鉴于此，本章利用我国分省面板的旅游业发展指标数据，从整体上分别实证检验了旅游业发展对居民消费的影响，并进一步分析了旅游业发展在不同地区条件下的效应差异。

第二节　理论分析

一、旅游需求在旅游业发展对居民消费影响中具有生成机制

旅游需求是居民可支配收入与消费水平达到一定层次时的必然表现，由最初的旅游动机上升为旅游需求，并最终转化为现实消费活动的旅游决策过程也体现出了居民对收入与消费的理性认知。旅游需求在旅游发展对居民消费影响中的生成机制可以归纳为三个方面：意识冲动、行为选择和场所依赖。①旅游需求的主要表现形式即是居民在旅游目的地的消费能力程度（Au 和 Law，2002），旅游需求强烈程度反映了居民目的地消费水平的高低。②旅游需求结构的复杂性意味着居民目的地旅游消费行为的偏好与多样性，差异化

的旅游消费行为选择共同构成了居民目的地旅游消费网络，拓宽了旅游消费面（Nicolau 和 Mas，2008）。③旅游需求转化为旅游体验的旅游产品消费效用会产生居民对旅游目的地的心理依赖，旅游忠诚度的后效行为推动了居民目的地的旅游消费惯性。例如，旅游者对目的地所具有的重游动机所激发的重复旅游行为，必然对居民目的地消费产生影响（Nyaupane 等，2004）。④根据产业变迁结构理论的恩格尔法则，认为随着收入的增长，人们会更多的消费收入弹性比较高的产品。旅游产品作为一种体验性服务产品形式，具有较高的文化价值属性，更能成为居民消费的身份象征，所以旅游需求与旅游产品收入弹性呈一定正比关系。

二、旅游收入在旅游业发展对居民消费影响中具有协调功能

旅游业发展通过促进地区经济增长对居民消费产生影响，即旅游收入在旅游发展对居民消费影响过程中具有协调功能。考虑到旅游收入作为地区经济增长的组成部分经过国民收入分配与再分配，旅游业发展对居民消费的影响机制更加复杂，相比由旅游需求生成机制所产生的居民目的地旅游消费强度，其影响程度更大。旅游业发展通过三种旅游收入效应对居民消费产生影响。①直接效应。旅游收入作为地区 GDP 部分来源直接纳入地方财政收支体系（Henry 和 Deane，1997），这部分直接收入主要来自旅游酒店业、旅行社业、旅游景点（区）、旅游车船业以及其他旅游企业。②间接效应。旅游业发展促进目的地经济增长主要集中于住宿、餐饮、购物、交通和娱乐等主要部门，同时还涉及电信、园林、金融以及食品加工等旅游发展支持部门。除此之外，旅游业发展还可以提高目的地就业率，从而提高目的地经济发展水平（Liu 和 Wall，2006）。③诱发效应。这种诱发效应涉及旅游产业链上旅游发展要素中有形产品与无形服务的整个供给体系，可以理解为包括旅游收入直接效应和间接效应在内的附加收入效应，从整体全局层面上为目的地经济产业结构注入活力（Crompton 等，2001）。

三、居民消费在旅游业发展对居民消费影响中具有持续效应

居民消费水平提高必然刺激地区经济增长，由于地区经济增长对旅游发展具有显著正向关系（Katircioglu，2009），由此便形成新一轮居民目的地旅

游消费活动，并通过旅游业发展的乘数效应以及旅游产业融合效能刺激带动目的地经济循环发展，从而形成居民消费的动态持续效应，并且随着旅游活动的深入发展以及旅游产品供给链的不断延伸，居民消费领域不断拓宽，消费结构逐渐升级，最终成为推动地区经济结构优化和产业升级的根本动力。以现代服务业为主导的地区产业结构调整优化战略，进一步提升了目的地旅游发展质量与潜力（Vargo 和 Lusch，2004），进而又参与到上述动态持续循环过程中。

第三节　实证研究设计

一、计量模型设定

根据理论分析，本章以人均居民消费水平作为因变量，检验旅游发展对居民消费的影响。已有的有关旅游发展计量模型显示，一般将旅游深度作为衡量旅游发展的代理变量（Teresa 和 Luis，2007；Falk，2010），本章仍然采用这一研究惯例。更进一步，考虑到旅游业发展是一个边界模糊的产业这一特殊性质（Getz，1986），并没有一个可以全面衡量旅游发展状况的单一指标，加之旅游发展指标体系呈现多元化特点，本章同时构建了地区旅游发展综合指数来表示旅游发展程度来更加全面地进行说明。除此之外，模型还对相关变量予以控制。为了从动态的角度考察旅游发展对居民消费的影响关系，本章建立如下动态面板模型：

$$\ln consum_{i,t} = \beta_1 \ln consum_{i,t-1} + \beta_2 \ln tourcomp_{i,t} + \psi X_{i,t} + \eta_i + \mu_t + \varepsilon_{i,t} \quad (10.1)$$

$$\ln consum_{i,t} = \gamma_1 \ln consum_{i,t-1} + \gamma_2 \ln tourism_{i,t} + \phi X_{i,t} + \eta_i + \mu_t + \varepsilon_{i,t} \quad (10.2)$$

引入 $\ln consum_{i,t-1}$ 作为遗漏变量的代理变量，式（10.1）和式（10.2）分别以旅游发展综合指数（*tourcomp*）和旅游深度（*tourism*）作为旅游发展代理变量来分别考察旅游发展对居民消费水平（*consum*）的影响关系。为了控制异方差，所有变量取对数。i 表示省份，t 表示时期，$X_{i,t}$ 表示模型控制变量，η_i 为地区虚拟变量，代表不随时间变化的地区固定效应；μ_t 为时期虚拟变量，代表不随地区变化的时期固定效应，ε 为随机扰动项。

本章使用三种方法对模型进行估计：混合估计（pooled OLS）、固定效应估计（fixed-effects OLS）和系统广义矩估计（SYS-GMM）。由于没有控制地区固定效应，混合估计通常会高估因变量滞后项的系数。对于式（10.1）和式（10.2），如果模型不存在内生性问题，可以使用固定效应模型进行估计，虽然可能由于时期比较少，固定效应模型会低估因变量滞后项的系数。然而，由于式（10.1）和式（10.2）可能存在因变量到解释变量的反向关系以及因变量的滞后一期与模型随机扰动项相关，从而会使得模型中存在内生问题。所有这些，都会使式（10.1）和式（10.2）的固定效应模型估计产生偏误。

为了解决以上问题，Arellano 和 Bond（1991）指出，当模型中的一些变量是内生变量时，普通的面板回归结果是有偏的，动态面板方法可以消除模型的内生性偏误，从而得到更加有效的估计结果。通常对动态面板模型有两种估计方法，一种是一阶差分广义矩估计（first difference-GMM）估计方法。首先对式（10.1）和式（10.2）进行差分得到：

$$\Delta\ln consum_{i,t}=\beta_1\Delta\ln consum_{i,t-1}+\beta_2\Delta\ln tourcomp_{i,t}+\psi\Delta X_{i,t}+\Delta\mu_t+\Delta\varepsilon_{i,t} \quad (10.3)$$

$$\Delta\ln consum_{i,t}=\gamma_1\Delta\ln consum_{i,t-1}+\gamma_2\Delta\ln tourism_{i,t}+\phi\Delta X_{i,t}+\Delta\mu_t+\Delta\varepsilon_{i,t} \quad (10.4)$$

进行差分的目的是选取合适的工具变量和产生相应的矩条件方程，在式（10.3）和式（10.4）中，解释变量 $\Delta\ln consum_{i,t-1}$ 和随机误差项 $\Delta\varepsilon_{i,t}$ 相关产生内生问题，在 $\varepsilon_{i,t}$ 不存在序列相关的假设下，估计中选取 $\Delta\ln consum_{i,t-2}$ 作为 $\Delta\ln consum_{i,t-1}$ 的工具变量。这是因为 $\Delta\ln consum_{i,t-2}$ 和 $\Delta\ln consum_{i,t-1}$ 高度相关，而与 $\Delta\varepsilon_{i,t}$ 则不相关。

然而，如果解释变量在时间上持续性较差，差分方程中滞后的水平变出现弱工具变量，从而导致模型估计的无效性和有偏。Arrellano 和 Bover（1995）、Blundell 和 Bond（1998）在此基础上提出的系统广义矩估计（SYS-GMM）能够很好地解决上述问题，它能同时利用差分和水平方程中的信息，并增加了一组滞后的差分变量作为水平方程相应变量的工具变量，从而提高了估计结果的有效性。在 SYS-GMM 估计中，我们分别用 Sargan 检验和 Hansen 检验分别对工具变量是否过度识别约束以及多度识别情况下额外工具变量是否有效进行检验，原假设分别为工具变量为过度识别和额外工具变量有效。除此之外，还要进行模型自回归检验，主要用来检验 SYS-GMM 中差分方程的残差项是否为二阶序列自相关。残差项的差分项允许一阶序列相关，但二阶序列不允许相关。蒙特卡洛试验表明，在有限样本下，系统广义矩估计比差分广义矩估计的偏差更小，有效性更高（Blundell，2000）。

二、关键变量度量

1. 旅游发展水平

旅游发展水平分别采用旅游发展综合指数和旅游深度来表示。旅游深度用地区旅游收入占地区 GDP 比例来度量。旅游发展综合指数需要满足三个条件：一是能够较为全面系统地综合反映旅游发展的诸多变量，二是能够较好反映旅游发展变量的内在结构差异，三是能够充分反映出旅游发展的整体状况。基于以上三点考虑，并考虑到旅游发展所涉及的复杂因素以及避免所选取变量之间的相关性影响，本章拟选用主成分分析方法，通过对反映旅游发展的复杂指标体系进行降维，在尽量保持原始信息的基础上，构建旅游发展综合指数（赵磊，2011）。通过对旅游发展主成分分析，以方差贡献率比较高的主成分代替原始变量，然后对主成分按照方差贡献率进行加权平均得到旅游发展综合指数，即其中 y_i 为第 i 个主成分，w_i 为相应的方差贡献率，其大小代表主成分对样本信息变化反应程度的大小，提取几个累计方差贡献率达到 80% 以上的主成分，则基本可以代表所有变量的变化信息。因此为了便于计算，在选择构造旅游发展综合指数的指标中，本章只选择累计方差贡献率达到 80% 以上的主成分（见表 10-1）。

表 10-1 各层级测度指标

第一层级	第二层级
总量指标	各地区旅游行业固定资产投资 / 地区总固定资产投资（x_1）
	各地区旅游就业人数 / 地区总就业人数（x_2）
	各地区旅游总收入 / 全国旅游总收入（x_3）

续表

第一层级	第二层级
效率指标	各地区旅游企业全员劳动生产率（x_4）
	旅游密度（x_5）
	各地区旅游行业的平均工资（x_6）
结构指标	各地区接待入境旅游者平均停留天数（x_7）
	各地区旅游企业数量（x_8）
	旅游深度（x_9）

首先对我国30个省、市和自治区[①]2003—2008年的九个旅游发展指标分别进行主成分分析，结果如表10-2所示。由表10-2可以看出，各年度第一个主成分方差贡献率都低于80%，而前三个主成分的累计方差贡献率均达到80%以上，意味着本章所提取的三个主成分能够充分解释全样本信息。因此，本章所选用的旅游发展综合指数公式为 $F = W_1Y_1 + W_2Y_2 + W_3Y_3$。

表10-2　2003—2008年我国旅游发展指标主成分分析结果

	2003年	2004年	2005年	2006年	2007年	2008年
KMO统计量	0.757	0.711	0.686	0.684	0.657	0.651
Bartlett's球形检验	通过	通过	通过	通过	通过	通过
第一主成分方差贡献率	55.75%	57.50%	53.97%	55.26%	52.87%	52.33%
第二主成分方差贡献率	19.51%	18.68%	19.09%	18.91%	19.85%	18.20%
第三主成分方差贡献率	10.92%	11.31%	12.52%	12.56%	12.85%	13.24%
第三主成分累计方差贡献率	86.18%	87.49%	85.58%	86.73%	85.57%	83.77%

表10-3　各地区2003—2008年旅游发展综合指数[①]

地区	2003年	2004年	2005年	2006年	2007年	2008年
北京	5.56	6.00	6.03	6.37	5.71	5.65
天津	3.34	2.98	2.93	2.98	2.93	2.93

① 西藏由于部分年份数据缺失，所以未被包括在内。

② 用标准化变量直接计算的结果中部分地区旅游发展指数为负，表示其旅游发展水平居于平均发展水平以下，为了便于比较，将各地区的旅游发展指数都加2，从而将0均值调整为2，但并不改变原有排名，表10-3为调整之后的结果，小于2表示旅游发展水平低于平均水平，大于2表示旅游发展水平高于平均水平。

续表

地区	2003年	2004年	2005年	2006年	2007年	2008年
河北	0.91	1.04	1.08	1.13	1.07	0.91
山西	0.71	0.89	1.12	1.15	1.31	1.21
内蒙古	1.03	1.05	1.32	1.19	1.19	1.17
辽宁	2.28	2.06	2.05	2.15	2.15	2.34
吉林	0.97	1.06	1.09	1.03	1.04	1.28
黑龙江	1.16	1.10	1.02	1.09	1.15	1.35
上海	5.49	5.31	5.15	4.94	4.98	4.78
江苏	3.16	2.93	3.12	3.34	3.25	3.17
浙江	2.97	2.74	2.72	2.76	2.74	2.65
安徽	1.27	1.40	1.12	0.99	1.53	1.38
福建	2.34	1.97	2.16	2.28	2.38	2.28
江西	1.28	1.27	1.32	1.15	1.15	1.79
山东	1.91	1.80	1.87	1.94	1.96	2.11
河南	2.06	1.91	1.73	1.75	1.79	1.90
湖北	1.54	1.60	1.42	1.45	1.28	1.58
湖南	1.56	1.66	2.00	1.80	1.90	1.84
广东	3.35	3.40	3.11	3.07	2.84	2.65
广西	1.68	1.69	1.47	1.43	1.39	1.31
海南	3.80	3.63	3.50	3.58	3.91	3.91
重庆	1.75	1.64	1.75	1.74	1.82	1.72
四川	1.47	1.63	1.56	1.74	1.77	1.55
贵州	1.51	1.95	2.11	1.75	1.79	2.13
云南	1.93	1.97	1.91	1.87	1.78	1.70
陕西	1.43	1.40	1.65	1.65	1.67	1.76
甘肃	0.42	0.74	0.63	0.61	0.60	0.45
青海	1.01	0.95	1.00	0.97	0.91	0.94
宁夏	0.88	0.89	0.78	0.85	0.76	0.56
新疆	1.23	1.35	1.29	1.24	1.27	1.01

2. 金融发展水平（*finance*）

Ang（2011）利用印度1950—2005年时间序列数据实证分析得出，金融复苏政策的实施显著避免了居民消费的挥发性，金融发展体系越开发，居民消费越活跃。除此之外，银行、股票市场与债券市场的发展对地区经济增长同样具有复杂的影响机制，从而对居民消费产生冲击效应（Moller，2008；Sousa，2010；白钦先、张志文，2008）。从上述方面考虑，本章需要对金融发展水平这一变量进行控制。由于中国统计年鉴中金融指标设置不够完善，国内实证研究大多采用金融机构存贷款之和与GDP之比或金融机构贷款与GDP之比，而实际上该指标并不能真实衡量我国实际金融发展水平[①]。张军和金煜（2005）以非国有企业的贷款规模与GDP之比来衡量中国的金融发展水平，即所有非国有部门的贷款可以用全部贷款余GDP之比减去配给到国有企业中的比重来测度。基本思路是先分离出国有企业贷款，因此建立如下回归模型：

$$loan_{i,t} = \alpha + \beta soe_{i,t} + \eta_i + \mu_{i,t} \tag{10.5}$$

$$\mu_{i,t} = \rho\mu_{i,t-1} + \varepsilon_{i,t} \tag{10.6}$$

其中*loan*代表金融机构总贷款余GDP之比，*soe*代表国有企业产出占工业总产出份额，βsoe代表分配到国有企业的贷款份额，余下部分为配给到非国有企业的贷款份额，即为金融发展水平。

3. 其余控制变量

居民收入水平（*pgdp*），用以2003为基期的人均实际GDP表示。显然，这一控制变量对居民消费水平具有重要影响；城市化（*urbanization*），用非农人口比重占总人口比重比例度量。随着我国城市化水平的不断提升，其从经济产业结构发展的众多方面对地区经济增长产生影响，从而反映出中国城乡二元结构变化对居民消费的影响（汪伟，2009）。对外开放程度（*openness*），用地区进出口总额与GDP之比进行衡量。对外开放程度不仅反映出经济增长中的政府干预规模，而且会影响到地区市场经济发育程度、对外直接投资规模和货币政策，上述因素通过一系列传导机制影响居民消费（Karras，1999）。

① 我国政府把银行信贷作为一种降低省级经济发展差距的工具，经济发展水平落后的地区更易获得银行信贷，因此，也就造成用将该指标纳入到计量模型回归时，实证结果大多为负，从而对金融发展水平的经济效应造成失真现象。

三、数据来源说明

本章选取我国30个省、市和自治区[①]2003—2008年分省面板数据进行实证分析。相关变量原始数据分别来自《中国统计年鉴》《中国旅游年鉴》和中经网产业数据库。地区经济发展水平变量以2003为基期进行了指数化平减（表10–4）。

表10–4 变量描述性统计

变量	样本数	均值	标准差	最小值	最大值
consum	180	5754.276	3919.765	1770	26883.16
tourcomp	180	2.000022	1.212397	0.42	6.37
tourism	180	0.087412	0.042359	0.0168674	0.2337068
pgdp	180	12865.28	9513.691	3603	53284.68
urbanization	180	0.350445	0.124645	0.1524935	0.6490266
openness	180	0.372304	0.462737	0.0474661	1.736581
finance	180	0.088063	0.026379	0.0471044	0.1990693

第四节 实证结果分析

一、全国整体实证结果分析

表10–5是对式（10.1）旅游发展综合指数对居民消费的模型估计结果。模型1到模型4分别报告出了混合估计、固定效应估计、两阶段最小二乘估计和两步系统GMM估计。模型1由于没有控制时间和地区效应，显示出旅游发展对居民消费关系不显著。模型2控制了时间和地区效应，并且固定效应估计时消除了异方差，估计结果为旅游发展在10%水平上对居民消费具有显著正向关系。为了对比分析，不考虑因变量滞后项时来考察旅游发展对居

① 西藏自治区由于部分数据缺失，故在样本中剔除。

民消费的影响关系，由于旅游发展可能因为内生性导致估计结果的有偏，本章选取省际 2003—2008 年 4A 级以上景区个数作为旅游发展综合指数的工具变量，模型 3 报告出了 2SLS 估计结果，并通过对模型 3 进行内生性检验，Wu–Hausman 的 F 统计量和 Durbin 的卡方统计量均在 1% 水平上拒绝原假设，说明旅游发展综合指数的确是内生的。尽管工具变量方法能够识别模型估计的内生性问题，修正估计的偏误，但它在很大程度上依赖于工具变量的选取，对于不同模型和变量，有时很难找到合适的工具变量，这也势必影响到模型估计结果的稳健性。特别地，如果解释变量中包含因变量的滞后项可能会进一步加强这种内生性。动态面板的系统 GMM 估计的一致性要求差分残差的一阶序列可以相关，但二阶序列不相关，根据模型 4 的估计结果，发现 AR（1）拒绝原假设而 AR（2）接受原假设，其统计量不显著也说明了残差项不存在二阶序列相关的原假设成立。同时，模型 4 的 Sargan 检验接受原假设，说明工具变量并不存在过度识别约束，Hansen 检验同样接受原假设，说明模型中额外的工具变量联合有效。通过估计所得到的系统 GMM 估计量具有一致性，但如果使用的工具变量较弱时，动态面板的系统 GMM 估计量可能会发生较大程度的偏倚。Bond（2002）提出了判断此种情况的方法，即将系统 GMM 的估计量和混合回归估计量以及固定效应回归估计量进行对比，观察因变量滞后项的系统 GMM 估计量是否介于其他两种估计量之间。这是因为当因变量的滞后项作为模型解释变量时，混合估计回归会引起因变量滞后项的估计量上偏，而固定效应回归会导致因变量滞后项的估计量下偏，良好的因变量滞后项的估计量应该处在两者范围之内。同我们所期望的一样，模型 4 的因变量滞后项的系统 GMM 估计量（1.0103）恰好介于混合回归滞后项的估计量（1.0277，模型 1）和固定效应回归滞后项的估计量（0.9773，模型 2）之间。

我们重点分析模型 4。居民消费的滞后一期对当期在 1% 水平上呈正向关系，表明若上一期的居民消费水平变动 1%，当期的居民消费水平同方向变动约 1.01%。旅游发展在 1% 水平上显著为正，意味着旅游发展变动 1%，居民消费水平正向变动约 0.05%。虽然旅游发展对居民消费所产生的这种正向影响效应较小，但却说明了旅游发展对居民消费具有积极促进作用，这也对本章所进行的理论分析进行了客观验证。不可否认的是，现阶段我国旅游发展的收入效应对居民消费的传导机制并不健全、传导效率不高，旅游发展仍然囿于旅游单一产业效应层面，其溢出效应以及产业融合能力实质上并没有得以充分体现，造成旅游发展的乘数效应较小，然而这也从另一层面说明旅游发展对居民消费水平的促进作用仍存在很大潜力空间。

为了考察旅游发展对居民消费影响是否具有动态延迟效应，我们在模型 4 基础上加入旅游发展一阶滞后项，估计结果见模型 5。模型 5 显示，旅游发展在 1% 水平上仍然对居民消费具有显著正向关系，然而旅游发展滞后一期却并不显著。对此的可能解释是，正如我们对模型 5 分析的那样，由于当期我国旅游发展的质量和广度仍有待提升，致使现阶段我国旅游发展对居民消费水平拉动的影响程度并不明显，所以再将上一期旅游发展对居民消费水平影响的不成熟性因素叠加进去，就会造成旅游发展滞后项并不显著的估计结果，因此旅游发展对居民消费水平的持续影响效应并不明显。

鉴于模型 5 所显示的旅游发展滞后项并不显著的估计结果，本章进一步考虑研究旅游发展对居民消费的影响是否存在非线性关系，进而在模型 4 基础上加入旅游发展二次项，估计结果见模型 6。模型 6 显示，本章所得出的旅游发展对居民消费水平显著正向关系的结论依然稳健。旅游发展一次项在 1% 水平上显著，而旅游发展二次项在 5% 水平上显著，说明旅游发展对居民消费水平呈倒 U 形的影响关系，这一结论值得我们深思。这意味着我国旅游发展对居民消费水平的影响关系存在先上升后下降的状态。究其原因，一方面基本支持了当期我国旅游发展对居民消费水平的正向促进效应，另一方面也反映出现阶段旅游需求在旅游发展对居民消费水平中影响中的生成机制仍占主导，旅游需求的收入效应对居民消费水平的影响规模效应相对较小，由于前者作用效应要小于后者，这也指出了未来我国旅游发展转型需要努力的方向。除此之外，先验理论假设认为，旅游发展带动了地区经济增长，由此便势必会提升地区居民消费水平（Zhang，1997），然而当我们从旅游业发展效率角度来进行理性思考时，便会得出近乎相反的结论。由于我国整体旅游发展效率不高，很多地区甚至处于旅游生产的无效率状态（马晓龙，2009），并且存在明显的地域差异，再加之由于受到市场化程度和体制性因素的约束，旅游发展要素流动性较差且单位组合产出效能较低，各地区却在“旅游功利主义”思潮诱导下，盲目推进旅游发展项目建设，反而造成了旅游业发展对地区财政支出的负向挤出效应，从而最终导致了旅游发展对居民消费水平倒 U 形的影响关系，这一情况实际上是模型 6 对模型 5 中所显示出的旅游业发展滞后项对居民消费水平并不显著的负向影响关系的深入延伸。

表 10–5　旅游发展（旅游发展综合指数）与居民消费回归结果

	(1) Pooled OLS	(2) FE	(3) 2SLS	(4) SYS-GMM2	(5) SYS-GMM2	(6) SYS-GMM2
lconsum (*t*–1)	1.0277*** (0.021)	0.9773*** (0.057)		1.0103*** (0.023)	1.0240*** (0.029)	1.0444*** (0.040)
ltourcomp	0.0031 (0.008)	0.0310* (0.015)	0.7382*** (0.284)	0.0508*** (0.016)	0.1226*** (0.046)	0.1475*** (0.038)
lpgdp	–0.0201 (0.024)	–0.0269 (0.043)	0.5954*** (0.158)	–0.0353 (0.023)	–0.1486* (0.076)	–0.2244*** (0.082)
lurbanization	0.0041 (0.014)	0.1927*** (0.023)	0.2262* (0.128)	0.0218 (0.017)	0.0583 (0.043)	0.1990*** (0.064)
lopenness	–0.0002 (0.007)	–0.0410*** (0.008)	–0.1920** (0.080)	–0.0082 (0.007)	0.0173 (0.029)	0.0648** (0.032)
lfinance	–0.0144 (0.012)	–0.0126 (0.017)	–0.2194** (0.106)	–0.0165 (0.015)	–0.0294 (0.0364)	0.1243** (0.054)
ltourcomp (t–1)					–0.0209 (0.054)	
$ltourcomp^2$						–0.1575** (0.064)
AR（1）_P				0.026	0.022	0.044
AR（2）_P				0.733	0.553	0.367
Sargan test				0.205	0.168	0.923
Hansen J test				0.671	0.865	0.957
R^2	0.995	0.962	0.643			
Obs	150	150	180	150	150	150

注：① ***、** 和 * 分别表示在 1%、5% 和 10% 水平上显著。②括号内为各统计量的标准差。③ Sargan 检验统计量用来检验 SYS-GMM 工具变量是否联合有效，原假设为所有工具变量联合有效。④在大 N 小 T 的情况下，本章采用更为强健的 FE Estimation with Driscoll-Kraay Standard Errors 对模型 2 中的固定效应模型回归进行处理，并生成 Driscoll-Kraay 标准差。

为了与现有研究范式保持一致，本章同时也给出了用旅游深度作为旅游发展代理变量的模型估计，从而对上述研究结论进行稳健性测试，对式（2）的估计结果见表 10-6。由于旅游深度与旅游综合发展指数两个旅游发展指标的 Pearson 相关系数值为 0.8535，且在 1% 水平上显著，这说明两个指标某种程度上是可以相互替代的，我们所进行的稳健性估计是比较可靠的。模型 5 中居民消费滞后项的系统 GMM 估计量处于模型 1 混合效应估计量和模型 2 固定效应估计量之间，模型并未出现弱工具变量的情形，Sargan 检验、Hansen 检验和 AR（2）检验均未拒绝原假设，说明模型 5 工具变量联合有效，且残差项不存在序列相关，模型设定形式有效。模型 5 进一步证实了我们所得出的旅游发展对居民消费具有显著正向关系的研究结论依然稳健，旅游深度所代表的旅游业发展水平变动 1%，居民消费水平正向变动约 0.1%，这也充分印证出现阶段我国旅游业发展对居民消费所产生的正向影响效应较小，其研究结论与表 10-5 中模型 4 的估计结果一致。

表 10-6　旅游发展（旅游深度）与居民消费回归结果

变量	（1） Pooled OLS	（2） FE	（3） 2SLS	（4） SYS-GMM1	（5） SYS-GMM2
lconsum (*t*–1)	1.0298*** （0.021）	0.9715*** （0.031）		1.1046*** （0.052）	1.0285*** （0.035）
lconsum	–0.0040 （0.008）	0.0195** （0.008）	0.5995*** （0.189）	0.1567* （0.095）	0.1047* （0.058）
lpgdp	–0.0198 （0.024）	–0.0257 （0.054）	0.6728*** （0.114）	0.0413 （0.051）	0.0531 （0.034）
lurbanization	0.0022 （0.014）	0.1936*** （0.024）	0.2784** （0.114）	–0.0680** （0.035）	–0.0387 （0.032）
lopenness	0.0009 （0.007）	–0.0431*** （0.007）	–0.0964*** （0.047）	–0.0305** （0.015）	–0.0220* （0.013）
lfinance	–0.0119 （0.012）	–0.0109 （0.017）	–0.2495*** （0.093）	–0.0187 （0.018）	–0.0380* （0.016）
AR（1）_P				0.019	0.012
AR（2）_P				0.398	0.440
Sargan test				0.223	0.223

续表

	(1) Pooled OLS	(2) FE	(3) 2SLS	(4) SYS-GMM1	(5) SYS-GMM2
Hansen J test					0.682
R^2	0.995	0.962	0.760		
Obs	150	150	180	150	150

注：① ***、** 和 * 分别表示在 1%、5% 和 10% 水平上显著。②括号内为各统计量的标准差。③ Sargan 检验统计量用来检验 SYS-GMM 工具变量是否联合有效，原假设为所有工具变量联合有效。④在大 N 小 T 的情况下，本章采用更为强健的 FE Estimation with Driscoll-Kraay Standard Errors 对模型 2 中的固定效应模型回归进行处理，并生成 Driscoll-Kraay 标准差。

二、分地区实证结果分析

由于我国地区之间经济产业结构和经济发展程度不同，旅游发展水平亦存在地区之间的时空差异性，上述综合因素可能会导致旅游发展对居民消费的影响机制与影响程度同样会出现地域差异性。为进一步分析不同地区之间旅游业发展对居民消费水平的影响关系，本章按照传统的划分方法，将我国分为东、中、西三大区域，分别对式（10.1）和式（10.2）进行分地区模型估计，我们在采用动态面板技术来进行模型估计的同时，同时也报告出了模型静态面板估计结果。其中，东部地区包括北京、天津、河北、辽宁、上海、江苏、浙江、福建、山东、广东和海南，中部地区包括吉林、黑龙江、山西、江西、安徽、河南、湖南和湖北，西部地区包括内蒙古、广西、陕西、甘肃、四川、重庆、贵州、云南、青海、宁夏和新疆。

对于静态面板估计，本章用 F 检验来判别决定选择固定效应模型还是选择 OLS 模型。如果选择固定效应模型，则要根据 Hausman 检验结果再次确定固定效应模型还是随机效应模型。如果选择固定效应模型检验结束，并使用 GLS 法消除异方差；如果选择随机效应模型，则还需要进行 BP-LM 检验，进行进一步验证，如确定选择随机效应模型，则使用可行广义最小二乘法（FGLS）消除模型异方差。分地区模型估计结果分别见表 10-7 和表 10-8。东部地区估计结果显示，两种面板估计方法均报告出不管是旅游发展综合指数还是旅游深度所代表的旅游业发展对居民消费均呈显著正向关系；中部地区采用动态面板估计方法报告出了旅游业发展对居民消费具有显著正向关系，但静态面板估计方法则报告出这种影响关系并不显著，这也说明上述估计结果可能并不十分稳健，这提醒我们要谨慎对待这一估计结果；西部地区只有表 10–7 模型（5）在随机效应估计时，旅游业发展对居民消费在 10% 水平上才显著，我们基本认为西部地区旅游发展对居民消费影响关系并不显著。由于动态面板能更充分地利用样本信息，系统广义矩估计（SYS–GMM）有效提高了模型估计效率，所以本章仍主要以动态面板估计结果为主要研究依据。综合上述分析，东部地区和中部地区旅游发展对居民消费水平具有显著正向关系，但西部地区旅游发展对居民消费水平影响关系则不显著。

表 10–7　分地区旅游发展（旅游综合发展指数）与居民消费回归结果

变量	东部地区		中部地区		西部地区	
	（1）FE	（2）SYS–GMM2	（3）RE	（4）SYS–GMM2	（5）RE	（6）SYS–GMM2
lconsum (*t*–1)	0.9262*** （0.019）	0.9848*** （0.072）	0.9413*** （0.046）	1.1738*** （0.127）	1.1137*** （0.061）	0.9142*** （0.0318）
lconsump	0.0553*** （0.013）	0.2773** （0.117）	0.0014 （0.019）	0.4615** （0.224）	0.0422* （0.025）	0.0896 （0.075）
lpgdp	0.1229*** （0.028）	–0.0495 （0.129）	0.0050 （0.034）	–1.2542** （0.570）	–0.1073 （0.071）	0.1754*** （0.066）
lurbanization	–0.0268* （0.016）	–0.0771 （0.049）	0.0077 （0.020）	0.5683** （0.242）	0.1165** （0.057）	–0.0200 （0.020）
lopenness	–0.0119 （0.007）	–0.0278 （0.041）	0.0468** （0.019）	0.1064 （0.068）	–0.021 （0.023）	–0.0370 （0.021）
lfinance	–0.1119*** （0.019）	–0.1563 （0.168）	–0.0648*** （0.025）	–0.0183 （0.059）	0.0560 （0.050）	–0.1632* （0.073）
F test	22.30***		11.83***		29.54***	
Hausman	13.02**		3.03		3.92	
LM test			3.40*		3.51*	
AR（1）_P		0.078		0.014		0.055

续表

变量	东部地区		中部地区		西部地区	
	（1） FE	（2） SYS-GMM2	（3） RE	（4） SYS-GMM2	（5） RE	（6） SYS-GMM2
AR（2）_P		0.493		0.867		0.326
Sargan test		0.132		0.409		0.174
Hansen J test		1.000		1.000		0.962
Obs	55	55	50	50	45	45

注：***、** 和 * 分别表示在 1%、5% 和 10% 水平上显著，括号内为标准差。

由于我国东中部经济社会发展条件要优于西部地区，并且大部分品牌旅游资源多集中位于该地区，这就决定了东中部地区旅游发展竞争力要强于西部地区，因此旅游业发展对居民消费水平的影响程度也大于西部地区。对旅游业发展进一步进行分解探析，一方面，入境旅游流在我国存在由东向西扩散的态势，这反映了入境旅游市场在我国旅游消费行为的时空演变规律，另一方面，东中部地区提供并接纳了主要的国内旅游客源，国内旅游市场在我国整体旅游发展中仍占据主导地位。更重要的是，东部地区市场经济发达程度要显著高于中西部地区，意味着东部地区旅游资源配置效率要高于中西部地区，区内较小的旅游生产率离散程度同时也说明了东部地区旅游业发展对居民消费的显著正向关系更加稳健。西部地区之所以出现旅游发展对居民消费水平并不显著的估计结果，主要原因在于三点：一是西部地区旅游业发展的收入效应不强，尤其是入境旅游收入所占份额太小，导致整体旅游业发展水平不高；二是西部地区旅游业发展效率损失较大，旅游基础设施与旅游产品项目建设投入成本与收益失调，再加上西部地区旅游业发展的产业运行环境不成熟、产业融合能力不强，因此严重制约了西部地区整体旅游发展；三是西部地区居民消费水平总体较低，本地区旅游需求所推动的旅游消费动力不足，居民消费对地区经济增长拉动能力不强，由此进一步弱化了西部地区旅游业发展对居民消费水平的影响关系。

表 10-8 分地区旅游发展（旅游深度）与居民消费回归结果

变量	东部地区		中部地区		西部地区	
	（1） FE	（2） SYS-GMM2	（3） RE	（4） SYS-GMM2	（5） RE	（6） SYS-GMM2
lconsum（*t*-1）	0.9594*** （0.020）	0.9525*** （0.035）	0.9556*** （0.033）	1.0915*** （0.167）	1.0007*** （0.042）	1.0124*** （0.077）
lconsump	0.0265* （0.0144）	0.0771* （0.0409）	-0.0043 （0.024）	0.4714** （0.237）	0.0170 （0.018）	0.3271 （0.232）
lpgdp	0.0687*** （0.026）	0.1456* （0.081）	-0.0240 （0.035）	-0.0931 （0.459）	-0.0120 （0.043）	0.0067 （0.190）
lurbanization	-0.0240 （0.019）	0.0373 （0.073）	0.0166 （0.022）	0.0146 （0.164）	0.0846** （0.041）	-0.0404 （0.072）
lopenness	0.0040 （0.006）	-0.1029 （0.068）	0.0474** （0.019）	0.0577 （0.083）	0.0298* （0.013）	0.0107 （0.031）
lfinance	-0.0804 （0.02）	-0.0655 （0.115）	-0.0691*** （0.022）	-0.0977 （0.134）	0.0183 （0.035）	-0.1702 （0.188）
F test	27.97***		11.57***		24.32***	
Hausman	19.69***		2.27		5.89	
LM test			3.56*		3.15*	
AR（1）_P		0.041		0.061		0.053
AR（2）_P		0.228		0.689		0.593
Sargan test		0.124		0.995		0.137
Hansen J test		1.000		1.000		0.906
Obs	55	55	50	50	45	45

注：***、** 和 * 分别表示在 1%、5% 和 10% 水平上显著，括号内为标准差。

第五节 本章结论

本章分别运用旅游业发展综合指数和旅游深度两个指标来衡量旅游发展程度，并实证研究了我国旅游业发展对居民消费水平的影响关系这一有关旅游发展重要经济社会价值的理论命题。通过运用动态面板数据的系统广义矩估计法对我国2003—2008年旅游业发展对居民消费水平影响关系进行实证检验，得出了以下基本结论。①旅游业发展对居民消费水平具有显著正向关系，说明随着旅游业的深入发展，我国居民消费水平将得到有效提升，但现阶段旅游发展对居民消费水平的影响效应相对较小。②由于旅游业发展滞后项并不显著，意味着现阶段我国旅游业发展对居民消费水平促进作用的动态持续效应并不明显，从而使得旅游业发展对居民消费水平在一定延迟时间段内呈倒U形的影响关系，这说明旅游业发展对居民消费水平的促进作用被进一步弱化了。③通过对旅游业发展是否影响到居民消费水平进行分地区两种面板估计方法考察，发现东部地区旅游业发展对居民消费水平具有显著正向关系；中部地区也存在这种显著正向关系，但估计结果并不十分稳健；西部地区旅游业发展对居民消费水平影响关系则不显著。

总的来讲，本章在扩大内需和刺激消费带动经济增长的宏观背景下来探究旅游业的发展是否对居民消费水平产生影响以及存在着何种影响关系，以期为当前我国旅游业发展的科学价值提供理性思考依据。此外，本章研究结论还具有重要的政策含义。

第一，在考虑居民消费时，必须考虑旅游业发展的影响因素。旅游业作为新兴朝阳产业，其发展规模和潜力已成为转型期地区经济增长的重要动力（Hong等，2003；Schianetz等，2007）。旅游业发展不仅提供了经济持续增长的消费内需，更重要的是旅游业拥有其他产业无可比拟的产业融合优势，其所产生的次级衍生产业经济效应具有无边界特征，从以上层面考虑，旅游发展对居民消费水平存在重要的影响关系，故我们在制定提升居民消费水平的经济政策时，必须充分重视旅游业发展对居民消费产生的综合影响，这样才能全面提升我国居民消费水平。

第二，本章实证结果表明，两种旅游业发展指标均表明我国整体旅游发展促进了居民消费水平，然而较小的影响效应也指出了目前存在的不足与将来发展的趋势。具体应当表现为：（1）继续深化旅游需求在旅游消费过程中的能动调节作用，引导建立积极有效的旅游需求结构，通过提高旅游消费质量来拓宽旅游消费面，这本身就是提升居民消费水平的重要表现，内生经济增长理论强调溢出效应和外部性在经济增长中的作用，所以东部地区旅游企业还应当通过建立旅游创新内核来增强对中西部地区旅游发展的知识性溢出、产业关联性溢出和市场性溢出功能，充分发挥示范作用;（2）进一步强化旅游发展的收入效应是提升居民消费水平的主要措施，即通过为旅游业发展创造良好的产业运行环境和市场经济体制，提高旅游业与相关产业的网络化发展效率，最终通过强化旅游业发展的收入效应来提高旅游发展促进居民消费的传导效率;（3）就旅游业发展自身而言，只有充分提高旅游资源利用效率，强化旅游业发展的规模经济效应，才能充分利用居民消费在旅游业发展对其影响中的棘轮效应，在旅游业发展与经济增长螺旋上升过程中不断促进居民消费。

第三，区域旅游业发展程度对居民消费影响并不相同，这说明区域性居民消费刺激经济政策还应当考虑区域间旅游业发展水平。对于东部地区，通过增强旅游业发展的收入效应来有效带动居民消费，逐步形成居民消费→旅游发展收入效应→居民消费的良性动态循环机制；对于中部地区，积极拓宽旅游发展收入效应对居民消费的影响渠道，提高旅游业发展收入效应对居民消费影响机制的传导效率，从而增强此种正向影响关系的稳定性；对于西部地区，进一步扩大旅游消费深度与广度，提升旅游消费质量，努力提高旅游业发展效率来提高西部地区与东中部地区旅游业发展效率离散度的收敛性，从而通过减小旅游资源误置程度，实现西部地区旅游资源合理重置，以此扩大旅游收入份额来促进居民消费。由于内需不足和对出口的过于依赖成为制约现阶段我国经济增长的主要因素，鉴于此，西部地区更应当在“西部大开发”背景下，坚持实行以国内旅游市场为主导，紧抓入境旅游市场的旅游业发展基本战略，从根本上为促进地区居民消费提供重要支撑。

参考文献：

［1］Andriotis K. Scale of hospitality firms and local economic development—Evidence from Crete［J］. Tourism Management，2002，23（2）：333-341.

［2］Ang J. Finance and consumption volatility：Evidence from India［J］. Journal of International Money and Finance，2011，30（6）：947-964.

［3］Arellano M，Bond S. Some tests of specification for panel data：Monte Carlo evidence and an application to employment equation［J］. Review of Economic Studies，1991，（58）：277-297.

［4］Arellano M，Bover O. Another look at the instrumental variable estimation of error-components models [J] . Journal of Econometrics，1995，34（7）：877–884.

[5] Au N，Law R. Tourism demand for Italy and the business cycle [J] . Annals of Tourism Research，2002，31（3）：367–377.

[6] Balaguer J，Cantavella–Jorda M. Tourism as a long–run economic growth factor：The Spanish case [J] . Applied Economics，2002，34（2）：877–884.

[7] Becken S，Gnoth J. Tourist consumption system among overseas visitors：Reporting on American，German，and Australian visitors to New Zealand [J] . Tourism Management，2004，25（2）：375–385.

[8] Blundell R，Bond S，Windmeijer F. Estimation in dynamic panel data models：Improving on the performance of the standard GMM estimator [J] . Advances in Economics，2000，15（2）：53–91.

[9] Blundell R，Bond S. Initial conditional and moment restrictions in dynamic panel data models [J] . Journal of Econometrics，1998，87（2）：115–143.

[10] Bond S. Dynamic panel data models：A guide to micro data methods and practice [J] . Portuguese Economic Journal，2002，1（2）：141–162.

[11] Buhalis D. Strategic use of information technology in the tourism industry [J] . Tourism management，1998，19（2）：409–421.

[12] Chi–Ok Oh. The contribution of tourism development to economic growth in the Korean economy [J] . Tourism Management，2005，26（1）：39–44.

[13] Croes R. A paradigm shift to a new strategy for small island economies：Embracing demand side economics for value enhancement and long term economic stability [J] . Tourism Management，2006，27（2）：453–465.

[14] Crompton J，Lee L，Shuster J. A guide for undertaking economic impact studies：The spring fest example [J] . Journal of Travel Research，2001，40（1）：79–87.

[15] Crouch G. Effect of income and price on international tourism [J] . Annals of Tourism Research，1992，19（4）：643–664.

[16] Culpan R. International tourism model for developing economies [J] . Annals of Tourism Research，1987，14（4）：541–552.

[17] Divisekera S，Kulendran N. Economics effects of advertising on tourism demand：a case study [J] . Tourism Economics，2006，12（1）：187–206.

[18] Divisekera S. A model of demand for international tourism [J] . Annals of Tourism Research，2003，30（3）：31–49.

[19] Divisekera S. Economics of tourist's consumption behavior：Some evidence from Australian [J] . Tourism Management，2010，31（3）：629–636.

[20] Dritsakis N. Tourism as a long–run economic growth factor：An empirical

investigation for Greece using a causality analysis [J] . Tourism Economics, 2004, 10 (3): 305–316.

[21] Durbarry R. Tourism and economic growth: The case of Mauritius [J] . Tourism Economics, 2004, 10 (2): 389–401.

[22] Falk M. A dynamic panel data analysis of snow depth and winter tourism [J] . Tourism Management, 2010, 31 (4): 912–924.

[23] Getz D. Models in tourism planning: Towards integration of theory and practice [J] . Tourism Management, 1986, 7 (1): 21–32.

[24] Henry W, Deane B. The contribution of tourism to the economy of Ireland in 1990 and 1995 [J] . Tourism Management, 1997, 18 (3): 535–553.

[25] Hong S, Kim S, Kim J. Implications of potential green tourism development [J] . Annals of Tourism Research, 2003, 30 (2): 323–341.

[26] Karras G. Openness and the effects of monetary policy [J] . Journal of International Money and Finance, 1999, 18 (1): 13–26.

[27] Katircioglu T. Revisiting the tourism–led–growth hypothesis for Turkey using the bounds test and Johansen approach for cointegration [J]. Tourism Management, 2009, 30 (1): 17–20.

[28] Kemperman M, Borgers J, Timmermans P. Toursit shopping behavior in a historic downtown area [J] . Tourism Management, 2009, 30 (2): 208–218.

[29] Klenosky D. The "pull" of tourism destination: A means–end investigation [J] . Journal of Travel Research, 2002, 40 (2): 385–396.

[30] Leiper N. Why 'the tourism industry' is misleading as a generic expression: The case for the plural variation, 'tourism industries' [J] . Tourism management, 2008, 29 (2): 237–251.

[31] Ling Q, Teng Z. Financial development and economic growth: Evidence from China [J] . China Economic Review, 2006, 17 (4): 395–411.

[32] Liu A, Wall G. Planning tourism employment: A developing country perspective [J]. Tourism Management, 2006, 27 (1): 159–170.

[33] Middelkoop V, Borgers A, Timmermans H. Inducing heuristic principles of tourist choice of travel mode: A rule–based approach [J]. Journal of Travel Research, 2003, 42 (3): 75–83.

[34] Moller S. Consumption growth and time–varying expected stock returns [J] . Finance Research Letters, 2008, 5 (3): 129–136.

[35] Money B, Crotts J. The effect of uncertainty avoidance on information search, planning, and purchases of international travel vacations [J] . Tourism Management, 2003,

24（1）：191–202.

［36］Nicolau L，Mas F. Sequential choice behavior：Going on vocation and type of destination［J］. Tourism Management，2008，29（5）：1023–1034.

［37］Nyaupane P，Morais B，Graefe R. Nature tourism constraints：A cross-activity comparison［J］. Annals of Tourism Research，2004，31（3）：540–555.

［38］Schianetz K，Kavanagh L，Lockington D. The learning tourism destination：The potential of a learning organization approach for improving the sustainability of tourism［J］. Tourism Management，2007，28（6）：1485–1496.

［39］Sengupta K. Exports and economic growth in Asian NICs：An economic analysis for Korea［J］. Applied Economics，1994，26（4）：41–51.

［40］Sousa R. Consumption，（dis）aggregate wealth，and asset returns［J］. Journal of Empirical Finance，2010，17（4）：606–622.

［41］Teresa G，Luis F. Tourism in the Balearic islands：A dynamic model for international demand using panel data［J］. Tourism Management，2007，28（5）：1224–1235.

［42］Urtasun A，Gutierrez I. Tourism agglomeration and its impact on social welfare：An empirical approach to Spanish case［J］. Tourism Management，2006，27（4）：901–912.

［43］Vargo L，Lusch F. Evolving to a new dominant logic for marketing［J］. Journal of Marketing，2004，68（1）：1–17.

［44］Zhang W. China's domestic tourism：Impetus，development and trends［J］. Tourism Management，1997，18（3）：565–571.

［45］白钦先，张志文. 金融发展与经济增长：中国的经验研究［J］. 南方经济，2008，（9）：17–32.

［46］马晓龙. 城市旅游竞争力：基于58个中国主要城市的比较研究［M］. 天津：南开大学出版社，2009.

［47］汪伟. 经济增长、人口结构变化与中国高储蓄率［J］. 经济学（季刊），2009，9（1）：29–50.

［48］张军，金煜. 中国的金融深化和生产率关系的再检测：1987—2001［J］. 经济研究，2005，（11）：34–45.

［49］赵磊. 极化理论视角下我国旅游发展差异实证研究［J］. 旅游科学，2011，25（6）：13–24.

第十一章　旅游业发展能否缩小城乡收入差距

第一节　引言

旅游作为经济增长过程的重要组成部分之一，旅游业发展的经济效应能否在城乡统筹背景下有效减小城乡收入差距逐渐成为一个重要命题。大量的研究文献认为旅游业发展对经济增长具有显著正向作用（Rodenberg，1982；Witt，1987；Henry 和 Deane，1997；Chao 等，2005；Wan-chen 和 Bwo-Nung，2008），但旅游业发展在城乡经济增长过程中的公平性研究值得关注。就旅游业发展的社会经济本质属性而言，关于旅游业发展对地区收入不平等和福利效应的影响程度，研究学者仅是就其中一方面进行了分析而未形成统一的系统论述观点。

从乡村发展旅游来看，旅游业发展对乡村经济增长存在两个方面的争议：一是按照传统经济增长理论的观点，乡村经济增长的动力应当源于物质资本、人力资本和知识溢出等，而乡村旅游发展的低工资、低技术和季节性因素导致其对乡村经济增长的作用并不明显，在这种情况下，乡村旅游发展趋势对地区收入分配起到反向制约作用（Williams 和 Shaw，1988；Leatherman 和 Marcouiller，1996；Lewis 等，2003）。二是乡村旅游资源作为经济增长的潜力要素之一，其旅游经济价值的实现要大于在传统经济增长模式中的资源属性价值（Deller，2010）。Marcouiller 等（2004）驳斥了单纯按照传统的经济增长理论来评价乡村旅游发展的观点，因为这种做法低估了乡村旅游发展所具有的潜力价值[①]，并在新经济增长理论基础上构建了空间误差计量模型实

---

① Roback（1982）认为乡村旅游资源影响可以潜在地影响到当地土地价格、地区工资和房租。Green（2001）也持同样的观点，并举例到乡村森林旅游资源的价值并不是体现在可以生产木材本身，而是其作为风景区和野生动物栖息地所具有的价值意义。Marcouiller 等（2004）的研究还得出拥有水资源的乡村地区对平衡收入分配更具显著意义。

证分析得出乡村旅游发展对减小基尼系数具有显著作用。除此之外，乡村旅游资源所具有的地域属性特征与地区经济增长也具有显著正向关系（Graves，1983；Knapp 和 Graves，1989）。更为重要的是，Wanger（1997）、Fleischer 和 Pizam（1997）、English 等（2000）、Deller 等（2001）、Deller 和 Lledo（2007）等学者提出乡村旅游有助于提升地区经济增长速度。

从城市发展旅游来看，旅游发展对城市经济增长也存在两个方面的争议：一是城市发展旅游不仅为城市经济增长提供了动力，而且有利于城市发展的更新与复苏（Myriam，1986；Judd，1995；Rogerson，2002；Litivin，2005）。城市发展旅游所形成的传导机制和乘数效应通过其综合复杂的城市游憩系统表现出明显的经济意义。二是城市为发展旅游所承担的资源投入规模与城市旅游发展效率之间的失调制约了城市整体的经济发展（Barry，1997；Matthew 和 Harold，2000）。就中国而言，主要城市旅游发展效率总体不高，城市旅游发展效率空间格局呈现典型的区域非均衡性，并且大部分城市旅游发展效率处在规模递增阶段，要素投入没有满足效率增长的需求（马晓龙，2009），同样制约了城市经济的增长，进一步影响到城市居民的社会经济福利效应。

我国同样存在着跟美国一致的情形，收入不平等主要分为城乡收入差距和家庭收入差距两个基本维度（Hansen，1995；Reknow，1996）。有关中国旅游发展与城乡收入差距之间关系的文献资料相对甚少，这显然与如今我们所探讨的城乡统筹与旅游发展的和谐共进不相符。现有的涉及旅游发展与城乡收入差距的研究文献并没有触及本质问题的核心层面，而仅是集中于对旅游发展在乡村和城市地区所产生的经济影响效应或者城乡旅游如何协调互动为主（Law，1992；Marcouiller 等，2004；王瑛，2011），并没有客观解释旅游发展对城乡收入差距到底存在着怎样的影响机制。鉴于此，本章利用中国 1999—2008 年 30 个省、自治区和直辖市①的分省面板数据首次实证检验了旅游发展对城乡收入差距的影响机制，试图为中国旅游业发展的这一重要社会经济价值进行理论验证。

① 西藏由于部分数据缺失未被包括在样本中。

第二节 中国旅游业发展与城乡收入差距的基本情形

首先，中国旅游经济发展存在明显的时空区域差异化特征，东中西部旅游发展区位熵值大小所表示的区域旅游经济发展的非均衡性也反映出不同地区旅游发展对经济增长的影响机制和影响规模有所不同。地区经济发展结构的差异决定了其与旅游发展存在着不同形式的相互作用关系（Chi-Ok，2005；Lee 和 Chang，2008），从而直接影响到旅游业发展对不同地区城乡收入差距的影响机制和效应强度，同时也决定了旅游业发展对城乡收入差距的这种影响关系也存在明显的地域性。

其次，国内旅游市场和入境旅游市场发展对中国经济增长所产生的影响效应也存在明显的地域性。通过旅游消费所带动的旅游市场发展，主要以其外部性和溢出效应等方式来刺激地区经济增长（Marin，1992），旅游消费水平又取决于旅游者的旅游消费倾向，内生于地区经济增长水平的旅游消费倾向决定了国内旅游和入境旅游市场对经济增长的影响规模程度。就中国而言，国内旅游市场发展对经济增长具有显著促进作用；东部和中部入境旅游市场发展对经济增长起促进作用，但西部入境旅游市场发展却对经济增长起显著阻碍作用（Vanegas 和 Croes，2003；Yildirim 等，2005；赵磊，2011）。

最后，旅游深度虽然能基本反映出地区旅游发展程度，但是却忽视了以人均旅游收入所表示的旅游密度对地区经济增长的影响。旅游密度可能会从动态的角度，改变地区旅游需求结构（Wei 和 Yang，2010），通过旅游消费支出所产生的乘数累积效应来有效带动地区经济增长，从而进一步增强旅游发展对城乡收入差距的影响效应程度。

第三节　旅游业发展与城乡收入差距的实证分析

一、模型、样本和回归方法

为了实证分析旅游业发展对城乡收入差距的影响，本章以城乡收入差距（*gap*）为因变量，以旅游业发展（*tourism*）为关键解释变量，建立了一个面板数据模型。同时，在模型中加入了城乡收入差距的一阶滞后项，因为考虑到城乡收入差距具有动态效应（Beck 等，2007），当期城乡收入差距变化可能会受到其自身过去值的影响，即城乡收入差距变化是一个复杂的缓慢动态调整过程。此外，本章还在模型中加入了人均实际国内生产总值对数（*lpgdp*）、金融发展水平（*finance*）、城市化（*urbanization*）、开放程度（*openness*）和财政分权程度（*fisdec*）等影响城乡收入差距的模型控制变量。模型设定具体如下：

$$gap_{i,t} = \beta_1 gap_{i,t-1} + \beta_2 tourism_{i,t} + \beta_3 lpgdp_{i,t} + \beta_4 X_{i,t} + \eta_i + \mu_t + \varepsilon_{i,t} \quad (11.1)$$

由于式（11.1）解释变量中包括了因变量的滞后一期，所以本章所构建的计量模型为动态面板数据模型。i 表示省份，t 表示时期，$gap_{i,t}$ 表示省份 i 在 t 时期的城乡收入差距，$tourism_{i,t}$、$lpgdp_{i,t}$ 和 $X_{i,t}$ 分别表示省份 i 在 t 时期的旅游发展、人均 GDP 和其他控制变量。η_i 为地区哑变量，代表不随时间变化的地区固定效应；μ_t 为时期哑变量，代表不随地区变化的时期固定效应，ε 为随机扰动项。

本章使用三种方法对模型进行估计：混合估计（Pooled OLS）、固定效应估计（Fixed-effects OLS）和系统广义矩估计（System-GMM）。由于没有控制地区固定效应，混合估计通常会高估因变量滞后项的系数。对于式（11.1），如果模型不存在内生性问题，可以使用固定效应模型进行估计，虽然可能由于时期比较少，固定效应模型会低估因变量滞后项的系数。然而，由于式

（11.1）可能存在因变量到解释变量的反向关系以及因变量的滞后一期与模型随机扰动项相关，从而会使得模型中存在内生问题。所有这些，都会使式（11.1）的固定效应模型估计产生偏误。

为了解决以上问题，Arrellano 和 Bond（1991）指出，当模型中的一些变量是内生变量时，普通的面板回归结果是有偏的，动态面板方法可以消除模型的内生性偏误，从而得到更加有效的估计结果。通常对动态面板模型有两种估计方法，一种是一阶差分广义矩估计（First Difference-GMM）估计方法。首先对式（11.1）进行差分得到：

$$\Delta gap_{i,t} = \beta_1 \Delta gap_{i,t-1} + \beta_2 \Delta tourism_{i,t} + \beta_3 \Delta lpgdp_{i,t} + \beta_4 \Delta X_{i,t} + \Delta\mu_t + \Delta\varepsilon_{i,t} \quad (11.2)$$

然后用解释变量的适当滞后期为工具变量进行估计。然而当样本的时间维度比较短，以及式（11.1）中 $gap_{i,t-1}$ 的系数 β_1 接近于 1 时，一阶差分 GMM 估计方法存在所谓的弱工具变量（Weak Instruments）问题。除此之外，差分转换也有一定缺陷，它会导致一部分样本信息的损失，并且当解释变量在时间上有持续性时，工具变量的有效性同样会减弱，从而影响估计结果的渐进有效性。Arellano 和 Bover（1995）、Blundell 和 Bond（1998）在此基础上提出的系统广义矩估计（System-GMM）能够很好地解决上述问题，它能同时利用差分和水平方程中的信息，并增加了一组滞后的差分变量作为水平方程相应变量的工具变量，从而提高了估计结果的有效性。考虑到系统广义矩估计量的一致性取决于工具变量的有效性，本章利用 Sargan 检验及 AR 检验（Arellano-Bond Test for AR）来进行判断，在 Sargan 检验中，原假设为工具变量联合有效；在 AR 检验中，残差项允许存在一阶序列相关，但不允许存在二阶序列相关。蒙特卡洛试验表明，在有限样本下，系统广义矩估计比差分广义矩估计的偏差更小，有效性更高（Blundell 等，2000）。

二、变量选取

本章将利用 1999—2008 年全国 30 个省、自治区和直辖市的面板数据进行实证研究。统计分析数据来源于《中国统计年鉴》《各省统计年鉴》《中国旅游统计年鉴》《新中国六十年统计资料汇编》和中经网统计数据库。

表 11-1　主要变量定义

变量	名称	定义
gap	城乡收入差距	城镇家庭人均可支配收入 / 农村家庭人均纯收入
tourism	旅游发展	旅游总收入[①]/GDP
lpgdp	人均实际收入	ln（人均实际 GDP），基于 1999 年价格
lurbpgdp	城镇人均实际收入	ln（城镇人均实际收入），基于 1999 年价格
lrurpgdp	农村人均实际收入	ln（农村人均实际收入），基于 1999 年价格
openness	对外开放	进出口贸易总额 /GDP
human capital	人力资本	高校在校学生人数 / 总人口
saving capital	储蓄率	资本形成总额 /GDP
finance	金融发展	银行贷款 /GDP
fisdec	财政分权	地方人均财政支出 /（地方人均财政支出 + 中央人均财政支出）
urbanization	城市化	非农业人口 / 总人口

三、实证分析结果与稳健性检验

首先对模型变量采用 LLC（Levin–Lin–Chu）、Fisher–ADF 和 Hadri Z 等方法进行面板单位根检验，以考察面板数据的平稳性，认为因变量 gap 及其自然对数为平稳性序列，且利用面板协整检验 Pedroni 和 Kao 方法得出模型变量之间存在长期均衡稳定的协整关系。表 11–2 报告出了式（1）旅游发展对城乡收入差距的模型回归结果。模型 1、模型 2 和模型 3 分别给出了混合估计、固定效应估计和系统 GMM 估计。模型中主要包括城乡收入差距滞后项和旅游发展两个关键解释变量以及时间固定效应。动态面板的系统 GMM 估计的一致性要求差分残差的一阶序列可以相关，但二阶序列不相关，根据模型 3 的回归结果，发现 AR（1）拒绝原假设而 AR（2）接受原假设，其统计量不显著也说明了不存在二阶序列相关的原假设成立。同时，Sargan 检验接受原假设，其统计量不显著也说明了工具变量联合有效。通过估计所得到的系统 GMM 估计量具有一致性，但如果使用的工具变量较弱时，动态面板的

① 旅游总收入指国内旅游收入与入境旅游收入之和，其中，入境旅游收入按照当年汇率折算为人民币。

系统 GMM 估计量可能会发生较大程度的偏倚。Bond（2002）提出了判断此种情况的方法，即将系统 GMM 的估计量和混合回归估计量以及固定效应回归估计量进行对比，观察因变量滞后项的系统 GMM 估计量是否介于其他两种估计量之间。这是因为当因变量的滞后项作为模型解释变量时，混合估计回归会引起因变量滞后项的估计量上偏，而固定效应回归会导致因变量滞后项的估计量下偏，良好的因变量滞后项的估计量应该处在两者范围之内。同本章所期望的一样，模型 3 的因变量滞后项的系统 GMM 估计量（0.781）恰好介于混合回归滞后项的估计量（0.959，模型 1）和固定效应回归滞后项的估计量（0.6，模型 2）之间。本章重点分析模型 3。

Sargan 检验统计结果大于 0.1，表明模型不存在内生性问题。城乡收入差距滞后项在 1% 水平上高度显著表明城乡收入差距变化发展具有动态持续性，当期城乡收入差距形态变动受到上一期城乡差距演变机制的影响，城乡收入差距的“棘轮效应”显著。更为重要的是，旅游发展与城乡收入差距呈现高度显著的负向关系，即旅游发展有效减小了中国的城乡收入差距。

除了模型统计上的显著性，根据旅游发展对城乡收入差距的系统 GMM 估计量进行定量分析，有助于深刻了解旅游发展对城乡收入差距的影响机制。在模型 3 中，旅游发展对城乡收入差距的回归系数为 –1.544，这意味着旅游发展（即旅游深度）每上升 1%，城乡收入差距将减小约 1.544 个百分点[①]。进一步采用标准化系数来直接反应旅游发展对城乡收入差距的影响规模程度，通过解释变量的回归系数和自变量标准差的乘积与因变量标准差的比值判断（Wooldridge，2002），旅游发展的标准化系数为 15.8%，表明旅游发展的变化解释了城乡收入差距变化的 1.4%。考虑到城乡收入差距变化的“棘轮效应”，在其随着时间不短累积的情况下，城乡收入差距变化速度将会加快。因为城乡收入差距滞后项的系数为 0.773，所以旅游发展对城乡收入差距的长期累积效应为 –1.544/（1–0.773）≈ –6.846。因此旅游发展对城乡收入差距的标准系数上升到 16.7%，说明旅游发展的变化可以解释城乡收入差距长期累积变化的 16.7%。

① 模型3中只包括城乡收入差距滞后项和旅游发展两个关键解释变量，而未放入控制变量，所以可能会出现旅游发展对城乡收入差距的适当高估现象。

模型 4 和模型 5 分别是依次加入多个控制变量之后的旅游发展对城乡收入差距的系统 GMM 估计结果。模型 4 中加入了控制变量地区经济发展水平、储蓄率和人力资本，模型 5 在此基础上又加入了金融市场发展、城市化、对外开放程度和财政分权程度四个控制变量，通过以上模型敏感性检验，发现旅游业发展与城乡收入差距的显著负向关系依然稳健，只不过影响效应程度相比模型 3 有所降低，这也符合模型预期。在模型 5 中，旅游业发展对城乡收入差距的回归系数为 –0.626，这意味着旅游业发展每上升 1%，城乡收入差距将减小约 0.626 个百分点，旅游业发展对城乡收入差距的长期累积效应值约为 –3.244①。

为了分析旅游业发展的滞后项是否对城乡收入差距产生影响，在模型 6 中加入旅游业发展的滞后一期，发现旅游业发展在当期仍对城乡收入差距产生显著的负效应，回归系数为 –1.566，但在滞后期却产生了显著的挤入效应（两者在 10% 水平上呈现正向关系），回归系数为 1.158，综合两期旅游业发展对城乡收入差距的影响效应程度，总体上还是以当期为主。考虑到旅游流经济效应功能的逐步衰减规律，旅游业发展在滞后期与城乡收入差距会呈现显著正向关系，然而在长期中，旅游业发展对城乡收入差距的长期累积效应为 1.898。所以当考虑到旅游业发展滞后期对城乡收入差距的正向作用后，旅游业发展每上升 1%，长期中可减小城乡收入差距 1.898%。

下面重点考察旅游业发展对城乡收入差距的影响如何受到地区经济特征的制约。模型 7、模型 8 和模型 9 分别给出了旅游业发展、地区经济特征对城乡收入差距影响的估计结果。模型 7 是旅游业发展、财政分权与城乡收入差距相互影响的估计结果。估计结果表明，旅游业发展与财政分权的交互项在 10% 的水平上显著为负，这表明旅游业发展对中国城乡收入差距的影响依赖于财政分权，财政分权在旅游业发展对城乡收入差距的影响机制中呈现出负的调节作用。财政分权程度越高，旅游业发展对减小城乡收入差距的影响效应越大。可以求

① 本章所得出的我国旅游发展对城乡收入差距具有显著负向影响效应的研究结论与现实中我国城乡收入差距逐步扩大这一事实并不相违背。因为我国城乡收入差距扩大是由多种因素共同作用的结果。就我国旅游业的发展而言，我国旅游业发展可以有效减小城乡收入差距，然而这种负向影响效应较小。更进一步考虑，以金融业为例，叶志强等（2011）利用 1978—1998 的动态面板数据分析，得出了我国金融发展显著拉大了城乡收入差距的研究结论。由此看来，现阶段我国旅游发展对城乡收入差距的减小作用在城乡收入差距逐步扩大的现实局面中并不占主导作用。

出财政分权程度的门限水平为0.693[①]，高于此门限水平的地区，城乡收入差距会随着旅游发展而减小。这一门限水平低于样本地区财政支出程度的均值 0.725，说明多数地区财政分权程度已跨越这一门限，旅游业发展有利于地区城乡收入差距的减小。同时，也可求出旅游业发展的门限水平为 0.073，该门限水平低于样本地区旅游发展的均值 0.085，因此对于处于财政分权程度平均水平的地区而言，地区城乡收入差距会随着旅游的发展而减小。除此之外，模型 7 中的财政分权变量在 10% 水平上显著，这也验证了财政分权是造成地区城乡收入差距的重要因素（Kanbur 和 Zhang，2005；Wan 等，2006；Qiao 等，2008）。

模型 8[②] 给出了旅游发展、地区经济发展水平与城乡收入差距相互影响的估计结果。估计结果显示，旅游业发展与地区经济发展水平的交互项在 5% 水平上显著为负，表明旅游业发展对中国城乡收入差距的影响也依赖于地区经济发展水平，由于地区经济发展水平产生负向调节作用，这就意味着在经济发展水平较高的地区，旅游发展对城乡收入差距的负向影响强度越大。我们可以求出地区经济发展水平对数的门限水平为 9.875，相当于以 1999 年为基期不变价格表示的19438.29元。以2008年为例，高于这一门限水平的地区，比如北京、天津、辽宁、上海、江苏、浙江、福建、山东、广东以及内蒙古的经济发展水平是有利于旅游业发展对减小城乡收入差距的影响效应的。同时也可以求出旅游业发展的门限水平为 0.29，在样本范围内这一门限水平要高于旅游业发展的均值 0.085，对处于旅游业发展平均水平的地区而言，经济增长不利于城乡收入差距的减小，但是意味着加强地区旅游业发展可以有助于保持经济增长的同时有效减小城乡收入差距。模型 8 中地区经济发展水平

---

① 变量门限水平的估算方法有两种：外生的估算方法和内生的估算方法。外生的估算方法是在计量模型中加入两变量的交互项，然后对模型两边关于门限变量求一阶偏导。内生的估算方法往往采用汉森（Hansen）的门限面板效应估计模型，这种方法较为客观但复杂。当然，如果交互项的系数显著时，可以采用外生的估算方法。

② 模型8采用的是固定效应估计方法，并且有效控制了时间固定效应，根据 Wooldridge（2005），大样本固定效应模型估计符合一致性要求，年度数据有效扩大了样本容量，增加了面板数据信息，因此使用固定效应模型估计年度数据时合适的。除此之外，在处理固定效应面板数据模型回归时，如果数据存在异方差，一般是运用截面加权回归（Cross Section Weight）估计方法消除异方差的影响，并采用广义最小二乘法（GLS）进行处理，但其前提是时间跨度大于截面单元（大 T 小 N），但在中国很多的分省面板数据模型中，大都不满足该项条件。所以在大 N 小 T 的情况下，本章采用更为强健的 FE Estimation with Driscoll-Kraay Standard Errors 对模型 8 中的固定效应模型回归进行处理，并生成 Driscoll-Kraay 标准差。

表 11-2　旅游业发展对城乡收入差距回归结果

变量	模型1（Pooled OLS）	模型2（FE）	模型3（SYS-GMM）	模型4（SYS-GMM）	模型5（SYS-GMM）	模型6（SYS-GMM）	模型7（SYS-GMM）	模型8（FE）	模型9（SYS-GMM）	模型10（SYS-GMM）	模型11（SYS-GMM）
gap（*t*−1）	0.959*** （0.011）	0.600*** （0.045）	0.773*** （0.008）	0.838*** （0.012）	0.807*** （0.018）	0.795*** （0.036）	0.785*** （0.021）	0.587*** （0.050）	0.815*** （0.044）	0.302*** （0.026）	0.757*** （0.049）
tourism	−0.592*** （0.155）	−0.105 （0.396）	−1.544*** （0.067）	−0.404** （0.174）	−0.626** （0.305）	−1.566** （0.651）	8.052* （4.691）	6.286** （2.951）	−4.066* （2.103）	−2.662** （1.198）	−1.511*** （0.329）
lpgdp				−0.044 （0.033）	−0.060 （0.058）	−0.146 （0.103）	0.030 （0.066）	0.185** （0.085）	−0.134 （0.101）	−0.359* （0.206）	−0.281** （0.116）
human capital				−3.930 （2.737）	0.078 （2.688）	5.218 （5.221）	−4.539 （4.619）	4.009 （3.352）	1.069 （4.318）	30.454** （12.227）	8.979* （4.678）
saving rate				−0.041 （0.087）	−0.135 （0.113）	−0.144 （0.131）	−0.099 （0.130）	−0.253*** （0.090）	−0.010 （0.157）	0.392** （0.157）	−0.189** （0.057）
finance					−0.030 （0.035）	−0.103 （0.065）	0.029 （0.043）	0.001 （0.023）	0.259 （0.294）	0.094 （0.157）	−0.039 （0.068）
urbanization					−0.422 （0.257）	−0.284 （0.318）	−0.207 （0.365）	0.611*** （0.144）	−1.008* （0.554）	−1.884 （0.652）	0.443 （0.516）
openness					0.025 （0.079）	0.046 （0.078）	0.033 （0.077）	0.059 （0.060）	0.110* （0.064）	−0.209** （0.089）	0.042 （0.120）
fisdec					0.248 （0.261）	0.240 （0.259）	0.843* （0.455）	−0.372** （0.160）	0.259 （0.294）	0.643** （0.263）	0.166 （0.233）

续表

变量	模型1（Pooled OLS）	模型2（FE）	模型3（SYS-GMM）	模型4（SYS-GMM）	模型5（SYS-GMM）	模型6（SYS-GMM）	模型7（SYS-GMM）	模型8（FE）	模型9（SYS-GMM）	模型10（SYS-GMM）	模型11（SYS-GMM）
tourism（*t*–1）						1.158* （0.679）					
tourism×*fisdec*							–11.612* （6.466）				
tourism×*lpgdp*								–0.637** （0.305）			
tourism×*urbanization*									6.803* （3.729）		
AR（1）_P			0.004	0.003	0.004	0.005	0.003		0.009	0.003	0.005
AR（2）_P			0.118	0.227	0.186	0.160	0.137		0.314	0.447	0.449
Sargan test			0.431	0.963	0.984	0.989	0.989		1.000	0.999	1.000
R^2	0.97	0.96						0.77			

注：① ***、** 和 * 分别表示在 1%、5% 和 10% 水平上显著。②括号内为各统计量的标准差。③ Sargan 检验统计量用来检验 SYS–GMM 工具变量是否联合有效，原假设为所有工具变量联合有效。④模型 10 的因变量为稳健性检验中的城乡消费比率，作为解释变量的因变量滞后一期为城乡消费比率的滞后一期。

在 5% 水平上显著为正，说明中国经济发展进程中同时伴随着收入分配不公现象（Coes，2008；Tumovsky，2008；Qin 等，2009）。

模型 9 显示了旅游发展、城市化与城乡收入差距相互影响的估计结果。估计结果显示，旅游发展与城市化水平的交互项在 10% 水平上显著为正，表明城市化水平在旅游发展对城乡收入差距的影响机制中呈现出正的调节作用。城市化水平越高，越不利于旅游发展对城乡收入差距的负向影响效应，旅游发展对城乡收入差距的负向影响效应受到城市化水平的制约。我们同样可以求出城市化的门限水平为 0.598，该门限水平要高于样本地区城市化水平均值 0.337，表明对处于城市化平均水平的地区而言，旅游发展有利于减小城乡收入差距，但是城市化水平的进程过快求反而会制约这种影响效应。旅游发展的门限水平为 0.148，在样本范围内这一门限水平要高于旅游发展的均值 0.085，对处于旅游发展平均水平的地区而言，城市化进程过快不利于城乡收入差距的减小，但是意味着旅游发展在城市化进程对减小收入差距方面却起到积极作用。模型 9 还显示出城市化对降低统计上的城乡收入差距具有显著作用（Robert 和 Lucas，1988；Zhang，2003；Chang 和 Brada，2006；曹裕等，2010；陆铭、陈钊，2004）。

模型 10 和模型 11 分别给出了旅游发展对城乡收入差距估计结果的稳健性检验。用城乡消费比率及其滞后项来代替城乡收入差距指标及其滞后项，模型 10 的估计结果显示旅游发展和城乡收入差距存在显著负向关系。虽然本章的基础样本包括了 30 个省、自治区和直辖市，但其中三个直辖市（北京、天津和上海）的部分指标数据要远高于其他省级行政单位，所以在分析旅游发展对城乡收入差距的影响规模程度时可能会成为异常值。为了提高稳健性检验的可信度，接下来在进行旅游发展对城乡收入差距的模型回归时，将三个直辖市从基础样本中剔除掉后重新进行回归。模型 11 同样证实了旅游发展与城乡收入差距依然存在显著负向关系。

四、旅游业发展对城乡收入差距作用与经济发展水平关系

表 11–2 模型 8 中的估计结果显示，虽然旅游发展与地区经济发展水平的交互项系数著为负（地区经济发展水平呈现弱的负调节作用），但是旅游发展变量的系数却显著为正，而且交互项的系数绝对值要小于旅游发展的系数，

所以需要进一步判断旅游发展对城乡收入差距的影响作用是否真正依赖于地区经济发展水平。为此进一步将基础样本分为低经济发展水平组（1999—2003 年）和高经济发展水平组（2004—2008 年）来分别进行模型回归①。回归结果如表 11–3。从表 11–3 中可以看出，两个模型回归结果分别显示旅游发展对城乡收入差距依次在 10% 和 1% 水平上显著负相关，即地区经济发展水平在旅游发展对城乡收入差距负向影响关系中的弱调节作用可以进行忽略。

表 11–3　不同经济发展水平下旅游发展对城乡收入差距回归结果

变量	1999—2003 FE②	2004—2008 FE
gap（*t*–1）	0.415*** （0.091）	0.908*** （0.018）
tourism	–0.568* （0.331）	–0.532*** （0.202）
lpgdp	1.259*** （0.224）	–0.082*** （0.030）
human capital	–24.607*** （7.517）	1.057 （1.561）
saving rate	–0.595*** （0.193）	0.210*** （0.075）
finance	–0.260** （0.101）	0.033 （0.032）
urbanization	0.181 （0.215）	–0.069 （0.093）
openness	–0.013 （0.070）	0.070*** （0.025）
fisdec	–0.091 （0.174）	–0.110 （0.186）
Obs	120	120
R^2	0.77	0.98

注：① ***、** 和 * 分别表示在 1%、5% 和 10% 水平上显著。②括号内为各统计量的标准差。

---

① 采用固定效应模型回归是为了与表 11–2 中的模型 8 进行比较。

② 2003 年由于 SARS 原因，我国各地区旅游收入较往年明显减少，所以将 2003 年设为单独虚拟变量纳入到模型中进行回归，结果显示在 10% 水平上显著。

在去掉地区经济发展水平这一控制变量条件下重新进行旅游发展对城乡收入差距的模型估计，回归结果如表 11–4 所示。从表 11–4 中可以看出，当去掉地区经济发展水平控制变量后，本章所证实的旅游发展对城乡收入差距的负向关系依然稳健，旅游发展减小城乡收入差距的作用机制并不依赖于地区经济发展水平，从而进一步证实了表 11–2 中的模型 8 所显示的旅游发展对城乡收入作用的显著正向关系并不可靠。

表 11–4　不含经济发展水平控制变量的旅游业发展对城乡收入差距回归结果

变量	模型1（SYS–GMM）	模型2（SYS–GMM）	模型3（SYS–GMM）	模型4（SYS–GMM）
gap（*t*–1）	0.845*** （0.015）	0.805*** （0.020）	0.694*** （0.040）	0.783*** （0.052）
tourism	–0.699*** （0.143）	–0.653** （0.297）	–1.541** （0.595）	–1.027* （0.600）
human capital	–5.688*** （0.665）	–2.319 （2.255）	–1.155 （5.956）	3.763 （6.888）
saving rate	–0.188*** （0.057）	–0.172 （0.121）	–0.695** （0.318）	–0.259*** （0.062）
finance		–0.008 （0.026）	0.171** （0.076）	0.130*** （0.044）
urbanization		–0.410 （0.309）	–1.442*** （0.291）	–0.208 （1.004）
openness		0.012 （0.069）	–0.023 （0.054）	–0.130 （0.140）
fisdec		0.120 （0.186）	1.421*** （0.449）	0.045 （0.198）
AR（1）_P	0.004	0.004	0.001	0.005
AR（2）_P	0.243	0.197	0.860	0.252
Sargan test	0.960	0.986	1.000	1.000
Obs	270	270	270	243

注：① ***、** 和 * 分别表示在 1%、5% 和 10% 水平上显著。②括号内为各统计量的标准差。③ Sargan 检验统计量用来检验 SYS–GMM 工具变量是否联合有效，原假设为所有工具变量联合有效。④模型 3 的因变量为稳健性检验中的城乡消费比率，作为解释变量的因变量滞后一期为城乡消费比率的滞后一期。⑤模型 4 为剔除掉三个直辖市后的回归结果。

第四节　旅游业发展对城乡收入差距影响效应的分解探析

一、基本模型与实证分析

为了控制地区固定效应和时间固定效应以及解释变量可能存在的内生性问题，本章仍然采用动态面板的系统 GMM 估计方法来实证分析旅游发展对经济增长的影响机制。在参考 Holzner（2011）模型基础上，本章将基本模型设定如下：

$$\ln y_{i,t} = \beta_1 \ln y_{i,t-1} + \beta_2 tourism_{i,t} + \beta_3 X_{i,t} + \sum_{i=1}^{3} \psi_i D_i + \eta_i + \mu_t + \varepsilon_{it} \quad (11.3)$$

模型基本变量符号同式（11.1），$\ln y_{i,t}$ 表示 i 省份在 t 时期的收入（农村人均实际收入 *lrurpgdp*、城镇人均实际收入 *lurbpgdp* 和全国人均实际收入 *lpgdp*），此外，本章又在模型中加入了三个虚拟变量[①]（2003 年设为 1，其他年份为 0；2004 年设为 1，其他年份为 0；2008 年设为 1，其他年份为 0），在突出反映可能出现异常值的情况下，以便正确反映旅游业发展对我国经济增长的影响。

表 11–5 报告出了旅游业发展对经济增长的模型回归结果。模型 1 显示的是旅游发展对农村人均实际收入的回归结果。在控制了农村人均实际收入滞后项、人力资本、储蓄率和城市化等指标后，旅游业发展对农村人均实际收入在 5% 水平上呈正相关关系，回归系数为 0.048，农村人均实际收入对旅游发展的

① 由于本部分主要表现旅游发展对经济增长的影响机制，在我国经济持续增长的背景趋势下，并且考虑到旅游发展的脆弱性，2003 年的 SARS 事件、2004 年开始复苏和 2008 年的全球金融危机都对我国旅游发展带来了严重冲击，所以在本部分三个模型中分别将 2003 年、2004 年和 2008 年设为三个虚拟变量纳入到模型中进行回归。

半弹性为4.8%①，即旅游发展变动1个单位，农村人均实际收入正向变动4.8%。模型 2 回归结果显示出旅游发展与城镇人均实际收入负相关但不显著②。这可能是由于两个方面的原因：一是“旅游城市化”（City in the Tourism），城市优越的旅游社会、经济和文化环境构成的游憩系统（Attraction System）是吸引旅游者前往城市旅游的最重要因素，城市旅游消费的快速性成为城市旅游经济增长的驱动力（Van，1994；Ashworth 和 Page，2011）；二是“城市旅游化”（Tourism in the City），旅游设施建设投入产出失调，旅游公共投资效率的低下造成旅游发展对地区经济增长作用并不明显，甚至延缓了旅游经济效益的溢出，城市旅游发展效率受到质疑（Lumdson 和 Page，2004；Albalate 和 Bel，2010）。模型 3 显示出旅游发展对人均实际收入具有显著正向关系。诸多跨国实证研究文献也表明旅游发展对经济增长具有显著正向作用（Dritsakis，2004；Proenca 和 Soukiazis，2008；Fayissa 等，2008；Sequeira 和 Nunes，2008）。本章在对人均实际收入滞后项和其他控制变量进行控制的基础上，得出我国旅游发展对经济增长同样存在显著正向作用。

表 11–5　旅游业发展对经济增长回归结果③

变量	模型1 SYS–GMM	模型2 SYS–GMM	模型3 SYS–GMM
lrurpgdp（*t*–1）	1.029*** （0.007）		
lurbpgdp（*t*–1）		1.042*** （0.010）	
lpgdp（*t*–1）			0.978*** （0.015）

① 在对数—水平值模型中，因变量对解释变量的半弹性为解释变量的回归系数乘以 100。

② 模型1显示出了旅游发展对人均农民实际收入具有显著正向关系，但是这种正向影响规模效应不大，这也充分说明我国目前旅游资源的经济价值实现功能仍主要以初等旅游消费为主，旅游发展对农村经济增长的带动作用还有很大的潜力空间。模型 2 的回归结果虽然有些令人意外，但也符合常规，我们常常主观认为旅游发展对城市经济增长具有显著作用，但是却忽视了城市旅游投资建设效率的高低，旅游公共投资的较低利用率，反而对城市就业、用地规划以及社会基础建设等方面带来制约。

③ 实证结果显示，三个模型中的三个虚拟变量都在1%水平上显著。由于影响经济增长的因素还有很多，本章仅是选用影响收入差距的控制变量来进行旅游发展对经济增长影响的模型估计，虽然可能无法全面系统反映出经济增长的自身规模，但上述控制变量也可以保证基本反映出旅游发展对经济增长的影响作用关系，控制变量的差异性并不会完全改变旅游发展对城乡收入差距的影响作用关系。

续表

变量	模型1 SYS-GMM	模型2 SYS-GMM	模型3 SYS-GMM
tourism	0.048** （0.023）	-0.052 （0.053）	0.226* （0.116）
human capital	0.130 （0.465）	-0.005 （0.549）	2.953*** （0.767）
saving rate	0.085*** （0.015）	0.071*** （0.017）	0.061*** （0.022）
finance	-0.021*** （0.005）	-0.019*** （0.006）	-0.054*** （0.008）
urbanization	0.083*** （0.022）	0.026** （0.012）	0.125 （0.153）
openness	0.011** （0.004）	-0.011** （0.005）	-0.041*** （0.014）
fisdec	0.010 （0.021）	0.051** （0.024）	0.236*** （0.040）
AR（1）_P	0.023	0.014	0.005
AR（2）_P	0.250	0.176	0.184
Sargan test	0.995	1.000	1.000
Obs	270	270	270

注：① ***、** 和 * 分别表示在 1%、5% 和 10% 水平上显著。②括号内为各统计量的标准差。③ Sargan 检验统计量用来检验 SYS-GMM 工具变量是否联合有效，原假设为所有工具变量联合有效。

二、进一步的分析

乡村旅游发展主要是一种需求驱动（Demand-driven）的旅游经济增长方式，旅游者对乡村旅游社会心理的冲动意识，构成了乡村旅游发展的基本因素（Leiper，1990）。乡村旅游发展小而全的经营模式提升了乡村居民的福利效应，有效减小了乡村贫困率，从而对减小城乡收入差距起到积极作用。

城市旅游发展主要是一种供给驱动（Supply-driven）的旅游经济增长模

式，城市持续建设中所具有的综合游憩系统功能是城市旅游兴起的重要方面（Ashworth 和 Tunbridge，1992）。城市在小型开放经济中发展旅游可能形成的“荷兰病”[①] 现象制约了城市整体经济的发展（Copeland，1991；Chao 等，2006），然而 Holzner（2011）同样利用动态面板 SYS–GMM 估计方法在上述模型基础上对 134 个国家 1970—2007 年的面板数据进行了实证分析，认为城市发展旅游在大尺度整体层面上并不会产生严重的“荷兰病”现象，相反，物质资本的投入建设，反而会提升旅游发展对城市经济增长的影响程度。考虑到我国地区经济结构相对复杂性以及主导旅游产品类型的多样性特点，上述两种情形在不同时空条件下的并存也是可以预见的。除此之外，虽然由于旅游公共投资效率不高造成城市在旅游发展过程中有限资源的过度占用（Law，1992），但是就像 Albalate 和 Bel（2010）所研究的那样，物质资本的投入加强了旅游发展对城市经济增长的影响规模程度。因此，综合以上分析，虽然表 11–5 模型 2 中显示旅游发展与城镇人均收入没有显著关系，这也恰好反映的是我国目前阶段城市旅游发展过程中所存在的多重复合效应叠加的结果，但是旅游发展对城市经济增长仍具有很大潜力。

正如 Copeland 和 Chao 等（2006）提出的模型所研究的那样，旅游在 GDP 中份额较高国家的经济增长速度要高于以传统经济增长方式为主导国家的经济增长速度，通过依次对模型加入不同的控制变量（实际汇率变动、国内商品税收和制造业出口份额）回归发现，旅游发展对经济增长的估计系数基本维持在 0.157~0.213，而本章表 11–5 所展示的中国旅游发展对经济增长的回归系数为 0.226，与其研究基本一致。除此之外，Eugenio–Martin 等（2004）以拉丁美洲 21 个国家 1985—1998 的面板数据为样本，运用动态面板的 SYS–GMM 估计方法对旅游市场发展与经济增长之间的关系进行研究，依然报告了旅游发展对经济增长具有显著正向关系的稳健结论。

---

① 即劳动和资本转向旅游产品出口供应链部门，可贸易的制造业部门不得不花费更高成本去吸引劳动力，旅游发展所带来的外汇收入反而会刺激了本币升值，这种资源转移效应又进一步制约了制造业部门的出口竞争力。

第五节　本章结论

实证结果研究表明中国旅游发展能够显著减小城乡收入差距，稳健性检验也坚持了此观点。旅游发展对农村人均实际收入具有显著正向关系，而与城镇人均实际收入之间关系则不显著，我们还发现旅游业发展对全国人均收入水平存在显著正向关系。除此之外，财政分权在旅游业发展对城乡收入差距影响关系中起负调节作用；城市化在旅游业发展对城乡收入差距影响关系中起正调节作用；人均收入水平在旅游业发展对城乡收入差距影响关系中的负调节作用基本可以忽略。以上正是中国旅游业发展减小城乡收入差距的影响机制。

实证结果所反映出的结论与现阶段中国旅游发展的经济增长效应基本一致。首先，旅游业发展对农村地区经济增长虽然具有显著正向作用，但是也看到这种影响效应程度较小，这主要是受到农村地区旅游发展的基本保障体系尚不健全的制约所致。其次，旅游业发展与城镇地区经济增长并不存在显著关系，虽然有些令人意外但也事出有因，中国主要城市旅游发展效率整体处于较低水平，甚至是无效率状态，而且城市旅游发展效率也存在明显的空间分异性，上述情况与现实中的城镇地区先后进行大量旅游公共设施投资建设形成了反向限制关系，从而造成了这种不显著关系的存在。最后，旅游业发展对人均收入水平具有显著正向关系虽然是一个可喜的积极信号，但是也得出了人均收入水平在旅游业发展对城乡收入差距的负调节作用很小，主要还是以旅游业发展对减小城乡收入差距的直接效应为主。

本章的政策含义主要概括为三个方面。首先，正如美国和巴西乡村地区发展旅游的经验做法，政府应对乡村地区发展旅游制定支持政策，通过多种形式的乡村小规模旅游经营来扩大乡村地区居民的旅游发展受惠面，这将有利于农村地区经济增长以及减小城乡收入差距（Fleischer 和 Felsenstein，2000；Blake 等，2008）。其次，在增加城市旅游发展要素投入规模的基础上，应当注意提高城市旅游发展效率，旅游业发展要素市场也可适当引入竞争机制，允许私人资本参与城市旅游设施建设，这样可以在减缓公共财政支出的同时，有效提高城市旅游的发展效率（Rosentraub 和 Joo，2009）。最后，从整体全局的角度来系统协调城乡旅游一体化发展，通过优化配置城乡旅游资源发展要素，改善城乡旅游功能结构，增强城乡旅游经济互动效能，从而有利于减小城乡收入差距。

参考文献：

［1］Albalate D，Bel G. Tourism and urban public transport：Holding demand pressure under supply constraints［J］. Tourism Management，2010，31（3）：425–433.

［2］Arellano M，Bond S. Some tests of specification for panel data：Monte Carlo ecidence and an application to employment equation［J］. Review of Economic Studies，1991，58（2）：277–297.

［3］Arellano M，Bover O. Another look at the instrumental variable estimation of error-components［J］. Journal of Econometrics，1995，34（7）：877–884.

［4］Ashworth G，Page J. Urban tourism research：Recent progress and current paradoxes［J］. Tourism Management，2011，32（1）：1–15.

［5］Ashworth J，Tunbridge E. Is there and urban tourism?［J］. Tourism Recreation Research，1992，17（2）：3–8.

［6］Barry A. Tourism and the economic development of Cornwall［J］. Annals of Tourism Research，1997，24（3）：721–735.

［7］Beck A，Demirglic–Kunt R，Levine T. Finance，inequity and the poor［J］. Journal of Economic Growth，2007，12（1）：27–49.

［8］Blake A，Arbache S，Sinclair T. Tourism and poverty relief［J］. Annals of Tourism Research，2008，35（1）：107–126.

［9］Blundell R，Bond S，Windmeijer F. Estimation in dynamic panel data models：Improving on the performance of the standard GMM estimator［J］. Advances in Economics，2000，15（2）：53–91.

［10］Blundell R，Bond S. Initial conditions and moment restrictions in dynamic panel data models［J］. Journal of Econometrics，1998，87（7）：115–143.

［11］Bond S. Projection estimators for autoregressive panel data models［J］. Econometrics Journal，2002，24（5）：457–479.

［12］Chang G，Brada J. The paradox of China's growing under–urbanization［J］. Economics System，2006，30（1）：24–40.

[13] Chao C，Hazari B，Sgro p. Tourism and economic development in a cash-in-advance economy [J] . Research in International Business and Finance，2005，19（3）：365-373.

[14] Chao C，Hazari R，Laffargue B. Tourism，Dutch disease and welfare in an open dynamic economy [J] . The Japanese Economic Review，2006，57（4）：501-515.

[15] Chi-Ok Oh. The contribution of tourism development to economic growth in the Korean economy [J] . Tourism Management，2005，26（1）：39-44.

[16] Coes D. Income distribution trends in Brazil and China：Evaluating absolute and relative economic growth [J] . The Quarterly Review of Economics and Finance，2008，48（2）：359-369.

[17] Copeland B. Booming sector and Dutch disease economics：Survey and consolidation [J] . Oxford Economics Paper，1991，58（3）：515-529.

[18] Deller C，Lledo V. Amenities and rural Appalachian growth [J] . Agricultural and Resource Economics Review，2007，36（1）：107-132.

[19] Deller S，Tsai H，Marcouiller W. The role of amenities and quality of life in rural economic growth [J] . American Journal of Agricultural Economics，2001，83（2）：352-365.

[20] Deller S. Rural poverty，tourism and spatial heterogeneity [J] . Annals of Tourism Research，2010，37（1）：180-205.

[21] Dritsakis N. Tourism as a long-run economic growth factor：An empirical investigation for Greece using a causality analysis [J] . Tourism Economics，2004，10（2）：305-316.

[22] Echter M. Entrepreneurial training in developing countries [J] . Annals of Tourism Research，1995，22（1）：119-134.

[23] English K，Marcouiller D，Cordell H. Tourism dependence in rural America：Estimates and effects [J] . Society and Natural Resources，2000，13（2）：185-202.

[24] Eugenio-Martin J，Morales N，Scarpa R. Tourism and economic growth in Latin America Countries：A panel data approach [J] . Tourism Economics，2004，10（2）：247-254.

[25] Fayissa B，Nsiah C，Tadasse B. Impact of tourism on economic growth and development in Africa [J] . Tourism Economics，2008，14（4）：807-818.

[26] Fleischer A，Felsenstein D. Support for rural tourism：Does if makes a difference? [J] . Annals of Tourism Research，2000，27（4）：1007-1024.

[27] Fleischer A，Pizam A. Rural tourism in Israel [J] . Tourism Management，1997，18（6）：36-372.

[28] Graves P. Migration with a composite amenity: The role of rents [J]. Journal of Regional Science, 1983, 23 (3): 541-546.

[29] Green P. Amenities and community economic development: Strategies for sustainability [J]. Journal of Regional Analysis and Policy, 2001, 31 (2): 61-76.

[30] Hansen N. Addressing regional disparity and equity objectives through regional policies: A skeptical perspective [J]. Papers in Regional Science, 1995, 74 (1): 89-104.

[31] Henry E, Deane B. The contribution of tourism to the economy of Ireland in 1990 and 1995 [J]. Tourism Management, 1997, 18 (8): 535-553.

[32] Holzner M. Tourism and economic development: The beach disease? [J]. Tourism Management, 2011, 32 (4): 922-933.

[33] Judd R. Promoting tourism in US cities [J]. Tourism Management, 1995, 16 (3): 175-187.

[34] Kanbur R, Zhang Xiaobo. Fifty years of regional inequity in China: A journal through central planning, reform and openness [J]. Review of Development Economics, 2005, 9 (1): 87-106.

[35] Knapp T, Graves P. On the role of amenities in models of migration and regional development [J]. Journal of Regional Science, 1989, 29 (1): 71-87.

[36] Law M. Urban tourism and its contribution to economic regeneration [J]. Urban Studies, 1992, 29 (4): 599-618.

[37] Leatherman J, Marcouiller D. Income distribution characteristics of rural economic sector: Implications for local development policy [J]. Growth and Changes, 1996, 27 (1): 34-59.

[38] Lee C, Chang P. Tourism development and economic: A closer look at panels [J]. Tourism Management, 2008, 29 (1): 180-192.

[39] Leiper N. Tourist attraction systems [J]. Annals of Tourism Research, 1990, 17 (3): 379-391.

[40] Lewis W, Hunt L, Plantinga J. Does public lands policy affect local wage growth [J]. Growth and Changes, 2003, 34 (1): 64-86.

[41] Litivin W. Streetscape improvements in a historic tourist city a second visit to King Street, Charleston, South Carolina [J]. Growth and Changes, 2005, 26 (3): 421-429.

[42] Lumdson L, Page J. Tourism and Transport: Issues and Agenda for the New Millennium [M]. Oxford: Elsevier Press, 2004: 100-132.

[43] Marcouiller D, Kim k, Deller S. Natural amenities, tourism and income distribution [J]. Annals of Tourism Research, 2004, 31 (4): 1031-1050.

[44] Marin D. Is the export-led hypothesis valid for industrial countries? [J]. Review of

Economics and Statistics, 1992, 74 (4): 678–688.

[45] Matthew W, Harold G. Local economic impacts of dragon tourism in Indonesia [J]. Annals of Tourism Research, 2000, 27 (3): 559–576.

[46] Myriam V. Inner city tourism: Resources, tourists and promoters [J]. Annals of Tourism Research, 1986, 13 (1): 79–100.

[47] Proenca S, Soukiazis E. Tourism as an economic factor: A case study for Southern European countries [J]. Tourism Economics, 2008, 14 (4): 791–806.

[48] Qiao B, Martinez–Vazquez J, Xu Y. The tradeoff between growth and equity in decentralization policy: China's experience [J]. Journal of Development Economics, 2008, 86 (1): 112–128.

[49] Qin D, Cagas M, Ducanes G. Effects of income inequity on China's economic growth [J]. Journal of Policy Modeling, 2009, 31 (1): 69–86.

[50] Reknow M. Income non–convergence and rural–urban earnings differentials: Evidence from North Carolina [J]. Southern Economic Journal, 1996, 62 (6): 1017–1028.

[51] Roback J. Wages, rents, and the quality of life [J]. Journal of Political Economy, 1982, 90 (6): 1257–1278.

[52] Robert E, Lucas J. On the mechanism of economics development [J]. Journal of Monetary Economics, 1988, 22 (1): 33–42.

[53] Rodenberg E. The effects of scale in economic development: Tourism in Bali [J]. Annals of Tourism Research, 1982, 3 (3): 167–176.

[54] Rogerson P. The "vicious circle" of tourism development in heritage cities [J]. Annals of Tourism Research, 2002, 29 (1): 165–182.

[55] Rosentraub M, Joo M. Tourism and economic development: Which investment produces gains for regions? [J]. Tourism Management, 2009, 30 (5): 759–770.

[56] Sequeira N, Nunes M. Does tourism influence economic growth? A dynamic panel data approach [J]. Applied Economics, 2008, 40 (2): 2431–2441.

[57] Tumovsky S. The role of factor substitution in the theory of economic growth and income distribution: Two example [J]. Journal of Macroeconomics, 2008, 30 (2): 604–629.

[58] Van den Borg. Demand for city tourism in Europe: Tour operators catalogues [J]. Tourism Management, 1994, 15 (1): 66–69.

[59] Vanegas M, Croes R. Growth, development and tourism in a small economy: Evidence from Aruba [J]. International Journal of Tourism Research, 2003, 5 (2): 315–330.

[60] Wan G, Ming Lu, Zhao Chen. The Inequity growth nexus in the short and long run:

Empirical evidence from China［J］. Journal of Comparative Economics，2006，34（4）：654–667.

［61］Wan–chen Po，Bwo–Nung Huang. Tourism development and economic growth：A nonlinear approach［J］. Physica A：Statistical Mechanics and its Applications，2008，387（22）：5535–5542.

［62］Wanger J. Estimating the economic impacts of tourism［J］. Annals of Tourism Research，1997，24（3）：592–608.

［63］Wei M，Yang J. Irrational tourism consumption of zero inclusive–fee and negative inclusive fee：Reflection and measures［J］. Annals of Tourism Research，2010，37（5）：1416–1424.

［64］Williams A，Shaw G. Tourism：Candyfloss industry or job generator［J］. Town Planning Review，1988，59（1）：81–103.

［65］Witt F. Economic impact of tourism on Wales［J］. Tourism Management，1987，8（4）：306–316.

［66］Wooldridge M. Econometric Analysis of Cross section and Panel Data［M］. Cambridge，MA：MIT Press，2002.

［67］Yildirim J，Sezgin S，Ocal N. Military expenditure and economic growth in Middle Eastern countries：A dynamic panel data analysis［J］. Defence and Peace Economics，2005，16（4）：283–295.

［68］Zhang H. What explains China's rising urbanization in the reform era?［J］. Urban Studies，2003，39（5）：2301–2315.

［69］曹裕，陈晓红，马跃如．城市化、城乡收入差距与经济增长——基于我国省级面板数据的实证研究［J］．统计研究，2010，27（3）：29–35.

［70］陆铭，陈钊．城市化、城市倾向的经济政策与城乡收入差距［J］．经济研究，2004，（6）：50–58.

［71］马晓龙．城市旅游竞争力：基于58个中国主要城市的比较研究［M］．天津：南开大学出版社，2009，50–75.

［72］王瑛．城乡统筹下的乡村旅游发展政府作为研究［J］．改革与战略，2011，27（2）：33–36.

［73］叶志强，陈习定，张顺明．金融发展能减少城乡收入差距吗？——来自中国的证据［J］．金融研究，2011，（2）：42–54.

［74］赵磊．中国旅游市场发展非线性增长效应实证研究［J］．经济管理，2011，33（5）：110–122.

第十二章 旅游业集聚是否会影响地区收入差距

第一节 引言

改革开放以来，中国经济年均增长速度维持在 9% 以上，创造了“增长的奇迹”。对这一现象细致斟酌后，我们发现其中隐含着两个基本特征：一方面，在中国渐进式改革转轨过程中，地区收入差距大体呈现出先减小后扩大的基本态势（Kanbur 和 Zhang，1999），总体呈现出阶梯型上升状；另一方面，在经济增长过程中伴随着具有显著时变特征的产业集聚活动（Fujita 和 Thisse，2002；Baldwin 等，2003），并且表现出典型事实的客观性与历史性特征（Kuznets，1966）。如果前者仅是就中国地区收入差距做出的主观描述论断的话，对后者的研究将扬弃对这一问题历史起点的拘泥，而是回归到对其逻辑起点的考究，这符合发生解释学的基本理论要求。遵循这一研究范式，倘若揭示产业集聚对地区收入差距的影响过程，需追溯产业集聚与经济增长之间的相互关系，鉴于此，新经济地理学派对此做出了卓越理论贡献（Krugman，1991；Krugman 和 Venables，1995；Venables，1996；Fujita 等，1999），主要研究思想为：将主流经济学长期忽视的空间因素纳入一般均衡分析框架中，研究经济活动的空间分布规律，解释现实世界中所存在的产业生产空间集聚机制，以此探析区域经济增长的规律与途径。沿袭这一逻辑思路，当我们理所当然地回顾产业集聚与经济增长的关系文献时，却发现了一个令人意想不到的结果：主流经济学文献大多侧重制造业集聚对经济增长的影响机制，尽管偶有涉及宏观意义上的经济集聚活动所产生的经济增长要义（Ciccone 和 Hall，1996；Dekle 和 Eaton，1999；Ciccone，2002；范剑勇，2006），然而对服务业集聚与经济增长关系研究的长期忽视，却从根本上引申出我们对服务业集聚活动在地区收入差距演变中是否具有影响作用的研究目的。需要注意的是，旅游业作为服务业的龙头产业，依据其天然所具有的高度产业关联融合效应，顺理成章地成为本章关注的研究对象，我们的研究思路是，通过对旅游产业集聚是否会影响地区收入差距进行正面回答，以期从本原意义上，为服务业在上述问题中所具有的题中之义提供现实根据。

近年来，对中国地区收入差距的相关研究逐渐引起重视，大致沿着两条路线展开：一是利用基尼系数、泰尔指数、变异系数或广义熵指数等相对不平衡指数对中国地区收入差距进行分解分析（Kanbur 和 Zhang，1999；Gustafsson 和 Shi，2002；Borooah 等，2006；王云飞，2007；高连水等，2010）；二是通过计量经济方法对中国地区收入差距与其他宏观经济变量之间影响关系进行分析，比如经济增长（Qin 等，2009；Chen，2010）、消费（Jin 等，2011）、就业（Sun 等，2011）与贫穷（Goh 等，2009）等。本章主要研究内容属于第二种研究路线。遗憾的是，目前尚未有研究文献直接就旅游产业集聚是否会影响地区收入差距进行相应分析，甚至究其实，其所奠基于旅游产业集聚与经济增长的相互关系也鲜有研究进行论述（Urtasun 和 Gutiérrez，2006；Fereidouni 和 Masron，2011），可见，坦白地说，对于该问题的回答尽管略显棘手，但却对我们加深对旅游产业集聚的了解以及探究其对地区收入差距的影响具有重要意义。建立这一逻辑研究框架的基本思想来源于对地区收入差距的现实关切，这主要是因为地区收入差距既关乎转型经济体的演变路径（Cornia 和 Popov，2001），又涉及地区发展的经济政治稳定性（Alesina 和 Rodrik，1994），一个很自然的问题是：诚然，无论是对地区收入差距的影响因素的静态考察，抑或对其影响机制的动态思辨，皆合乎对此问题分析的一般认知路径，前者是对地区收入差距外在表现形式的观念赋予，后者则是对其内在指向的过程分析，质言之，以后者为研究切入点，不仅有助于进一步把握旅游产业集聚的深层本质，而且将推进对地区收入差距影响机制多重意蕴的理解。

第二节 理论分析

一、旅游产业集聚对地区收入差距产生影响

从形式意义上讲，鉴于地区收入差距对经济增长所产生的诸多负面影响（Kakamu 和 Fukushige，2005；Yamada，2012），基于本章上述题解逻辑含义，从多维向度上阐释旅游发展对地区收入差距的影响机制才能体现出本章研究命题的应有之义。从总体上看，旅游产业集聚符合一般集聚经济的特征性事实：旅游产业集聚活动仍是表现为旅游经济主体在地理空间上的相互作用，在本质上对新古典经济增长理论所关涉的完全竞争、规模报酬不变与无交易成本进行了质疑，这一点是显而易见的，旅游活动本身就是旅游系统在地理空间上的流动现象；旅游产业集聚同样会产生 Marshall（1920）提到的“空间外部性是决定经济集聚的关键因素”学说，即体现出决定产业集聚形成的劳动力市场共享、中间产品投入与专业化服务三种基本力量，与之相应，旅游产业所具有的较高劳动力流动率、生产性服务特征与功能多样化对此进行了对照解释，从这点考虑，旅游产业集聚符合新古典经济学的一般原理；从内涵属性上分析，旅游产业集聚同样符合新经济地理学的分析框架，有必要对此论据进行说明，如果说星级酒店业的集聚体现的是地方化经济 MAR 型外部性的话，当下时兴的所谓旅游综合体的出现反映的则是城市化经济 Jacobs 型外部性，上述所论及的是外部性所引发的规模报酬递增现象，除此之外，还有一点需要重申，与制造业不同，尽管新经济地理学另一核心假设所涉及的贸易运输成本并未出现在旅游活动中，然而与此并不相悖，旅游活动所展示的从客源地到目的地的旅游流成本则是从另外一层含以上对这一假设进行契合。简而言之，上述论证的目的是从理论上分析旅游产业集聚所释放的集聚经济效应是否会对地区收入差距产生影响的可能性。

二、旅游产业融合对地区收入差距产生影响

旅游产业融合的最初形态来源于旅游中小企业（Small and Medium-sized Enterprises，SMEs）的网络化与集群式发展（Novelli 等，2006），以便既可以获取不同程度的“网络合作红利”，也有助于提升旅游目的地的综合竞争力（Bramwell 和 Sharman，1999；Hassan，2000），其中主要方式即是目的地旅游直接收入效应的增强。姑且先抛开以上 SMEs 空间作用机理不谈，尽管对此问题的分析并不难，旅游活动本地性所产生的吸引力便是其中主要动力因素之一（Goodall 和 Asworth，1990），我们仍需聚焦到旅游产业融合通过何种方式来影响地区收入差距这一逻辑路径上来。旅游产业融合的主要副产品是以融合经济为外在表现形式（Urtasun 和 Gutiérrez，2006），这一点显然是受到 Marshall（1920）所认同的融合经济不仅会出现在制造业，还可能会出现在服务零售业中的预先判断，融合主体主要以酒店住宿业为主（Baum 和 Haveman，1997），融合机制内在于旅游产品异质性所满足的综合性消费市场需求（Chung 和 Kalnins，2001；Kalnins 和 Chung，2004），融合路径主要有功能融合、结构融合与市场融合等形式。众所周知，旅游产业融合空间具有广阔视域，那其怎样影响地区收入差距呢？其中一条主线为：旅游产业融合在共享多种形式的“集聚租”过程中，通过相关产业间融合所形成的旅游产业新业态为本地市场供求关系赋予了新意义，由此，一个新的发现是，不同地区之间由于旅游产业融合经济程度的差异，在以需求为导向的旅游产业发展驱动下，各地真实市场潜能差异在较大尺度上所反映出的城市化经济范围，进一步显现出地区收入差距在某种程度上的空间非均衡性。

三、旅游产业转型对地区收入差距产生影响

旅游产业转型实际上指的是旅游产业经济增长方式的转型，这在中国经历了近十年来旅游总收入以年均几乎超过 15% 速度增长的要素驱动阶段后显得尤为重要。传统观点认为，旅游产业具有劳动密集型特征，但随着全球经济一体化发展，特别是中国现代化建设的深入，与之相异，旅游业作为现代服务业的重要组成部分，其作为有别于以往最终消费而作为地区现代化社会生产的中间投入，产生了新的生产关系和使用价值，正由过去的生活性向生

产性转变，由过去的劳动密集型向资本密集型、技术密集型转变，旅游产业对地区经济增长的影响日益显著，除了旅游产业对经济增长的直接收入效应会对地区收入差距产生影响之外，从动态演变角度上将，我们似乎更应关心旅游产业对经济增长的间接收入效应会对地区收入差距产生何种影响？对于这一问题的思考，有必要明确的是，旅游产业经济增长方式转型的核心则是旅游产业结构转型升级，论及于此，对旅游产业结构转型升级的探讨又回到我们所研究的旅游产业集聚上来，旅游产业资源生产要素配置方式逐渐由市场机制主导，随之而来的是旅游产业能级不断提升、旅游产业素质不断改善，旅游产业合理化所推动的旅游产业高度化与融合化发展将会再次强化旅游产业集聚的地方化与城市化经济，从而会增强旅游产业集聚对地区收入差距所存在的影响效应。

综上分析，旅游产业集聚既有符合产业集聚的一般性质，也有表征自身集聚的特殊个性，这就引申出一个亟待关切的问题，旅游产业集聚是否存在着与一般产业集聚对地区收入差距相似的影响机制？尽管在中国对后者的探索已初见端倪（谢里等，2012）。经典旅游经济学文献支持“旅游发展促进经济增长假说（Tourism-Led Growth Hypothesis，TLGH）”，但是否存在着旅游产业集聚对地区收入差距的影响过程，这成为本章研究的动机。

第三节　旅游产业集聚影响地区收入差距的实证检验

一、模型设定

在旅游业发展对经济增长影响效应存在性的研究文献中，一个比较常见的做法就是构造包含旅游业发展变量的生产函数，从而具体考察旅游业发展对经济增长的具体影响机制。基于这一思路，本章假定生产函数符合 C-D 生产函数形式且技术进步是希克斯中性，此外，根据新古典经济增长理论，人力资本和物质资本是决定经济增长的基本原因，又因为经济增长是影响收入差距的主要因素，为了保证信息传递质量，本章直接用经济发展水平代替人力资本与物质资本作为模型设定的重要控制变量。本章研究的重点是考察旅游产业集聚对地区收入差距的影响，为了消除异方差，线性对数模型设定如下：

$$\ln incgap_{it} = \phi \ln touago_{it} + \lambda' \ln X_{it} + \mu_i + \varepsilon_{it} \quad (12.1)$$

其中，i 表示地区，t 表示年份，*incgap* 表示地区收入差距，*touago* 表示旅游产业集聚，X 表示一组影响因变量的控制向量，根据相关文献，主要包括经济发展水平（*pgdp*）、制度环境（*ins*）、外商直接投资（*fdi*）与政府规模（*gov*）四个控制变量。

考虑到地区收入差距的变动具有一定的持续性特征，为了捕捉这种特征，我们在基本模型方程式（3.1）的基础上引入地区收入差距的一期滞后项，将其扩展为如下形式的动态面板数据模型：

$$\ln incgap_{it} = \zeta \ln incgap_{it-1} + \phi \ln touago_{it} + \lambda' \ln X_{it} + \mu_i + \varepsilon_{it} \quad (12.2)$$

二、变量说明

（一）因变量

借鉴高连水（2011）的测度方法，本章采用公式 $incgap_{it} = p_{ir} y_{ir} + p_{iu} y_{iu}$ 计算地区收入差距。其中 p_{ir} 和 p_{iu} 分别代表第 i 个省的农村人口比重和城镇人口比重；y_{ir} 和 y_{iu} 分别代表第 i 个省的农村人均收入和城镇人均可支配收入。

（二）核心解释变量

在国内外关于产业集聚的研究文献中，区位熵被广泛用于衡量某产业的区域集聚程度，也是测量产业布局规模效益与产业产业化水平的一种方法。本章综合了数据可得性等因素，选用区位熵指数来衡量旅游产业集聚度，不仅能够反映出区域旅游产业发展质量差异，也能体现出区域旅游产业发展的时空演变特征，指标定义为：

$$Q_i = \frac{d_i / \sum_{i=1}^{n} d_i}{D_i / \sum_{i=1}^{n} D_i} \quad (12.3)$$

d_i 为某区域 i 部门的某一指标，D_i 为高层次区域 i 部门的同一指标，n 为某类产业的部门数量。

（三）控制变量

（1）经济发展水平（*pgdp*）：选用各地区经过指数化平减后的人均 GDP 来衡量。（2）制度环境（*ins*）：采用樊纲等（2010）所构造的市场化指数①作为制度环境的代理变量。由于该市场化指数只计算到 1997—2007 年，借鉴万勇（2011）计算方法，对 2008 年和 2009 年市场化指数采用下述公式来处理：$ins_{it}=(ins_{it-1}/ins_{it-2})\times ins_{it-1}$，上式中 ins_{it} 为 2008 年或 2009 年市场化指数。（3）外商直接投资（*fdi*）：用各地区实际利用外商直接投资总额占 GDP 比值来衡量。（4）政府规模（*gov*）：用各地区政府财政支出占 GDP 比值来衡量。

本章将利用 1999—2009 年全国 30 个省、自治区和直辖市②的省际面板数据进行实证研究。所使用的原始数据分别来源于《新中国六十年统计资料汇编》《中国统计年鉴（2000—2010）》和《中国旅游年鉴（2000—2010）》。

三、估计方法

对式（12.1）进行静态面板估计，主要有三种方法：混合估计（OLS）、固定效应（FE）估计与随机效应（RE）估计。我们使用 F 检验来判断是否选择混合估计，然后使用 Hausman 检验来判断模型估计选择固定效应还是随机效应。Hausman 检验的原假设是随机效应和固定效应的系数无系统差异。

由于式（12.2）中因变量的一期滞后项引入到解释变量中使得其可能与随机误差项相关，再加之遗漏变量与测量误差的影响，上述因素均可能导致模型存在内生性问题。除此之外，我们还需进一步验证目前，实证研究越来越重视变量的内生性问题，严重的内生性往往会导致常规的估计方法出现很大的偏误。其次，我们还需要检验旅游产业集聚是否具有内生性，从而判断对式（12.3）所进行的静态面板估计是否可靠。

传统解决内生性问题的方法是工具变量法。工具变量的有效性具备两个

---

① 市场化指数，即樊纲指数。资料来源于樊纲等《中国各地区市场化进程相对指数2000》《中国各地区市场化进程相对指数 2004》。历年指数计算方法：从政府与市场的关系、非国有经济的发展、产品市场的发育程度、要素市场的发育程度以及市场中介组织发育程度和法律制度环境这 5 个方面 23 个指标和分指标评价各省区的市场化相对程度，再由这 5 个方面指数合成一个中国各地区市场化进程相对指数（总指数）。

② 西藏由于部分数据缺失，未包括在样本中。

条件：第一，工具变量需要和内生解释变量相关；第二，工具变量不能和随机扰动项相关。本章解决内生性的基本策略是，首先检验核心解释变量旅游产业集聚是否存在内生性，如果存在内生性，则寻找其相应的工具变量进行重新估计，若不存在内生性，则坚持固定效应估计结果；至于因变量一期滞后项作为解释变量所导致的内生性，针对这一问题，Arellano 和 Bond（1991）提出了差分广义矩估计（DIF-GMM）方法，其思想是首先对估计方程进行一阶差分以去掉固定效应的影响，然后用解释变量滞后值作为差分方程的工具变量。然而，Blundell 和 Bond（1998）、Judson 和 Owen（1999）很快指出了这一估计方法所存在的缺陷，即 DIF-GMM 估计量会导致部分样本信息的损失，因此不适合小样本分析，此外，当解释变量表现出较强的序列相关性时，水平滞后项将会成为差分方程中内生变量的弱工具变量，从而导致估计结果有偏，因此需要寻求更佳的工具变量。为克服这一问题，Blundell 和 Bond（1998）在 Arellano 和 Bond（1991）与 Arellno 和 Bover（1995）基础上，提出了系统广义矩估计（SYS-GMM）方法。系统广义矩估计是在差分广义矩估计的基础上增加解释变量的一阶差分滞后项作为原水平方程的工具变量，并将水平方程和差分方程作为一个系统同时对其进行估计。Blundell 和 Bond（1998）与 Blundell 等（2000）的蒙特卡洛模拟结果显示，在有限样本下，系统广义矩估计量比一阶差分广义矩估计量的偏差更小，有效性更高。SYS-GMM 估计方法可以同时利用变量水平变化和差分变化的信息，比 DIF-GMM 方法更有效，此外，由于样本容量较小，这容易产生过度拟合问题（Roodman，2009），SYS-GMM 估计方法具有更好地有限样本性质，在经验研究中有非常广泛的运用（Roodman，2006）。

四、实证结果分析

模型 1 是静态面板线性模型混合估计（Pooled OLS）结果，初步估计结果显示出旅游产业集聚对地区收入差距影响系数显著为负。然而，面板模型设定的 F 检验表明个体效应十分显著，Breusch-Pagan LM 检验进一步说明随机效应（RE）模型比混合估计模型更合适，因此混合估计结果仅作为一种基本参考，Hausman 检验拒绝了随机效应和固定效应系数没有系统性差异的原假设，因此，本章采用固定效应模型。通过对基本方程式（12.1）进行检验发现，模型存在组间异方差和组内自相关，为了克服这一问题，在控制各省区个体异质性的情况下，采用面板修正标准差（PCSE）方法对式（12.1）进行估计。模型2报告出静态面板模型的PCSE估计结果。在控制了其他变量的影响后，旅游产业集聚对地区收入差距具有负的影响，并在1%水平上显著。具体而言，旅游产业集聚水平提高10%，地区收入差距下降1.13%，可以发现，旅游产业集聚对地区收入差距的负向影响效应相对较小，为了进一步了解旅游产业集聚对地区收入差距变异的解释程度，计算出旅游产业集聚的标准化弹性系数为-0.007，可以看出，此种影响效应相对微弱。然而，需要指出的是，一个地区旅游产业集聚水平越高，其对地区收入差距的缩小作用越明显，这与前文理论分析一致。旅游产业集聚通过产业链的延伸对地区经济增长产生外溢效应从而缩小地区收入差距，这中间显然是存在着复杂的影响机制，可以肯定的是，旅游产业集聚通过产业融合有效改变地区要素市场配置，生产要素的市场经济流动矫正现阶段要素市场分割与扭曲配置，从而缩小地区收入差距做出贡献。为检验旅游产业集聚是否具有内生性，我们试图按照文献的做法（Wang，2005；刘瑞明，2012），采用旅游产业集聚滞后一期与滞后二期对式（1）进行二阶段最小二乘法（2SLS）估计，在此之前，先将旅游产业集聚滞后一期与滞后二期放入结构方程中回归，发现两者估计系数均不显著，说明其并不直接影响因变量，而滞后一期与滞后二期与旅游产业集聚的相关系数分别为0.9667、0.9345，且都在1%水平上显著，估计结果显示，工具变量过度识别约束Sargan检验P值为0.5967，接受工具变量外生的原假设，同时旅游产业集聚内生性检验Durbin–Wu–Hausman统计量P值为0.8311，该检验的原假设为“变量应该是外生的”，从而接受旅游产业集聚是外生的原假设，由此可知，本章中旅游产业集聚在式（12.1）中是外生的，对其所进行的固定效应估计具有可靠性，意味着上述所进行的PCSE估计十分必要。

为了考察旅游产业集聚对地区收入差距是否具有持续滞后效应，在模型2基础上纳入旅游产业集聚一期滞后项，模型3显示出，一期滞后项估计系数为负，但并不显著，说明旅游产业集聚对地区收入差距的负向影响并不具有显著的时滞性，这也反映出旅游产业集聚对地区收入差距影响效应较弱的现实特征。

表 12-1 旅游产业集聚对地区收入差距的影响

变量	模型1 Pooled OLS	模型2 PCSE	模型3 FE	模型4 SYS-GMM
ln *touago*	-0.042^{*} (0.022)	-0.113^{***} (0.033)	-0.118^{*} (0.062)	-0.048^{***} (0.013)
ln *pgdp*	0.544^{***} (0.023)	1.689^{***} (1.089)	1.723^{***} (0.120)	0.293^{***} (0.052)
ln *ins*	0.851^{***} (0.034)	0.543^{***} (0.046)	0.537^{***} (0.047)	0.571^{***} (0.039)
ln *fdi*	0.021^{***} (0.005)	0.017 (0.007)	0.025^{**} (0.011)	0.035^{***} (0.007)
ln *gov*	0.437^{***} (0.026)	0.542^{***} (0.059)	0.547^{***} (0.065)	0.411^{***} (0.025)
L.ln *touago*			−0.038 (0.059)	
L.ln *incgap*				0.001^{***} (0.065)
常数 C	3.038^{***} (0.175)	-7.523^{***} (1.071)	-6.734^{***} (1.056)	5.307^{***} (0.412)
R^2	0.918	0.963	0.919	
Wald 检验				30697.70^{***}
AR（1）P 值				0.058
AR（2）P 值				0.187
Hansen 检验				0.899
Difference-in-Hansen 检验				0.407
F 检验		12.21^{***}		
Hausman 检验值		164.65^{***}		

注：***、**、* 分别表示在 1%、5% 和 10% 水平上显著；括号内为标准误；模型 2 括号中为异方差修正标准误。

考虑到当期地区收入差距可能会受到上一期的影响，为了进一步克服内生性问题，我们还采用了系统广义矩估计（SYS-GMM）方法对式（12.2）进行检验。由于本章所使用的数据属于大 N 小 T 型面板数据，根据经典文献（Roodman，2006）的认识，这一数据结构采用动态面板数据处理技术是一个非常好的选择。模型 4 给出了对式（12.2）所进行的系统广义矩估计（SYS-GMM）结果。根据表 1 模型 4，我们首先需要对工具变量的有效性以及模型设置的合理性进行检验。我们分别采用 Hansen 检验和 Arellano-Bond 检验对其进行判定。其中，Hansen 检验用来检验工具变量的过度识别问题，即检验工具变量是否有效。Arellano-Bond 检验用来考察差分后的残差项是否存在一阶和二阶序列相关，Roodman（2006）放宽了这一限制，允许差分后的残差项存在一阶自相关，但允许存在二阶自相关。从模型 4 的估计结果来看，各检验统计量表明：估计结果整体显著性的 Wald 检验在 1% 水平上显著，故所用模型对解释变量的系数估计结果至少具有 99% 的置信区间；Hansen 过度识别约束检验结果表明，不能拒绝工具变量联合有效的原假设；AR 检验表明，差分后的残差项只存在一阶序列相关性（AR（1）P 值小于 0.1）而没有二阶序列相关性（AR（1）P 值大于 0.1）；检验 GMM 类和 IV 类的工具变量子集有效性的 Diff-in-Hansen 检验结果可知，工具变量总体有效。模型 4 的估计结果显示，地区收入差距一期滞后项估计系数显著为正，说明滞后一期的地区收入差距对当期产生正的持续动态影响，而旅游产业集聚对地区收入差距影响系数为 -0.048，虽然较之前的静态面板估计结果负向影响效应有所降低，主要原因是受到来自滞后一期地区收入差距的反向抵消作用，同时也控制了遗漏变量及不可观测因素的影响，但系数依然显著，表明旅游产业集聚显著缩小了地区收入差距。

就控制变量而言，模型 1 到模型 4 基本上报告出估计系数为正的基本情形。经验理论认为，经济发展可以显著缩小城乡收入差距，然而在中国现阶段经济迅速发展过程中却也显著伴随着地区收入差距拉大的现实状况（Lu，2002；Treiman，2012）；市场化作为制度环境的主要目标，其对结构变迁和收入差距的变化的影响具有双重性：一方面，市场化通过打破行政垄断和市场垄断，提高了资源配置效率；另一方面，市场化改革通过市场机制调节反而又加剧了收入分配不公现象，进言之，市场化导向使得资本等生产要素加速向发达地区集聚，由此产生的回波效应拉大了地区收入差距；就 FDI 对地区收入差距的影响而言，对其所得结论仍是岐解纷出，莫衷一是。本章估计结果表明，FDI 对地区收入差距具有微弱的拉大作用，研究结论与 Yu 等（2011）一致。我国目前的 FDI 分布状况不均，1987—2009 年，我国西部地区的 FDI 占全国 FDI 的比重不足 5%，FDI 的分布非均衡自然也成为区域经济发展差距的原因之一；政府规模对经济增长的影响作用并未得到统一结论（刘生龙、胡鞍钢，2010），从理论上来讲，适度的政府规模有助于建立良好的法治环境和产权保护，但是过度的政府规模对经济增长主要危害是导致资源配置扭曲和效率损失。此外，政府财政支出一方面对于农业支持力度较小，同时政府对于公共品提供不均等化，更为重要的是，在中国式分权背景下，政府有激励直接参与和干预本地经济活动，各地为保护资源、市场和税基各自为战，从而加剧了市场分割现象，导致地区收入差距拉大。

第四节　实证再考察：线性还是非线性

当我们在探究旅游产业集聚对地区收入差距是否具有非线性影响效应时，我们的研究思路主要在两个向度上展开：一是旅游产业集聚对地区收入差距的影响效应可能会因为旅游产业自身集聚水平的不同而表现出非线性，二是旅游产业集聚与地区收入差距的关系可能会因为外部其他约束因素的影响而表现出非线性。此项研究预设的基础在于：其一，前文已有所论及，旅游产业集聚对地区收入差距的作用过程存在着多种影响因素和制约条件，更需指明的是，旅游产业间接收入效应所产生的经济增长溢出本身就是一个动态复杂系统，在对地区收入差距进行影响传导时可能会受到诸多因素的制约，从而使得旅游产业集聚对地区收入差距的线性影响关系受到质疑；其二，鉴于上述先验假设，对此问题的考虑需要回到旅游发展对经济增长影响具有非线性影响效应的逻辑起点，Adamou 和 Clerides（2009）以 162 个国家 1990—2005 年面板数据为研究样本，通过将旅游专业化平方项纳入到模型中来检验这种非线性是否存在，将旅游专业化及其二次项纳入到经济增长模型中进行面板工具变量估计，估计结果显示：旅游专业化一次项系数显著为正（0.0039），二次项系数显著为负（–0.000094），倒 U 形门槛值为 20.8%，说明旅游发展对经济增长的促进作用具有门槛特征。上述研究结论在 Fayissa 等（2011）对 18 个拉丁国家 1990—2005 年面板数据的研究中得以验证。以上两方面的理论思考有助于接下来我们揭示旅游产业集聚对地区收入差距是否具有非线性影响效应，并直切肯綮，以免牖中窥日。

一般意义上，如若考察导致旅游产业集聚对地区收入差距具有影响的约束因素时，传统方法则是分组检验与交互项检验。分组检验所面临的一个无法回避的问题就是分组标准的确定，主观性地将某一影响因素的中位数作为分组依据，却忽视了在实际模型中，样本中位数却并不一定是引发旅游产业集聚对地区收入差距影响的具体门槛水平。此外，也可根据通过主观外生设定结构突变点的 Chow 检验来确定分组标准，但这也却违背了样本结构突变内生于经济系统中的客观原理。例如，Brau 等（2007）采用 143 个国家 1980—2003 年的面板数据分析了经济增长、国家规模和旅游专业化程度之间的关系，为了克服时间序列数据上述缺陷，他们将在 1980—2003 年平均人口小于 100 万且旅游平均专业化程度高于 10% 的国家定义为“小国（Small Countries）”，并运用虚拟变量回归对“小国”经济增长绩效与其他样本子集国家（经合组织国家、产油国家、小国和最不发达国家）经济增长绩效进行了比较分析，得出结论：人口规模小的国家只有在旅游专业化程度很高的情况下才会出现“旅游导向型经济增长”假说。交互项检验由于无法避免单一变量与交互变量之间的共线性问题，使得估计结果并不具备完全可信性。近年来，非线性计量经济学模型的发展为这一问题的研究提供了一种新的研究思路，“门槛回归”方法作为分组检验方法的一种扩展，针对上述两种检验方法的局限进行了改进，在诸多研究领域得以广泛应用。在旅游学研究中，Po 和 Huang（2008）有关旅游发展与经济增长之间存在非线性影响关系的经典文献中予以更加严谨化，他们首次运用 Hansen（1999）所创设的面板门槛回归①（Panel Threshold Regression，PTR）方法，并以入境旅游专业化程度为门槛变量对 88 个国家 1995—2005 年数据分为三个样本区间进行了实证考察。此后，Chang 等（2009）、武春友和谢风媛（2010）也运用此方法检验出入境旅游发展对经济增长影响关系所存在的非线性门槛

① 面板门槛模型的优点在于：首先，它通过内生的方式，从样本估计中分离出以门槛变量为基础的两个样本，并分别估计得出两个样本中解释变量与被解释变量之间的关系；其次，从模型估计结果可以观察出在样本期间内，解释变量与被解释变量之间的关系是否发生了结构性突变，从而为我们捕捉变量间更为准确的关系提供了新思路。

特征。

一、门槛模型设定和估计方法

我们重点介绍单一门槛模型的设定，进而扩展到多门槛模型。单一门槛模型的设定如下：

$$y_{it} = \mu_i + \theta' X_{it} + \beta_1 d_{it} I(q_{it} \leqslant \gamma) + \beta_2 d_{it} I(q_{it} > \gamma) + e_{it} \qquad (12.4)$$

其中，q_{it} 为门槛变量，γ 为特定门槛值，$I(\cdot)$ 为示性函数，μ_i 用于反映截面个体效应，$e_{it} \square iid(0,\sigma^2)$ 为随机干扰项。为了得到参数的估计量，我们需要先从每一个观察值中减去其组内平均值以消除个体效应 μ_i，如 $y_{it}^* = y_{it} - (1/T)\sum_{t=1}^{T} y_{it}$，变换后的模型为：

$$y_{it}^* = \mu_i + \theta' X_{it}^* + \beta_1 d_{it}^* I(q_{it} \leqslant \gamma) + \beta_2 d_{it}^* I(q_{it} > \gamma) + e_{it}^* \qquad (12.4)$$

二、门槛变量选择与数据说明

据上分析，针对各地区的经济发展特征，本章进一步将影响旅游产业集聚与地区收入差距关系的因素概括为旅游产业集聚、经济发展水平、基础设施建设与产业结构升级四个主要方面，以此构建门槛变量，并分别测度各门槛变量的门槛值所划分的不同取值区间内旅游产业集聚对地区收入差距的差异化影响。在数据选择方面，我们仍然以前面所引用的《中国统计年鉴（2000—2010）》和《中国旅游年鉴（2000—2010）》所刊载的 1999—2009 年中国 30 个省、市、自治区的 240 组数据作为检验样本的数据来源。

利用中国 30 个省际单元的面板数据对旅游产业集聚与地区收入差距的门槛效应进行分析，综合考虑一些可能会对两者关系产生影响的主要因素，本章将面板门槛模型设定为如下形式：

$$\ln incgap_{it} = \mu_i + \theta' \ln X + \beta \ln touago_{it} I(Q_{it}, \gamma) + e_{it} \qquad (12.5)$$

上式中 $\ln touago_{it}$ 为门槛依赖变量，Q_{it} 为门槛变量，依次表示为旅游产业集聚、经济发展水平、基础设施建设与产业结构升级，γ 为相应的门槛估计值。

（一）旅游产业集聚

产业集聚通过促进生产率增长来对地区经济增长产生溢出效应，主要以集聚经济现象作为主要表现形式（Segal，1976；Moomaw，1985；Tabuchi，1986）。以此为据，旅游产业集聚变动所释放的集聚经济为地区经济增长带来新的动力，对此的理解可以从以下两个方面进行思考：主要是因为在现阶段，城市旅游承担着中国旅游生产的重要功能，城市旅游对于城市建设发展的强大依附能力与内生融合能力使得城市旅游为城市集聚经济的强化产生新型附加值，从而最终整体上以城市集聚经济的形式而对地区收入差距产生影响；旅游产业在集聚过程中通过纵向与横向产业关联效应，最终以旅游产业融合经济外溢途径来对地区收入差距产生影响。另需考虑的是，旅游发展对经济增长的影响效应也可能会因为地区间旅游发展程度不同表现出异质特征（Fayissa 等，2011），进而也可能会对旅游产业集聚与地区收入差距关系产生影响。例如，Po 和 Huang（2008）对 88 个国家 1995—2005 年面板数据研究发现认为，当入境旅游专业化程度低于 4.0488% 或高于 4.7337% 时，入境旅游发展对经济增长具有显著促进作用；而当入境旅游专业化程度高于 4.0488% 且低于 4.7337% 时，入境旅游发展对经济增长影响关系并不显著。

（二）经济发展水平

一个地区的经济发展水平充分表征出该地区经济运行系统的复杂结构，不仅对地区收入差距具有直接影响（Jappelli 和 Pistaferri，2010），同样也关系到旅游产业发展的经济增长溢出能力。Eugenio-Martin 等（2004）使用动态面板系统广义矩估计方法（SYS-GMM）对 21 个拉丁美洲国家 1985~1998 年研究指出，在低收入组分（3 个国家）和中收入组分（11 个国家）内旅游发展与经济增长正相关，而在高收入组分（7 个国家）内两者却呈现负相关关系。由于经济发展水平的差异，不同地区之间地区收入差距程度不同、旅游产业发展的经济溢出能力不同，更为重要的是，旅游产业集聚对地区收入差距的影响机制抑或不同，对这一问题的思考的共同点可以聚焦于地区人力资本的差异方面。一般意义上，经济发展水平较高的地区，人力资本优势明显，直觉上这是来自对新古典经济增长理论的认知，其对缩小地区收入差距具有显著影响，并已得到 Sylwester（2002）、Glomm 和 Ravikumar（2003）

的研究支持，而随着现代旅游业逐渐由劳动密集型向资本密集型、知识密集型转变，人力资本建设成为现代旅游业提高生产能力的重要因素（Baum，2007），不仅有助于提升旅游发展对经济增长的溢出能力，从而也强化了旅游产业集聚对地区收入差距影响机制的传导效率。本章选择能够代表一个地区经济发达程度的人均 GDP 作为衡量经济发展水平因素的指标，并对其进行了以 1999 年为基期的 GDP 指数化平减，相关数据来自历年《中国统计年鉴》。

（三）基础设施建设

基础设施在目的地旅游系统运行中占据重要地位，经典旅游需求理论认为基础设施是决定旅游流的重要因素（Witt，1995；Song 和 Li，2008），良好的基础设施可以提高旅游产品的市场交易效率，其在旅游产品价值属性得以充分体现，由此不仅为旅游产业集聚的形成发展提供了重要保障，而且其本身作为“可达性”与“吸引物”，也是旅游目的地竞争力构建过程中的基本组成部分（Inskeep，1991）。一般认为，交通基础设施（Transport Infrastructure）是基础设施的核心组成部分，也成为核心基础设施。Kaul（1985）首次提到交通设施是旅游目的地发展的重要作用，随后 Khadaroo 和 Seetanah（2007a，2007b，2008）进行了拓展性的实证研究，如他们在对毛里求斯 1978—2003 年作为其主要入境旅游客源地的欧美、亚洲和非洲国家的研究中发现交通设施对地区旅游发展具有显著促进作用。如果转至微观层面，旅游企业作为旅游市场运行的微观经济单元，根据新经济地理学收益递增与不完全竞争的分析框架，良好的基础设施意味着旅游目的地可达性程度较高，类似于工业品运输成本的旅游流形式的旅游产品生产成本相应下降，在提高旅游产业集聚水平的同时，进一步增强了旅游产业集聚经济的空间外溢扩散能力。目前人们对于旅游交通基础设施在旅游发展中具有至关重要作用这一论点上已经基本达成了一致共识（Suh 和 Gartner，2004；Vergragt，2007；Schiefelbusch 等，2007），但对于其在旅游发展对其他经济现象影响中的作用和功能并未涉及。与此相似，基础设施促进经济增长的理论机制主要包括基础设施投资的增长效应与基础设施的福利效应。例如，Dmurger（2001）发现基础设施的发展对中国日益扩大的地区差距有较强的解释力，基础设施水平的提高对于落后地区接受发达地区的经济辐射具有重要意义。本章选择省际公路里程占地区面积的比重[①]作为衡量地区基础设施建设的指标，相关数据来自历年《中国统计年鉴》。

（四）产业结构升级

产业结构升级不仅有助于促进旅游产业发展的转型升级，同时也有利于转变地区经济增长方式。当前我国旅游业正处在由传统服务业向现代服务业转变阶段，旅游产业总体上依然包含传统服务业的内容和现代服务业的元素，前者主要以旅游产业集聚经济为主，后者主要以旅游产业融合经济为主，按其实质，后者则是一种宽泛意义层面上的旅游产业集聚形式。与此同时，产业结构升级促使经济增长方式由传统的以规模为导向以效率为导向方向转变，在这一过程中最为重要的是，按照内生经济增长理论的理解，地区经济发展最终可能会趋同于统一的均衡稳定状态，显而易见，产业结构升级也会对地区收入差距产生影响。由上述理论分析可知，产业结构升级对旅游产业集聚与地区收入差距均会产生相应影响，那么从逻辑的进路来看，产业结构升级可能也会对旅游产业集聚与地区收入差距关系产生影响，对此判断尽管目前仅停留在理论层面，但也为我们进一步实证考察产业结构升级与上述两者影响关系是否存在“门槛效应”提供了理论根据。

三、旅游产业集聚对地区收入差距影响的门槛检验

通过上述分析，我们选取旅游产业集聚、经济发展水平、基础设施建设以及产业结构升级作为旅游产业集聚与地区收入差距影响关系的门槛变量，在使用固定效应模型的基础上，对上述门槛变量运用模型式（12.5）对其进行门槛检验和估计。

（一）门槛效应检验

首先是门槛效应检验。我们需要确定门槛的个数，以便确定模型的设定形式。我们分别在不存在门槛、单一门槛、双重门槛与三重门槛的设定下进行估计，得到的 F 统计量和采用“自抽样法”（Bootstrap）得出的 P 值见表 12–2。

---

① 为了使各省份在不同年份的基础设施存量具有可比性，我们计算了各省份 1999—2009 年的基础设施密度。具体来说，就是沿用 Demurger（2001）的做法加总铁路里程、公路里程与内河航道里程之后再除以各省份国土面积。

表 12–2　门槛效果检验[①]

指标	门槛变量			
	旅游产业集聚（*touago*）	经济发展水平（*pgdp*）	基础设施建设（*highway*）	产业结构升级（*str*）
单一门槛检验	60.598*** [0.000]	37.073** [0.020]	40.900** [0.013]	36.203*** [0.000]
双重门槛检验	8.411 [0.177]	34.624*** [0.010]	28.047*** [0.007]	22.698*** [0.003]
三重门槛检验	5.850 [0.183]	19.935** [0.033]	11.192* [0.100]	8.129** [0.040]
样本最小值	0.207	2524	0.021	0.286
样本最大值	2.125	27118	2.874	0.755
样本均值	0.945	8458	0.548	0.404

注：中括号上方的数值为门槛检验对应的 F 统计量；***、** 和 * 分别表示在 1%、5% 和 10% 水平上显著；中括号内为采用“自抽样法”（Bootstrap）方法反复抽样 300 次得到的 P 值。

由表 12–2 可知，旅游产业集聚单一门槛在 1% 水平上显著，但双重和三重门槛检验并没有通过显著性检验，说明它只存在一个门槛值；经济发展水平、基础设施建设与产业结构升级单一门槛、双重门槛与三重门槛均至少在 10% 水平上显著，说明它们存在三个门槛值。因此，下面我们分别基于旅游产业集聚单一门槛和经济发展水平、基础设施建设与产业结构升级三重门槛进行分析。

门槛效应检验之后，需要就单一门槛模型和三重门槛的一个和三个门槛值进行检验，门槛估计值和相应的 95% 置信区间见表 12–3。门槛参数的估计值是指似然比检验统计量 LR 为零时 γ 的取值，表 12–3 中列出旅游产业集聚单一门槛估计值为 1.567；经济发展水平三重门槛估计值为 4819、6300、11495；

① 人均 GDP 单一门槛检验在 1%、5% 和 10% 显著水平上对应的临界值分别为 40.443、28.561 和 17.817；双重门槛检验在 1%、5% 和 10% 显著水平上对应的临界值分别为 33.5、16.769 和 13.029；三重门槛检验在 1%、5% 和 10% 显著水平上对应的临界值分别为 37.534、18.183 和 13.447。基础设施单一门槛检验在 1%、5% 和 10% 显著水平上对应的临界值分别为 43.17、17.928 和 12.513；双重门槛检验在 1%、5% 和 10% 显著水平上对应的临界值分别为 25.276、17.821 和 12.254；三重门槛检验在 1%、5% 和 10% 显著水平上对应的临界值分别为 24.166、15.559 和 11.054。产业升级单一门槛检验在 1%、5% 和 10% 显著水平上对应的临界值分别为 20.51、12.493 和 8.339；双重门槛检验在 1%、5% 和 10% 显著水平上对应的临界值分别为 15.732、11.346 和 7.102；三重门槛检验在 1%、5% 和 10% 显著水平上对应的临界值分别为 15.305、7.841 和 5.117。

基础设施建设三重门槛估计值为 0.052、0.311、0.802；产业结构升级三重门槛估计值为 0.361、0.412、0.455。图 12-1 为单一门槛模型中似然比函数序列 LR 作为旅游产业集聚门槛参数的趋势图，由于各个门槛估计值的 95% 置信区间是所有 LR 统计量小于 5% 显著水平下的临界值 7.35 的 γ 构成的区间，由图 12-1 可知，当旅游产业集聚门槛估计值处于［1.567.1.627］区间内时，似然比值小于 5% 显著性水平下的临界值，处于原假设接受域内，即单一门槛值与实际门槛值相等。图 12-2 到图 12-4 分别列出了经济发展水平第一、第二和第三个门槛估计值的识别图①，并可结合表 12-3 进行上述验证。

表 12-3　门槛值估计结果

指标	门槛值$\hat{\gamma}_1$		门槛值$\hat{\gamma}_2$		门槛值$\hat{\gamma}_3$	
	估计值	95%置信区间	估计值	95%置信区间	估计值	95%置信区间
旅游产业集聚	1.567	［1.567，1.627］	—	—	—	—
经济发展水平	4819	［4630，4900］	6300	［4819，6307］	11495	［11000，14000］
基础设施建设	0.052	［0.052，0.056］	0.311	［0.094，1.046］	0.802	［0.674，0.836］
产业结构升级	0.361	［0.330，0.435］	0.412	［0.407，0.416］	0.455	［0.454，0.470］

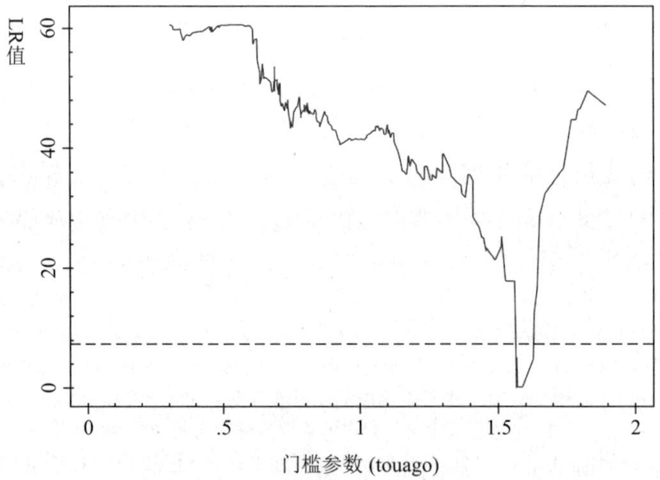

图 12-1　旅游产业集聚单一门槛值识别

① 限于篇幅，基础设施建设与产业结构升级门槛值识别图未列出，备索。

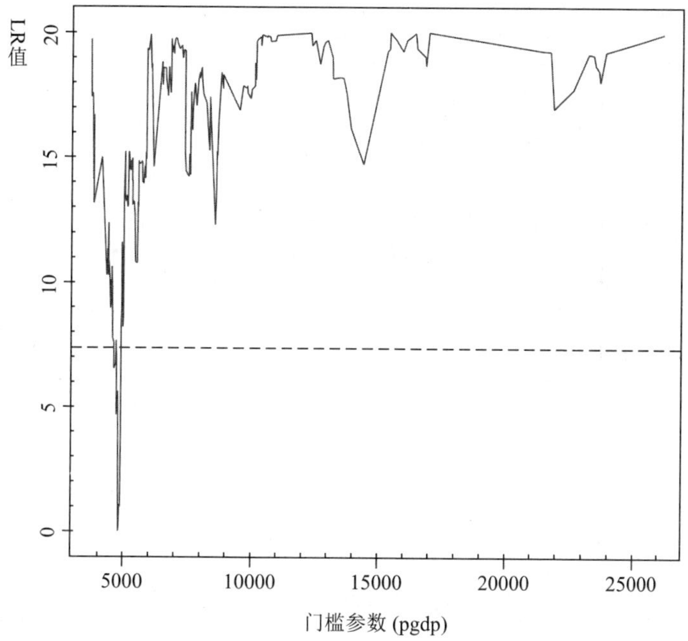

图 12-2　经济发展水平第一个门槛值识别

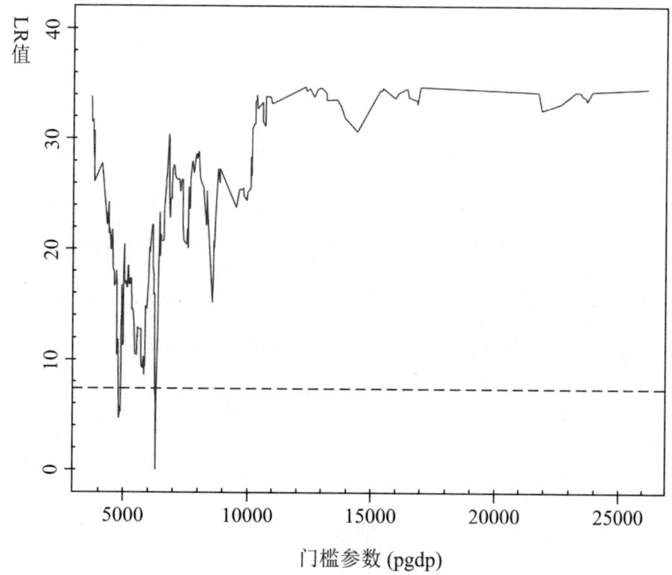

图 12-3　经济发展水平第二个门槛值识别

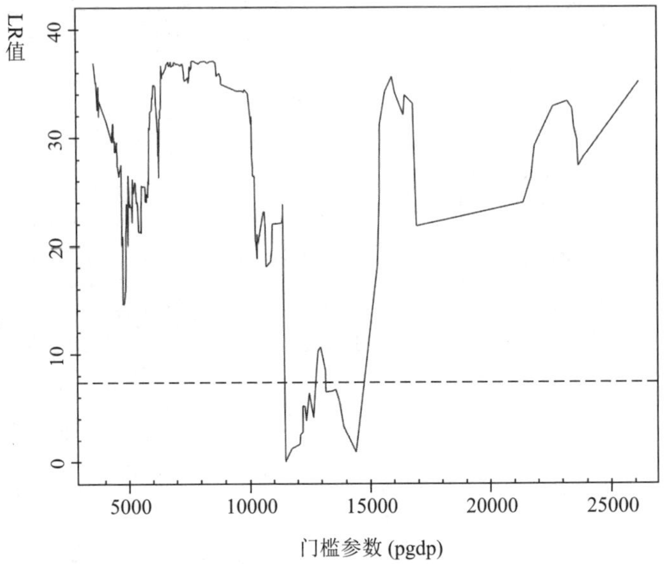

图 12-4　经济发展水平第三个门槛值识别

（二）门槛模型的参数估计结果

表 12-4 报告出旅游产业集聚单一门槛模型参数估计结果。门槛效应检验显示，当旅游产业的集聚水平低于单一门槛值 1.567 时，旅游产业集聚对地区收入差距影响的估计系数为负，但并不显著，这说明尽管旅游产业集聚对地区收入差距表现出一定的负向影响效应，然而在这一区间内的这种影响效应较为薄弱，并存在很多不确定性。当旅游产业集聚水平跨越这一门槛值后，旅游产业集聚对地区收入差距影响显著为负，估计系数为 -0.401，尽管这一区间内估计系数方向与线性回归保持一致，然而此时负向影响效应程度却要大于后者。这说明中国旅游产业集聚水平跨越门槛值后，集聚水平越高，旅游产业集聚对缩小地区收入差距的作用越明显。2009 年跨过旅游产业集聚门槛的地区仅有贵州一个，因此，整体而言，在考虑旅游产业集聚水平的情况下，旅游产业集聚对地区收入差距呈现微弱的负相关关系，这也同时反映出现阶段中国旅游产业集聚水平不高且自身集聚过程对经济增长外溢能力不强的现实特征。其中，模型中 4 个控制变量的估计系数也与线性回归模型保持一致。

表 12–4　单一门槛模型参数估计结果

解释变量	系数估计值	OLS SE	White SE
ln *pgdp*	1.822***	0.105	0.121
ln *ins*	0.464***	0.041	0.059
ln *fdi*	0.015**	0.008	0.007
ln *gov*	0.499***	0.056	0.055
ln *touagoI*（*touago* ≤ 1.567）	−0.007	0.035	0.037
ln *touagoI*（*touago* > 1.567）	−0.401***	0.051	0.054

注：OLS SE 为 OLS 标准差，White SE 为 White 修正标准差。

表 12–5 报告出经济发展水平、基础设施建设和产业结构升级三重门槛模型估计结果。三重门槛效应检验结果说明，旅游产业集聚对地区收入差距影响效应显著地存在基于经济发展水平的非单调性的三重门槛效应，旅游产业集聚对地区收入差距影响关系与经济发展水平之间存在显著的非线性关系。具体估计结果为：一个地区经济发展水平未跨越第一个门槛值 4819 时，旅游产业集聚对地区收入差距影响的估计系数为 −0.222，且在 1% 水平上显著，当经济发展水平跨过第一个门槛值处于第二区间时，旅游产业集聚对地区收入差距的负向作用变得不显著，当经济发展水平跨过第二个门槛值 6300，且处在第三区间时，旅游产业集聚对地区收入差距影响的估计系数却变的显著为正，具体为 0.171，而经济发展水平跨过第三个门槛值 11495 时，估计系数显著为负，旅游产业集聚对地区收入差距的负向影响效应变为 −0.637。与线性回归模型相比，门槛回归模型根据经济发展水平大小，将样本划分为四个区间，更准确地解释了旅游产业集聚对地区收入差距的影响趋势变化。总体来看，旅游产业集聚对地区收入差距的影响关系呈现缩小—拉大—缩小的倒“N”形结构。通过对比分析，我们发现 2009 年跨过经济发展水平第三个门槛值的地区有：北京、天津、上海、江苏、浙江、广东。

表 12-5　三重门槛模型参数估计结果

解释变量	门槛变量		
	经济发展水平	基础设施建设	产业结构升级
ln *pgdp*	1.931*** (0.106)	1.611*** (0.103)	1.842*** (0.105)
ln *ins*	0.455*** (0.041)	0.571*** (0.041)	0.506*** (0.040)
ln *fdi*	0.012 (0.008)	0.021*** (0.008)	0.016* (0.008)
ln *gov*	0.542*** (0.054)	0.521*** (0.055)	0.495*** (0.056)
ln *touagoI*（*pgdp* ≤ 4819）	−0.222*** (0.046)		
ln *touagoI*（4819 < *pgdp* ≤ 6300）	−0.037 (0.039)		
ln *touagoI*（6300 < *pgdp* ≤ 11495）	0.171*** (0.046)		
ln *touagoI*（*pgdp* > 11495）	−0.637*** (0.091)		
ln *touagoI*（*highway* ≤ 0.052）		−0.397*** (0.072)	
ln *touagoI*（0.052 < *highway* ≤ 0.311）		0.030 (0.039)	
ln *touagoI*（0.311 < *highway* ≤ 0.802）		−0.099** (0.039)	
ln *touagoI*（*highway* > 0.802）		−0.372*** (0.062)	
ln *touagoI*（*str* ≤ 0.361）			0.164** (0.069)
ln *touagoI*（0.361 < *str* ≤ 0.412）			−0.017 (0.037)
ln *touagoI*（0.412 < *str* ≤ 0.455）			−0.152*** (0.036)

续表

解释变量	门槛变量		
	经济发展水平	基础设施建设	产业结构升级
ln *touagoI*（*str* > 0.455）			−0.513*** （0.077）
常数 C	−8.337*** （0.932）	−5.792*** （0.905）	−7.759*** （0.926）
R^2	0.941	0.936	0.936
F 检验	18.27***	16.21***	15.83***

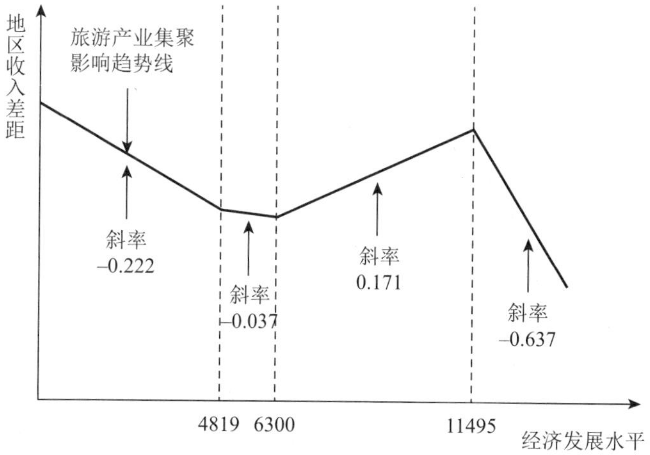

图 12–5　旅游产业集聚对地区收入差距影响关系模拟图

门槛效应同样显示出旅游产业集聚作为可以缩小地区收入差距的新生力量，基础设施建设对这种现实关系的影响显著存在负向的三重门槛特征。当基础设施建设低于 0.052 时，旅游产业集聚对地区收入差距影响系数为 −0.397，当跨过第一个门槛值后，估计系数变得并不显著，跨过第二个门槛值 0.311 后，负向影响效应有所降低，影响系数为 −0.099，随着基础设施建设达到第三个门槛值 0.802 时，负向影响效应又增强为 −0.372。这一结果表明，旅游产业集聚对地区收入差距的负向影响效应明显依赖于地区基础设施建设状况，旅游产业集聚对地区收入差距的影响关系具有明显的基础设施建设门槛效应。这也与前文的理论分析一致，旅游产业集聚能够通过基础设施建设实现缩小地区收入差距的基本目标。其中，跨过基础设施建设第三个门槛值的地区有：北京、天津、山西、上海、江苏、浙江、安徽、江西、山东、河南、湖北、湖南、广东、重庆、贵州。

旅游产业集聚对地区收入差距影响效应与产业结构升级之间同样也存在显著的非线性关系，即显著的“三重门槛效应”。值得关切的是，当产业结构升级低于第一个门槛值 0.361 时，旅游产业集聚显然拉大了地区收入差距，跨过此门槛值后，估计系数为 –0.017 但并不显著，当处于第二个门槛值 0.412 与第三个门槛值 0.455 之间时，旅游产业集聚对地区收入差距表现出显著的负向影响关系，估计系数为 –0.152，而跨过第三个门槛值后，这种负向影响效应跃迁到 –0.513，概括言之，当产业结构升级作为门槛变量时，旅游产业集聚对地区收入差距的影响关系整体呈现出拉大—缩小的变化趋势，并且主要以缩小为主导。究其原因，产业结构升级总是源于资本要素相对需求的变化，资本要素相对需求的上升意味着产业从劳动密集型向资本密集型转变，这种产业结构变迁对上述影响关系趋势的主要作用机制存在两种路径：其一，产业结构升级对旅游产业运行的做出具体要求，旅游产业在摆脱传统劳动密集型产业过程中，人力资本质量调整与产业经营理念转变使得旅游企业利润率出现短暂下降，随着旅游产业结构高级化的推进，旅游产业集聚对经济增长的外溢能力得以显著提升；其二，产业结构升级有效拓展了旅游产业供需要素基本面，旅游产业在向现代服务业转变过程中，形成了新的使用价值，随着产业结构升级的逐步深化，旅游产业发展从对生产关系的辅助服务上升到对生产力的促进提升层面，主导的观念是，旅游产业集聚通过显著影响地区经济增长而作用于收入差距变化。2009 年跨过 0.455 门槛值的地区仅有北京、上海、广东和贵州 4 个省份，另有天津、海南、浙江产业结构升级也达到了 0.45 以上，而大部分省份处于门槛值 0.361 和 0.412 之间，所以对这些地区而言，继续强化产业结构升级将有助于发挥旅游产业集聚对地区收入差距的缩小作用。

第五节　本章结论

近年来，旅游产业集聚现象越来越引起重视，已有研究主要关注的是旅游产业集聚对经济增长是否具有外溢能力，在经济活动的空间集聚对地区经济增长相互影响的理论框架下，旅游产业集聚与地区收入差距关系问题在理论分析与经验考察上并未得到足够重视。鉴于此，本章利用旅游产业区位熵作为旅游产业集聚的代理变量，首先就旅游产业集聚对地区收入差距的影响进行了理论分析，基本逻辑含义是：旅游产业发展主要通过集聚经济、融合经济与转型经济 3 种作用机制对地区收入差距产生影响，然后采用 1999—2009 年中国 30 个省份的面板数据检验了旅游产业集聚对地区收入差距的影响，实证研究框架为：分别就旅游产业集聚对地区收入差距影响效应的线性与非线性关系进行分步考察。本章的主要实证研究策略是：一方面，通过静态面板数据固定效应模型估计和动态面板数据系统广义矩估计发现，在线性假设条件下，旅游产业集聚对地区收入差距具有显著负向影响效应；另一方面，进一步运用 Hansen（1999）门槛检验方法，选取旅游产业集聚、经济发展水平、基础设施检验与产业结构升级 4 个门槛变量就旅游产业集聚对地区收入差距影响效应的门槛水平进行了检验。实证结果显示：旅游产业集聚对地区收入差距的影响效应具有典型的门槛特征，简而言之，旅游产业集聚对地区收入差距的影响效应会因为 4 个门槛变量门槛值的不同呈现出显著的非线性关系，具体为：旅游产业集聚对地区收入差距影响效应显著地存在基于旅游产业集聚的单一门槛效应与基于经济发展水平、基础设施建设与产业结构升级的三重门槛特征，一个重要特征是，无论是单一门槛模型估计结果还是三重门槛模型估计结果主要报告出了旅游产业集聚对地区收入差距的负向影响效应。

基于上述结论，本章的主要启示是：（1）为旅游产业集聚提供良好的制度环境与市场环境，积极鼓励旅游产业通过融合方式催生多种新型业态，进一步强化旅游产业集聚对经济增长的外溢能力，有效释放旅游产业集聚经济能量空间，从而增强旅游产业集聚对地区收入差距的负向影响效应；（2）由表 12–5 可知，当地区经济发展水平跨过第三门槛值 11495 时，旅游产业集聚对地区收入差距的负向影响效应达到最大值 –0.637，而全国只有 6 个省份跨过了此门槛值，内生于经济发展水平较高地区的旅游产业集聚对地区收入差距的负向影响效应越大，由是观之，努力提高地区经济发展水平，国内居民可支配收入的提升进一步刺激了地区旅游产品需求市场潜能，从而为旅游产业集聚形成提供了动力机制；（3）基础设施建设在旅游产业集聚对地区收入差距负向影响效应中主要发挥两个层面的作用，一是基础设施是经济增长的关键因素，二是基础设施是旅游产业集聚的必要基础，基础设施建设不仅增强了旅游产品生产要素的流动性，同时也为旅游产品生产成本进行了“时空压缩”，质言之，基础设施为旅游产业集聚经济形成提供了基本保障，加大基础设施建设，尤其是中西部落后地区的基础设施建设，有助于强化旅游产业集聚对地区收入差距的负向影响效应；（4）一方面，产业结构升级为旅游产业集聚形成提供了便利条件，现代服务业的发展有助于拓展旅游产品基本供给面，使得旅游产品功能趋向多元化；另一方面，产业结构升级同时也要求旅游产业结构的转型升级，旅游产业向技术密集型转变为旅游产业集聚方式带来实质变革，由此而产生的旅游产业转型经济将为缩小地区收入差距做出重要贡献。

参考文献：

［1］Adamou A，Clerides O. Prospects and Limits of tourism–led growth：The international evidence［R］. RCEA Working Paper，2009，1–15.

［2］Alesina A，Rodrik D. Distributive politics and economic growth［J］. Quarterly Journal of Economics，1994，109（2）：465–490.

［3］Arellano M，Bond S. Some tests of specification for panel data：Monte Carlo ecidence and an application to employment equation［J］. Review of Economic Studies，1991，58（2）：277–297.

［4］Arellano M，Bover O. Another look at the instrumental variable estimation of error–components［J］. Journal of Econometrics，1995，34（7）：877–884.

［5］Bai J. Estimating multiple breaks one at a time［J］. Econometric Theory，1993，13（3）：315–352.

［6］Baldwin R，Forslid R，Martin P. Economic geography and public policy［M］.

Princeton University Press, 2003.

[7] Baum T. Human resources in tourism: Still waiting for change [J] . Tourism Management, 2007, 28 (6): 1383–1399.

[8] Blundell R, Bond S, Windmeijer F. Estimation in dynamic panel data models: Improving on the performance of the standard GMM estimator [J] . Advances in Economics, 2000, 15 (2): 53–91.

[9] Blundell R, Bond S. Initial conditions and moment restrictions in dynamic panel data models [J] . Journal of Econometrics, 1998, 87 (7): 115–143.

[10] Borooah V, Gustafsson B, Shi L. China and India: Income inequality and poverty north and south of the Himalayas [J] . Journal of Asian Economics, 2006, 17 (5): 797–817.

[11] Bramwell B, Sharman A. Collaboration in local tourism policymarking [J] . Annals of Tourism Research, 1999, 26 (2): 392–415.

[12] Chan K. Consistency and limiting distribution of the least squares estimator of a threshold autoregressive model [J] . The Annals of Statistics, 1993, 21 (3): 520–533.

[13] Chang C, Khamkaew T, McAleer M. A panel threshold model of tourism specialization and economic development [R] . Econometric Institute Research Papers, 2009: 1–43.

[14] Chen A. Reducing China's regional disparities: Is there a growth cost [J] . China Economic Review, 2010, 21 (1): 2–13.

[15] Chung W, Kalnins A. Agglomeration effects and performance: A test of the Texas lodging industry [J] . Strategic Management Journal, 2001, 22 (10): 969–988.

[16] Ciccone A, Hall R. Productivity and the density of economic activity [J] . American Economic Review, 1996, 86 (1): 54–70.

[17] Ciccone A. Agglomeration effects in Europe [J] . European Economic Review, 2002, 46 (2): 213–227.

[18] Cornia G, Popov V. Transition and institutions: The experience of gradual and late reformers [J] . Oxford University Press, 2001.

[19] Davies R. Hypothesis testing when a nuisance parameter is present only under the alternative [J] . Biometrika, 1987, 74 (1): 33–43.

[20] Dekle R, Eaton J. Agglomeration and land rents: Evidence from the prefectures [J] . Journal of Urban Economics, 1999, 46 (2): 200–214.

[21] Dmurger S. Infrastructure development and economic growth: An explanation for regional disparities in China [J] . Journal of Comparative Economics, 2001, 29 (1): 95–117.

[22] Eugenio-Martín J, Morales N, Scarpa R. Tourism and economic growth in Latin American countries [R]. FEEM Working Paper, 2004: 1-20.

[23] Fayissa B, Nsiah C, Tadesse B. Research note: Tourism and economic growth in Latin American countries-further empirical evidence [J]. Tourism Economics, 2011, 17 (6): 1365-1373.

[24] Fereidouni H, Masron T. The effect of tourism agglomeration on foreign real estate investment: Evidence from selected OECD countries [J]. International Journal of Strategic Property Management, 2011, 15 (3): 222-230.

[25] Fujita M, Krugman P, Venables J. The spatial Economy: Cities, regions and international trade [M]. Cambridge, Mass: MIT Press, 1999.

[26] Fujita M, Thisse J. Economics of agglomeration: Cities, industrial location, and regional growth [M]. Cambridge University Press, 2002.

[27] Glomm G, Ravikumar B. Public education and income inequality [J]. European Journal of Political Economy, 2003, 19 (2): 289-300.

[28] Goh C, Luo X, Zhu N. Income growth, inequality and poverty reduction: A case study of eight provinces in China [J]. 2009, 20 (3): 485-496.

[29] Goodall B, Asworth G. Marketing in the tourism industry [J]. London: Routledge, 1990.

[30] Gustafsson B, Shi L. Income inequality within and across countries in rural China 1988 and 1995 [J]. Journal of Development Economics, 2002, 69 (1): 179-204.

[31] Hansen B. Inference when a nuisance parameter is not identified under the null hypothesis [J]. Econometrica, 1996, 64 (2): 413-430.

[32] Hansen B. Sample splitting and threshold Estimation [J]. Econometrica, 2000, 68 (3): 575-603.

[33] Hansen B. Threshold effects in non-dynamic panels: Estimation, testing and inference [J]. Journal of Econometrics, 1999, 93 (2): 345-368.

[34] Hassan S. Determinants of market competitiveness in an environmentally sustainable tourism industry [J]. Journal of Travel Research, 2000, 38 (3): 239-245.

[35] Inskeep E. Tourism Planning: An integrated and sustainable development approach [M]. New York: Van Nostrand Reinhold, 1991.

[36] Jappelli T, Pistaferri L. Does consumption inequality track income inequality in Italy? [J]. Review of Economic Dynamics, 2010, 13 (1): 133-153.

[37] Jin Y, Li H, Wu B. Income inequality, consumption, and social-status seeking [J]. Journal of Comparative Economics, 2011, 39 (2): 191-204.

[38] Judson R, Owen A. Estimating dynamic panel data models: A guide for

macroeconomists [J] . Economic Letters，1999，65（1）：9–15.

[39] Kakamu K，Fukushige M. Divergence or convergence? Income inequality between cities，towns and villages in Japan [J] . Japan and The World Economy，2005，17（4）：407–416.

[40] Kalnins A，Chung W. Resource–seeking agglomeration：A study of market entry in the lodging industry [J] . Strategic Management Journal，2004，25（7）：689–699.

[41] Kanbur R，Zhang X. Fifty years of regional inequality in China：A journey through central planning, reform, and openness [J] . Review of Development Economics，2005，9（1）：87–106.

[42] Kanbur R，Zhang X. Which regional inequality? The evolution of rural–urban and island–coastal inequality in China，1983–1995 [J] . Journal of Comparative Economics，1999，27（4）：686–701.

[43] Kaul R. Dynamics of tourism：A trilogy [M] . New Delhi：Sterling Publishers，1985.

[44] Khadaroo J，Seetanah B. Does transport infrastructure matter in overall tourism development? Evidence from a sample of islands economies [J] . Tourism Economics，2007，13（4）：675–684.

[45] Khadaroo J，Seetanah B. The role of transport infrastructure in international tourism development：A gravity model approach [J] . Tourism Management，2008，29（5）：831–840.

[46] Khadaroo J，Seetanah B. Transport infrastructure and tourism development [J] . Annals of Tourism Research，2007，34（4）：1021–1032.

[47] Krugman P，Venables J. Globalization and the inequality of nations [J] . Quarterly Journal of Economics，1995，110（4）：857–880.

[48] Krugman P. Increasing returns and economic geography [J] . Journal of Political Economy，1991，99（3）：759–784.

[49] Kuznets S. Modern economic growth：Rate，structure，and spread [M] . Yale University Press，1966.

[50] Lu D. Rural–urban income disparity：Impact of growth，allocative efficiency，and local growth welfare [J] . China Economic Review，2002，13（4）：419–429.

[51] Marshall A. Principles of Economics [M] . London：Macmillan，1920.

[52] Moomaw R. Firm location and city size：Reduced productivity advantages as a factor in the decline of manufacturing in urban areas [J] . Journal of Urban Economics，1985，17（1）：73–89.

[53] Novelli M，Schmitz B，Spencer T. Networks，clusters and innovation in tourism：

A UK experience [J] . Tourism Management，2006，27（6）：1141–1152.

[54] Po W，Huang B. Tourism development and economic growth—a nonlinear approach [J] . Physica A：Statistical Mechanism and its Application，2008，387（22）：5535–5542.

[55] Qin D，Cagas M，Ducanes G. Effects of income inequality on China's economic growth [J] . Journal of Policy Modeling，2009，31（1）：69–86.

[56] Roodman D. A note on the theme of two many instruments [J] . Oxford Bulletin of Econoics and Statistics，2009，71（1）：135–158.

[57] Roodman D. How to do xtabond2：An introduction to difference and system GMM in Stata [R] . Washington：Center for Global Development，2006：1–44.

[58] Schiefelbusch M，Jain A，Muller D. Transport and tourism：roadmap to integrated planning developing and assessing integrated travel chains [J] . Journal of Transport Geography，2007，15（2）：94–103.

[59] Segal D. Are there returns to scale in city size? [J] . Review of Economics and Statistics，1976，58（3）：339–350.

[60] Song H，Li G. Tourism demand modeling and forecasting：A review of recent research [J] . Tourism Management，2008，29（2）：203–220.

[61] Suh Y，Gartner W. Preferences and trip expenditures—a conjoint analysis of visitors to Seoul，Korea [J] . Tourism Management，2004，25（1）：127–137.

[62] Sun L，Chang J，Liu Y. The urban–rural disparities of the elderly labor supply and income in China [J] . Procedia Engineering，2011，15（6）：5274–5278.

[63] Sylwester K. Can education expenditures reduce income inequality [J] . Economics of Education Review，2002，21（1）：43–52.

[64] Tabuchi T. Existence and stability of city size distribution in the gravity and logit models [J] . Environment and Planning，1986，18（6）：1375–1389.

[65] Treiman D. The "differences between heaven and earth"：Urban–rural disparities in well–being in China [J] . Research in Social Stratification and Mobility，2012，30（1）：33–47.

[66] Urtasun A，Gutiérrez I. Tourism agglomeration and its impact on social welfare：An empirical approach to the Spanish case [J] . Tourism Management，2006，27（5）：901–912.

[67] Venables J. Equilibrium locations of vertically linked industries [J] . International Economic Review，1996，37（2）：341–359.

[68] Vergragt P. Sustainable mobility：From technological innovation to societal learning [J] . Journal of Cleaner Production，2007，15（11）：1104–1115.

[69] Wang Y. North–south technology diffusion：How important are trade，FDI and international telecom communication [R] . Working Paper，Carleton University，2005：1–10.

［70］Witt S. Forecasting tourism demand：A review of empirical research［J］. International Journal of Forecasting，1995，11（3）：447–475.

［71］Yamada T. Income risk，macroeconomic and demographic change，and economic inequality in Japan［J］. Journal of Economic Dynamic and Control，2012，36（1）：63–84.

［72］Yu K，Xin X，Guo P. Foreign direct investment and China's regional income inequality［J］. Economic Modelling，2011，28（3）：1348–1353.

［73］樊纲，王小鲁，朱恒鹏. 中国市场化指数——各地区市场化相对进程 2010 年度报告［M］. 北京：经济科学出版社，2010.

［74］范剑勇. 产业集聚与地区间劳动生产率差异［J］. 经济研究，2006（1）：72–81.

［75］高连水. 什么因素在多大程度上影响了居民地区收入差距水平？数量经济技术经济研究，2011（1）：130–139.

［76］刘瑞明. 固有企业、隐形补贴与市场分割：理论与经验证据［J］. 管理世界，2012（4）：21–31.

［77］刘生龙，胡鞍钢. 交通基础设施与经济增长：中国区域差距的视角［J］. 中国工业经济，2010（4）：14–22.

［78］万勇. 创新能力的空间分布及其经济增长效应的实证研究［J］. 上海经济研究，2011（4）：36–45.

［79］武春友，谢风媛. 入境旅游发展与经济增长的非线性关系——基于门限面板数据模型的实证研究［J］. 商业经济与管理，2010（2）：76–82.

［80］谢里，谌龙，邝湘敏. 产业集聚拉大了地区收入差距吗？——来自中国制造业的经验证据［J］. 经济地理，2012，32（2）：20–25.

第五篇 5

旅游业与贫困

第十三章　旅游业与贫困减缓：基于国外经济学文献述评

第一节　引言

将经济学历史拉长审视，人类社会的发展进步即是一部不断抗争的反贫困史。贫困问题因此一直是国际经济学研究所关注的核心论题。发展经济学指出，资本形成水平低下是导致最不发达国家（Least Developed Countries，LDCs）和大多数发展中国家无法跨越人均收入门槛，从而陷入“贫困陷阱”的首要原因。事实上，在过去的几十年里，国际社会一直致力于颁布各项发展计划与援助项目，并通过授权、贷款和结构性调整等方式消除贫困，但始终成效甚微。与此同时，值得提及的是，近半世纪以来，全球旅游业对促进贫困地区经济增长贡献卓越，进而成为全球减缓贫困的新型产业工具。肇自20世纪90年代，“旅游扶贫”计划①、“可持续旅游消除贫困”计划②和“旅游导向型贫困减缓”计划③的系列推广与实施正式拉开了国际旅游业减缓贫困的序幕，与其相应的学术研究也开始大量涌现，主要是停留在关于旅游业减缓

① PPT（Pro-poor Tourism）是1999年4月英国国际发展署（UK Department for International Development，DFID）在联合国可持续发展委员会（UN Commission on Sustainable Development，UNCSD）报告中提出的。

② ST-EP（Sustainable Tourism-elimination Poverty）战略是由世界旅游组织（World Tourism Organization，WTO）在南非约翰内斯堡可持续发展世界峰会（World Summit on Sustainable Development，WSSD）上发布的，获得了大量捐赠机构，例如荷兰发展组织（Netherlands Development Organization，SNV），亚洲开发银行（Asian Development Bank，ADB）、世界银行（World Bank）等多边组织和太平洋亚洲旅游协会（Pacific Asia Travel Association，PATA）等旅游组织的积极响应。

③ 2002年，国际贸易中心（International Trade Centre，ITC）启动了“出口导向型贫困减缓计划”（Export Led Poverty Reduction Programme，EPRP），该计划主要在27个国家包括农业、纺织业和旅游业3个部门实施，其中“旅游导向型贫困减缓计划”（Tourism-led Poverty Reduction Programme，TPRP）是为进一步释放旅游业在促发展和减贫方面的潜力而提出的，属于EPRP的重要组成部分。

贫困的实践探索环节。然而，倘若回到旅游业减缓贫困战略实施的逻辑原点，旅游业对贫困减缓效应的存在性才是科学推动旅游减贫实践发展的核心要义。然而，遗憾的是，学术界对“旅游业是否减缓贫困”的论断始终争议不断，且贯穿于整个研究历程。正如 Saayman 等（2012）所言，问题的核心症结在于，既有研究无非仅是聚焦于某个特定的旅游减贫实践案例，而对于宏观尺度上旅游减贫意义的科学论证则欠缺关注，核心掣肘则是宏观经济研究方法论的发展与应用，因其直接关系到是否可以寻找到旅游减贫在区域层面上的经验证据。因此，为了弥伦群言，诸多学者开始尝试使用经济学思维来阐发旅游业对贫困的减缓机制与规律，同时引入严谨的宏观经济模型和统计技术对旅游减贫效应进行检验测度，目的旨在为地区所推行的旅游减贫战略提供来自于经济学研究的参考依据。

对中国而言，旅游扶贫实践始于 20 世纪 80 年代，演进过程经历了自发兴起、快速发展、实施操作和多措并举四个阶段（何景明，2016）。截至目前，从中央到地方各级政府掀起了一场空前的旅游扶贫政策热潮，旅游业也时兴受到众多欠发达贫困地区的重视。但与之不同，纵观国内研究，围绕旅游业与贫困关系的研究视域仍相对狭隘，从而致使相关研究处于停滞或初级阶段。一个显著的实例则是，PPT 作为一种舶来品在国内饱受争议。宋德义等（2014）也同样指出，分歧的来源是因为缺乏科学严谨的经济学研究所致，具体指向于在检验和捕捉旅游业对贫困的减缓机制和效应方面实为单薄。鉴于此，本章基于经济学分析范式，对国外旅游减贫文献进行梳理、归纳和分析，以厘清旅游业减缓贫困的研究框架，从而希冀为中国旅游业减缓贫困研究提供参考依据与深化方向。

第二节　理论演进

肇始于 20 世纪 50 年代，国际学术界以“旅游业和贫困”为主题进行的学术讨论存在四种理论分野，争辩视角分别来源于（新）自由主义、批判主义、可替代旅游主义和后结构主义。上述 4 种理论体系，除后结构主义出现时间较晚以外，其他理论脉络在 20 世纪 70—90 年代的分析进路几乎齐头并进（Scheyvens，2007）。

首先，在以自由竞争、自由经营和自由贸易为核心的自由主义经济思潮语境下，自由主义学派认为，旅游业所产生的经济利益能够通过纵向“涓滴效应”自发分配至社会各个阶层，并在此过程中自然惠及穷人（Scheyvens，2011），这是旅游业与贫困减缓关系研究的理论起点。进入 20 世纪 80 年代，伴随着资本主义自由竞争进入垄断阶段，拉美地区发展中国家市场经济体系开始出现扭曲，社会经济矛盾出现激化。此时，以“华盛顿共识”为标志，新自由主义兴起，以美国为主导的世界银行和国际货币基金组织等重要金融机构尝试通过引进结构性调整计划来援助处于困境中的发展中国家，其中，旅游业作为典型行业，成为那些债台高筑的发展中国家刺激经济、摆脱贫困的有力工具（Brohman，1996）。但是，随着受援国家社会经济体制与发达国家所实施的外向型政策矛盾冲突加剧，最终致使“华盛顿共识”失败。

其次，批判主义大致出现在新旧自由主义交替之际，主要以政治经济学中依附理论为分析工具，针对西方自由主义经济后期所出现的诸如经济危机频发、两极分化加剧和贫困殖民掠夺等现象展开批判，并质疑旅游业对贫困减缓的有效性（Mbaiwa，2005）。其中具有代表性的后殖民主义学派则认为旅游业发展使得“西方社会（the West）”与“非西方社会（the Rest）”出现割裂，旅游引致不平等关系愈发强烈（Hall 等，2004）。由于贫困地区在旅游业发展中过度依赖于外部资本、技术和人才等生产要素，因而跨国外资旅游企业占据主导地位，并通过投资挤出效应和权利剥夺效应使得旅游经营利润出现大规模资本回流，最终导致贫困地区社会经济福利被掏空稀释（Mowforth 等，2003）。McCulloch 等（2001）研究表明，贫困地区在旅游开发过程中，约有 55%~75% 的经营利润以“减贫之名”又回流到了发达地区。

再次，可替代旅游主义几乎与批判主义同期出现，有别于批评主义所持旅游减贫的消极态度，可替代性旅游主义主要倡导通过发展非大众型旅游活动减缓贫困，主要形式包括旅游扶贫（Pro-poor Tourism）、反贫困旅游（Anti-poverty Tourism）、社区旅游（Community-based Tourism）、可持续旅游（Sustainable Tourism）、生态旅游（Ecotourism）、软旅游（Soft Tourism）、负责任旅游（Responsible Tourism）和公益旅游（Voluntourism）等。上述特定旅游形式共同强调增长并不等同于发展，贫困地区在旅游业发展过程中所面临的社区赋权、收入分配和就业参与的公平性对减缓贫困同样意义重大（Mabogunje，2015）。

最后，后结构主义舍弃了简化主义方法论的研究范式，转而从整体层面上关注旅游业的结构与功能，认为旅游业发展的全球化体系是一个“多层次的复杂网络结构，外部条件和内部条件之间以既竞争又合作的方式相互交织”（Teo，2002），故而应该系统辩证地认知旅游业与贫困关系。实际上，除经济因素外，文化、性别和权利等内生变量都会干扰包括贫困人口在内的旅游利益分配的动态博弈结果（Cheong 等，2000；Davis，2001）。

尽管不同的社会经济思潮呈现出差异性的学术争鸣，然而，当前学术界对旅游业和贫困关系的理论建构和经验研究仍未脱离上述四大理论视野。“旅游业是否减缓贫困”的理论争议主要来源于（新）自由主义与批判主义之间的碰撞，前者为后者所诟病的焦点是，其在直接减缓贫困和缩小贫富差距方面的失败。随后，针对批判主义中的后殖民学派观点，可替代性旅游主义则提供了富有灵活性的差异化“校正”方案，如推广可以减缓贫困的小众型旅游活动形式，但此种发展思路因受众社区规模较小，且经验难具普适性，进而无法形成代表性的系统理论框架。相较而言，后结构主义认为旅游业与贫困关系并非是一个“非正即反”的命题，并强调应规避对局域小尺度旅游业影响和特定旅游形式的过度关注，而是主张在多元化的社会文化语境中对旅游业与贫困关系进行辩证思考，这也为解释“旅游减贫效应”的区际差异提供了理论依据。

表 13–1　旅游业与贫困关系理论分野

20世纪	（新）自由主义	批判主义	可替代性旅游主义	后结构主义
50—60年代	旅游业通过促进经济增长和创造就业实现现代化，并凭借涓滴效应惠及穷人			

续表

20世纪	（新）自由主义	批判主义	可替代性旅游主义	后结构主义
70—80年代	旅游业不仅刺激外国投资和私人部门发展，还能提供就业和生成外汇，成为减缓国家债务的工具	旅游业发展伴随“旅游飞地”、对外国资本、技术的严重依赖，以及与日俱增的社会、经济和收入分配的不平等现象。社区文化、社会网络和生活方式也遭到一定程度破坏	以“小规模、富有教育意义和强调居民控制权”的可替代性旅游形式出现。“绿色议程”和联合国里约首脑峰会强调生态和社会可持续发展，生态旅游出现	
90年代	旅游业成为自由贸易、民主进程及反贫困议程的推进器。外资企业因在第三世界国家开展旅游投资而占据市场的主导地位。PRSPs（Poverty Reduction Strategy Papers）文件将旅游业视作减缓贫困的主要经济部门	在反全球化大潮的背景下，旅游业被视作资本主义对偏远地区的资本和文化侵略。后殖民主义观点认为，旅游通过异质化的自然资源和文化将游客吸引来，然后出现了强烈的社会分层和主客矛盾	旅游业为贫困社区提供多元化生计选择，社区成为旅游业中的重要参与成分，并在实践中被赋权	对旅游减贫持中立态度，强调将旅游业视为一个复杂的系统：当地居民可以通过行使各种权利来维护自身的利益。该理论视角承认旅游减贫实践中存在分歧

资料来源：根据 Scheyvens（2007）整理。

第三节　贫困减缓机制

一、直接效应（Direct Effects）

Mitchell 等（2010）首次系统地将旅游业减缓贫困的经济学机制归纳为三种路径，即直接效应、次级效应和动态效应。旅游业减缓贫困的直接效应来自于游客为了在旅游目的地完成一次完整的旅游活动，用以购买旅游商品和服务所产生的直接消费，由此转化为行业内提供旅游商品和服务的旅游企业及雇员的直接收入。在此过程中，目的地贫困人口实际上也可以分别获得劳动收入（Labour Income）和非劳动收入（Non-labour Income）。劳动收入是指贫困人口从旅游正规就业中赚取工资，或者是从旅游非正规就业中获得收益；非劳动收入则指社区（集体）收入，如租赁收入、特许使用费收入和股息收入；等等（Ashley 等，2001）。所谓“直接收入”，意指目的地贫困人口参与旅游生产过程中，面对面地向游客提供其所必需的旅游商品和服务而获得的收入，包括从事酒店餐饮服务、旅游交通运输、家庭旅馆经营以及其他形式灵活的小微型旅游经营活动。宽泛地讲，旅游行业边界可以综合囊括娱乐、休闲和旅游购物的多种供给主体，甚至诸如当地导游、工艺品销售者和农产品供应者。

实际上，旅游业对目的地贫困人口的影响也并非仅是体现在收入层面。旅游业作为典型的劳动密集型行业，具有就业门槛低，且对低技能劳动力需求量大的典型特征，从而恰好为处在就业劣势地位的贫困人群（妇女、老人和残疾人）提供了改善就业生计的机会（Janta 等，2011）。由此会产生两种途径的正外部性：一种是贫困人口参与旅游生产，不仅可以获得直接收入以增强家庭的外部风险抵御能力，而且凭借其在“干中学”过程中所逐渐积累的“学习效应”有力地提升了从业技能水平（Phommavong 等，2014）；另一种是贫困地区就业规模的提升进一步驱动目的地旅游业扩张，进而相应释放出大量旅游就业岗位，并引发劳动力集聚效应，又会吸引外部人力资本内迁回流，最终为贫困地区经济繁荣注入创新活力（Huang，2007）。

当然，需要说明的是，贫困地区因存在如交通区位、资源禀赋、游客消费和行业薪酬等可变复杂因素的制约，旅游业对贫困减缓的直接影响效应在现实中具有非线性特点。

表 13–2　直接效应约束因素

作者	约束因素	贫困案例	相关结论
Muganda 等（2010）	区位交通	坦桑尼亚的阿鲁沙地区	距离交通主干道较近的贫困居民可以更多参与旅游活动，并获得较高旅游收入
Thomas（2014）	资源禀赋	老挝 / 马里	拥有较高旅游资源禀赋的贫困地区居民，可以获得较高的资源开发价值

续表

作者	约束因素	贫困案例	相关结论
Muchapondwa 等（2013）	游客消费	博茨瓦纳 / 纳米比亚 / 南非	游客消费水平不同，会直接或间接影响贫困居民在旅游业中的收益程度
Gartner 等（2012）	行业薪酬	马拉维的恩卡塔湾地区	旅游住宿从业人员的劳动报酬超过当地最低工资标准 10% 以上

二、次级效应（Secondary Effects）

旅游收入再分配的消费效应形成旅游业减缓贫困的次级效应，主要包括间接效应（Indirect Effects）和诱导效应（Induced Effects）两种典型形式（Winters 等，2013）。间接效应是指旅游消费支出对跨行业（农业、渔业、食品加工、建筑、百货、手工制造等）经济活动的影响，即贫困地区旅游业发展对供应链（非旅游行业）的正向经济溢出，并非仅是简单的交易性质。质言之，旅游正规企业和旅游非正规经营单位跨行业购买（消费支出）原材料和商品所产生的产业波及效应。诱导效应则是由旅游从业人员的工资性收入转化为本地消费所致，进而又可为贫困家庭再创收入。

间接效应和诱导效应经长期累积、共同叠加形成旅游消费支出的乘数效应，不仅为贫困地区创造了大量税收收入，而且通过地区财政分配体系，分别以税收返还、财政专项和转移支付等形式将旅游收益传递给更广泛的贫困人群。Mitchell 等（2010）研究指出，旅游业减缓贫困的二次效应传递效率可达 60%~120%，即游客每消费 1 美元，将带动目的地增收 1.6~2.2 美元。

从广度上讲，不能忽视的是，游客需求规模激增所引致的目的地旅游业及其关联行业内劳动报酬和商品价格上涨对贫困居民福利产生的基础效应也属于二次效应范畴。旅游业劳动力价格上升会进一步引发外部劳动力流向旅游业，而其他行业为了避免劳动力严重流失，相应工资水平也会随之水涨船高，劳动力雇佣成本飙升导致商品市场相对价格上涨，于是，当由此所引起的实际汇率升值引致出口困难时，其他行业便开始控制产出。据此传导机制，与旅游业关联紧密的行业则会获得发展，传统行业却受到抑制，而倘若贫困人口生计长期依赖于传统行业，那么贫困地区旅游业越发达，贫困人口因此所受负面冲击会致使其愈加贫困（Blake 等，2008）。

综上，对于旅游业减缓贫困的二次效应评估问题，需视贫困地区旅游业发展与本地经济体系的紧密程度而定，具体是要判定旅游消费支出的乘数效应与旅游经济收入的漏损效应孰强孰弱（Incera 等，2015）。如果贫困地区旅游经济活动与本地产业结构联系密切，旅游经济收入的漏损效应相对较低，旅游消费支出的乘数效应可以得到最大限度运行，但贫困地区旅游经济活动若是更多依赖于外部要素支撑，旅游经济收入的漏损效应则会相对较高，显然不利于贫困人口的生计改善（Zhao，2009）。

三、动态效应（Dynamic Effects）

从现实来看，传统旅游研究过度关注于旅游业的经济意义，却忽视了旅游业对经济结构的广义影响，不只如此，静态地评估旅游消费支出的短期经济效应也会抹杀旅游业减缓贫困的空间广度。实际上，倘若旅游业长期作用于贫困地区经济系统，则会内隐地在潜移默化中形成旅游业减缓贫困的动态效应（见图 13–1），进而在旅游目的地会产生深远的积极意义。尽管动态效应不如直接效应（路径 1）和二次效应（路径 2）的作用机制明确（见图 13–2），但其重要性仍不言而喻，因为动态效应可能会加强或破坏旅游业减缓贫困的积极影响，并且会远超狭义的旅游目的地范畴。

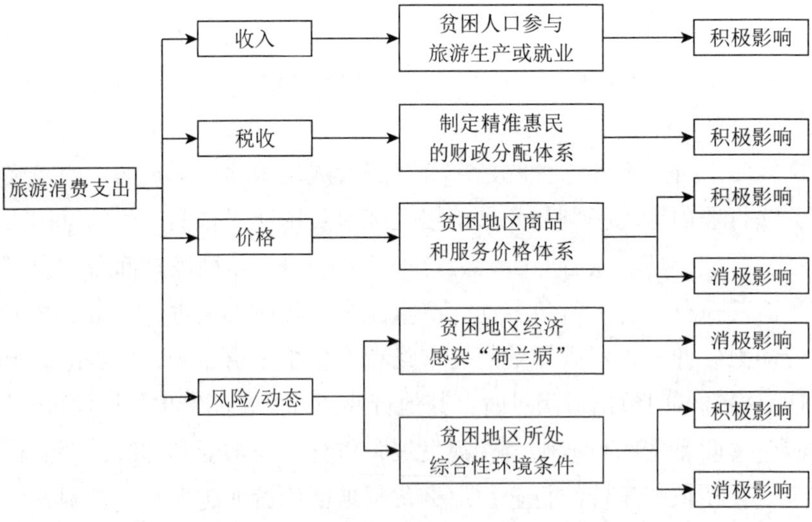

图 13–1 旅游业减缓贫困的动态影响框架

例如，非洲许多贫困人口生活主要依赖于传统农作物出口，部分文献选择以坦桑尼亚为例，通过实证检验旅游消费支出对农村贫困的影响发现，在特定的条件下，农村贫困地区发展旅游业而产生的贫困减缓收益可能会被因旅游业所抬升的实际汇率升值而对农业竞争力造成的负面影响所抵消，换言之，农村贫困地区在赚取旅游外汇收入的同时，亦会损害未参与旅游生产活动的大部分贫困人口的生计福利（Goodwin 等，2001）。

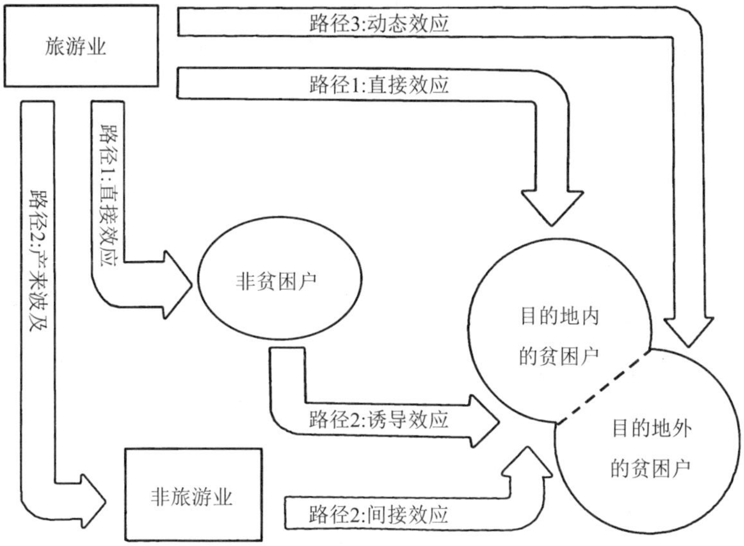

图 13–2　旅游业减缓贫困的三种途径

另外，旅游业会通过协助女性融入生产网络，引发技术创新变革，孕育新业态多样化和刺激基础设施投资等途径促进贫困地区改善人力资本质量，进而可为其他行业贫困人口创造积极的溢出效应（Lejárraga 等，2006）。从全面系统的视角，Njoya 等（2017）较为详细地刻画出旅游业减缓贫困的动态影响框架。首先，不仅收入渠道对于旅游业减缓贫困的积极意义无须赘言，旅游业同时也可以实现贫困地区税费增收，因而有利于政府制定多种形式灵活的惠民、益民的财政分配政策（Blomstrom 等，1997）。其次，旅游业减缓贫困的价格传导效应存在双重性。伴随着游客综合性需求规模激增，短期内供不应求引致贫困地区旅游商品和服务价格上涨，一方面，在广义旅游行业参与生产或就业的贫困人口可以享受到利润优势，另一方面，无法分享旅游业发展红利的贫困人口则会额外承担价格成本。最后，对于旅游业减缓贫困的风险预判和动态过程而言，旅游业扩张为区域经济注入新型活力，从而为贫困地区经济产生广泛积极影响，但也无法避免地造成了诸多负面后果。更为深远的影响是，贫困地区依靠初级旅游资源开发所驱动的旅游业扩张，尽管在短时期内获得旅游业的异常繁荣，但也同样削弱了传统产业的市场竞争力，致使贫困地区遭遇“资源诅咒”而使经济体系愈发脆弱，进而导致区域系统性通胀，环境、社会、文化和经济成本的上升反而加剧了社区贫困（Deng 等，2014）。

第四节　研究方法

在经济学领域中，对旅游业减缓贫困所进行的实证研究主要采用两类模型：一类是宏观经济微观分析模拟模型，从简单的投入产出模型（Input–Out Models，I–O）与社会核算矩阵（Social Accounting Matrices，SAMs）到复杂的可计算一般均衡模型（Computable General Equilibrium，CGE）及其在传统 CGE 模型基础上修正的优化模型，主要用于测算旅游业减缓贫困的直接效应和次级效应；另一类是计量经济模型统计回归分析，此类模型用于检验旅游业减缓贫困的动态效应（Winters 等，2013）。

I–O 模型和 SAMs 模型是测度旅游经济影响效应的常见基础模型，进而也被部分文献应用到旅游业减缓贫困的直接和次级效应度量方面（Jamieson 等，2004；Blake，2008）。例如，Croes 等（2007）以加勒比海阿鲁巴（Aruba）岛屿为研究对象，应用 I–O 模型分析发现，旅游业对欠发达岛屿经济体具有显著的经济刺激作用，并且旅游收入乘数直接效应（0.37）均大于间接效应（0.12）和诱导效应（0.15），直接从事酒店餐饮服务的贫困家庭收入要高于在传统基础部门就业的贫困家庭收入。SAMs 模型在 I–O 模型基础上，增加生产要素、居民、政府和世界其他地区等非生产性部门共同构成的，并且可以全面体现各个经济主体之间发生的交易联系，目的在于反映收入分配效应及其与生产活动最终产出间的相互影响。以非洲国家为研究对象的相关文献，在利用 SAMs 模型对旅游业影响不同分组收入的影响效应进行测度时共同发现，旅游业对具有相对较低技能和收入禀赋的贫困家庭而言，其所发挥的改善作用微弱且具有不确定性。例如，Blake（2008）以肯尼亚、坦桑尼亚和乌干达为研究对象，基于 SAMs 模型分析证实，因旅游业扩张所引发的实际汇率升值，致使旅游业对最低收入贫困人口的减缓效应相对微弱。Muchapondwa 等（2013）研究发现，旅游业对南非最低收入贫困人口的贡献率仅为 4%，而对博茨瓦纳和纳米比亚更是尚无明显贡献。Incera 等（2015）则发现在西班牙加利西亚地区，低收入家庭的旅游获益程度要低于高收入家庭。更进一步，CGE 模型在 I–O 模型基础上对多部门经济模型进行拓展，并以 SAMs 模型为设计基础，用现代一般均衡理论，通过建立一个联立的非线性方程组，可以更加全面真实地描述、模拟和预测旅游业的扰动（需求变化）对宏观经济体系中各个经济行为主体的影响效应。例如，Blake 等（2008）与 Wattanakuljarus 等（2008）较早地应用 CGE 模型分别测度了巴西和泰国旅游业对不同收入分组贫困家庭的影响效应，结果发现旅游业对两国最低收入分组家庭的贫困减缓效应均相对最弱。Saayman 等（2012）考察了南非入境旅游需求波动对国内收入分配的影响，结论表明入境旅游需求对经济和就业增长具有显著促进作用，但对以黑人家庭为代表的贫困阶层的影响程度最弱。

然而，尽管微观分析模拟模型可以在时间截面上评估特定目的地的旅游业减缓贫困效应，但却忽视了旅游反贫困政策的时间变化对贫困减缓的长期动态影响（Njoya 等，2017）。由于旅游业减缓贫困效应可能存在时间上的动态滞后，所以采用动态建模技术更为合适。另外，微观经济模型仅能在局域层面对旅游业的贫困减缓效应进行识别，不仅面临着数据收集成本高、可操作性差的问题，而且无法反映具有空间单元的异质性。因此，面板数据计量回归模型同时包含了时间和个体信息，不仅可以捕捉旅游业减缓贫困的时间动态趋势，还可以在更广度的空间层面上获得旅游业减缓贫困的经验证据，因而逐渐受到新近研究青睐。Li 等（2016）指出，旅游业对贫困的减缓效应存在个体异质性和空间依赖性，前者可以引入面板数据的固定效应模型进行控制，后者则可通过（动态）空间面板数据模型予以捕捉。但需要注意的是，由于贫困度量方法的差异性，不同的计量经济统计回归技术对旅游业与贫困关系的实证检验结论亦可能出现争议（Thomas，2014）。例如，Croes（2014）

基于向量误差修正模型（Error Correction Model，ECM）对尼加拉瓜和哥斯达黎加进行对比研究发现，旅游业可以显著降低尼加拉瓜的贫困发生率，但在经济发展水平相对较高的哥斯达黎加，则并未发现旅游业对贫困的减缓效应。Kim 等（2016）对 1995—2012 年世界 69 个发展中国家旅游业和贫困关系的面板数据进行实证检验认为，当一国人均年收入水平超过一定阈值（3400 美元）之后，旅游业对贫困的减缓效应则会由积极转变为消极。

第五节　研究内容

旅游业减缓贫困在国际上拥有丰富的实践案例。其中，由英国国际发展署、国际环境发展研究所（International Institute for Environment and Development，IIED）、海外发展研究所（Overseas Development Institute，ODI）牵头的 PPT 项目和 CBT（Community-Based Tourism）项目已经在非洲、亚洲和拉丁美洲的多个实验区域展开推广（Bond，2001；Hichtins 等，2005；Dixey，2005），而更微观具体的 TPRP 项目也在国际贸易中心倡导下，巴西、哥伦比亚、莫桑比克、菲律宾和塞内加尔等国家陆续推进实施。一个共同点是，基于上述案例分析视角的相关文献主要是对某个具体旅游扶贫项目进行微观尺度的定性描述（李会琴等，2015），无法提供在宏观尺度上旅游业与贫困减缓关系的经验佐证（Mitchell 等，2010；Tucker 等，2012）。需要强调的是，寻找旅游业减缓贫困的宏观经济证据，以客观揭示旅游业对贫困的减缓机制，不仅成为经济学者普遍关注的焦点问题，对于目的地评估旅游业对贫困的减缓绩效也具有重要意义。

事实上，在欠发达国家，对于旅游业能否减缓贫困的争议始终客观存在。部分学者认为旅游业是减缓贫困和不平等的灵丹妙药（Hummel 等，2012），而也有学者则指出旅游业对减缓极端贫困并无任何作用（Plüss 等，2002）。Schilcher（2007）则秉持相对理性的思维，认为尽管旅游业通过促进经济增长可以减缓贫困，但也会使极端贫困人口的状况变得更糟。

一、旅游业、绝对性与贫困减缓

国际经济学领域针对旅游业与贫困减缓关系早期的系列实证研究始于对中美洲国家的长期跟踪研究。Croes 等（2008）对尼加拉瓜 1980—2004 年旅游业、经济增长与贫困减缓关系的时间序列数据进行了协整检验和格兰杰因果关系检验，结果表明三者之间具有长期的稳定均衡关系，并且存在旅游业（收入）减缓贫困的单向因果关系，旅游收入对贫困减缓的长期影响效应为 –0.5076。Croes（2014）对尼加拉瓜和哥斯达黎加 1980—2010 年旅游业与贫困减缓关系进行了实证检验，发现尼加拉瓜国际旅游收入可以显著降低贫困发生率，并且短期减缓效应为 –0.382，长期减缓效应为 –1.23，但在经济发展水平相对较高的哥斯达黎加，并未证实旅游业可以减缓贫困。Vanegas（2014）利用 1980—2012 年中美洲五个国家（哥斯达黎加、萨尔瓦多、危地马拉、洪都拉斯和尼加拉瓜）面板数据考察了旅游业、经济增长、不平等和贫困减缓之间的关系，发现国家旅游收入对减缓贫困具有积极意义，尤其是哥斯达黎加、危地马拉和尼加拉瓜旅游部门所产生的外汇收入对贫困的减缓效应甚至强于农业和制造业部门。以上文献主要是基于绝对贫困视角，对旅游收入与贫困发生率的关系进行实证检验，相应研究结论共同隐含着一个基本规律，即只有在经济增长相对较低，且贫困发生率相对较高的地区，旅游收入才可以显著降低贫困发生率。例如，在经济发展水平相对较高的南非和美国，Saayman 等（2012）发现贫困人口仅能在短时期内从旅游业中获得极少收益，而 Deller（2010）则对美国旅游休闲活动与贫困发生率关系进行研究时发现，仅在某些地区的特定旅游休闲活动才对贫困发生率下降具有显著解释力。由此可以推断，旅游业减缓贫困的有效性与地区经济发达程度存在必要关联。

二、旅游业、经济发展与贫困减缓

Croes（2014）在解释尼加拉瓜旅游业减缓贫困的原因时，指出旅游业减缓贫困取决三个条件：①低经济发展水平；②高贫困发生率；③高旅游业扩张速度。相较而言，哥斯达黎加经济发展水平要高于尼加拉瓜，并且贫困发生仅是局部现象，加之由于旅游部门的行业薪酬低于全国平均水平，因而无法创造大量就业，最终难以形成有效的旅游业对贫困的减缓效应，上述现象也见于洪都拉斯（Ferguson，2010）。转向非洲国家，Muchapondwa 等（2013）指出，相比博茨瓦纳（7.6%）和纳米比亚（8.6%），尽管南非旅游业对 GDP 贡献率相对较低（6.2%），但由于南非具有国内经济体系多样化优势，并且与旅游部门经济活动联系密切，基本能够实现国内旅游供给，而另外两国旅游商品基本依赖于进口，基本脱离于国内经济体系，所以导致旅游业对国内经济的贡献实为“盛名之下，其实难副”。Kim 等（2016）以人均 GDP 为调节变量，实证考察了 69 个发展中国家旅游业与贫困减缓关系，结果发现只有在人均 GDP 分别低于 7500 美元和 3400 美元的发展中国家和最不发达国家，旅游业才可以减缓贫困，由此表明旅游业对贫困的减缓效应存在基于人均 GDP 的门槛特征。一个必须要面对的事实是，Gindling（2009）较早的研究就已表明，伴随着经济的不断增长，自 20 世纪 90 年代以来，哥斯达黎加极端贫困人口难以改变的弱竞争性使得贫困发生率的下降近乎停滞，旅游业为贫困人口所能提供的贡献已至瓶颈。

三、旅游业、相对性与贫困减缓

Schilcher（2007）、Scheyvens（2007）与 Zhao 等（2007）认为，由于贫困人口内部存在不可避免的旅游收入分配差距问题，所以对旅游业减缓贫困公平性的讨论成为应然之谈。于是为了响应上述学术呼吁，Blake（2008）、Wattanakuljarus（2008）、Banerjee（2015）与 Mahadevan（2016）等人先后基于传统和改进的 CGE 模型，分别对巴西、泰国、海地和印度尼西亚旅游业对不同分组家庭收入的影响效应进行测度，结果发现旅游业确实可以提高所有分组家庭的收入水平，但由于旅游业对贫困家庭分组的收入贡献最小，从而导致贫困人口内部出现旅游收入分配不公问题。上述文献进而在相对贫困层面对旅游业与贫困减缓关系研究提供出了新命题，即旅游业在降低绝对贫困发生率时，贫困人口内部亦会伴随因旅游收入分配不公而引致的不平等现象。如果忽略此问题，或者仍沿用贫困发生率作为绝对贫困指标，势必会导致旅游业减缓贫困的效应检验出现偏差（Vanegas 等，2015）。因此，为了科学提高贫困测度的精准性，新近的两篇文献 Njoya 等（2017）与 Mahadevan 等（2017）在国际旅游经济学领域首次引入经典的 FGT 贫困分解指数，并将其分解为可度量绝对和相对贫困的贫困发生率指数（Head-count Index）、贫困缺口指数（Poverty Gap Index）和平方贫困缺口指数（Squared Poverty Gap Index），前者利用动态可计算一般均衡模型进行微观模拟分析，结果发现肯尼亚旅游业扩张并未引起贫困的实质性恶化，反而对贫困广度、深度和强度具有显著的抑制作用，尤其是旅游业扩张有助于一般贫困人口向贫困线靠近，但对极端贫困人口的减缓贡献要略低；后者则对 1995—2012 年 13 个旅游密集型经济体（Tourism-intensive Economies）（旅游收入占国内生产总值比值不低于 5%）进行面板向量自回归估计发现，旅游业不能降低贫困发生率，但可以减缓贫困差距，即旅游业减缓贫困的贡献体现在其可以缩减贫困线附近的贫困缺口，以降低贫困深度。

第六节　本章结论

一、结论性评述

作为国际政治经济学、发展经济学和旅游经济学共同聚焦的跨学科热点问题，旅游业与贫困减缓之间的关系，不仅体现于经济现象，更关乎社会发展。尽管微观尺度的主观案例描述提供了旅游业减缓贫困的项目佐证，但由于假定外部约束因素的区域同质性，使得特定条件下，旅游业对贫困的减缓机制和效应并不具有普适性。因此，出于完善旅游业与贫困减缓关系研究体系的考虑，尤其是为了客观揭示异质性条件下旅游业对贫困的减缓效应，所以亟须提供与此命题相关的宏观经验证据。

（1）从研究方法来看，微观经济是宏观经济的表达基础，宏观经济是微观经济的约束条件。对旅游业与贫困减缓关系而言，科学测度和理性分析旅游业对贫困减缓的影响效应和机制，不仅在宏观上对于整体评估目的地旅游反贫困政策的有效性具有重要意义，而且在微观上也可以细致洞察旅游反贫困政策对微观贫困人口的个体影响，可以较为准确地估计旅游业变化的分配效应。宏观经济分析的两种常用工具——宏观经济微观模拟模型和宏观经济计量回归模型在既有文献中均有所涉及，但仍存在两点改进之处。其一，由于贫困人口状态和行为随时间和环境而变，为了避免出现基础期微观数据与目标期数据的差异，未来研究需要更加强调使用动态微观模拟模型，以使贫困人口个体状态与旅游经济活动变化同步；其二，由于微观模拟模型仅能用于截面数据分析，所以在评估旅游业减缓贫困的长期动态效应时，却显得捉襟见肘，而计量回归模型，尤其是同时包含了时间和个体信息的面板数据分析，则提供了另一种解决方案，同时考虑到外部约束变量和空间效应对旅游业与贫困减缓关系的影响，尽可能选择动态的非线性和空间面板计量经济模型以捕捉旅游业减缓贫困的门槛和空间效应。

（2）从研究内容来看，在经济学意义上，由于多数文献对于贫困测度趋于单一维度，即使用贫困发生率，或者直接使用贫困人口规模作为绝对贫困的度量指标，而忽视了旅游业对贫困人口内部不同收入分组的系统差异性影响，直接后果将会高估旅游业对贫困的减缓效应，因为贫困人口内部旅游收入分配差距将会从整体上抑制旅游业对贫困的减缓效应。毫无疑问，准确识别贫困相对性是关键所在，而发展经济学中经典的 FGT 贫困分解指数对此提供了可行解决办法。然而，在国际旅游经济学领域，鲜有文献将 FGT 贫困分解指数纳入到旅游业与贫困减缓关系的实证研究框架，由此极大限制了旅游业与贫困减缓关系的研究体系，并且易出现旅游反贫困政策被误导的现象。尽管部分文献发现旅游业存在显著降低贫困发生率，同期伴随着贫困人口内部收入分配差距的普遍规律，但囿于相对贫困指数的测度缺失，导致并未对旅游业减缓贫困相对性（贫困深度和强度）的影响效应进行实证检验。

（3）从研究设计来看，旅游业与贫困减缓关系研究体系在国际经济学领域正逐渐成型，在研究方法方面，从微观模拟分析模型到宏观经济计量模型，而在其内部，从传统一般 CGE 模型到动态修正 CGE 模型，从时间序列分析到面板数据分析，研究模型正越发接近经济现实；在研究对象方面，从某国微观个案到世界宏观全局，从旅游部门整体到细分旅游活动，研究对象的异质性日益受到重视；在研究内容方面，从特定项目的理论分析到多个样本的实证检验，从贫困的绝对测度到贫困的相对识别，世界范围内旅游业与贫困减缓关系的经济学研究文献不断得以涌现。

二、启示

过去近30年，中国累积减少贫困人口7.28亿，占全球贫困减少人口71.82%。改革开放以来，中国农村贫困发生率更是从1978年97.5%降至2014年7.2%，降幅达90.3%，农村贫困人口规模已缩减至7017万人，而“十三五”脱贫攻坚新目标则是到2020年在先行贫困线标准下全部实现消除贫困。旅游业作为迅速发展的现代服务业部门，因其独特的产业性质，正逐渐成为发展中国家摆脱贫的受青睐产业工具。实际上，作为世界上最大的发展中国家，关注中国的贫困减缓问题对于实现世界减贫事业的重要性不言而喻。

近年来，中国从中央到地方政府正在掀起一股旅游反贫困的政策热潮，然而，对于上述政策实施效果的评估却面临着理论与经验上的双重挑战。特别地，国内外对中国旅游业减缓贫困的经济学实证研究近乎空白，这也是直接导致国内旅游经济学中该领域研究体系实为单薄的主要原因。在我们已有的文献视域范围内，并未发现宏观经济微观模拟模型在中国旅游业与贫困减缓关系文献中有所体现，而在宏观经济计量回归模型方面，尽管郭鲁芳等（2016）对中国旅游业减缓贫困的面板门槛效应进行了实证检验，但仍不免落入对贫困测度以偏概全的俗套，即采用农村和城镇居民20%最低收入人群的平均收入按人口比例加权的方式测度贫困的方法过于笼统，特别地，由于仅停留在绝对贫困层面，而抹杀了贫困的相对性，势必无法有效反映中国旅游业对贫困的减缓效应。

鉴于此，迅速完善中国旅游业与贫困减缓关系的经济学研究体系势在必行，并且在国际旅游业与贫困减缓关系研究领域增添来自中国案例的经验研究也迫在眉睫。一方面，由于微观模拟模型是以家庭微观个体为描述和处理对象，并充分强调经济系统的复杂性，因而比宏观经济模型更具一般性，所以深入到贫困人口内部以家庭为微观决策单元，测度旅游反贫困政策对贫困家庭的影响效应，即可洞察旅游反贫困政策的宏观效应，这显然对于当前国内所推进实施的局部旅游精准扶贫战略提供客观的评价标准。另一方面，鉴于旅游业与贫困减缓关系之间的复杂性，在旅游业减缓贫困的计量经济模型中还需适时纳入“动态性”“非线性”和“空间性”思维，并选择与之相洽的模型估计方法，以便尽可能真实地揭示旅游业对贫困减缓的宏观影响效应和作用机制，从而为目的地评估和推进全局性旅游反贫困政策提供决策依据。

参考文献：

［1］Ashley C，Roe D，Goodwin H. Pro–poor tourism strategies：making tourism work for the poor– a review of experience［R］. London：Overseas Development Institute，2001.

［2］Banerjee O，Cicowiez M，Gachot S. A quantitative framework for assessing public investment in tourism：an application to Haiti［J］. Tourism management，2015，51（1）：157–173.

［3］Blake A. Tourism and income distribution in East Africa［J］. International journal of tourism research，2008，10（6）：511–524.

［4］Blake A，Arbache J S，Sinclair M T. Tourism and poverty relief［J］. Annals of tourism research，2008，35（1）：107–126.

［5］Blomstrom M，Fors G，Lipsey R E. Foreign direct investment and employment：home country experience in the United States and Sweden［J］. Economic journal，1997，107（445）：1787–1797.

［6］Bond I. Campfire and the Incentives for Institutional Change［C］// Hulme d，Murphree M W. African Wildlife and Livelihoods：the Promise and Performance of Community Conservation. UK：James Currey，Oxford，2001.

［7］Brohman J. New directions in tourism for third world development［J］. Annals of tourism research，1996，23（1）：48–70.

［8］Cheong S M，Miller M L. Power and tourism：a foucauldian observation［J］. Annals of tourism research，2000，27（2）：371–390.

［9］Croes R. The role of tourism in poverty reduction：an empirical assessment［J］. Tourism economics，2014，20（2）：207–226.

［10］Croes R，Severt E. Evaluating short–term tourism economic effects in confined economies–conceptual and empirical considerations［J］. Tourism economics，2007，13（13）：289–307.

［11］Croes R，Vanegas M S. Cointegration and causality between tourism and poverty reduction［J］. Journal of travel research，2008，47（1）：94–103.

［12］Davis J B. Commentary：tourism research and social theory–expanding the focus［J］. Tourism geographies，2001，3（2）：125–134.

［13］Deller S. Rural poverty，tourism and spatial heterogeneity［J］. Annals of tourism research，2010，37（1）：180–205.

[14] Deng T，Ma M，Cao J. Tourism resource development and long-term economic growth：a resource curse hypothesis approach [J] . Tourism economics，2014，20 (5)：923-938.

[15] Dixey L. Inventory and analysis of community based tourism in Zambia [R] . Zambia：USAID，2005.

[16] Ferguson L. Interrogating 'gender' in development policy and practice [J] . International feminist journal of politics，2010，12 (1)：3-24.

[17] Gartner C，Cukier J. Is tourism employment a sufficient mechanism for poverty reduction? a case study from Nkhata Bay, Malawi [J]. Current issues in tourism，2012，15 (6)：1-18.

[18] Gindling T H. South-south migration：the impact of Nicaraguan immigrants on earnings，inequality and poverty in Costa Rica [J] . World development，2009，37 (1)：116-126.

[19] Goodwin H，Roe D. Tourism，livelihoods and protected areas：opportunities for fair - trade tourism in and around national parks [J] . International journal of tourism research，2001，3 (5)：377-391.

[20] Hall C M，Tucker H. Tourism and postcolonialism：contested discourses，identities and representations [M] . London：Routledge，2004.

[21] Hichtins R，Highstead J. Community-based tourism in Namibia [M] . Pretoria：ComMarkTrust，2005.

[22] Huang F M. Globalization and urban-rural migration in Taiwan [R] . Portland：Agricultural and Applied Economics Association，2007.

[23] Hummel J，Duim R. Tourism and development at work：15 years of tourism and poverty reduction within the SNV Netherlands development organization [J] . Journal of sustainable tourism，2012，20 (3)：319-338.

[24] Incera A C，Fernandez M F. Tourism and income distribution：evidence from a developed regional economy [J] . Tourism management，2005，48 (6)：11-20.

[25] Jamieson W，Goodwin H，Edmunds C. Contributions of tourism to poverty alleviation：pro-poor tourism and the challenge of measuring impacts [R] . Bangkok：UN Economic and Social Commission for Asia and the Pacific，2004.

[26] Janta H，Brown L，Lugosi P. Migrant relationships and tourism employment [J] . Annals of tourism research，2011，38 (4)：1322-1343.

[27] Kim N，Song H J，Ju H P. The relationship among tourism，poverty，and economic development in developing countries：A panel data regression analysis [J] . Tourism economics the business & finance of tourism & recreation，2016，22 (6)：1174-1190.

[28] Lejarraga I，Walkenhorst P，2006. On linkages and leakages：how tourism can foster economic diversification [R]. Washington：World Bank.

[29] Mabogunje A. The development process：a spatial perspective [M]. London：Routledge，2015.

[30] Mahadevan R，Amir H，Nugroho A. Regional impacts of tourism-led growth on poverty and income inequality：A dynamic general equilibrium analysis for Indonesia [J]. Tourism economics the business & finance of tourism & recreation，2016，23 (6)：614-631.

[31] Mahadevan R，Suardi S. Panel evidence on the impact of tourism growth on poverty，poverty gap and income inequality [J]. Current issues in tourism，doi：10.1080/13683500.2017.1375901，2017.

[32] Mbaiwa J E. Enclave tourism and its socio-economic impacts in the Okavango Delta，Botswana [J]. Tourism management，2005，26 (2)：157-172.

[33] Mccullochn，Winters I，Cirera X. Trade liberalization and poverty：a handbook [M]. London：Center for Economic Policy Research，2001.

[34] Mitchell J，Ashley C. Tourism and poverty reduction：pathways to prosperity [M]. London：Earthscan，2010.

[35] Mowforth M，Munt I. Tourism and sustainability [M]. London：Routledge，2003.

[36] Muchapondwa E，Stage J，Wahnschafft R. The economic impacts of tourism in Botswana，Namibia and South Africa：is poverty subsiding? [J]. Natural resources forum，2013，37 (2)：80-89.

[37] Muganda M，Sahli M，Smith K. Tourism's contribution to poverty alleviation：a community perspective from Tanzania [J]. Development southern Africa，2010，27 (5)：629-646.

[38] Njoya E T，Seetaram N. Tourism contribution to poverty alleviation in Kenya：a dynamic computable general equilibrium analysis [J]. Journal of travel research，doi：10.1177/0047287517700317，2017.

[39] Phommavong S，Sorensson E. Ethnic tourism in Lao PDR：gendered divisions of labor in community-based tourism for poverty reduction [J]. Current issues in tourism，2014，17 (4)：350-362.

[40] Pluss C，Backes M. Red card for tourism? 10 principles and challenges for a sustainable tourism development in the 21st century [M]. Freiburg：Dante，2002.

[41] Saayman M，Rossouw R，Krugell W. The impact of tourism on poverty in South Africa [J]. Development southern Africa，2012，29 (3)：462-487.

[42] Scheyvens R. Exploring the tourism-poverty nexus [J]. Current issues in tourism，2007，10 (23)：231-254.

［43］Scheyvens R. Tourism and poverty［M］. New York：Routledge，2011.

［44］Schilcher D. Growth versus equity：the continuum of pro-poor tourism and neoliberal governance［J］. Current issues in tourism，2007，10（3）：166-193.

［45］Teo P. Striking a balance for sustainable tourism：implications of the discourse on globalization［J］. Journal of sustainable tourism，2002，10（6）：459-474.

［46］Thomas F. Addressing the measurement of tourism in terms of poverty reduction：tourism value chain analysis in Lao PDR and Mali［J］. International journal of tourism research，2014，16（4）：368-376.

［47］Tucker H，Boonabaana B. A critical analysis of tourism，gender and poverty reduction［J］. Journal of sustainable tourism，2012，20（3）：437-455.

［48］Vanegas M S，Gartner W，Senauer B. Tourism and poverty reduction：an economic sector analysis for Costa Rica and Nicaragua［J］. Tourism economics，2015，21（1）：159-182.

［49］Vanegas M. The triangle of poverty，economic growth，and inequality in Central America：does tourism matter?［J］. Worldwide hospitality & tourism themes，2014，6（3）：277-292.

［50］Wattanakuljarus A，Coxhead I. Is tourism-based development good for the poor?［J］. Journal of policy modeling，2008，30（6）：929-955.

［51］Winters P，Corral L，Mora A M. Assessing the role of tourism in poverty alleviation：a research agenda［J］. Development policy review，2013，31（2）：177-202.

［52］Zhao W B. The nature and roles of small tourism businesses in poverty alleviation：evidence from Guangxi，China［J］. Asia pacific journal of tourism research，2009，14（2）：169-182.

［53］Zhao W B，Rirchie J R B，Hall C M. Tourism and poverty alleviation：an integrative research framework［J］. Current issues in tourism，2007，10（2）：119-143.

［54］郭鲁芳，李如友．旅游减贫效应的门槛特征分析及实证检验——基于中国省际面板数据的研究［J］．商业经济与管理，2016（6）：81-91.

［55］何景明．旅游扶贫的理论及其实践发展［M］．北京：经济科学出版社，2016.

［56］李会琴，侯春林，杨树旺．国外旅游扶贫研究进展［J］．人文地理，2015（1）：26-32.

［57］宋德义，李立华．国外旅游减贫研究述评——基于经济学理论研究和旅游减贫实践的视角［J］．地理与地理信息科学，2014（3）：88-92.

第十四章　旅游业发展能否减缓农村贫困

第一节　引言

全球范围内，旅游业已成为发展最快的部门之一，尤其是在发展中国家，中国亦不例外（Couselo 等，2005）。旅游业可产生外汇收入、吸引国际投资、增加税收收入和创造就业机会，成为目的地国家刺激经济和促进发展的重要战略工具（Sharpley 和 Telfer，2002；Torres 和 Momsen，2004）。“从旅游中获利”，也被诸多发展中国家作为支持整体经济的主导产业路径（Sahli 和 Nowak，2007；Kennedy 和 Dornan，2009），继而成为发展政策体系中的必要选项（Telfer 和 Sharpley，2008）。截至 2014 年，中国国内和入境旅游人次分别达 36.11 亿和 1.28 亿，国内和入境旅游总收入分别达 30312 亿元和 1053.8 亿美元，旅游业对 GDP 的综合贡献达 6.61 万亿元，占 GDP 总量约 10.39%（国家旅游局，2015），略高于全球旅游业占 GDP 为 9.8% 的综合贡献率（WTTC，2015）。由此可见，中国旅游经济活动日益强烈，旅游业对国民经济的综合贡献与日俱增。

无论是从学理上讲，抑或是在现实来看，旅游业对目的地经济具有显著的潜在贡献，两者之间存在一致性的相关关系（Fayissa 等，2011；Tang 和 Abosedra，2012；Hye 和 Khan，2013）。同时，伴随着中国经济高速发展和劳动收入水平提高，截至 2014 年，农村贫困人口规模已缩减到 7017 万人，农村贫困发生率已下降到 7.2%，贫困问题得到了有效减缓（中国农村贫困监测报告，2015）。经济的持续发展是减缓贫困的核心路径（Loayza 和 Raddatz，2006）。除了旅游业凭借其对经济增长的溢出效应会对贫困减缓具有直接贡献之外，关于旅游业是否会减缓贫困这一历久弥新的研究课题，一直是学术界、政府机构和非政府组织等利益相关者迫切关心的现实问题（Rogerson，2006）。尤其是，旅游业因其可为社会脆弱群体参与旅游商品和服务生产创造机会（Ashley 等，2000；Encontre，2001），而被多个国际组织作为经济发展的有效工具协助落后地区减缓贫困。例如，英国国际发展署（Department for International Development，DFID）提出扶贫旅游（Pro-Poor Tourism，PPT）概念和世界旅游组织（World Tourism Organization，WTO）提出可持续性旅游—消除贫困（Sustainable Tourism and Eliminating Poverty，ST-EP）项目，上述举措的重点即是聚焦于，减缓贫困是发展旅游业的既定目标（Hawkins 和 Mann，2007）。

事实上，自 20 世纪 60 年代大众旅游兴起伊始，围绕旅游业对贫困是福兮亦是祸兮的探讨始终备受争议（Burns，2004；Harrison，2008；Holden 等，2011）。质言之，旅游业与贫困减缓之间是一种非常复杂的关系（Scheyvens，2011），从经济角度来看，一种普遍流行的观点是，在自由主义和新自由主义经济思潮影响下，关于旅游业对贫困减缓有效性的判断则存在两种截然相反的观点。一方面，随着经济全球化进程，旅游业所引发的生产要素流动有助于目的地经济纳入到开放式整体经济体系中，旅游业被视作现代化和刺激经济的催化剂（Williams 和 Shaw，1998），通过“涓滴”效应和“乘数”效应减缓贫困（Brohman，1996；Roe 等，2004；Sharpley 和 Naidoo，2010）；另一方面，旅游业全球化致使目的地旅游经济出现“漏损”现象，旅游业发展红利被“侵蚀”，反而削弱了旅游业的减贫效应，甚至会加剧贫困（Oppermann 和 Chon，1997；Plüss 和 Backes，2002；Muhanna，2007）。例如，为了维持旅游业正常运转，目的地通过支付跨国旅游企业工资或购买进口旅游商品与服务导致部分旅游收入回流到发达地区。经 Mcculloch 等（2001）估算，旅游收入“漏损率”为 55%~75%。所以，正如 Asheley 和 Mitchell（2008）所指出的那样：“学术界关于旅游业减缓贫困的理解并未达成任何共识”。Harrison（2008）也认为，尽管围绕旅游业减缓贫困的探讨较之以往更深刻，但对此问题的研究仍显不足。

在传统观念上，促进区域经济增长是目的地旅游业发展的直接要义，而减缓贫困则是其间接目标，或是经济改善的必然结果（Deloitte 和 Touche，1999）。因而，政府常关注于旅游业的发展，却忽视了本质问题——旅游业对贫困减缓的影响程度（Christie，2002）。实际上，对于这一问题的疑惑，最早要追溯到 Sadler 和 Archer（1975）关于旅游业发展所产生的经济利益与社会文化和环境成本之间权衡比较所引发的争论。既有研究多是以案例分析的形式探析某一目的地旅游业对贫困减缓的影响和机制，再加之以相关灰色文献居多，进而对该领域方法论发展的贡献确实有限（Zhao 和 Ritchie，2007）。因此，本章在中国情境下，借助由 González 等（2005）所开发的面板平滑转换回归（Panel Smooth Transition Regression，PSTR）模型，对世界上最大的发展中国家旅游业与贫困之间的关系，尤其是其中的非线性变化进行实证检验，不仅有助于客观评估中国旅游业对贫困减缓的切实效果，这显然也直接关切到政府支持旅游业发展的政策初衷。

本章对旅游业与贫困关系方面的研究贡献主要体现在如下三端。第一，在研究视角上，无论是对旅游业减缓贫困的理论阐释（Harrison，2008；Scheyvens，2007；Schilcher，2007），还是定量分析（Blake 等，2008；Jiang 等，2011），对该问题的思辨与估测，反映出旅游业对贫困减缓所具有的潜在积极和消极影响，使得旅游业与贫困之间并非是简单的线性关系，而是呈现出典型的非线性特征。鉴于此，从旅游业减缓贫困的非线性效应这一视角切入，检验与评估旅游业减缓贫困的关系与效应，不仅符合经济现实，也对诠释旅游业发展的经济和社会意义具有重要价值。第二，在研究方法上，PSTR 模型进一步放松了非线性面板门槛回归（Panel Threshold Regression，PTR）模型的严格约束条件，在捕捉面板数据截面异质性的同时，允许估计参数随转换变量进行平滑变化，相比传统的面板固定效应或随机效应模型估计更具效率。第三，在研究内容上，推进了旅游导向型经济增长（Tourism-led Growth，TLG）方面的研究深度，尤其是在世界范围内缺乏旅游业减缓贫困实证证据（Chok 等，2007；Mitchell 和 Ashley，2010）的条件下，基于中国省际面板数据，借以探索中国旅游业减缓贫困的内在机制，并试图为其提供相应的经验佐证，本章对旅游业与贫困关系的研究是一个有益补充。

第二节　文献述评与理论探索

旅游业与贫困关系研究的不确定性肇始于旅游业对经济影响效应的争辩。尽管主流观点持“旅游业是经济增长引擎”的论调（Balaguer 和 Cantavella-Jordà，2002；Gunduz 和 Hatemi-J，2005；Kim 等，2006），但旅游业又因对外部系统的过度依赖和对经济影响的波动性而招致批判（Bryden，1973；De，1979）。特别地，后一种观点在 20 世纪七八十年代表现得尤其突出，并曾一度认为，旅游业并非促进经济增长的正确选择，贫困减缓应当围绕农业展开，直到现在，仍存些许声援（Wilkinson，1987；Rao，2002）。很显然，这一“旅游抨击论”随后被不攻自破，显著的论据在于，旅游业借其可为贫苦地区注入外汇、增加税收、创造就业和提升福利减缓贫困（Sugiyarto 等，2003；Steiner，2006；Akinboade 和 Braimoh，2010）。

一、旅游业与贫困关系的理论形态

在过去大半个世纪里，围绕旅游业与贫困之间关系的理论形态大致如下。第一，自由主义经济思想。在 20 世纪五六十年代，旅游业被推崇作为现代化的发展方式之一（Williams，1998），可以通过产生外汇和创造就业，在促进经济增长的同时，惠及贫困人群（McKinnon，1964），“旅游业优先”发展理念就此确立（Jafari，2001）。第二，批判主义。在 20 世纪七八十年代，受到依附理论（Dependence Theory）和政治经济理论的启发，贫困人群并未受惠于旅游业所带来的经济成果，自由主义的发展观点受到质疑，即旅游业不仅不能自发地减缓贫困，旅游业由于依赖外部资本、技术和人才，资本回流反而会加剧贫困地区社会经济分化（Smith，1977；Britton，1982）。对此，最典型的理论解释是，贫困地区以跨国企业为代表的旅游依赖性所导致的旅游“殖民主义”（Akama，2004；Mbaiwa，2005；Manyara 和 Jones，2007）。第三，新自由主义经济思想。在 20 世纪 90 年代，在支持自由主义学派所认同的旅游业全球化对减缓贫困具有“涓滴效应”的基础上，新自由主义华盛顿共识进一步强调通过理性开放旅游市场、鼓励旅游自由贸易竞争和弱化政府旅游市场干预，旅游业可作为减缓贫困、缩小差异的有效机制（Brohman，1996；Schilcher，2007）。第四，可替代性发展。自20世纪70年代始，可替代性小规模旅游发展形式逐渐受到青睐，原因在于：一方面，贫困人群在旅游业规划开发和经营决策中体现出一定控制权和参与权（Murphy，1985）；另一方面，可持续发展理念贯穿其中，主客双方在旅游发展中获得理解、平等与尊重（Krippendorf，1989；Scheyvens，2002）。目前，可替代性旅游发展形式灵活多样，其中尤以70年代出现的社区旅游（Community-Based Tourism，CBT）和90年代兴起的PPT两类最具代表性（Turner 和 Ash，1975；Harrison 和 Schipani，2007），还包括生态旅游（Ecotourism）、负责任旅游（Responsible Tourism）和公益旅游（Voluntourism）等。第五，后结构主义。20世纪90年代，随着对旅游业影响贫困过程和成效的（新）自由主义、批判主义和可替代形式的不断争议，这一时期开始呼吁应以全局观念统筹审视旅游业与贫困之间的复杂关系，尤其是要规避对旅游业影响的过度关注，主张应当在更具多元化和包容性的社会文化语境中对旅游业和贫困关系进行辩证思考，要将文化差异、权力结构和性别平等方面纳入其中（Cheong 和 Miller，2000；Davis，2001；Sedgley 等，2012）。

二、旅游业与贫困关系的理论争辩

由于旅游业与贫困之间存在复杂的内外关系，致使旅游业对贫困减缓的贡献仍处于无休止的讨论中（Shaw 和 Williams，1998）。因而有必要对造成两者关系不确定的相关理论进行解析，对这一关系的阐释，必然是一种多维分析（Urry，2002；Meethan，2005）。这里主要分别从宏观和微观两层视角展开。

从宏观上看，作为目的地的发展战略工具，旅游业因其对经济增长的显著贡献，自然地成为减缓贫困的直接机制，这是基本共识（Sequeira 和 Nunes，2008；Adamou 和 Chlorides，2010）。此外，旅游业减缓贫困的间接机制还表现在：①重新分配财富（Spenceley 和 Meyer，2012）；②释放参与机会（Brau 等，2007）；③价值链前后向关联（Muhanna，2007）；④提升资源附加值（Ashley 等，2001）。相反，旅游业对贫困减缓的消极影响则主要体现在：①引发系列环境成本和社会文化成本（Ashley 等，1999）；②产生旅游收入“漏损”（Garrigós-Simón 等，2015）；③导致旅游“殖民剥削”（Duffy，2002）；④诱发旅游“资源诅咒”（Copeland，2012）；⑤加剧旅游贸易失衡（Milne，1997）。

从微观上看，旅游业成为目的地促进发展，减缓贫困的最具吸引力部门，主要可从如下四个方面得以展现（Roe 和 Urquhart，2001）。第一，旅游业提供了广阔的非正规部门参与空间（Bah 和 Goodwin，2003）。旅游非正规部门为贫困人群弹性就业提供了重要保障，成为贫困地区旅游经济提升的又一实现途径（Timothy 和 Wall，1997；Snyman，2012）。第二，旅游业相比其他非农部门，更具劳动密集型特点（Sofield 等，2004），并且具有较高的妇女就业比例（Scheyvens，2000），有助于促进性别平等（Tucker 和 Boonabaana，2012）。第三，旅游者需求诱使旅游业与其相关行业（Tourism-related Industry）发生关联效应，尤其是农业，为贫困人群提供了多元化生计选择（Pillay 和 Rogerson，2013），比如农家乐旅游（Tourism Home-stay）（Rea，2003）。第四，旅游中小微企业（Tourism-related Small- Micro Medium Enterprises，SMME）因涉及面广、操作性强和参与度高，也被认为是减缓贫困的有效工具（Kwaramba 等，2012）。相对来讲。围绕“贫困人群”来探讨旅游业对贫困减缓的负面影响，则应从经济、社会和环境方面进行理解。第一，贫困人群在旅游发展中权力缺失受到排斥，导致精英群体利益垄断（Mowforth 和 Munt，2003）。第二，受社会文化因素和劳动力市场性别歧视所致，旅游发展中存在性别不平等，尤其在大型旅游企业中尤为明显（Stonich 等，1995）。第三，旅游业导致农村地区商品价格抬升，贫困人群生活福利受到损害（Bolwell 和 Weinz，2008）。第四，旅游业优先发展战略所引起的资源争夺，挤压了贫困人群在农业部门的获利空间（Richter，2001）。第五，旅游开发所产生的环境负外部性施加于贫困人群（Liu 和 Jenkins，1996）。

三、旅游业与贫困关系的理论建构

尽管对旅游业减缓贫困的成效争议不断，但仍有部分观点依然认为，旅游业对贫困减缓的积极效应要高于负面效应（Wang 和 Pfister，2008；Wilson 等，2001；McGehee 和 Andereck，2004）。这是旅游业促进地区发展的意义所在（De，1979）。由于贫困是一个多维概念（Alkire 和 Foster，2007），要想构建一个旅游业减缓贫困的综合性研究框架，需将经济、政治、社会和文化等相互交织的客观因素纳入其中。

Zhao 和 Ritchie（2012）所构建的旅游业减缓贫困的理论框架（简称 Z–K 框架）具有一定启发意义，但仍存在多处商榷之地。通过细梳历史文献，在对 Z–K 框架进行改进基础上，本章构建如下旅游业减缓贫困的研究框架。整个研究框架可概括为“核心主线、支撑基础、环境条件和灵活处理”四个方面。其中，“核心主线”和“支撑基础”共分为四个层次，共同构成旅游业减缓贫困的具有逻辑关系的基本过程机制。利益相关者权力实现和关系处理，直接关系到旅游业减贫效果，属于整个研究框架的理论起点，即“支撑基础”。“核心主线”依次设置为“减贫主题→决定因素→贫困减缓”。“贫困减缓”是研究框架理论指向的终点。“决定因素”是以可持续发展的方式减缓贫困的先决条件。“减贫主题”是目的地减缓贫困所需体现的关键内涵。“环境条件”，反映出旅游业减缓贫困的过程和机制随时会受到开放系统的压力。“灵活处理”，意指旅游业并非减缓贫困的灵丹妙药，需要衡量旅游业减缓贫困方法的相对有效性。

（一）贫困减缓

贫困减缓是整个理论框架的最高层次，主要涉及筛选、监控和评估三个步骤。首先，由于贫困本质的多维性，目的地在选择旅游业减缓贫困方法时，应首先对贫困存在多维理解，这并非是一个简单的经济学手段，而是应置于一个复杂的社会、经济和文化语境中进行思考，如此才能发挥旅游业减缓贫困的经济效应。其次，对旅游扶贫项目进行过程监控，及时纠正项目实施潜在风险。例如，尽管 CBT 项目被视为目的地减缓贫困的有效手段（Zapata 等，2011；Tolkach 和 King，2015），但至今对其减缓贫困的效果仍褒贬不一（Goodwin，2006；Spenceley，2008），原因就在于实施过程中由于经营管理不善所致（Scheyvens 和 Momsen，2008）。最后，一方面，建立旅游业减贫评估机制；另一方面，评估旅游业减贫效应。尤其是后者，是整个旅游业减缓贫困研究的核心，亦是难点。

（二）决定因素

旅游业减缓贫困的决定因素包括机会、赋权、管理和保障。首先，以减缓贫困为主旨的扶贫旅游本质就在于为贫困人群创造净收益和提供参与机会（Ashley 等，2001；Ashley 和 Roe，2002），以避免出现贫困加剧和过度依赖援助的情况（Scheyvens，2007，2010）。其次，权力失衡所导致的不公平是影响旅游业减缓贫困效果的最大威胁（Salazar，2012）。因此，向贫困人群赋权，提高他们在政治、经济和社会活动中的有效参与度，是确保实现旅游业减缓贫困目的的关键（Islam 和 Carlsen，2016）。再次，尽管贫困人群对社区扶贫旅游项目具有一定控制权，但由于受限于在财务管理、资本运作、市场准入和宣传营销等方面的管理能力（Jamal 和 Getz，1995），诸多以“减贫”之名兴起的旅游项目并未起到应有效果。所以，强化目的地人力资本建设，以提升社区旅游扶贫项目管理能力，是旅游业减缓贫困的微观基础。最后，贫困人群的风险抵抗能力相对脆弱，仅为其创造参与机会、额外赋予权力和协助管理培训仍不足以帮助他们全面抵御外部不确定因素的负面影响，因此，为了巩固旅游业减贫效应，还需建立一个专门针对贫困人群的保障体系。上述旅游减缓贫困的四个决定因素之间，相辅相成，互为补充，为实现旅游业减缓贫困的预期效应，不可偏废其一，则需同时兼顾。

（三）减贫主题

目的地通过旅游业减缓贫困，应当具备的 4 个关键主题为：竞争力、参与度、可持续性和平等。如果说决定因素是整个研究框架中关于旅游业减缓贫困的具体行动机制，那么目的地贫困减缓主题则是宏观必要条件。

首先，对于新兴且尚处于初始阶段的小尺度旅游目的地而言，构建并拥有核心竞争力是开展旅游业减缓贫困活动的前提基础，而竞争力则是由比较优势和竞争优势组成（Ritchie 和 Crouch，2000）。一般来讲，虽然贫困地区非农产业竞争力薄弱，同时缺乏金融资源，但却拥有较高的自然和文化资源禀赋，其中蕴含了旅游者为之向往的新奇体验，进而资源吸引力表征出先天的比较优势。竞争优势则指的是资源配置和利用能力。其实，竞争优势不仅可以弥补资源劣势，也可以增强资源溢出价值，所以竞争优势是目的地构建核心竞争力的重点。竞争优势的形成路径广泛，因地而异。例如，制定差异化的细分目标市场、开展特定形式的专项旅游、加入区域旅游合作联盟，等等。

其次，旅游目的地竞争力有时与贫困减缓并不一定呈反向关系，比如“旅游殖民”所造成的目的地旅游收入漏损便是普遍说辞（Britton，1982；Brohman，1996；Brown，1998）。导致这种现象的一个重要原因是，社区贫困人群并未真正融入到旅游经济活动中，反而加剧了不平等。因此，提升贫困人群旅游参与度，事关旅游业减缓贫困战略的全局（Tosun，2005）。参与方式基本可分为两种——参与决策和参与经营，根本目的还是让贫困人群在旅游经营中获利。需要指出的是，在制定参与政策方式时，应当采取自下而上的方式，以充分反映贫困人群的基本诉求（Murray 和 Greer，1992；Altieri 和 Masera，1993）。

再次，对旅游业减缓贫困的研究主要基于两种貌似不太相关的范式进行解释，即贸易增长和可持续性（Croes 和 Vanegas，2008）。至于前者，（新）自由主义经济思想已经给予了相应阐述。关于后者，直到 20 世纪 80 年代，旅游发展的可持续意识才出现，发展方式也开始侧重于社区参与（Adams 和 Hulme，2001）。某种程度上讲，对于贫困型旅游目的地而言，发展是否可持续性与贫困相伴而生，对于极度依赖资源导向的旅游发展方式尤为明显，很容易进入资源过度利用的“贫困陷阱”（Dasgupta 等，2005）。因此，实现贫困型旅游目的地可持续性发展方式转向，最迫切的是需要进行政策转变，应当摒弃短期利益至上的开发模式，始终贯彻可持续性的发展理念。

最后，完全放任旅游业（新）自由主义发展，尽管从整体上可为贫困地区带来可观收入，但由于强调弱化政府角色，亦有可能导致目的地内部贫困不平等，进而加剧贫困。这对于市场机制并不健全的发展中国家是一个潜在危险。导致贫困型旅游目的地不平等的原因无非有二：其一，来自于外部的旅游市场秩序压力；其二，来自于内部的旅游权力结构失衡。然而，由此却体现出目的地政府治理的重要性（Öniş 和 Şenses，2005）。政府治理不仅有利于规避市场失灵所导致的旅游业对贫困影响的不平等问题，还可以通过重塑权力结构，提升贫困人群在利益分配中的话语权。

（四）利益相关者

合理恰当的利益相关者管理，一方面，可以有效节约旅游业减缓贫困过程中所产生的冗余成本，另一方面，有助于整合知识，避免信息不对称条件下的盲目决策，尽可能实现利益相关者之间权力均衡，以确保旅游利益分配公平公正（Sautter 和 Leisen，1999；Ryan，2002）。将利益相关者视角纳入到研究框架，并将其视为理论分析的支撑基础。

在旅游业减缓贫困过程中，所涉及的主要利益相关者有以下 5 种。①贫困人群。这是核心利益相关者，也是主要目标收益群体。以贫困人群为中心的可持续发展，是旅游业减缓贫困的正确理念。②政府机构。贫困地区旅游发展基础相对薄弱，需充分发挥政府在旅游业减缓贫困过程中的主导作用。③旅游企业。旅游企业不仅为贫困人群创造就业机会，也为贫困型目的地旅游发展提供资金和技术支持，是减缓贫困的有效工具（Kwaramba 等，2012）。④旅游者。作为旅游产品的直接消费群体，旅游者的需求是旅游业减缓贫困的重要推进机制。⑤非政府组织。旅游导向型非政府组织（Tourism-oriented NGOs）可在金融资助、技术指导、人力培训等方面对减缓贫困做出贡献（Ashley 和 Roe，2002）。

纵观旅游业与贫困关系的理论演变史，对旅游业减缓贫困的论断始终无法统一。亦正亦反的思辨彰显出旅游业对贫困程度的影响呈现出潜在的非线性关系。再者，随着中国各地扶贫旅游项目的兴起，旅游业也逐渐被定位为贫困地区减缓贫困的战略工具之一。然而，一个无法回避的事实是，围绕旅游业对贫困影响效应的实证研究却乏善可陈。因此，无论是理论判断，还是实践要求，迫切需要对旅游业是否具有减贫效应进行实证检验，进而为旅游业减缓贫困寻求经验证据，以判断本章所构建的旅游业减缓贫困研究框架目标指向的科学假设性。在本章视域范围内，仅有的两篇实证文献，即 Blake 等（2008）和 Deller（2010）的研究结论也含糊其辞。前者以巴西为例，应用可计算一般均衡模型测算发现，旅游业对所有家庭收入组均具有积极影响，其中，旅游业对家庭低收入组的影响效应要低于高收入组。后者以美国为例，应用地理加权回归技术对旅游与游憩行业影响贫困率变动进行了实证检验，结果发现旅游与游憩行业并未显著影响贫困率变动。

因此，本章在对中国旅游业减缓贫困的经济影响进行实证检验时，与既有实证文献比，研究策略具有几点创新性。首先，研究对象主要是省级单元，而非国家层面或社区层面（Jamieson 和 Nadkarni，2009），本章首次从中观层面对旅游业与贫困关系展开计量研究。其次，既然旅游业减缓贫困具有复杂的生成机制，那么应用非线性计量技术成为应然选择，基于此考虑，本章选择当前较为前沿的非线性 PSTR 模型，以尽可能客观反映中国旅游业对贫困的影响关系与效应。最后，本章重点识别旅游业处于不同发展阶段时，旅游业与贫困之间的关系变化形态，所以引入一个连续的以旅游业（国内旅游和入境旅游）发展水平作为转换变量的一般转换函数来替代 PTR 模型中特殊的离散转换函数，从而允许模型中旅游业影响贫困的经济效应随转换变量的变化而连续地平滑转换，这一点显然与不断变化的宏观经济现实更为契合。

第三节　方法、模型与变量

一、研究方法

由 González 等（2005）提出，经由 Fouquau 等（2008）完善的面板平滑转换回归（PSTR）模型是经典的检验变量之间非线性关系的前沿计量技术，通过放松 Hansen（1999）所开发的面板门槛回归（PTR）模型的约束条件扩展而来，与传统的面板数据固定和随机效应模型相比，PSTR 模型不仅可以有效刻画模型参数的截面异质性，可以有效克服内生性所导致的参数估计量偏误问题，尤其是允许模型参数随转换变量做缓慢平滑的非线性转换。

单变量两机制（Regime）的基本 PSTR 模型定义如下：

$$y_{i,t}=\mu_i+\beta_0^{'}x_{i,t}+\beta_1^{'}x_{i,t}g(q_{i,t};\gamma,c)+u_{i,t} \tag{14.1}$$

式中，i 为省份，t 为时间；被解释变量是 $y_{i,t}$ 是一个标量，解释变量 $x_{i,t}$ 是一个时变外生变量的 k 维向量；μi 是固定个体效应；$u_{i,t}$ 是误差项。$g(q_{i,t};\gamma,c)$ 是转换函数，是关于转换变量 $q_{i,t}$ 的值域为［0，1］的有界连续函数，对于其具体函数形式，Granger 和 Teräsvirta（1993）将 $g(q_{i,t};\gamma,c)$ 定义为逻辑函数形式：

$$g(q_{i,t};\gamma,c)=(1+\exp(-\gamma\prod_{j=1}^{m}(q_{i,t}-c_j)))^{-1} \tag{14.2}$$

式中，c 是一个 m 维的转换发生的位置参数向量，γ 是平滑参数，决定转换函数的转换速度，$\gamma > 0$。

可见，在 PSTR 模型中，变量估计系数由线性部分 β_0 和非线性部分 $\beta_1 \cdot g(\cdot)$ 共同构成。显然，模型存在两种机制，当 $g(\cdot)=0$ 时，模型存在低机制（Low Regime）；当 $g(\cdot)=1$ 时，模型存在高机制（High Regime）。同时，随着转换函数值［0，1］之间平滑移动时，模型估计系数会以 c 为中心在 $\beta_0 \sim \beta_0+\beta_1$ 之间单调转换。

二、模型设定

基于苏静等（2013，2014）的金融减贫计量模型，为了探讨旅游业与贫困之间的关系，尤其是深入揭示在旅游业不同发展阶段对贫困影响的复杂机制，本章通过构建旅游业影响贫困的 PSTR 模型来对两者之间的非线性关系进行实证检验，计量模型设定如下：

$$\ln P_{i,t} = \mu_i + \beta_0 TR_{i,t} + \beta_1 TR_{i,t} g(TR_{i,t};\gamma,c) + \delta' Z_{i,t} + u_{i,t} \tag{14.3}$$

式中，$P_{i,t}$ 为省份 i 在 t 期的贫困水平，$TR_{i,t}$ 为省份 i 在 t 期的旅游业水平，$Z_{i,t}$ 为一组控制变量向量。$g(TR_{i,t};\gamma,c)$ 是以旅游业水平 $TR_{i,t}$ 为转换变量的转换函数，省份 i 在 t 期贫困对旅游业的弹性系数为：

$$e_{i,t} = \frac{\partial \ln P_{i,t}}{\partial TR_{i,t}} = \beta_0 + \beta_1 g(TR_{i,t};\gamma,c) + \beta_1 TR_{i,t} \frac{\partial g(TR_{i,t};\gamma,c)}{\partial TR_{i,t}} \tag{14.4}$$

关于农村贫困水平，遵循 Quartey（2005）以及张兵和翁辰（2015）的做法，本章首先采用恩格尔系数作为相对贫困指标进行衡量。恩格尔系数主要指食品支出占个人消费总支出的比重，是国际上用于衡量居民生活水平高低的一项指标。恩格尔系数越高，表明农村家庭越贫困。旅游业发展水平采用旅游专业化衡量，即省份旅游总收入占 GDP 比值（Lee 和 Chang，2008；Adamou 和 Clerides，2010）。相关控制变量：①农村固定资产投资水平（*inv*），采用农村固定资产投资总额与农业总产值比重衡量；②农村居民受教育水平（*edu*），采用省份不识字或者识字很少的农村居民家庭劳动力与农村居民家庭劳动力总数比重衡量，为逆向指标；③农村劳动力就业水平

（*emp*），采用农村就业人数与农村人口总数比重衡量；④财政支农水平（*fin*），采用省份政府预算内财政支农支出与农业总产值比重衡量。需要指出的是，由于统计口径的变化，本章财政支农数据 1999—2002 年为支援农村生产支出、农业综合开发支出和农林水利气象等部门的事业费之和；2003—2006 年为农业支出、林业支出和水利气象支出之和；2007—2014 年为农林水事物支出。

三、数据来源

考虑到数据可得性与一致性，本章使用 1999—2014 年中国大陆 30 个省、市、自治区（西藏剔除）省级面板数据。旅游产业数据来源于《中国旅游年鉴（2000—2015）》，农村投资和农村教育数据来源于《中国农村统计年鉴》，财政支农数据来源于《中国财政年鉴》，农村就业数据来源于国研网统计数据库。

第四节　实证结果分析

应用 PSTR 模型实证检验旅游业对贫困影响的非线性关系，需要遵循三个步骤：①检验模型非线性；②确定平滑参数 γ 和位置参数 c；③模型稳健性检验。

一、模型非线性检验

在建立 PSTR 模型之前，首先对方程（14.3）进行非线性检验，以考察是否存在非线性机制转换效应，即对原假设 $H_0:\gamma=0$ 进行检验，由于模型包含未识别参数 γ 和 c，故而无法对模型进行传统的非线性检验。为了检验截面异质性，González 等（2005）建议遵循 Luukkonen 等（1998）的做法，考虑设置同质性零假设 $H_0:\gamma=0$，并在 $\gamma=0$ 处用转换函数一阶泰勒展开式替代，从而构造出辅助回归方程：

$$\ln P_{i,t} = \mu_i + \beta_0 TR_{i,t} + \beta_1 TR_{i,t}^2 + \beta_2 TR_{i,t}^3 + \beta_3 TR_{i,t}^4 + \delta' Z_{i,t} + u_{i,t} \qquad (14.5)$$

方程（14.5）“线性检验”的原假设为：$H_0^*: \beta_1 = \beta_2 = \beta_3 = 0$，也等同于检验 $H_0: \gamma = 0$，然后通过分别估计方程（14.5）和线性固定效应模型，并根据两个模型的残差平方和进而构造统计量进行检验，利用服从 χ^2 分布的 LM 检验统计量和服从 F 分布的 LM_F 检验统计量进行检验：

$$LM = \frac{TN(SSR_0 - SSR_1)}{SSR_0}$$

$$LM_F = [\frac{(SSR_0 - SSR_1)}{mk}] / [\frac{SSR_0}{TN - N - mk}] \sim F(mk, TN - N - mk) \qquad (14.6)$$

式中，T 为时间长度，N 为截面个数，k 为外生变量个数，SSR_0 和 SSR_1 分别为接受和拒绝原假设的残差平方和。经检验，LM_F 统计量为9.02，并在1%水平上显著拒绝 H_0^*，所以接受模型存在非线性的假设。

二、模型参数估计

通过检验发现异质性存在，则应考虑 PSTR 模型参数估计，要比线性模型能更好地克服参数异质性问题，从而得到稳定可靠的估计结果。PSTR 模型的参数估计主要采用非线性最小二乘法（Nonlinear Least Squares，NLS）得到估计值（Thanh，2015）。其中，转换函数的斜率系数 γ 和位置参数 c 可采用网格搜索法（Grid Search Arithmetic）或模拟退火法（Simulated Annealing Arithmetic）得到。鉴于网格搜索法受限于搜索精度，本章首先采用模拟退火法获得平滑参数 γ 和位置参数 c 的初始值，然后采用 NLS 方法对方程（14.3）进行估计。

以旅游专业化为门槛变量的 PSTR 模型估计结果显示，PSTR 模型发生非线性转换的位置参数 c 为 0.158，表明以旅游专业化衡量的旅游业发展门槛值为 0.158，模型存在两个机制。其中，旅游专业化低于门槛值（$TR_{i,t} \leqslant 0.158$）时，转换函数 $g(TR_{i,t};\gamma,c)$ 取值趋于 0，并且共有 423 个观测值，占全部观测值比重为 88%；旅游专业化高于门槛值（$TR_{i,t} > 0.158$）时，转换函数 $g(TR_{i,t};\gamma,c)$ 取值趋于 1，并且共有 57 个观测值，占全部观测值比重为 12%。

模型在旅游减贫效应机制之间转换平滑的斜率系数 γ 为 30.627，表明模型在低、高机制之间转换速度相对较快，并呈现平滑渐进变化趋势（见图 14–1）。简言之，当旅游业处于不同发展阶段时，旅游业对贫困的缓解程度亦出现平滑转换。

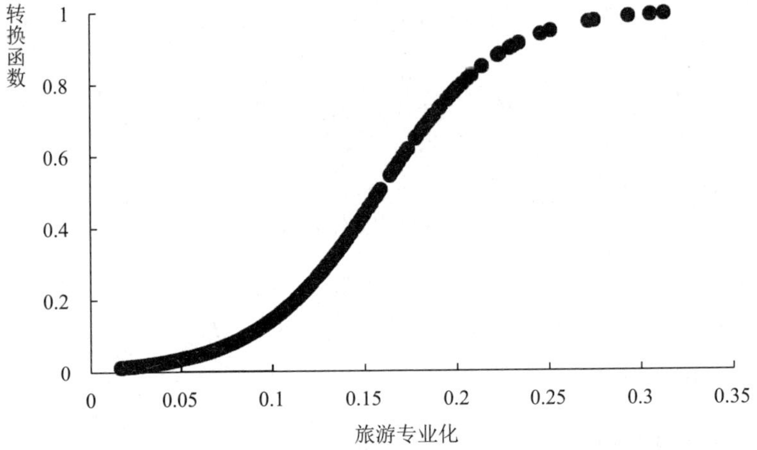

图 14–1　旅游专业化转换函数图像

PSTR 模型同时报告出，TR 估计系数 β_0 为 –0.931，并且在 1% 水平上显著，而 $TR^*g(\cdot)$ 估计系数 β_1 则为 0.373，也在 1% 水平上显著，由此表明旅游业对贫困的减缓效应具有动态性和非线性。特别地，当转换函数 $g(TR_{i,t};\gamma,c)=0$ 时，旅游业对贫困的减缓效应为 –0.931（β_0），模型处于高机制，即旅游专业化提高 1%，相应会减缓贫困水平 0.931%；当转换函数 $g(TR_{i,t};\gamma,c)=1$ 时，旅游业对贫困的减缓效应为 –0.558（$\beta_0+\beta_1$），模型处于低机制，即旅游专业化提高 1%，相应会减缓贫困水平 0.558%，质言之，旅游业对贫困的减缓效应在低、高机制之间以旅游专业化门槛值 0.158 为中心，随着自身状态变量的变动，旅游业对贫困的减缓效应在［–0.931，–0.558］之间平滑转换。

结合图 14–2 决定，旅游专业化与旅游业对贫困的减缓效应之间存在显著负相关，即尽管旅游业对贫困依然具有减缓作用，但随着旅游专业化程度不断提升，旅游业减缓贫困的边际效应逐渐取向平滑递减。具言之，当旅游业发展水平较低时，旅游业对贫困的减缓效应处于高影响状态。当旅游业发展水平跨越门槛值 0.158 时，旅游业对贫困的减缓效应则开始逐渐从高影响状态向低影响状态平滑转换，并最终持续处于低影响状态。

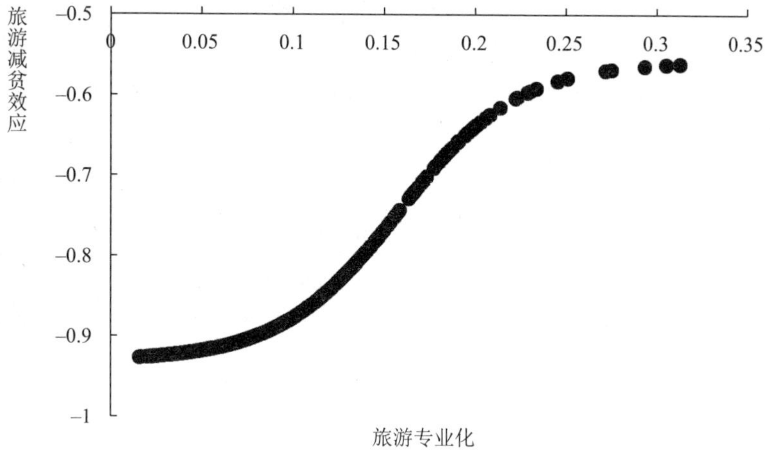

图 14-2　旅游减贫效应非线性变化（旅游专业化）

上述旅游业减缓贫困的收入效应平滑递减规律至少反映出三点旅游经济学现象。其一，旅游收入的“资源诅咒”学说。贫困地区凭借其所拥有的旅游资源优势进行初级开发，的确获得了丰厚的旅游业收入，并且通过旅游开发契约惠及贫困人口，较之以前，贫困地区引入旅游业开发显然有效减缓了贫困水平。然而，倘若贫困地区过度依赖于旅游资源的粗放开发而换取地区收入增长，由此所付出的代价便是知识创新部门因得不到有效投入而日益萎缩，资源的错误配置致使贫困地区潜在增长率下降，从而导致贫困地区整体经济增长乏力，此种依靠旅游收入减缓贫困的外生策略反而最终会加剧贫困。其二，旅游收入的“红利漏损”学说。根据发展依附理论，旅游业作为典型的现代开放部门，而贫困地区在产业结构、制度设计、资本技术和人力质量等方面存在诸多薄弱环节，所以贫困地区在发展旅游业之初，由其所产生的直接收入效应对减缓贫困的确效果显著，但问题是，随着旅游业发展逐渐深入，贫困地区由于过度依赖于外部发展因素，且无法得到足够赋权，从而使得大量旅游经营利润回流，由此所导致的收入漏损程度日益强烈，最终会部分抵消旅游业对贫困的减缓效应。其三，旅游收入的“福利损失”学说。贫困地区通过开发旅游业获得了急需的发展收入，由于旅游业作为新进行业，期初还无法对贫困地区的商品和服务价格体系造成剧烈冲击，所以贫困地区所注入的旅游收入流起到了显著的贫困减缓效应，然而由于贫困地区资源的稀缺性，随着区内人均收入提高和区外旅游者流入，共同推使贫困地区的产品需求曲线外移，导致区内产品供求的均衡价格上升，目的地贫困居民所承担的被推高的产品价格体系造成了其生活福利损失，最终也削弱了旅游业对贫困的减缓效应。

为了进一步验证以旅游专业化为门槛变量，旅游业减缓贫困的模型估计一般性，本章又分别报告了另外三种面板非线性和线性模型检验结果。如表14–1所示，在普通面板模型线性估计中，旅游专业化估计系数为–0.711，由于遗漏了旅游业与贫困减缓之间潜在的非线性关系，进而导致旅游业减缓贫困的线性效应被低估，而旅游业减缓贫困的非线性整体效应却被高估，并且恰好处于PSTR模型所示旅游业对贫困的减缓效应低、高机制之间。由此对比，相较于普通面板模型线性估计，PSTR模型更恰当地刻画出旅游业减缓贫困的动态效应变化。

此外，为了验证PSTR模型非线性检验的稳健性，再以旅游专业化作为门槛变量，构建Hansen（1999）所开发的更为苛刻的面板门槛回归模型：

$$\ln P_{i,t} = \mu_i + \beta_1 TR_{i,t} I(TR_{i,t} \leqslant q) + \beta_2 TR_{i,t} I(TR_{i,t} > q) + \delta' Z_{i,t} + u_{i,t} \qquad (14.7)$$

式中，q为门槛值，$I(TR_{i,t} \leqslant q)$和$I(TR_{i,t} > q)$为示性函数。

PTR模型主要采用的是网格搜索法，通过迭代，直到残差平方和最小时的最优估计所对应的门槛值则为初始值，q为0.173。表14–1中PTR模型估计结果显示，旅游业对贫困的减缓效应存在基于旅游专业化的正向非单调性“门槛效应”，即旅游业对贫困的减缓效应存在非线性。当旅游专业化低于门槛值0.173时，旅游业对贫困的减缓效应为–0.956；当旅游专业化高于门槛值0173时，旅游业对贫困的减缓效应为–0.692。由此发现，当旅游业处于不同发展水平时，旅游业对贫困的减缓效应亦不同，并表现出显著的门槛特征。此外，我们也通过构建上述门槛值与虚拟变量的乘积项，当$TR_{i,t} \leqslant q$（$TR_{i,t} > q$）时，虚拟变量定义为$D1$（$D2$），并对乘积项进行普通面板模型估计，发现乘积项的估计系数和显著性均与PTR模型估计结果基本一致。因此，无论是PTR模型估计，还是虚拟变量乘积项估计，均表明在以旅游专业化衡量旅游业水平时，PSTR模型对旅游业减缓贫困的非线性估计结果也具有特殊稳健性。

表 14-1　模型参数估计结果

变量	PSTR模型	PTR模型	普通面板模型（乘积项）	普通面板模型（线性）
TR	−0.931*** （0.206）			−0.711*** （0.059）
inv	−0.168*** （0.029）	−0.150*** （0.033）	−0.152*** （0.033）	−0.155*** （0.035）
eud	0.636*** （0.085）	0.732*** （0.084）	0.734*** （0.084）	0.732*** （0.087）
emp	−0.073** （0.033）	−0.078** （0.031）	−0.083*** （0.031）	−0.088*** （0.032）
fin	−0.449*** （0.072）	−0.492*** （0.068）	−0.486*** （0.068）	−0.569*** （0.069）
$TR\ (TR \leqslant 0.173)$		−0.956*** （0.069）		
$TR\ (TR > 0.173)$		−0.692*** （0.057）		
$TR * D1$			−0.954*** （0.069）	
$TR * D2$			−0.690*** （0.057）	
γ	30.627*** （10.489）			
c	0.158*** （0.050）			
$TR * g(\cdot)$	0.373*** （0.091）			

注：***、** 和 * 分别表示 1%、5% 和 10% 显著性水平；括号内为标准差。

在控制变量对贫困减缓的影响方面，首先，农村固定资产投资对减缓贫困具有积极意义，主要的途径是，农村固定资产投资是农村经济发展的基本要素，也是重要的物质基础，其不仅可以提升农村经济发展效率，也可以通过提高农民的“工资性收入”来对减缓贫困产生显著作用。农村固定资产投资估计系数为 −0.168，表明农村固定资产投资水平上升 1%，可使农村贫困水平降低 0.168%。农村居民受教育水平估计系数为 0.636（逆向指标），且在 1% 水平显著，表明农村居民受教育水平提高 1%，相应会减缓贫困水平降低 0.636%，这一减缓效应显著大于其他控制变量，究其因，随着农村居民文化程度不断提升，农村居民人力资本质量得以改善，进而增强了其参与农业生产过程中对于先进技术的吸收能力，最终推动了农村贫困地区内生发展。事实上，促进农村贫困劳动力就业，一直是我国脱贫攻坚的首要举措。农村贫困地区通过多渠道探索就业渠道（开发岗位、劳务协作、技能培训、就业服务）以提高农村劳动力就业规模可以有效减缓贫困，说明当前农村劳动力投入规模仍是农村地区摆脱贫困的重要保障。财政支农估计系数为 –0.449，也在 1% 水平上显著，表明财政支农投入增加可以起到明显的减贫效应，主要是通过专项农业财政转移支付的形式，为农业生产提供资金支持，提高了农业生产力，进而增加了农民收入，并对贫困起到显著的减缓作用。

三、模型稳健性分析

按照主流旅游经济学研究范式，本章采用旅游业发展水平另一代理变量，旅游人次比作为度量指标（Cortés–Jiménez，2008；Kim 等，2006），进行 PSTR 模型稳健性检验，估计结果列于表 14–2。首先，以旅游人次比作为门槛变量的 PSTR 模型估计结果显示，位置参数 c 为 1.14，表明当旅游人次比低于门槛值（$TP_{i,t} \leqslant 1.14$），且 $g(TP_{i,t};\gamma,c)=0$ 时，旅游减贫效应为 –0.004，模型处于低机制；当旅游人次比高于门槛值（$TP_{i,t} > 1.14$），且 $g(TP_{i,t};\gamma,c)=1$ 时，旅游减贫效应为 –0.014，模型处于高机制，并且旅游减贫效应在低、高机制之间以旅游人次比门槛值 1.14 为中心，随着自身状态变量的变动，在［–0.014，–0.004］之间平滑转换。平滑参数 γ 为 0.621，参考图 14–4，表明模型在位置参数前后机制转换速度非常慢，旅游减贫效应在低、高机制之间转换速率仅为 0.621。当采用旅游人次比衡量旅游业发展水平时，随着旅游业处于不同发展阶段，尤其是当旅游人次比跨越门槛值之后，由图 14–5 所示，旅游减贫效应开始由低影响状态向高影响状态转换，旅游业缓解贫困的边际效应开始增强。综上分析，旅游业缓解贫困的非线性 PSTR 模型估计结果具有稳健性，在旅游业不同发展阶段，旅游减贫效应并非线性，而是在低、高机制之间缓慢平滑转换。

对以上稳健性检验结论的理论解释，主要在于以下两点。其一，旅游人次的消费刺激效应。根据客源地—目的地推拉理论，旅游者的空间流动承载着资本的流向，旅游者在贫困型目的地所展开的旅游活动主要存在两种旅游花费去向，一种是购买旅游商品或服务所付出的直接消费，另一种是通过旅游者消费支出的“乘数效应”而对关联行业收入增长产生刺激带动作用，前者转化为直接旅游收入而惠及贫困地区，后者则主要以税收的形式直接进入地区财政分配体系，以此可以扩大对贫困地区的公共服务或社会保障支出，由于后者相对前者具有时间滞后性，并且后者对地区经济的影响强度要高于前者，所以出现在旅游人次门槛值前后，旅游业减缓贫困的非线性效应情况。其二，旅游人次的价值示范效应。根据社会交换理论，贫困地区社区居民参与旅游开发，除了经济利益需求是决定其支持态度的主要原因之外，社会文化需求也在其中发挥重要作用。具言之，如果假定旅游者来自于经济发达地区，并且在贫困型目的地从事旅游活动，主客双方为了维持良好的关系，势必会发生一系列的社会交换活动。例如，来自发达地区的旅游者在与贫困地区社区居民发生互动交流时，旅游者所承载的先进的价值理念、生产技术、管理经验、多样文化和创新精神等会以知识溢出的形式进行扩散，从而可以内生地驱动贫困地区社区居民的人力资本质量提高，从而以效率提升的途径实现贫困地区长期的经济增长。

表 14-2　稳健性估计结果

变量	估计系数	标准差	T值	P值
TP	-0.004^{**}	0.001	-2.54	0.011
inv	-0.217^{***}	0.043	-5.06	0.000
edu	0.752^{***}	0.121	-6.28	0.000
emp	-0.063	0.044	-1.43	0.154
fin	-0.129^{***}	0.043	-3.04	0.002
γ	0.621^{**}	0.304	2.04	0.041
c	1.14^{***}	0.354	3.22	0.001
$TP * g(\cdot)$	-0.010^{***}	0.002	-4.29	0.000

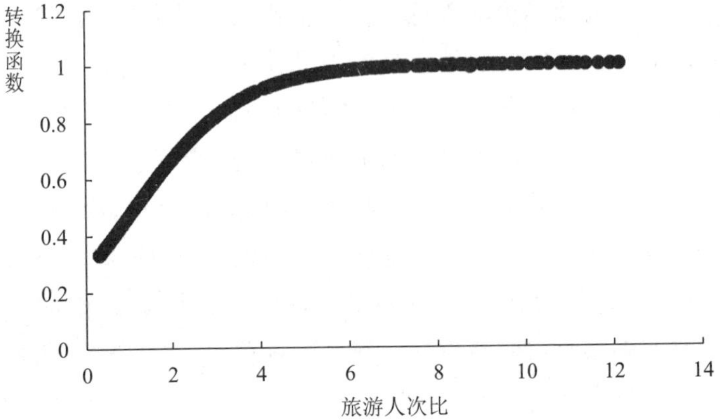

图 14-3　旅游人次比转换函数图像

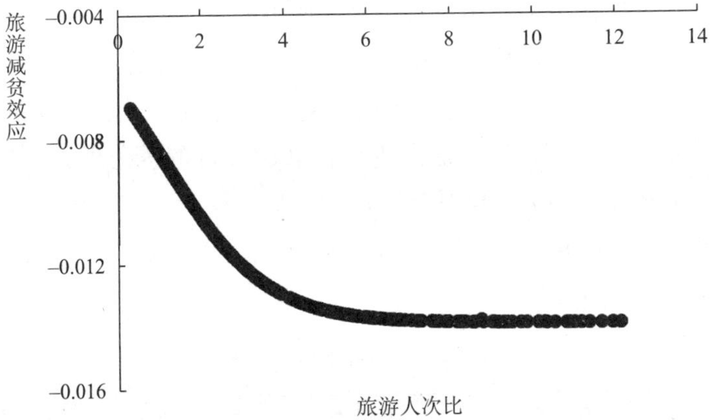

图 14-4　旅游减贫效应非线性变化（旅游人次比）

第五节　本章结论

贫困问题关系国计民生。以旅游业作为扶贫工具的战略思辨与学术争鸣，贯穿于整个国内外旅游业发展演变史，从未停歇。核心原因在于，旅游业减缓贫困，并非仅是简单的经济现象，而是关涉复杂的发展内涵（Scheyvens 和

Hall，2007）。尽管，在微观社区层面，旅游业减缓贫困已被部分成功案例所证实，但在更大空间尺度范围，旅游业对贫困的减缓效应是否有效，与此相关的经验证据实为单薄（Chok 等，2007）。作为世界上最大的发展中国家，进入新世纪，中国贫困发生率显著下降，此时，旅游业规模则以惊人的速度扩张，旅游扶贫也被定义为旅游民生权利的一项重要体现。因此，上述实践诉求和研究缺位，构成了本章研究的基本动机。本章首先勾勒出旅游业与贫困关系的理论形态，并对相应的学术争辩给予理论分析，然后，再应用经典的非线性 PSTR 模型对中国旅游业减缓贫困的门槛效应进行识别和检验，不仅拓展和深化了中国旅游业与贫困减缓关系的实证研究体系，尤其是也为全球旅游业与贫困减缓关系研究提供了来自于中国案例的有力经验参考。

鉴于旅游业和贫困两个宏观变量之间关系的时变性和复杂性，我们认为有必要将旅游业对贫困减缓的影响研究拓展到更为一般的非线性框架，这将有助于客观揭示旅游业减缓贫困的内在机制。无论是以旅游专业化，抑或旅游人次比，作为旅游业水平的代理变量，PSTR 模型估计结果均显示，中国旅游业对贫困具有显著的减缓作用，旅游业依然可以通过“涓滴效应”使贫困人口获益。此外，旅游业对贫困的减缓效应具有非线性门槛特征，具体表现为：旅游专业化与旅游业对贫困的减缓效应显著负相关，即随着旅游专业化提升，旅游业对贫困的减缓效应处于高机制，然而当旅游专业化跨越门槛值之后，旅游业对贫困的减缓效应则转向低机制，旅游专业化反而会弱化旅游业减缓贫困的边际贡献；旅游人次比则与旅游业对贫困的减缓效应显著正相关，随着旅游人次比增高，旅游业对贫困的减缓效应处于低机制，当旅游人次比跨越门槛值之后，旅游业对贫困的减缓效应又转向高机制，旅游人次比会渐次增强旅游业减缓贫困的边际效应。与此同时，我们还发现，旅游专业化对贫困的减缓效应要远大于旅游人次比对贫困的减缓效应，这也佐证出旅游业减缓贫困的收入效应要强于人次效应。

本章研究结论清晰而深刻，主要分别从理论与实证角度弥补和丰富了旅游业和贫困减缓关系方面的研究文献，并为中国推动和实施旅游业减缓贫困战略提供了可靠的政策启示。首先，在中国，旅游业有效减缓贫困，所以旅游业可以被视为贫困地区脱贫攻坚、促进发展的战略工具，旅游扶贫可成为贫困地区探索多途径减贫的选择机制。其次，旅游业对贫困的减缓效应以非线性门槛形式存在，表明在不同旅游业发展阶段，旅游业减缓贫困的程度贡献不尽一致，应当合理调整旅游产业政策与配置旅游要素资源，以保持旅游业对贫困的减缓效应处于较高影响状态。具言之，一方面，贫困型目的地应当尽量避免旅游经济收入“漏损”现象，在旅游扶贫实施过程中，需增强区域旅游要素利用效率，推动旅游发展方式由外部过度依赖向创新内生驱动转型。另一方面，相较于旅游专业化，鉴于旅游人次比对贫困减缓的微弱效应，贫困型目的地在通过产品创新、形象设计和制度监管等方面增强旅游经济活动频率的同时，还需注重提高旅游者人均消费水平，这对减缓贫困具有较大潜力。

参考文献：

［1］Adamou A，Clerides S. Prospects and limits of tourism-led growth：The international evidence［J］. Review of Economic Analysis，2010，2（3）：287-303.

［2］Adams W，Hulme D. Conservation and community：Changing narratives，policies and practices in African conservation［C］. Hulme D，Murphree M. African wildlife and livelihoods：The promise and performance of community conservation. Oxford：Currey，2001.

［3］Akama J S. Neocolonialism，dependence and external control of Kenya's tourism industry：A case study of wildlife safari tourism in Kenya［C］. Hall C M，Tucker H. Tourism and postcolonialism：Contested discourses，identities and representatives. London：Routledge，2004.

［4］Akinboade O A，Braimoh L A. International tourism and economic development in South Africa：A granger causality test［J］. International Journal of Tourism Research，2010，12（2）：149-163.

［5］Alkire S，Foster J. Counting and multidimensional poverty measurement［J］. Journal of Public Economics，2010，95（7）：476-487.

［6］Altieri M A，Masera O. Sustainable rural development in Latin America：Building from the bottom-up［J］. Ecological Economics，1993，7（2）：93-121.

［7］Ashley C，Bennett O，Roe D. Sustainable tourism and poverty elimination study □R］. London：Deloitte and Touche，International Institute for Environment and Overseas Development Institutem，1999.

［8］Ashley C，Boyd C，Goodwin H. Pro-poor tourism：Putting poverty at the heart of the tourism agenda［J］. Significance，2000，51（51）：1-6.

［9］Ashley C，Mitchell J. Pathways to Prosperity：How Can Tourism Reduce Poverty?［R］.

London：Overseas Development Institute，2008.

[10] Ashley C，Roe D. Making tourism work for the poor：strategies and challenges in southern Africa [J] . Development Southern Africa，2002，19（1）：61–82.

[11] Ashley C，Roe D，Goodwin H. Pro–poor tourism strategies：Making tourism work for the poor–A review of experience [R] . London：Overseas Development Institute，International Institute for Environment and Development，and Center for Responsible Tourism，2001.

[12] Bah A，Goodwin H. Improving access for the informal sector to tourism in the Gambi*a* [R] . London：Overseas Development Institute，2003.

[13] Balaguer J，Cantavella–Jordá M. Tourism as a long–run economic growth factor：The Spanish case [J] . Applied Economics，2002，34（7）：877–884.

[14] Blake A，Arbache J S，Sinclair M T，et al. Tourism and poverty relief [J] . Annals of Tourism Research，2008，35（1）：107–126.

[15] Bolwell D，Weinz W. Reducing poverty through tourism [R] . Geneva：International Labor Office，2008.

[16] Brau R，Lanza A，Pigliaru F. How fast are small tourism countries growing? Evidence from the data for 1980–2003 [J] . Tourism Economics，2007，13（4）：603–613.

[17] Britton S. The political economy of tourism in the third world [J] . Annals of Tourism Research，1982，9（3）：331–358.

[18] Brohman J. New directions in tourism for Third World development [J] . Annals of Tourism Research，1996，23（1）：48–70.

[19] Brown D O. In search of an appropriate form of tourism for Africa：Lessons from the past and suggestions for the future [J] . Tourism Management，1998，19（3）：237–245.

[20] Bryden J. Tourism and development：A case study of the commonwealth Caribbean [M] . Cambridge：Cambridge University Press，1973.

[21] Burns P M. Paradoxes in planning：Tourism elitism or brutalism [J] . Annals of Tourism Research，1999，26（2）：329–348.

[22] Burns P M. Tourism planning：A third way? [J] . Annals of Tourism Research，2004，31（1）：24–43.

[23] Cheong S M，Miller M L. Power and tourism：A Foucauldian observation [J] . Annals of Tourism Research，2000，27（2）：371–390.

[24] Christie I T. Tourism，growth and poverty：Framework conditions for tourism in developing counties [J] . Tourism Review，2002，57（1）：35–41.

[25] Chok S，Macbeth J，Warren C. Tourism as a tool for poverty alleviation：A critical analysis of 'Pro–Poor Tourism' and implications for sustainability [J] . Current Issues in

Tourism，2007，10（2）：144–165.

［26］Copeland B R. Tourism and welfare-enhancing export subsidies［J］. Japanese Economic Review，2012，63（2）：232–243.

［27］Cortés-Jiménez I. Which type of tourism matters to the regional economic growth? The cases of Spain and Italy［J］. International Journal of Tourism Research，2008，10（2）：127–139.

［28］Couselo J L，Corredoira E，Vieitez A M，et al. The impact of regulation and ownership structure on market orientation in the tourism industry in China［J］. Tourism Management，2005，26（6）：939–950.

［29］Croes R，Vanegas M S. Cointegration and causality between tourism and poverty reduction［J］. Journal of Travel Research，2008，47（1）：94–103.

［30］Dasgupta S，Deichmann U，Meisner C，et al. Where is the poverty environment nexus? Evidence from Cambodia，Lao PDR，and Vietnam［J］. World Development，2005，33（4）：617–638.

［31］Davis J B. Commentary：Tourism research and social theory-expanding the focus［J］. Tourism Geographies，2001，3（2）：125–134.

［32］De Kadt E. Tourism：Passport to Development?［M］. London：Oxford University Press，1979.

［33］Deller S. Rural poverty，tourism and spatial heterogeneity［J］. Annals of Tourism Research，2010，37（1）：180–205.

［34］Deloitte D，Touche M. Sustainable tourism and poverty elimination：A report for the department for international development［M］. London：IIED and ODI，1999.

［35］Duffy R. A trip too far：Ecotourism，politics and exploitation［M］. London：Earthscan，2002.

［36］Encontre P. Tourism development and the perspective of graduation from the LDC category［C］. Benavides D D，Perez-Ducy E. Tourism in the Least Developed Countries. Brussels：United Nations Conference on Least Developed Countries，2001.

［37］Fayissa B，Nsiah C，Tadesse B. Tourism and economic growth in Latin American countries：Further empirical evidence［J］. Tourism Economics，2011，17（6）：1365–1373.

［38］Fouquau J，Hurlin C，Rabaud I. The Feldstein-Horioka puzzle：A panel smooth transition regression approach［J］. Economic Modelling，2007，25（2）：284–299.

［39］Garrigós-Simón F J，Galdón-Salvador J L，Gil-Pechuán I. The economic sustainability of tourism growth through leakage calculation［J］. Tourism Economics，2015，21（4）：721–739.

［40］Goodwin H. Measuring and reporting the impact of tourism on poverty［C］. Tribe, J.,

Airey, D. Developments in tourism research. London: Routledge, 2006.

[41] González A, Terasvirta T, Dijk D V. Panel smooth transition regression Models [R]. Stockholm: Stockholm School of Economics, 2005.

[42] Granger C W. Teräsvirta T. Modelling non-linear economic relationships [M]. Oxford University Press, 1993.

[43] Gunduz L, Hatemi-J A. Is the tourism-led growth hypothesis valid for Turkey? [J]. Applied Economics Letters, 2005, 12 (8): 499-504.

[44] Hansen B E. Threshold effects in non-dynamic panels: Estimation, testing and inference [J]. Journal of Econometrics, 1999, 93 (2): 334-368.

[45] Harrison D, Schipani S. Lao tourism and poverty alleviation community-based tourism and the private sector [J]. Current Issues in Tourism, 2007, 10 (2): 194-230.

[46] Harrison D. Pro-poor tourism: A critique [J]. Third World Quarterly, 2008, 29 (5): 851-868.

[47] Hawkins D E, Mann S. The world bank's role in tourism development [J]. Annals of Tourism Research, 2007, 34 (2): 348-363.

[48] Holden A, Sonne J, Novelli M. Tourism and poverty reduction: An interpretation by the poor of Elmina, Ghana [J]. Tourism Planning & Development, 2011, 8 (3): 317-334

[49] Hye Q M A, Khan R E A. Tourism-led growth hypothesis: A case study of Pakistan [J]. Asia Pacific Journal of Tourism Research, 2013, 18 (4): 1-11.

[50] Islam F, Carlsen J. Indigenous communities, tourism development and extreme poverty alleviation in rural Bangladesh [J]. Tourism Economics, 2016, 22 (3): 645-654.

[51] Jafari J. The scientification of tourism [C]. Smith, V. L., Brent, M. Hosts and Guests Revisited: Tourism Issues of the 21st Century. New York: Cognizant Communication, 2001.

[52] Jamal T B, Getz, D. Collaboration theory and community tourism planning [J]. Annals of Tourism Research, 1995, 22 (1): 186-204.

[53] Jamieson W, Nadkarni S. A Reality Check of Tourism's Potential as a Development Tool [J]. Asia Pacific Journal of Tourism Research, 2009, 14 (2): 111-123.

[54] Jiang M, Delacy T, Mkiramweni N P, et al. Some evidence for tourism alleviating poverty [J]. Annals of Tourism Research, 2011, 38 (38): 1181-1184.

[55] Kennedy K, Dornan D. An overview: Tourism non-governmental organizations and poverty reduction in developing countries [J]. Asia Pacific Journal of Tourism Research, 2009, 14 (14): 183-200.

[56] Kim H J, Chen M H, Jang, S C. Tourism expansion and economic development:

The case of Taiwan [J] . Tourism Management, 2006, 27 (5): 925–933.

[57] Krippendorf J. The Holidaymakers [M] . Oxford: Butterworth–Heinemann, 1989.

[58] Kwaramba H M, Lovett J C, Louw L, et al. Emotional confidence levels and success of tourism development for poverty reduction: The South African Kwam eMakana home–stay project [J] . Tourism Management, 2012, 33 (4): 885–894.

[59] Lee C C, Chang C P. Tourism development and economic growth: A closer look at panels [J] . Tourism Management, 2008, 29 (1): 180–192.

[60] Liu Z H, Jenkins C L. Country size and tourism development: a cross–nation analysis [C] . Briguglio L, Archer B, Jafari J. Sustainable Tourism in Islands and Small States: Issues and Policies. London: Pinter, 1996.

[61] Loayza N V, Raddatz C. The composition of growth matters for poverty alleviation [J] . Journal of Development Economics, 2006, 93 (1): 137–151.

[62] Luukkonen R, Saikkonen P, Teräsvirta T. Testing linearity against smooth transition autoregression [J] . Biometrika, 1988, 75 (3): 491–499.

[63] Manyara G, Jones E. Community–based enterprise development in Kenya: An exploration of their potential as avenues of poverty reduction [J] . Journal of Sustainable Tourism, 2007, 15 (6): 628–644.

[64] Mbaiwa J E. Enclave tourism and its socio–economic impacts in the Okavango Delta, Botswana [J] . Tourism Management, 2005, 26 (2): 157–172.

[65] McCulloch N, Winters L, Cirera X. Trade liberalization and poverty: A handbook [M] . London: Center for economic policy research, 2001.

[66] Mcgehee N G, Andereck K L. Factors Predicting Rural Residents' Support of Tourism [J] . Journal of Travel Research, 2004, 43 (2): 131–140.

[67] Mckinnon R. Foreign exchange constraints in economic development and efficient aid allocation [J] . Economic Journal, 1964, 74 (294): 388–409.

[68] Meethan K. Tourism in global society. Place, culture, consumption [J] . Annals of Tourism Research, 2005, 26 (1): 270–277.

[69] Milne S. Tourism, dependency and South Pacific microstates: Beyond the vicious cycle? [C] . Lockhart D G, Drakakis–Smith D. Island tourism: Trends and prospects. London: Pinter, 1997.

[70] Mitchell J, Ashley C. Tourism and poverty reduction: Pathways to prosperity [M] . London: Earthscan, 2010.

[71] Mowforth M, Munt I. Tourism and sustainability: Development and new tourism in the Third World [M] . London: Routledge, 2003.

[72] Muhanna E. The contribution of sustainable tourism development in poverty

alleviation of local communities in South Africa [J] . Journal of Human Resources in Hospitality & Tourism, 2007, 6 (1): 37–66.

[73] Murphy P. Tourism: A community approach [M] . New York: Methuen, 1985.

[74] Murray M R., Greer J V. Rural development in Northern Ireland: Policy formulation in a peripheral region of the European community [J] . Journal of Rural Studies, 1992, 8 (2): 173–184.

[75] Öniş Z, Şenses F. Rethinking the Emerging Post–Washington Consensus [J] . Development & Change, 2005, 36 (36): 263–290.

[76] Oppermann M, Chon K S. Tourism in developing countries [J] . London: International Thompson Business Press, 1997.

[77] Pillay M, Rogerson C M. Agriculture–tourism linkages and pro–poor impacts: The accommodation sector of urban coastal KwaZulu–Natal, South Africa [J] . Applied Geography, 2013, 36 (1): 49–58.

[78] Plüss C, Backes M. Red card for tourism? 10 principles and challenges for a sustainable tourism development in the 21st century [M] . Freiburg: Dante, 2002.

[79] Rao M. Challenges and issues for tourism in the South Pacific Island States: The case of Fiji islands [J] . Tourism Economics, 2002, 8 (4): 401–29.

[80] Rea M A. Furusato away from home [J] . Annals of Tourism Research, 2003, 27 (3): 638–660.

[81] Richter L K. Tourism challenges in developing nations: continuity and change at the millennium [C] . Harrison, D. Tourism and the Less Developed World: Issues and Case Studies. New York: CABI Publishing, 2001.

[82] Ritchie J R B, Crouch G I. The competitive destination: A sustainability perspective [J] . Tourism Management, 2000, 21 (1): 1–7.

[83] Roe D, Ashley C, Page S. Tourism and the poor: Analyzing and interpreting tourism statistics from a poverty perspective [R] . London: Overseas Development Institute, 2004.

[84] Roe D, Urquhart P. Pro – poor tourism: Harnessing the world's largest industry for the world's poor [R] . London: International Institute for Environment and Development, 2001.

[85] Rogerson C M. Pro–poor local economic development in South Africa: The role of pro–poor tourism [J] . Local Environment, 2006, 11 (1): 37–60.

[86] Ryan C Equity, management, power sharing and sustainability–issues of the 'new tourism' [J] . Tourism Management, 2002, 23 (1): 17–26.

[87] Sadler P G, Archer B H. The economic impact of tourism in developing countries [J] .

Annals of Tourism Research，1975，3（1）：15–32.

［88］Sahli M，Nowak J J. Does inbound tourism benefit developing countries? A trade theoretic approach［J］. Journal of Travel Research，2007，45（45）：426–434.

［89］Salazar N B. Community–based cultural tourism：Issues，threats and opportunities［J］. Journal of Sustainable Tourism，2012，20（1）：9–22.

［90］Sautter E T，Leisen B. Managing stakeholders：A tourism planning model［J］. Annals of Tourism Research，1999，26（2）：312–328.

［91］Scheyvens R. Promoting women's empowerment through involvement in ecotourism：experiences from the third world［J］. Journal of Sustainable Tourism，2000，8（3）：232–249.

［92］Scheyvens R. Tourism for development：Empowering communities［M］. London：Longman，2002.

［93］Scheyvens R. Tourism and development in the developing world［J］. Tourism Management，2010，31（2）：292–293.

［94］Scheyvens R. Tourism and poverty［M］. London：Routledge，2011.

［95］Scheyvens R，Hall C M. Exploring the tourism–poverty nexus［J］. Current Issues in Tourism，2007，10（2）：231–254.

［96］Scheyvens R，Momsen J H. Tourism and poverty reduction：Issues for small island states［J］. Tourism Geographies：An International Journal of Tourism Space Place & Environment，2008，10（1）：22–41.

［97］Schilcher D. Growth versus equity：The continuum of pro–poor tourism and neoliberal governance［J］. Current Issues in Tourism，2007，10（2）：166–193.

［98］Sedgley D，Pritchard A，Morgan N. 'Tourism poverty' in affluent societies：Voices from inner–city London［J］. Tourism Management，2012，33（4）：951–960.

［99］Sequeira T N，Nunes P M. Does tourism influence economic growth? A dynamic panel data approach［J］. Applied Economics，2008，40（18）：2431–2441.

［100］Sharpley R，Naidoo P. Tourism and poverty reduction：The case of Mauritius［J］. Tourism and Hospitality Planning & Development，2010，7（2）：145–162.

［101］Sharpley R，Telfer D J，Sharpley R，et al. Tourism and development：Concepts and issues［M］. New York：Channel View Publications，2015.

［102］Shaw G，Williams A M. Entrepreneurship，small business culture and tourism development［C］. Ioannides D，Debbage K D. The Economic geography of the tourist industry. London：Routledge，1998.

［103］Smith V L. Hosts and Guests：The anthropology of tourism［M］. Philadelphia：University of Pennsvlvania Press，1977.

[104] Snyman S L. The role of tourism employment in poverty reduction and community perceptions of conservation and tourism in southern Africa [J] . Journal of Sustainable Tourism, 2012, 20 (3): 395–416.

[105] Sofield T, Bauer J, Delacy T, et al. Sustainbale tourism ~ Elimination poverty: An overview [R] . Queensland: CRC for Sustainable Tourism, 2004.

[106] Spenceley A, Meyer D. Tourism and poverty reduction: theory and practice in less economically developed countries [J] . Journal of Sustainable Tourism, 2012, 20 (3): 297–317.

[107] Spenceley A. Local impacts of community–based tourism in Southern Africa [C] . Spenceley, A. Responsible tourism: Critical issues for conservation and development. London: Earthscan, 2008.

[108] Steiner C. Tourism poverty reduction and the political economy: Egyptian perspectives on tourism's economic benefits in a semi–rentier state [J] . Tourism Hospitality Planning and Development, 2006, 3 (3): 161–77.

[109] Stonich S C, Sorensen J H, Hundt A. Ethnicity, class and gender in tourism development: The case of the Bay Islands, Honduras [J] . Journal of Sustainable Tourism, 1995, 3 (1): 1–28.

[110] Sugiyarto G, Blake A, Sinclair M T. Tourism and globalization: Economic impact in Indonesia [J] . Annals of Tourism Research, 2003, 30 (3): 683–701.

[111] Tang C F, Abosedra S. Small sample evidence on the tourism–led growth hypothesis in Lebanon [J] . Current Issues in Tourism, 2012, 17 (3): 234–246.

[112] Telfer D J, Sharpley R. Tourism and development in the developing world [M] . London: Routledge, 2008.

[113] Thanh S D. Threshold effects of inflation on growth in the ASEAN–5 countries: A panel smooth transition regression approach [J] . Journal of Economics, Finance and Administrative Science, 2015, 20 (38): 41–48.

[114] Timothy D J, Wall G. Selling to tourists: Indonesian street vendors [J] . Annals of Tourism Research, 1997, 24 (2): 322–340.

[115] Tolkach D, King B. Strengthening Community–Based Tourism in a new resource–based island nation: Why and how? [J] . Tourism Management, 2015, 48 (3): 386–398.

[116] Torres R, Momsen J H. Challenges and potential for linking tourism and agriculture to achieve pro–poor tourism objectives [J] . Progress in Development Studies, 2004, 4 (4): 294–318.

[117] Tosun, C. Stages in the emergence of a participatory tourism development approach in the developing world [J] . Geoforum, 2005, 36 (3): 333–352.

[118] Tucker H，Boonabaana B. A critical analysis of tourism，gender and poverty reduction [J]. Journal of Sustainable Tourism，2012，20（3）：437–455.

[119] Turner L，Ash J. The golden hordes：International tourism and the pleasure periphery [M]. Constable，1975.

[120] Urry J. The tourist gaze：Leisure and travel in contemporary societies [M]. London：Sage，2002.

[121] Wang Y，Pfister R E. Residents' attitude toward tourism and perceived personal benefits in a rural community [J]. Journal of Travel Research，2008，47（8）：84–93.

[122] Wilkinson P F. Tourism in small island nations：A fragile dependency [J]. Leisure Studies，1987，6（2）：127–146.

[123] Williams A M，Shaw G. Tourism and economic development [M]. New York：John Wiley，1998.

[124] Wilson S，Fesenmaier D R，Fesenmaier J，et al. Factors for success in rural tourism development [J]. Journal of Travel Research，2001，40（2）：132–138.

[125] World Travel and Tourism Council. Travel and tourism economic impact [EB/OL]. http：//www.wttc.org/research/economic–research/ 2015.

[126] Zapata M，Hall M，lindo P，Vanderschaeghe M. Can community–based tourism contribute to development and poverty alleviation? Lessons from Nicaragua [J]. *Current Issues in Tourism*，2011，14（8）：725–749.

[127] Zhao W B，Ritchie J R B，Hall C M. Tourism and poverty alleviation：An integrative research framework [J]. Current Issues in Tourism，2007，10（2）：119–143.

[128] 国家旅游局. 2014 年中国旅游业统计公报 [EB/OL]. http：//www.cnta.gov.cn/xxfb/jdxwnew2/201512/t20151221_755402.shtml

[129] 苏静，胡宗义，肖攀. 中国农村金融发展的多维减贫效应非线性研究 [J]. 金融经济学研究，2014，29（4）：86–96.

[130] 苏静，胡宗义，唐李伟. 农村非正规金融发展减贫效应的门槛特征与地区差异——基于面板平滑转换模型的分析 [J]. 中国农村经济，2013（7）：58–70.

[131] 张兵，翁辰. 农村金融发展的减贫效应——空间溢出和门槛特征 [J]. 农业技术经济，2015（9）：37–47.

第十五章　中国旅游业与农村贫困减缓：基于 FGT 贫困指数测度视角

第一节　引言

世界银行数据显示，过去近 30 年，中国累积减少贫困人口 7.28 亿，占全球贫困减少人口 71.82%，中国减贫成就另世界赞叹！根据《中国农村贫困监测报告 2015》，基于中国最新农村贫困线标准[①]测算，改革开放以来，中国农村贫困发生率已从 1978 年 97.5% 降至 2014 年 7.2%，降幅达 90.3%，农村贫困人口规模已缩减至 7017 万人。毫无疑问，无论是传统的减贫理论，抑或是中国的减贫案例均表明，经济增长是减缓贫困的决定因素，而“涓滴效应”则是公认的核心机制（Anderson，1964；Thornton 等，1978；Jalilian 和 Kirkpatrick，2002）。但需指出的是，既有统计对贫困程度的描述仅限定在绝对层面，即贫困发生率，而忽视了贫困人口内部由收入分配差距所导致的相对贫困状况，尤其是对于远离贫困线的极端贫困人口而言，该群体由于不具备“基本可行能力”而使其处于被“剥夺”状态（Sen，1973），从而使其对经济增长的涓滴惠及产生“惰性”，最终致使经济增长成为贫困减缓的必要而非充分条件[②]（Balisacan，2003；张可中、冯俊成，2010）。上述理论研判的启示是，对绝对贫困的过度关注，而忽视贫困的相对性，将会使贫困减缓效应被高估，甚至会导致目的地反贫困政策被误导。

---

① 1978年以来，我国政府先后执行过三条贫困线标准：“1978年标准”“2008年标准”和“2010年标准”。2011 年 11 月 29 日召开的中央扶贫开发工作会议，中央决定将最新贫困线标准上调至农村年人均纯收入 2300 元（2010 年不变价）。

② 当贫困发生率处于高位时，快速的即使是短期的经济增长对消除贫困的作用显著，但根据国际反贫困的相关理论和案例实践表明，倘若一国绝对贫困人口数下降至总人口数的 10% 以下时，贫困减缓效应即会进入瓶颈状态。

尽管中国在贫困减缓方面成绩斐然，但未来的减贫任务却任重道远，尤其是要确保农村贫困人口至2020年全部实现如期脱贫仍压力巨大。按照世界银行最新贫困线标准，中国农村贫困人口仍有近2亿。与此同时，自20世纪90年代中后期开始，随着中国反贫困实践进入战略纵深阶段，绝对贫困发生率下降速度开始转低，经济增长对贫困减缓的“涓滴效应”明显减弱（汪三贵、胡联，2014）。实际上，除了增长的性质、结构、市场效率及政策偏向会对经济增长的贫困减缓机制产生不同程度的影响之外，产业发展对农村贫困减缓的影响也不容忽视，并已成为学术界新的研究热点（Hasan 和 Quibri；2004；Fosu，2009；Montalvo 和 Ravallion，2010）。譬如，Thorbecke 和 Jung（1996）在对印度尼西亚不同产业的经济活动对贫困的减缓效应进行估计时发现，服务业对贫困的减缓贡献要大于工业。

实际上，减贫问题已经成为一项迫切的全球性议程。如何消除贫困，对于政府部门、非政府组织和国际机构则是一项必须要面对的严峻挑战（Vanegas 等，2015）。需要关注的是，旅游业作为一项真正发展迅速的全球性产业，正逐渐被许多发展中国家，尤其是欠发达或最不发达国家（Less or Least Developed Countries，LDCs）视为提升贸易参与度、促进经济增长和减缓贫困的重要产业工具（Vanegas 等，2015）。例如，Hawkins 和 Mann（2007）指出，在推行反贫困政策的56个低收入国家中，约占80%的国家将旅游业作为减缓贫困的一项重要举措，甚至有部分国家在贫困减缓战略中赋予旅游业如农业和制造业般同等重要地位。在此背景下，通过发展旅游业来减缓贫困的战略策略也开始被联合国世界旅游组织（United Nations World Tourism Organization，UNWTO）、联合国贸易和发展会议（United Nations Conference on Trade and Development，UNCTD）和英国国际发展署（Department for International Development，DFID）等国际组织或机构所接受（Vanegas 和 Croes，2007；Croes，2011；Vanegas，2012）。沿袭此理论机制，一个基本的逻辑关系是，既然经济增长可以降低贫困发生率，而旅游业又能促进经济增长，旅游业顺理也会减缓贫困（Croes 和 Vanegas，2008），而对旅游业、经济增长与贫困减缓之间关系的论述在有关经济和旅游的研究文献中早已有所涉及（Elliott-Jones，1971；Bryden，1973；Clancy，1999）。在发展中国家，旅游业之所以能够成为有效、迅速且低成本减缓贫困的产业工具[①]（Hummel 和 Duim，2012），主要是因为对经济增长的积极影响（Luvanga 和 Shitundu，2003），本质上是得到了旅游业导向型经济增长（Tourism-led Growth，TLG）假说的理论与经验支持（Balaguer 和 Catavella-Jordá，2002；Dritsakis，2004；Kim 等，2006）。譬如，Croes 和 Vanegas（2008）以尼加拉瓜为例，将贫困纳入到 TLG 研究框架，并对旅游业发展、经济扩张和贫困减缓之间的关系进行了协整检验，结果发现三者之间具有长期稳定的均衡关系，并且存在旅游业减缓贫困的单向因果关系。概言之，对此可从两方面予以简要解释：一方面，旅游业可以为社区经济脆弱群体提供参与旅游商品生产和服务方面的就业机会（Ashley 等，2000）；另一方面，旅游业可以有效开发利用贫困地区自然和文化资源的所属潜在价值（Ashley 和 Roe，2002）。

综上所述，尽管旅游业具备贫困减缓潜力，但对此关系机制的深入解析并未得到足够重视（Zhao 和 Ritchie，2007），更是缺乏对旅游业和贫困关系的实证研究，进而导致关于旅游业是否减缓贫困的争议不断（Jamieson 等，2004；Goodwin，2007）。事实上，肇始于 20 世纪 60 年代的大众旅游兴起，学术界对于旅游业是否有助于减缓贫困，还是可能会加剧旅游目的地“主客”之间，乃至于贫困人口内部之间收入差距的讨论始终未达一致。从既有的理论逻辑上看，一方面，基于新自由主义经济的“涓滴效应”假设，旅游业不仅能为贫困地区创造就业机会和外汇收入，还可以通过展示“现代性”为传统社会带来内生变革（Scheyvens，2011）。不仅如此，旅游业所引发的生产要素流动也有助于目的地纳入到更大尺度的开放经济体系中，也被视作提升目的地现代化和繁荣经济的催化剂（Williams，1998），尤其是在“华盛顿共识”框架下，旅游业成为欠发达地区摆脱贫困的一种可行选择（Brohman，1996），支持此类论点的研究范式通常是基于宏观视角的计量经济学分析（Desforges，2000；Harrison，2003；Mowforth 和 Munt，2009）。另一方面，20 世纪八九十年代，出现了一类以后结构主义政治经济学为依据的学术流派，认为除非旅游业进行重大结构性改革，否则不可能有助于减缓贫困，他们立

① 对很多极端贫困国家来说，旅游业是一项获取收入的主要来源。据估计，目前大约有 40% 的国际游客被吸引至 LDCs 从事旅游活动（Scheyvens，2011）。与欧盟或者经合组织相比，LDCs 到访的国际游客人次增长速度明显更快（Meyer，2010）。

论的依据在于旅游业发展的依附性可能会产生一种新型的“殖民主义”，尤其受到非洲学者所推崇（Akama，2004；Mbaiwa，2005；Manyara 和 Jones，2007）。总的来说，经济全球化致使目的地旅游收入发生“漏损”①，不仅抑制了旅游业对贫困的减缓效应，而且会加剧不平等问题（Pleumarom，1994；Schilcher，2007）。所以，正如 Ashley 和 Mitchell（2008）所言，“学术界关于旅游业减缓贫困的理解并未形成任何共识”，尽管围绕旅游业减缓贫困的探讨较之以往更为深刻，但对此关系的研究仍显不足（Harrison，2008）。

那么，紧跟着一个需要检视的问题是，对于旅游业减缓贫困质疑的关键所在是什么？若要回答此问题，还是需要回到对贫困相对性的理解上。既有研究对旅游业与贫困减缓关系的讨论，由于对贫困的测度具有单一指标性质，因此会导致旅游业发展对贫困减缓的影响检验出现偏差（Vanegas 等，2015）。换言之，即使旅游业可以从整体上降低贫困发生率，那么问题的症结在于，在贫困人口内部，远离贫困线的极端贫困人口是否能够享受到旅游业发展带来的长期利益？作为经济增长的工具，旅游业受到了特别青睐，但揭示旅游业对贫困的减缓贡献更为重要（Zhao 和 Ritchie，2007），尤其是要关注旅游业是否有助于降低极端贫困率（Kim 等，2006）。Blake 等（2008）将巴西居民家庭收入依次划分为最低收入组、低收入组、中等收入组和高收入组，并通过可计算一般均衡模型分析发现，旅游业对所有分组家庭贫困均具有减缓作用，尤其是对最低收入组家庭贫困的减缓效应要远低于其对高收入组家庭贫困。由此，可以推测出旅游业减缓贫困的一种可能事实，即旅游业减缓绝对贫困发生率的同时，亦会伴随收入分配的不平等现象，进而会抑制旅游业对贫困的减缓效应，甚至是加剧贫困的潜在原因，这与 Mahadevan 等（2016）对印度尼西亚的研究结论基本一致。遗憾的是，聚焦于旅游业和贫困关系的相关文献，对旅游业能否减缓极端贫困状况的实证研究较为鲜见（Schilche，2007）。由此所导致的直接负面后果是，目的地所实施的有助于极端贫困人口接近贫困线的扶持政策，尽管可以改善极端贫困人口的收入状况，但假定忽视了贫困人口内部的收入差距，进而易于得出反贫困政策无效的错

① 目的地通过向“北部”跨国旅游企业支付工资或所需进口旅游商品与服务的款项，而导致部分旅游业收入回流。经 McCulloch 等（2001）估算，“南部”旅游业收入“漏损率”为 55%~75%。

误结论。

综上所言，我们在对中国旅游业与贫困减缓关系进行系统的规范研究时，必须兼顾贫困人口内部收入分配的公平性因素，这是制约评估中国旅游业减缓农村贫困效应的关键前提，亦是本章研究的核心目的，所以有必要基于相对贫困视角对上述关系进行实证检验。因此，本章为旅游业减缓贫困领域的研究文献新增了来自中国案例的经验研究。在此之前，我们首先对中国旅游业和农村贫困的基本事实进行简要说明，以期为后续实证研究提供数据上的直观判断。根据《中国国民经济和社会发展统计公报》，1999—2014 年，中国国内旅游收入从 2832 亿元增长到 30312 亿元，增长约 10 倍，国际外汇收入从 141 亿美元增长到 565 亿美元，增长约 4 倍。中国国内旅游人次从 7.19 亿上升到 36.11 亿，增长约 5 倍；入境旅游人次从 0.728 亿上升到 1.285 亿，增长约 1.8 倍，旅游业呈现快速扩张态势。同期，中国农村居民人均纯收入从 2210 元增长到 9892 元，年均增速仅为 10.6%，略低于城镇人均可支配收入 11.4% 的年均增速，更低于全国人均国内生产总值 13.4% 的年均增速。与此同时，农村居民家庭恩格尔系数从 1999 年的 0.526 下降到 2014 年的 0.379，降低了 27.9%，但农村居民基尼系数从 1999 年的 0.307 上升到 2014 年的 0.376，上升了 22.5%。换言之，作为国际上用于衡量居民生活水平高低的一项指标，如图 1 所示①，中国农村居民家庭恩格尔系数持续降低，但农村居民基尼系数在整体上却呈现出小幅扩大趋势（年均 1.7%），由此说明，伴随着中国农村贫困水平的逐渐降低，农村贫困人口内部亦存在收入分配的不平等现象。顺言之，本章所关切的是，中国旅游业是否有助于减缓农村贫困？基于相对贫困视角，旅游业能否减缓农村极端贫困？另外，旅游业减缓农村贫困效应是否存在区域差异？②科学谨慎地回答上述问题，对中国当前所实施的旅游业减缓贫困战略意义不可低估，一方面需为现行旅游反贫困政策提供经验证据，另一方面也为实施以产业发展为导向的农村贫困减缓政策增添来自旅游业的视角。鉴于此，为精确识别中国农村贫困状况，文中首先引入发展经济学文

① 旅游专业化代表旅游深度，用旅游总收入与地区 GDP 比值度量，反映了旅游业在整个国民经济中的地位。

② 中国的贫困主要发生在农村，而农村贫困尤以西部地区为甚，西部农村贫困地区因自然条件恶劣、经济基础薄弱和社会生产力水平低下等因素，贫困问题尤其突出。

献中普遍使用的贫困 Foster–Greer–Thorbecke（FGT）分解指数，并以旅游专业化或旅游人次比作为旅游业发展的度量指标，然后基于 1999—2014 年中国 29 个分省的平衡面板数据（湖南、西藏①和港澳台除外），进而对旅游业与贫困减缓关系进行实证检验，希冀尽可能客观地揭示中国旅游业对农村贫困的减缓效应。

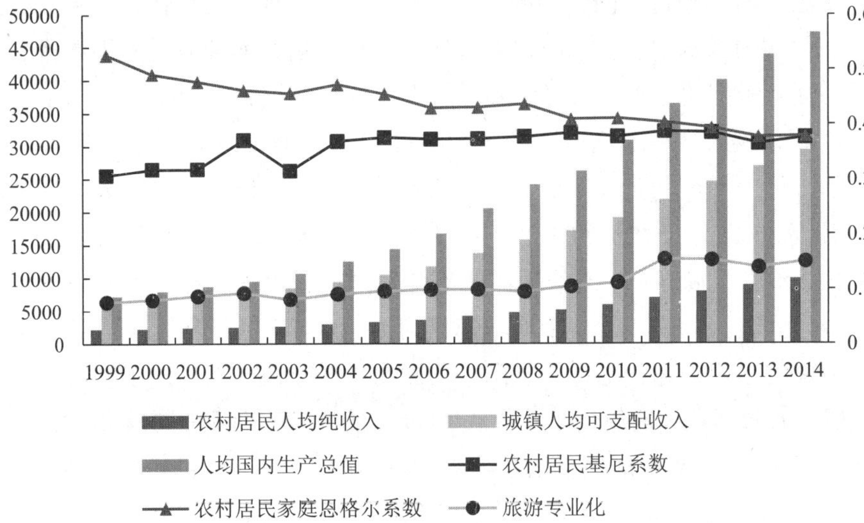

图 15–1　相关宏观经济指标变化趋势

第二节　文献综述与理论分析

从整体研究视域审视，对旅游业与贫困减缓关系的理论认知主要是基于贸易经济增长和可持续性发展②两种貌似无关的阐释范例（Croes 和 Vanegas，2008）。在经济学意义上，贸易增长理论主要偏向于资源有效配置，并未涉

① 湖南、西藏剔除是由于缺乏连续一致的数据。

② 贫困是一个多维概念，收入仅是反映贫困水平的其中一个指标，还涉及人的“能力”问题。旅游业的可持续性强调经济的增长并不等于发展，尊重目的地的自然环境、社会文化条件和收入分配的公平性，鼓励贫困人口参与社区旅游生产经营活动，对减缓贫困同样有效（Mabogunje，2015）。

及由此而产生的分配效应，而旅游业作为一种特殊的非贸易品，其对经济增长影响渠道的多样化决定了旅游业发展可能会对不同社会群体产生差异化的分配效应（Copeland，1991）。但问题是，旅游业与贫困减缓之间关系的不确定性，根本焦点在于对“旅游业是否是经济增长的动力”和“经济增长是否是贫困减缓的条件”两种学术观点由来已久的学术争辩仍未达成统一。例如，一方面，TLG 假说因国家异质性而引起的对其真实性的质疑（Dritsakis，2004；Tang 和 Jang，2009）；另一方面，贫困的多维性对经济增长缺乏包容性的挑战（Springett，2013）。然而，需要注意的是，过往研究过度强调经济增长在旅游业与贫困减缓关系中的中介作用，此举反而主观“简单化”了旅游业对贫困减缓的影响机制，抹杀了旅游业与贫困减缓关系之间的内在复杂性（Scheyvens，2011）。

一、理论脉络演变

肇自 20 世纪 50 年代，围绕“旅游业和贫困”关系的理论形态大致呈现四种理论分野，即（新）自由主义、批判主义、选择性旅游主义和后结构主义。其中，除后结构主义思想出现相对较晚之外，在 20 世纪 70—90 年代，其余三种理论脉络分析进路几乎同时进行（Scheyvens，2007）。

第一，（新）自由主义。首先，自由主义学派认为，旅游业通过赚取外汇、增加税收和创造就业等途径，在刺激经济增长的同时，凭借“涓滴”机制所产生的分配效应惠及穷人（McKinnon，1964；Scheyvens，2011）。其次，以“华盛顿共识”为开端，新自由主义兴起，随着诸如世界银行和国际货币基金组织等金融机构的出现，他们尝试通过引进结构性调整项目（Structural Adjustment Programs，SAPs）来援助贫困的发展中国家，而旅游业被作为处于困境的发展中国家摆脱贫困的有力工具（Brohman，1996），但随着政府干预的逐步弱化，也导致旅游业对贫困的减缓效应日渐式微，与此同时，对外投资运动开始活跃，大型跨国旅游企业得以催生（Meyer，2010）。

第二，批判主义。以依附理论和政治经济学理论为工具，后殖民主义学派认为旅游业使得“西方社会（the West）”与“非西方社会（the Rest）”出现割裂，旅游业被视作资本主义对偏远贫困地区的资本和文化侵略，并会给后者造成社会文化、自然环境和居民生活方式的负面冲击（Mbaiwa，2005；

Manyara 和 Jones，2007）。不仅如此，在发展中国家，旅游业过度依赖于外部资本、技术和人才，尤其是跨国外资旅游企业占据市场主导地位，进而导致由旅游业产生的大部分利润开始资本回流，并最终导致目的地社会经济福利被稀释，甚至会加剧贫困地区社会经济分化（Smith，1977；Britton，1982）。

第三，选择性旅游主义。以“小规模、富有教育意义、凸显居民控制权”为主要特征的选择性旅游形式陆续出现，例如，生态旅游（Ecotourism）、负责任旅游（Responsible Tourism）、公益旅游（Voluntourism）、社区旅游（Community-based Tourism）和可持续旅游（Sustainable Tourism）等，主要以可持续发展理念为主导，并且强调旅游业可以为贫困社区提供多元化的生计选择，同时社区居民在旅游业实践中会被赋权（Krippendorf，1989；Scheyvens，2002）。

第四，后结构主义。随着各种思潮对“旅游业和贫困”关系主题的争论愈发强烈，但始终未有定论，部分学者开始检视简化主义方法论的缺陷，主张应在整体层面上关注旅游业的结构与功能。因为旅游业发展的全球化体系是一个“多层次的复杂网状结构，内外条件以竞合方式相互交织”（Teo，2002），故而应当在更具多元化和包容性的社会文化语境中对旅游业和贫困关系进行辩证思考，除经济因素外，要将文化差异、权力结构和性别平等方面纳入其中（Cheong 和 Miller，2000；Davis，2001；Sedgley 等，2012）。

综上所述，特定历史时期的社会经济思潮均对旅游业和贫困关系表达出了各自鲜明的理论认知立场。实际上，将旅游业置于西方整个社会经济背景和历史进程中审视，其所凸显的（新）自由主义发展后期的危机，以及所展现出的后殖民主义特征，共同证实了旅游业在减缓贫困和缩小贫富差距方面的乏力，这也正是批判主义兴起的主要原因。选择性旅游主义提出了具有可持续性的差异化“校正”方案，以解决后殖民主义所被诟病的对贫困地区的强势“侵占”，但此类旅游组织形式由于所涉社区规模有限，普适性经验难以推广，故而难以形成系统的理论框架。相较而言，后结构主义主张应在多元化的社会文化语境中对旅游业和贫困关系进行包容性的辩证思考，无须过度关注特定的旅游组织形式和局部的旅游业贫困减缓效应。迄今，对旅游业和贫困关系的理论探索和经验研究仍然无法脱离上述理论视野。

二、减贫观点争辩

由于旅游业的时变性、贫困的多维性以及旅游业和贫困关系所处外部环境的复杂性，致使旅游业对贫困减缓的贡献仍处于无休止讨论中（Shaw 和 Williams，1998）。所以，我们有必要对聚焦两者关系的学术争辩进行梳理，以厘清既有研究对两者关系探索的相关理路，这对于进一步拓宽和深化该领域的研究视域和研究体系至关重要。Medina-Muñoz 等（2016）以 Scopus 数据库（Elsevier）和 Web of Science 数据库（Thomson Reuters）为搜索平台，分别以“旅游业”和“贫困减缓”或者“PPT”为关键词，共筛选出发表在 1999 年至 2014 年期间的 149 篇文献，并发现有关旅游业与贫困减缓关系的学术文献具有增长趋势，这也说明该领域已引起较高的国际学术关切。

Mekawy（2015）首次提出了旅游业导向型贫困减缓（Tourism-Led Poverty Reduction，TLPR）研究的概念，重点强调了旅游业减缓贫困效应研究的重要性。正如 Novelli 和 Hellwig（2011）所言，旅游业对贫困的减缓贡献主要体现在经济方面。从宏观上看，作为目的地促进经济增长的战略工具，旅游业对贫困减缓具有直接的积极影响（Banerjee 等，2015）。更深入地讲，旅游业减缓贫困还存在复杂的间接机制：①增加收入，优化“南北”财富分配体系（Spenceley 和 Meyer，2012）；②提供就业，创造旅游生产参与机会（Brau 等，2007）；③活跃经济，提升自然文化资源附加值（Lapeyre，2011）；④产业关联，建立旅游价值链跨行业联系（Torres，2003）。与此同时，旅游业对贫困减缓的消极影响也不能忽视，由于贫困地区旅游业高度依赖于跨国外资企业，由此所形成的新型“殖民剥削”，将会使贫困地区旅游收入产生较高“漏损”，进而削弱了与国内相关经济部门的产业联系，最终也会有引发贫困地区贸易失衡的风险（Duffy，2002；Garrigós-Simón 等，2015；Scheyvens 和 Russell，2012）。

从微观上看，旅游业之所以成为目的地减缓贫困的最具吸引力部门，主要表现在如下 4 个方面。第一，旅游业可以为贫困人口提供空间广阔、形式多样的非正规部门就业机会（如生产和销售农产品、手工艺品和纪念品等），尽管主要是一些低技能的劳动岗位（如导游、餐饮服务员、搬运工、清洁工等），但这已是贫困人口可以获得的为数不多的收入来源之一，并且其从业薪酬水平也基本高于传统的农业工人（Lapeyre，2010；Steinicke 和 Neuburger，2012；Mutana 等，2013）。第二，旅游业作为发展中国家经济增长的决定性因素，与其他非农部门相比，劳动密集程度更高，并且雇用了贫困地区相对较高比例的女性和半熟练工（Sugiyarto 等，2003；Steiner，2006），有助于推进性别平等和知识溢出（Ashley 等，2001；Scheyvens，2002）。第三，与制造业或其他经济活动相比，旅游业进入门槛较低，尤其适用于几乎没有其他经济增长途径的农村地区，由于旅游业具有市场更接近生产者的先天优势，从而会为贫困地区提供额外的商品销售机会（Bennett，1999）。第四，贫困地区发展旅游业，有利于促进本地区企业家精神与中小企业（Small-micro Medium Enterprises，SMMEs）的发展，尤其是旅游中小微企业作为一种特殊的旅游组织形式，因具有涉及面广、操作性强和参与度高的特点，也被认为是减缓贫困的有效工具（Kwaramba 等，2012）。

相应地，旅游业减缓贫困的负面微观机制可具体从以下 4 个方面进行理解。第一，在经济方面，旅游需求引发贫困地区商品和服务消费价格抬升，导致汇率上升和货币升值，从而会侵蚀非旅游部门产品出口竞争力，最终限制了贫困地区的增长和创新能力（Sahli 和 Nowak，2007）。在由旅游业所引发的“荷兰病”效应背景下，对于受上述影响的在非旅游部门就业的贫困人口而言，随着旅游业规模的扩大，他们的实际收入则会下降（Bolwell 和 Weinz，2008）。第二，在政治方面，由于贫困地区发展旅游业时，存在资本、技术、管理和营销等方面的缺陷，尤其是贫困人口能力建设的薄弱，使得贫困人口普遍存在权利缺失现象，因而在参与旅游项目决策、经营管理和利益分配时会受到所谓精英群体的排斥，甚至被边缘化（Poultney 和 Spenceley，2001）。第三，在社会方面，由于受社会文化因素和劳动力市场性别歧视所致，大型旅游企业在贫困地区从事旅游开发时，存在着严重的性别不平等现象，这显然并不利于贫困家庭摆脱贫困（Stonich 等，1995）。第四，在环境方面，旅游开发所产生的环境负外部性，会给贫困地区自然环境造成负面冲击，而环境恶化又会加剧其与贫困之间的负反馈关系（Liu 和 Jenkins，1996）。

三、贫困减缓机制

研究旅游业与贫困减缓关系的挑战在于如何利用旅游业的发展为贫困人

口创造积极贡献，同时还需减少相应的负面影响（Ashley 和 Roe，2002）。Mitchell 和 Ashley（2010）对旅游业减缓贫困的影响机制进行了系统总结，并根据旅游业对贫困减缓的影响程度不同，分别归纳为：直接效应（Direct Effects）、二次效应（Secondary Effects）和动态效应（Dynamic Effects）。

（一）直接效应

旅游业减缓贫困的直接效应来自于游客在目的地完成一次完整的旅游活动所进行的直接消费，目的地贫困人口可通过向游客提供其所需的商品和服务而获得直接收入，在此过程中，贫困人口主要通过两种方式参与旅游生产。一种是从事旅游非正规部门经营活动。例如，贫困人口直接向游客提供农副产品、手工纪念品、民宿服务和餐饮服务、导游服务等细分产品或服务（Phommavong 和 Sörensson，2014）。另一种是直接受雇于旅游企业。Williams 和 Lawson（2001）指出，旅游业所具有的对低技能劳动力需求较大的就业特征恰好为处在就业劣势地位的贫困人群（妇女、老人、残疾人）提供了所需就业生计，由此所产生的贫困地区就业人口规模的增长，会进一步驱动旅游业扩大发展规模，随之则会诱发劳动力集聚效应，而由集聚所产生的劳动生产率提高，尤其是对多样化劳动技能者需求的提升，又会吸引外部人力资本内迁回流，最终为贫困地区经济繁荣和稳定注入了新活力。

需要警惕的是，并非所有贫困人口都能通过上述旅游生产参与方式而获得可观的经济收入。如果贫困人口既无条件从事旅游非正规部门经营活动，又不具备基本的旅游从业技能，即会被排除在旅游业发展权利之外。旅游就业的低门槛特征也决定了旅游业在为贫困人口提供广泛就业机会的同时，也会被锁定在低技能、低薪酬的就业岗位（Deller，2010）。但值得肯定的是，旅游业减缓贫困的直接影响效应，具有较低的经济漏损，贫困人口因此能基本实现“参与即所得”。

（二）二次效应

旅游收入的再分配过程形成旅游业减缓贫困的二次效应，其中，间接效应（Indirect Effects）和诱导效应（Induced Effects）是两种典型的旅游业对贫困的减缓机制（Winters 等，2013）。间接效应发生在旅游企业或者个体旅游经营户对其上下游供应链行业（农业、渔业、餐饮业、手工业和建筑业等）所属商品和服务的需求而产生的产业波及效应，从而将旅游业减缓贫困的影响和范围扩展到了更广泛的贫困人群。诱导效应则是与旅游支出对目的地经济的积极影响有关。例如，旅游从业者或经营者在目的地的生产和生活消费支出可以产生较为可观的税收收入，进入地方财政分配体系，并以转移支付或者再分配的形式惠及贫困人口（Dwyer，2005）。间接效应和诱导效应经过长期累积与叠加，则会产生旅游收入和支出的乘数效应，而据 Mitchell 和 Ashley（2010）研究测算，旅游业减缓贫困的二次效应传递效率为 60%~120%，意味着 1 美元的旅游支出能产生 1.6~2.2 美元的收入。实际上，尽管诱导效应提升了目的地的收入水平和消费能力，但同时也抬升了商品价格，推高了行业成本，从而在一定程度上抵消了旅游业对贫困减缓的收入效应。因此，Incera 和 Fernández（2015）指出，若在整体上评估旅游业减缓贫困效应，则需对目的地旅游业发展的乘数效应和漏损效应综合权衡而定。当然，如果旅游经济活动与目的地关联产业联系紧密，而非过度依赖于外部资源要素，那么旅游业对目的地经济所产生的收入漏损效应则相对较低，旅游业减缓贫困效应也可得到最大程度发挥（Zhao，2009）。

（三）动态效应

旅游业对贫困减缓的最后一种影响与其对目的地经济系统的长期或动态影响有关，此类影响机制是由旅游业发展的外部性所主导，即旅游业投资对目的地相关经济活动而产生的“溢出效应”，主要是以旅游业对贫困地区的“经济溢出”和“人力资本溢出”两种形式存在。一方面，旅游业在收入、消费和就业等方面的乘数效应将有助于贫困地区的收入增长、消费刺激和就业拉动（Lazzeretti 和 Capone，2009），与此同时，贫困地区发展旅游业，还可以吸引大量外部投资，如基础设施投资、人力资本形成、商业配套建设和农业产品生产等，上述投资无论是来自于私人部门，还是公共部门，贫困地区均可从中获得较为长远的发展利益（Nowak 等，2007）。另一方面，贫困地区引入跨国外资旅游企业，可以对本地旅游企业产生示范效应和竞争效应，有利于推动本地旅游企业积极进行技术创新变革和管理模式创新。尤其关键的是，在上述过程中，本地旅游企业通过“干中学”可以有效培养参与旅游就业的贫困人口的学习和吸收能力，进而促使贫困人口实现从低技能到高技能的转变，而贫困人口人力资本质量的提升显然有助于在长期增强贫困人口的内生发展能力（Yang 和 Fik，2014）。

综上来看，仅从理论内涵上理解，旅游业减缓贫困的以上三种机制逻辑主线较为清晰。但问题是，对旅游业与贫困减缓关系研究的挑战并不在于理解这一关系的理论基础，而是在于获得有关这种关系程度的实证证据，以便阐明最有效的旅游反贫困干预措施（Winters 等，2013）。

四、相对贫困差异

在欠发达国家，对于旅游业能否减缓贫困的争论并没有确切的回答。部分学者认为旅游业是减缓贫困和不平等的灵丹妙药（Hummel 和 Duim，2012）；另部分学者则指出旅游业对减缓极端贫困并无任何作用（Plüss 和 Backes，2002）。Schilcher（2007）的观点较为折中，他认为旅游业在促进经济增长的同时，尽管可以帮助贫困人口减缓贫困，但也会使极端贫困人口的状况变得更糟，所以在探讨旅游业与贫困减缓关系时，有必要区分贫困人口和极端贫困人口。然而，值得注意的是，由于鲜有旅游文献对后者进行实证检验，导致旅游业对极端贫困人口的影响常被忽视。所以，部分学者也提出需要对旅游业与贫困减缓关系进行深入研究（Scheyvens，2007；Zhao 和 Ritchie，2007）。

因此，对旅游业减缓贫困的异质性效应的理解还需建立在贫困人口内部收入不平等的事实基础上，进而可将有限的实证文献分为两支。第一支文献以在贫困线以下贫困人口所占比例度量贫困水平，据此所展开的实证研究结论也是不尽一致，原因在于对旅游业减缓贫困的影响研究还需兼顾多种约束因素。Croes（2014）在一项针对尼加拉瓜和哥斯达黎加的对比研究中发现，旅游业可以显著降低尼加拉瓜的贫困发生率，但在经济发展水平相对较高的哥斯达黎加，旅游业的行业薪酬不仅低于全国平均水平，并且也无法创造大量就业，进而难以形成有效的旅游业减缓贫困效应，最终再次证实了对两国旅游业是否可以减缓贫困的前期推断（Croes 和 Vanegas，2008）。Kim 等（2016）的研究扩大了样本范围，通过对 1995—2012 年世界 69 个发展中国家旅游业和贫困关系实证检验发现，当一国人均年收入水平超过一定阈值（3400 美元）之后，旅游业减缓贫困效应则会由积极转变为消极。Croes 和 Rivera（2017）更是直接将贫困人口数量作为贫困度量指标，运用社会核算矩阵对旅游业减缓贫困效应进行模拟分析，认为旅游业可以作为厄瓜多尔减缓贫困的可行工具。对此，我们需要特别注意，尽管某些反贫困措施可能有助于减少贫困人口的比例，但贫困人口的绝对数量可能并没有发生明显的变化（Vanegas 等，2015）。

由此，便引申出旅游业对不同收入分组贫困人口的系统差异性影响，问题的关键，还是在于旅游业对相对贫困产生减缓效应时，亦会导致收入分配的不平等，最终会从整体上抑制旅游业减缓贫困效应。质言之，倘若在目的地收入体系中，如果仅相对富裕人群从发展中获益，那在扭曲的分配机制长期作用下，随着不平等态势的持续，贫困会逐渐被加剧（Mak，2003）。Blake 等（2008）利用可计算的一般均衡模型，对巴西旅游业发展的分配效应进行了评估，模型中对家庭按收入进行分组，依次划分为最低收入组、低收入组、中等收入组和高收入组，其中最低收入组被定义为低于贫困线的家庭分组，结果表明，旅游业对巴西所有家庭分组均有显著的贫困减缓作用，但旅游业对最低收入组家庭的贫困减缓效应最低。与之相似，Wattanakuljarus 和 Coxhead（2008）采用应用一般均衡（Applied General Equilibrium，AGE）模型考察了泰国旅游业对贫困人口的影响，并将家庭按照高低收入和是否从事农业就业划分为 4 组，研究发现旅游业确实增加了家庭总收入，但也随之出现收入分配的恶化。究其因，在泰国，与农业和劳动密集型的制造业等主要贸易部门相比，旅游业并不是一个明显的劳动密集型行业，并且旅游业由于引发了“荷兰病”效应，进而会削弱贫困人口所赖以生存的可贸易部门（尤其是农业）的盈利潜力和就业能力，使得贫困家庭中的非熟练劳动力无法在旅游业发展中获益，并在一定程度上加剧了贫富收入差距。上述两篇文献在相对贫困层面对所谓的 TLPR 研究提出了质疑，并隐含地反映出旅游业与贫困减缓关系之间的潜在规律，即旅游业在降低绝对贫困发生率时，在贫困人口内部亦会伴随收入分配的不平等现象。Mahadevan 等（2016）也持较为肯定的态度，在探索印度尼西亚旅游业减缓贫困的补充性政策时，研究发现，与旅游收入的转移支付相比，通过投资提高贫困人口的劳动生产率，才能更快地减缓贫困。与之类似，Kweka（2004）较早时发现，在坦桑尼亚城市（高收入）家庭从旅游业中的获益程度要比农村（低收入）家庭多 20%，这也符合 Croes 和 Rivera（2015）的观点，他们认为虽然贫困人口可在旅游业中获得就业机会并获益，但若经济增长放缓时，参与旅游就业的贫困人口所遭遇的负面冲击也相对较大，而且即便在经济增长时期，贫困人口也是旅游获益最少的利益相关者。

合观上文，本章力求全面而客观地验证中国旅游业与农村贫困减缓关系，确切地讲，对 Mekawy 提出的 TLPR 假设在中国贫困地区的真实性和表现形式进行实证检验与解释，毫无疑问，对于当前中国社会逐渐推开的旅游反贫困政策具有重要的全局战略意义。一方面，作为对世界减贫事业贡献最大的中国，旅游业减缓贫困的国际学术研究体系急需来自中国的案例补充；另一方面，现阶段，从中央到地方进行的旅游反贫困项目如火如荼，至于实施的宏观时效如何，或者说，如何揭示旅游业减缓农村贫困的边际效应，也迫切需要与此相关的经验证据。

鉴于此，本章突破性贡献体现在如下方面：首先，在研究视角上，大量既有文献主要是对具体的扶贫旅游项目进行定性的案例描述，并且此类文献还有持续增长的趋势（Manyara 和 Jones，2007；Tucker 和 Boonabaana，2012）。然而，在宏观层面上，对旅游业与贫困减缓关系进行实证检验的经验研究还非常有限（Chok 等，2007；Mitchell 和 Ashley，2010）。之所以有必要基于宏观视角进行探究，优势在于可从目的地整体上评估旅游业减缓贫困效应，进而相应地揭示旅游业对贫困减缓的影响机制，并作为目的地政府统筹与调整旅游业发展方向的基本依据。其次，在研究方法上，Saayman 等（2012）指出对旅游业与贫困减缓关系进行研究，从宏观经济视角分析，方法论的选择十分重要，这有助于发现侧重于地方性的案例研究所无法反映出的目的地整体特征。现阶段，对 TLPR 研究的宏观经济研究方法基本分为两类：一类是采用宏观经济微观分析模拟模型，另一类是采用计量经济统计技术。前者是基于静态建模思维，利用微观截面数据，用于评估旅游业减缓贫困的直接效应和二次效应，目的在于反映旅游业对贫困减缓的宏观效果（Winters 等，2013）。然而，尽管微观分析模拟模型可以在时间截面上评估特定目的地的旅游业减缓贫困效应，但却忽视了旅游反贫困政策的时间变化对贫困减缓的长期动态影响（Njoya 和 Seetaram，2017）。因此，由于旅游业减缓贫困效应可能存在时间上的动态滞后，所以采用动态建模技术更为合适。其中，本章选择同时包含了时间和个体信息的面板数据计量回归模型，不仅可以检验中国旅游业减缓农村贫困的长期动态效应，而且可以在更广度的层面上获得旅游业减缓农村贫困的经验证据。最后，在研究内容上，本章首先使用贫困 FGT 指数对中国农村贫困进行测度分解，以便于全景式地反映农村贫困人口内部的收入差距，然后再将其引入到旅游业减缓农村贫困的计量统计模型，进而从绝对和相对贫困视角对旅游业减缓农村贫困效应进行实证检验。

在我们视域范围内，首先，本章是继 Njoya 和 Seetaram（2017）首次将贫困 FGT 指数引入到 TLPR 研究领域之后的第二篇文献，与其不同，尽管他们利用动态一般均衡模型也对肯尼亚旅游业减缓贫困相对性的动态效应进行了整体评估，但由于忽视了截面个体效应，从而使得模型模拟分析的效果受到质疑，而我们的研究恰好在省级层面对中国旅游业减缓农村相对贫困的动态效应进行实证检验，不仅与上篇文献互为补充，由于充分利用了样本信息，所以有效提升了模型估计效率，由此形成了旅游文献中同时基于绝对和相对贫困视角对 TLPR 研究的早期贡献之一。其次，在国内 TLPR 研究领域首次引入贫困 FGT 指数，主要是可以有效识别和对比旅游业对不同组别贫困的减缓贡献，以便于设计更加精准的旅游反贫困政策，而在国内仅有的一篇关于 TLPR 研究的实证文献中，尽管郭鲁芳和李如友（2016）研究发现中国旅游发展对贫困减缓的作用以积极效应为主，但由于采用农村和城镇居民 20% 最低收入人群的平均收入按人口比例加权的方式测度贫困的方法过于笼统，特别地，由于他们的研究仅停留在绝对贫困层面，而抹杀了贫困的相对性，势必无法有效揭示旅游业减缓贫困效应。最后，需要特别补充说明的是，在另一篇最近的文献中，Mahadevan 和 Suardi（2017）利用面板自回归方法对 1995—2012 年 13 个旅游密集型经济体（Tourism-intensive Economies）（旅游收入占国内生产总值比值不低于 5%）进行实证检验发现，旅游业既不能降低贫困发生率，也无法缩小收入不平等，但可以减缓贫困差距，即旅游业减缓贫困的贡献体现在其可以缩减贫困线附近的贫困缺口，以降低贫困深度，这实际上也为将旅游收入转移或分配给贫困缺口群体以减缓贫困的扶贫政策提供了实证依据。与此同时，尽管此文并未发现在旅游密集型经济体支持 TLPR 假设的有效证据，但也指出贫困发生率并不能真正反映贫困程度，如果远离贫困线的极端贫困人口并未改变，那么贫困发生率也不会有根本性的实质变化，遗憾的是，文中并未再深入对旅游业是否影响极端贫困状况进行研究。综上分析，本章不仅将上述 3 篇新近文献的框架思想统于一体，同时也相应分别予以拓展和深化，对 TLPR 研究进行了更加系统规范的研究设计，从而尝试弥补该领域的研究空白。

第三节 贫困测度体系

一、计算方法与思路

从贫困人口“生存能力”的角度定义贫困，包括健康、教育和服务等多维方面（Sen，1985），但如传统贫困理论所指，收入仍是衡量贫困问题的核心因素（Elesh，1973）。因此，为了便于从经济学意义上进行连续且一致性分析，本章主要是依据狭义的收入视角（贫困线）来测度贫困。

首先，需解决两个问题：贫困识别与测度。前者指对贫困线进行合理确定以界定贫困集合，后者是对贫困指数进行测算，以度量贫困程度。对此，本章选择学术界公认的权威贫困指数测度方法，即 Foster 等（1984）开发的具有良好的可分可加性的 FGT 指数，优点在于能对整体贫困进行组别分解，即满足所谓的分组一致性条件，尤其是可以反映不同组别之间的贫困差异性，从而可以避免依赖贫困发生率单一指标表征贫困，而由于忽视贫困内部的收入差距所导致反贫困政策的误判。

为了便于在数学意义上理解 FGT 指数，首先介绍经典的离散型表达式：

$$P_{\alpha}(y,z)=\frac{1}{n}\sum_{i=1}^{q}\left[\frac{z-y_i}{z}\right]^{\alpha} \tag{15.1}$$

式中，y_i 是第 i 个贫困人口收入，z 为贫困线，q 表示人均收入低于贫困线以下人口总数，n 为人口总数，α 是个非负参数，称为贫困厌恶系数，其值越高，表明贫困指数对贫困人口内部收入不平等的敏感性越高。

当 $\alpha=0$ 时，P_0 为贫困发生率指数（Head-count Index），表示低于贫困线的贫困人口占总人口的比例，反映贫困发生的广度。当 $\alpha=1$ 时，P_1 为贫困缺口指数（Poverty Gap Index），表示贫困人口收入与贫困线之间的平均距离，是一个贫困深度指标。当 $\alpha = 2$ 时，P_2 为平方贫困缺口指数（Squared Poverty Gap Index），作为加权的贫困缺口平方和，是一个贫困强度指标，反映贫困人口内部收入不平等程度。以上三类贫困分解指数分别以 *H*、*PG* 和 *SPG* 表示。

更一般地，若将式（15.1）放松至 FGT 指数的连续形式，可以变换为：

$$P_\alpha(y,z) = \int_0^z \left[\frac{z-y}{z}\right]^\alpha f(y)dy \quad \alpha \geq 0 \tag{15.2}$$

式中，$f(y)$ 为收入累积分布函数 $F(x)$ 的概率密度函数，x 表示收入随机变量。

$$F(x) = \int_0^x f(y)dy \tag{15.3}$$

显然，上述 FGT 指数的测算依赖于对收入累积分布函数的估计，而这通常可采用由参数化的 Lorenz 曲线来实现，原因在于作为不同方式刻画居民收入分配状况的收入累积分布函数和 Lorenz 曲线之间实际上存在等价性（林伯强，2003），由此对 FGT 指数的统计便可转化为如下两个基本方程：

$$L=L(p;\pi) \tag{15.4}$$

$$P=P(\mu / z,\pi) \tag{15.5}$$

式（15.4）中，L 为累积收入分布比例，P 为累积人口比例，π 为 Lorenz 曲线的待估参数向量。式（15.5）中，μ 为全体人口平均收入。

Lorenz 曲线的参数估计主要分为 GQ（Villasenor 和 Arnold，1989）模型和 Beta 模型（Kakwani，1980），两种模型估计各有优劣。GQ 模型在样本整体分布上估计更为精确（Ravallion 和 Huppi，1990），并且具有计算优势，基于 GQ 模型估计的贫困指数可通过简单的回归程序获得，而 Beta 模型在样本低端（贫困线低）分布时可以获取相对精确的拟合值。本章运用世界银行开发的 POVCAL 软件对 FGT 指数进行测算，优点在于可以同时运行两种模型对 Lorenz 曲线进行参数估计，并根据误差平方和与贫困发生率的比值作为拟合优度指标来判定最优模型。

二、数据说明与处理

目前，对中国贫困指数进行测算主要基于两类收入数据集合：其一，家庭日常调查数据，主要来源于中国健康营养调查数据库和中国家庭追踪调查数据库，但由于部分省份调查数据缺失，据此测算的贫困指数连续性较差；其二，居民收入分组数据，主要来源于官方所公布的各类年鉴，此类数据覆盖范围较广且容易获取，尤其是针对部分数据缺失的问题，可以针对历史数据特点，依据特定方法进行平滑插值。因此，本章选择基于居民收入分组数据对中国农村贫困 FGT 指数进行测算分解[①]。

与既有研究直接使用收入水平度量贫困程度的简易方式不同，FGT 指数测算的核心思想则是基于收入分组数据首先估算出概率密度函数，然后再计算相应贫困指数，便可以提高贫困测度的精确性。现阶段，各省统计年鉴中可查的收入分组数据，城镇人均可支配收入分组数据相对较全，农村人均纯收入分组数据则缺失较多，而至于选择哪类收入分组数据进行贫困度量，主要基于两方面因素考虑。一是初步检验拟合。基于 POVCAL 软件平台，首先将城镇收入分组数据导入，由于贫困指数测算敏感依赖于贫困线设定，而城镇收入分组数据因均值较高使得软件提供的城镇贫困线区间最小参考值亦超出国家现行贫困标准，即 2010 年人均年收入 2300 元，从而导致软件将大部分城镇贫困指数作缺失值处理（按照国家现行贫困标准，城镇人口中已很少存在贫困人口）。此外，由于农村收入分组数据均值处于软件所提供的贫困线参考区间，而据此所测算的贫困发生率与国内官方公布的省际数据基本差异可控，但仍普遍略高于官方数据，这也说明部分省份所倡导的贫困发生率实际上存在低估其真实贫困水平的嫌疑。二是直观经验判断。从现实状况审视，由于我国存在严重的城乡二元分割，致使农村经济发展普遍滞后于城镇，故而可以判断中国绝大部分贫困人口主要存在于农村地区。综合考虑，本章采用农村收入分组数据对农村贫困 FGT 指数进行。

但无法回避的是，我国现行收录农村收入分组数据的各类年鉴（各省统

① 诸多学者基于 Dollar 和 Kraay（2002）的思想，对居民收入进行等级分组，并将最低 20% 分组的人均收入定义为贫困人口收入水平。国内学者为了在整体上统筹兼顾城乡贫困，基本的做法大致是对城镇最低人均可支配分组收入和农村最低人均分组纯收入进行加权来笼统衡量我国贫困水平（郭熙保、罗知，2008；张萃，2011；郭鲁芳、李如友，2016）。

计年鉴、《中国统计年鉴》《中国农业年鉴》和《中国农村统计年鉴》）均存在不同程度的数据缺失问题。为此，参考诸多学者采用城镇收入分组数据中最低20%分组的人均收入定义贫困的学术思想，我们采用农村收入分组数据相对于城镇收入分组数据的比例予以替代。原因在于，当我们控制时间和省份效应之后，发现农村收入的不同分组数据均值与城镇收入的不同分组数据均值之间存在某种大致的变动规律，即西部省份农村收入的不同分组数据均值约为城镇收入的不同分组数据均值的20%，而在东中部地区，由于城乡差距相对西部较小的缘故，农村收入的不同分组数据均值约为城镇收入的不同分组数据均值的35%左右。为消除通胀因素，运用居民消费价格指数（1999=100）对农村收入分组数据进行平减。

三、贫困线选择

在贫困问题研究中，贫困线，即贫困标准，直接关系到贫困指数测度的精确性，所以是分析贫困的起点（陈立中，2009）。由于贫困线选取的差异会导致贫困指数测度发生相应的偏差，因此对贫困标准的设定成为贫困研究领域无法回避的问题。为此，我们先回顾下世界银行对贫困线的标准要求。世界银行2004年颁布的贫困线标准为“1天1美元”（以1993年购买力平价计算），随后2008年世界银行又将贫困线标准调整为“1天1.25美元”（以2005年购买力平价计算）。就中国而言，自20世纪80年代中期以后，贫困线已难以适应快速发展的经济态势，所以亟须调整（Ravallion和Chen，2007；顾昕，2011）。然而，问题是，在2005年之前，由于中国尚未参加过测算购买力平价的国际比较项目，所以关于美元和人民币之间的购买力平价标准并无统一判定，进而导致对贫困指数的不同估计结果之间差距非常悬殊（杨俊等，2008）。

实际上，自1985年中国将农村人均年纯收入200元确定为贫困线标准伊始，直到2011年11月29日中央扶贫开发工作会议决定，把农村人均年纯收入提升至2300元作为最新的贫困线标准，其间为了适应不断变化的经济发展态势，中国的贫困线标准不断调整。但是，当前争论的核心焦点在于，中国所设定的贫困线（每人每天收入6.3元人民币）与世界银行所规定的国际贫困线（每人每天收入1.25美元）之间孰高孰低，因为这直接关系到中国是否真正为世界减贫事业做出积极贡献。

接下来，我们深入对比两类贫困线标准，以为精确反映贫困水平提供测度条件。首先，根据中国最新贫困线标准，若按当前汇率计算，仅为每人每天收入 1.03 美元，显然低于世界银行的贫困线国际标准。但是，世界银行所划定的贫困线是基于购买力平价汇率，而非市场汇率计算。这里可以进行一个简单的对比测算，即中国新贫困线标准按照 2010 年购买力平价为 6.3 元人民币，再基于消费价格指数消除通胀因素之后，相当于 2005 年购买力平价为 5.35 元，而根据世界银行当年的购买力平价系数，可以换算为 1.87 美元[①]，反而约比世界银行的贫困线标准高出 49.6%。因此，本章采用 2010 年农村人均年纯收入 2300 元作为贫困线参考，并依据居民消费价格指数（1999=100）调整历年的中国贫困线，以消除通胀的影响。

四、贫困典型事实

（一）整体贫困变化趋势

如图 15-2 所示，1999—2014 年，在中国整体层面上，分别以贫困发生率、贫困缺口指数和平方贫困缺口指数所衡量的农村贫困广度、贫困深度和贫困强度基本呈现出一致性的下降趋势。其中，贫困发生率从 1999 年的 0.598 下降到 2014 年的 0.069，平均降幅为 12.1%；贫困深度从 1999 年的 0.227 下降到 2014 年的 0.048，平均降幅为 7.7%；贫困强度从 1999 年的 0.115 下降到 2014 年的 0.067，平均降幅为 10.3%。对比来看，贫困发生率平均降幅最大，其次为贫困强度，最后为贫困深度，说明在样本期内，中国农村贫困发生的广度显著被遏制，整体贫困规模得到了有效控制，同时，相对于贫困深度，贫困强度的缓解程度更高，说明农村极端贫困人口的收入状况改善明显，最终使得农村贫困人口内部的收入不平等程度在整体上也有所降低。然而，需要注意的是，2010—2014 年，农村贫困强度则出现显著的上升趋势，这也说明近五年，极端贫困人口的收入状况开始恶化，农村贫困人口内部的收入不平等现象开始加剧。

---

① 根据世界银行统计，中国 2005 年人均 GDP 为 14185 元人民币，按当年购买力平价计算，则相当于 4965 美元。换言之，2005 年 2.86 元人民币与美国 2005 年 1 美元购买力相同。

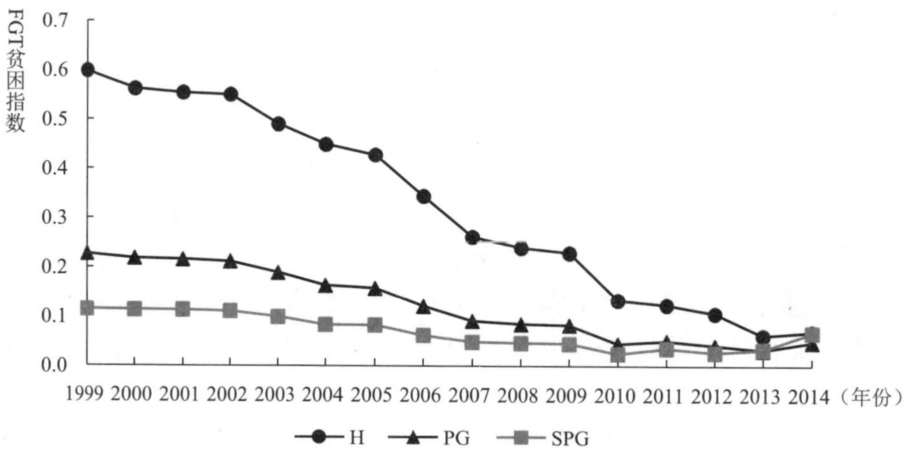

图 15-2　中国农村贫困 FGT 指数变化趋势

（二）省际贫困变化趋势

首先，所有省份农村贫困发生率在样本期内也均大致呈现出下降趋势，但同时也存在较为明显的区际差异，具体表现为：东部地区省份无论是贫困发生率，还是其波动强度，普遍均低于中西部地区，尤其是西部地区贫困发生率相对在高位波动剧烈。例如，2014 年，东部地区海南省贫困发生率最高，为 0.123；但西部地区青海省贫困发生率最高，为 0.550，后者是前者的 4.47 倍，与此同时，东部地区辽宁省贫困发生率标准差最高，为 0.129；但西部地区四川省贫困发生率标准差最高，为 0.232，东部地区省份整体贫困发生率标准差平均为 0.068，而西部地区省份整体贫困发生率标准差平均则为 0.131，后者也明显高于前者。

其次，从农村贫困深度和贫困强度来看，西部地区省份也明显高于东中部地区省份。例如，2014 年，东部地区辽宁省贫困深度最高，为 0.039；但西部地区青海省贫困深度最高，为 0.239，后者是前者的 6.13 倍。东部地区辽宁省贫困强度最高，为 0.030；但西部地区青海省贫困强度最高，为 0.141，后者是前者的 4.7 倍。东、中和西部地区省份平均贫困深度分别为 0.019、0.022 和 0.117，平均贫困强度分别为 0.015、0.022 和 0.081，由此看出，西部地区省份平均贫困深度和平均贫困强度均明显高于东中部地区，这也说明西部地区省份贫困人口内部收入不平等程度要高于东中部地区。综上，西部地区省份无论是绝对贫困，还是相对贫困水平整体基本均高于东中部地区，西部地区当前仍是我国扶贫攻坚的重点地区。

表 15-1　省际农村贫困 FGT 指数平均值[①]

省份	*H*	*PG*	*SPG*
北京	0.040	0.017	0.019
天津	0.084	0.018	0.007
河北	0.216	0.054	0.021
山西	0.301	0.090	0.039
内蒙古	0.368	0.158	0.101
辽宁	0.269	0.076	0.032
吉林	0.262	0.076	0.033
黑龙江	0.299	0.109	0.065
上海	0.023	0.014	0.023
江苏	0.128	0.035	0.016
浙江	0.080	0.034	0.028
安徽	0.282	0.080	0.040
福建	0.108	0.035	0.022
江西	0.208	0.066	0.037
山东	0.147	0.036	0.013
河南	0.301	0.089	0.039
湖北	0.243	0.064	0.025
广东	0.086	0.020	0.010
广西	0.324	0.097	0.044
海南	0.287	0.086	0.036
重庆	0.281	0.095	0.046
四川	0.352	0.106	0.055
贵州	0.629	0.249	0.130
云南	0.583	0.214	0.108
西藏	0.502	0.220	0.136
陕西	0.479	0.175	0.090

① 湖南未列出是由于缺乏连续一致的数据。

续表

省份	*H*	*PG*	*SPG*
甘肃	0.633	0.261	0.136
青海	0.692	0.303	0.172
宁夏	0.450	0.202	0.115
新疆	0.476	0.199	0.116

第四节　实证研究设计

一、模型设定

为考察中国旅游业对农村贫困减缓的影响，尤其是重点检验旅游业减缓农村贫困效应，本章构造如下计量模型：

$$POV_{it}=\beta_0+\beta_1 TOUR_{it}+\Theta \boldsymbol{X}_{it}+\alpha_i+\mu_t+\varepsilon_{it} \tag{15.6}$$

式中，i 表示省份，t 表示时间，α_i 为非观测的不随时间变化的个体因素，μ_t 为非观测的不随个体变化的时间因素，ε_{it} 为随机扰动项。POV_{it} 表示农村贫困水平，$TOUR_{it}$ 是表征旅游业发展的变量，可分别用旅游业的收入指标或人次指标进行度量。$\boldsymbol{X}_{it}$ 是模型控制变量集，在做实证检验时，模型中相应地引入了三类控制变量。其一，经济增长特征变量。经济增长可以通过多途径的“涓滴效应”惠及贫困人口，并改善其收入和非收入状况（Ahluwalia 等，1979）。其二，收入不平等特征变量。经济增长在减缓贫困的同时，如果伴随着不平等状况的恶化，将会对贫困减缓造成抑制作用（Deininiger 和 Squire，1998），所以还需控制反映城乡收入差距的城乡收入比。其三，农业发展特征变量。为得到更准确的旅游业减缓农村贫困效应，也需要控制影响农业发展的相关因素，包括农村固定资产投资、农村居民受教育水平、农村劳动力就业和财政支农水平。本章所关心的估计系数 β_1，反映旅游业减缓农村贫困效应，绝对值越大，表明旅游业对农村贫困减缓的积极贡献越大。

二、变量构造

旅游业发展水平是本章的核心解释变量，分别选用旅游专业化或者旅游人次比进行表征。旅游专业化可用省份旅游总收入占国内生产总值的比值进行度量（Lee 和 Chang，2008；Adamou 和 Clerides，2010）；旅游人次比可用省份旅游总人次占总人口的比值进行度量（Cortés-Jiménez，2008；Kim 等，2006）。相关控制变量：①经济增长水平（*gdp*），采用经济增长速度进行度量；②收入不平等（*urp*），采用城乡收入比，即城镇人均可支配收入与农村人均纯收入比值进行度量；③农村固定资产投资水平（*inv*），采用农村固定资产投资总额与农业总产值比重衡量；④农村居民受教育水平（*edu*），采用省份不识字或者识字很少的农村居民家庭劳动力与农村居民家庭劳动力总数比重衡量，为逆向指标；⑤农村劳动力就业水平（*emp*），采用农村就业人数与农村人口总数比重衡量；⑥财政支农水平（*fin*），采用省份政府预算内财政支农支出与农业总产值比重衡量。需要指出的是，由于统计口径的变化，本章财政支农数据 1999—2002 年为支援农村生产支出、农业综合开发支出和农林水利气象等部门的事业费之和；2003—2006 年为农业支出、林业支出和水利气象支出之和；2007—2014 年为农林水事物支出。

表 15-2　变量描述性统计

变量	定义	观测值	均值	标准差	最小值	最大值
贫困广度	贫困发生率	464	0.298	0.216	0.003	0.909
贫困深度	贫困缺口	464	0.106	0.091	0.000	0.388
贫困强度	平方贫困缺口	464	0.056	0.050	0.001	0.213
旅游专业化	旅游总收入 / 国内生产总值	464	0.100	0.065	0.016	0.987
旅游人次比	旅游总人次 / 总人口	464	2.968	2.599	0.073	12.13
经济增长	经济增长速度	464	0.115	0.025	0.049	0.238
城乡收入比	城镇人均可支配收入 / 农村人均纯收入	464	2.935	0.602	1.850	4.760
农村投资	农村固定资产投资 / 农业总产值	464	0.189	0.081	0.013	0.477
农村教育	农村居民家庭劳动力文盲数 / 农村人口	464	0.931	0.058	0.672	0.995
农村就业	农村就业人数 / 农村人口	464	0.528	0.066	0.378	0.754
财政支农	政府预算内财政支农支出 / 农业总产值	464	0.097	0.035	0.021	0.195

三、数据来源

与大部分中国省级实证研究文献一致，基于样本数据可得性和统计口径一致性原因，台湾、香港、澳门、西藏和湖南 5 个省级单元未纳入到研究样本，最终本章构成了 1999—2014 年中国大陆 29 个省、市、自治区构成的省级平衡面板数据集。省级面板数据可以很好地解决时间序列样本容量有限的问题，从而估计出可靠的参数值。同时，涵盖 29 个省级单元的旅游业和农村贫困数据能够全面地反映中国旅游业与农村贫困减缓关系的基本情况。旅游业数据来源于《中国旅游年鉴（2000—2015）》，农村投资、教育和就业数据来源于《中国农村统计年鉴》，财政支农数据来源于《中国财政年鉴》，其他数据来源于国研网统计数据库。

第五节　实证结果分析

一、整体估计结果

（一）绝对贫困估计

表 15-3 报告出基于计量模型（6）式的检验结果。第（1）列，核心解释变量以旅游专业化度量的旅游业回归系数为 –0.465，在 1% 统计水平显著，表明旅游业对贫困发生率所衡量的贫困广度具有显著的负向影响，即旅游业对降低农村贫困人口的整体规模具有积极贡献。从经济意义上看，该回归系数值表明，在其他条件不变的情况下，旅游专业化提高 1%，则会显著促进农村贫困广度降低 0.465%。第（2）列，核心解释变量以旅游人次比度量的旅游业回归系数为 –0.036，也在 1% 统计水平显著，再次证明旅游业对减缓农村贫困整体规模的稳健结论。同时，旅游人次比上升 1%，则会有效减缓农村贫困广度降低 0.036%。但从基于贫困发生率所衡量的绝对贫困视角来看，来自于中国的案例研究表明，在相应控制了经济增长、城乡收入差距和农业发展条件等因素之后，旅游业确实可以显著降低贫困发生率，由此初步判断农

村地区有必要将旅游业视为一种有效减缓整体贫困规模的产业工具。仅就此研究结论而言，本章不仅有力地拓展了旅游业与贫困减缓关系的跨国研究视角，而且据我们所知，这也是在旅游文献中首篇来自于亚洲国家案例的实证研究。

值得关注的是，从回归系数的绝对值来看，相较旅游人次比，旅游专业化对农村贫困广度减缓的边际促进效应更大。这可从旅游业对农村贫困减缓的机制效力上得到解释，由于旅游业为目的地贫困人口所创造的收入来源对减缓贫困具有即时性，而旅游者的大量涌入，尽管也可以通过消费效应减缓贫困，但考虑到消费扩散的延滞性，尤其是短期过旺的旅游消费给目的地价格体系造成的扭曲，以及由旅游活动所产生的一系列目的地承载压力，都会导致旅游人次比对贫困广度的减缓效应被抑制。因此，上述研究结论也为目的地在实施旅游反贫困策略时，尽可能避免旅游收入漏损提供了研究依据。

（二）相对贫困估计

接下来，我们深入到贫困人口内部，基于相对贫困视角来对旅游业与农村贫困减缓关系进行实证检验，这也是本章有别于既有文献的创新贡献所在。贫困的相对性允许根据相应经济环境改变衡量贫困人口的基准，所以绝对贫困和相对贫困是两个不同概念，彼此可以独立地移动（Mahadevan，2007）。正如 Haughton 和 Khandker（2009）所言，为准确定量评估旅游业减缓农村贫困效应，除了以贫困人口规模作为贫困度量的绝对指标外，还需要其他相对指标予以补充。

基于此，第（3）列报告出旅游专业化回归系数为 –0.173，也在 1% 统计水平显著为负，同样表明旅游专业化对以贫困缺口衡量的农村贫困深度具有积极的贫困减缓效应，并且旅游专业化提高 1%，则会相应减缓农村贫困深度降低 0.173%。第（4）列则报告出旅游人次比回归系数为 –0.011，在 1% 统计水平显著，说明旅游人次比上升 1%，也会相应促进农村贫困深度减缓 0.011%。以上估计结果共同表明，旅游业对减缓农村贫困深度具有高度显著的积极作用，其中，旅游专业化减缓农村贫困深度的边际效应强于旅游人次比减缓农村贫困深度的边际效应。换言之，旅游业可以有效缩小农村贫困缺口，由此透露的关键信息是，目的地通过发展旅游业可以帮助处于贫困线附近的农村贫困人口减缓贫困，甚至超过贫困线，这也为目的地增强旅游反贫困的政策效果提供了实证依据。究其因，此处提供的证据表明，目的地可将旅游业视为以低成本消除贫困的产业选项，这是因为若将旅游业所创造的收入转移给贫困线附近的贫困人口，便有助于使其收入达到贫困线，从而能快速有效地实现目的地的贫困减缓目标。

事实上，需要面对的是，如果我们忽视了农村贫困人口内部的收入差距或者分配不平等问题，势必会导致对旅游业与贫困减缓关系认识上的偏差。原因在于，忽视贫困相对性，仅凭旅游业对以贫困发生率所代表的绝对贫困的影响机制或效应来评判旅游业对目的地贫困减缓的整体贡献不免一斑窥豹，倘若在此基础上再向前推进，只关注到旅游业对贫困缺口的影响，而抹杀旅游业与以极端贫困所代表的贫困强度之间的关系，亦不可能真正体现旅游业对贫困的减缓效应。因此，只有对后者展开有针对性的实证检验，才真正触及到贫困研究的核心症结。

表 15–3 第（5）列显示，旅游专业化对以平方贫困缺口表征的农村贫困强度的减缓弹性为 –0.085，并在 1% 统计水平显著为负，意味着旅游专业化可以显著地减缓农村极端贫困，旅游专业化提高 1%，则促进农村贫困强度减缓 0.085%。类似地，第（6）列显示，旅游人次比对农村贫困强度的减缓弹性为 –0.004，也通过了 1% 统计水平显著性检验，并且旅游人次比上升 1%，会促进农村贫困强度减缓 0.004%。以上估计结果表明，旅游业在一定程度上可以显著地改善农村极端贫困人口的收入状况。

综上来看，首先，基于绝对贫困视角，由于旅游业可以显著降低农村整体贫困发生率，因此我们找到了所谓的 TLPR 假说在中国案例中得以适用的经验证据，旅游业对减少中国的农村贫困人口规模具有积极贡献。其次，无论是以旅游专业化，抑或是旅游人次比作为旅游业的度量指标，研究发现，在农村贫困人口内部，旅游业对一般和极端贫困所表征的贫困深度和强度均具有显著的减缓效应，但其中的重要事实是，由于旅游业对贫困强度的减缓弹性要低于贫困深度，从而说明旅游业在缩小贫困缺口差距时，亦伴随着收入分配的不平等现象，主要表现为旅游业对较高收入水平的一般贫困人口的惠及效应要高于极端贫困人口。显然，对中国旅游业与农村贫困减缓关系研究的这一重要发现与 Blake 等（2008）、Wattanakuljarus 和 Coxhead（2008）以及 Mahadevan 等（2016）分别采用不同方法对南非、泰国和印度尼西亚的研究结论基本一致。另外，需要特别指出的是，在与本章最为相近的文献中，Njoya 和 Seetaram（2017）利用动态可计算的一般均衡模型模拟发现，在肯尼亚农村地区，旅游业对贫困广度、深度和强度的减缓效应分别为 –0.09、–0.34 和 –0.21，由此也进一步证实了本章研究发现的规律性。再者，尽管旅游业对农村贫困强度的减缓效应相对较小，使得因旅游业对极端贫困的减缓贡献相对较低而导致农村贫困人口内部的收入不平等现象。然而，无论如何，我们需要客观审视地是，由于旅游业可在一定程度上有助于极端贫困人口接近贫困线，所以虽然旅游反贫困政策在此处并未实现贫困减缓目标，但亦为目的地短期内（未调整贫困线标准）的贫困减缓全局战略做出了重要贡献。但是，我们还需要清醒地认识到，伴随着目的地经济的增长，人们实际收入的基准也将随之上升（Jantti 和 Danziger，2000），然后又会回到 Haughton 和 Khandker（2009）所提示的那样，如果低于贫困线的极端贫困人口变得更贫困，那么贫困发生率也并不会发生实质变化。

表 15–3　全国旅游业和农村贫困关系检验

变量	*H*		*PG*		*SPG*	
	（1）	（2）	（3）	（4）	（5）	（6）
TR	–0.465*** （0.077）		–0.173*** （0.031）		–0.085*** （0.020）	
TP		–0.036*** （0.002）		–0.011*** （0.001）		–0.004*** （0.001）
gdp	–1.004*** （0.175）	–1.333*** （0.147）	–0.463*** （0.070）	–0.532*** （0.065）	–0.309*** （0.046）	–0.344*** （0.046）
urp	0.042** （0.017）	0.003 （0.015）	0.027*** （0.007）	0.015** （0.007）	0.017*** （0.005）	0.014*** （0.005）
inv	–0.069 （0.089）	–0.097 （0.074）	–0.002 （0.035）	–0.014 （0.033）	0.007 （0.024）	0.001 （0.023）
edu	–1.295*** （0.223）	–0.814*** （0.188）	–0.604*** （0.089）	–0.468*** （0.083）	–0.274*** （0.059）	–0.232*** （0.059）
emp	0.502*** （0.082）	–0.281*** （0.069）	–0.111*** （0.033）	–0.047 （0.031）	–0.021 （0.022）	0.001 （0.022）
fin	–1.865*** （0.180）	–0.716*** （0.169）	–0.580*** （0.084）	–0.242*** （0.078）	–0.191*** （0.047）	–0.075 （0.055）

续表

变量	*H*		*PG*		*SPG*	
	(1)	(2)	(3)	(4)	(5)	(6)
省份效应	是	是	是	是	是	是
时间效应	是	是	是	是	是	是
R^2	0.609	0.733	0.679	0.720	0.706	0.702
N	464	464	464	464	464	464

注：***、** 和 * 分别表示 1%、5% 和 10% 显著性水平；括号内为标准差。下同。

二、整体稳健检验

为检验上述全样本回归结果的敏感性，同时初步推测并考虑旅游业和农村贫困关系间所可能存在的内生性问题，我们进一步使用放松自变量和因变量当期独立假设的广义矩估计（Generalized Method of Moments，GMM），并采用旅游业滞后一期和二期作为工具变量，回归结果报告于表 15–4 中。我们发现，旅游专业化和旅游人次比对农村贫困广度、深度和强度的回归系数仍然依次显著为正，上述回归结果再次说明，中国通过发展旅游业可以有效减少农村贫困人口规模，并且在缩小贫困缺口的同时，农村贫困人口内部也伴随着一定程度的收入不平等现象，这一规律性结论具有稳定性，并不因为估计方法、控制变量和内生性等因素而受影响。

表 15–4　全国旅游业和农村贫困关系稳健性检验

变量	*H*		*PG*		*SPG*	
	(1)	(2)	(3)	(4)	(5)	(6)
TR	−1.071*** (0.133)		−0.364*** (0.048)		−0.172*** (0.033)	
TP		−0.025*** (0.002)		−0.007*** (0.001)		−0.002*** (0.001)
gdp	−0.894*** (0.203)	−1.062*** (0.202)	−0.391*** (.090)	−0.413*** (0.095)	−0.254*** (0.065)	−0.231*** (0.067)
urp	0.185*** (0.012)	0.156*** (0.009)	0.062*** (0.005)	0.052*** (0.005)	0.025*** (0.065)	0.022*** (0.003)

续表

变量	*H*		*PG*		*SPG*	
	(1)	(2)	(3)	(4)	(5)	(6)
inv	−0.084 (0.051)	−0.052 (0.049)	−0.036 (0.023)	−0.036 (0.025)	−0.023 (0.018)	−0.029 (0.019)
edu	−1.212*** (0.106)	−1.221*** (0.097)	−0.720*** (0.048)	−0.744*** (0.048)	−0.449*** (0.032)	−0.481*** (0.032)
emp	−0.297*** (0.096)	−0.256*** (0.090)	−0.115** (0.045)	−0.102** (0.044)	−0.047*** (0.032)	−0.051 (0.032)
fin	−0.422*** (0.177)	−0.238* (0.134)	−0.045 (0.075)	0.014 (0.067)	0.059 (0.051)	0.081 (0.051)
省份效应	是	是	是	是	是	是
时间效应	是	是	是	是	是	是
R^2	0.707	0.791	0.729	0.765	0.645	0.658
N	406	406	406	406	406	406

三、分地区估计结果

（一）东部地区估计

中国幅员辽阔，省际发展情况差异较大，从而致使旅游业发展与农村贫困规模亦存在显著区域差异。如果按照地理位置将全国分为东部、中部和西部三大地区[①]，从经验上理解，并结合客观数据可知，东部地区旅游专业化最高（均值为 0.115），但贫困发生率最低（均值为 0.143），西部地区旅游专业化最低（均值为 0.086），贫困发生率最高（均值为 0.479）。因此，本章分地区对旅游业和农村贫困关系进行实证检验，旨在揭示旅游业减缓农村贫困效应的地区差异，从而也为不同地区制定差异化的旅游反贫困政策提供证据参考。报 5 报告出东部地区旅游业和农村贫困关系的检验结果。首先，第（1）列报告出旅游专业化回归系数为负但不显著，然而，当我们在第（1）列基础上纳入旅游专业化的平方项后，第（2）列却报告出旅游专业化一次项回归系

① 东部地区省份包括北京、天津、河北、辽宁、上海、江苏、浙江、福建、山东、广东、海南，中部地区省份包括山西、吉林、黑龙江、安徽、江西、河南、湖北，西部地区省份包括内蒙古、广西、重庆、四川、贵州、云南、陕西、甘肃、青海、宁夏、新疆。

数在 1% 水平上显著为负，但旅游专业化平方项回归系数则在 1% 水平上显著为正。第（3）和第（4）列也相继报告出，旅游人次比一次项回归系数在 1% 水平上显著为负，并且旅游人次比平方项回归系数在 1% 水平上显著为正的一致回归结果。由此表明，东部地区旅游业和农村贫困发生率之间存在 U 形关系。换言之，旅游业在发展初期阶段，可以有效降低贫困发生率，而当旅游业发展到一个相对较高的水平时，旅游业对农村绝对贫困的减缓效应则开始下降。

进一步根据表 15–5 第（2）和（4）的回归系数可以分别测算东部地区旅游专业化、旅游人次比和农村贫困发生率之间的 U 形关系临界值分别为 0.175 和 7.75，同时，由于东部地区旅游专业化和旅游人次比均值分别为 0.115 和 3.87，可以认为东部地区旅游业发展阶段尚处于贫困发生率的减缓区间中，且分别临界值有一定距离（0.115 ＜ 0.175，3.87 ＜ 7.75）。我们通过分别绘制东部地区旅游专业化和旅游人次比的核密度（图 15–3）还发现，东部地区相对大多数省份还位于 U 形曲线的左侧，但也有部分旅游业发展水平较高的省份已位于农村贫困发生率的抑制区间。因此，总体来看，东部地区旅游业发展水平尚未跨过临界值的省份通过发展旅游业可以有效降低贫困发生率，且就目前东部地区省份旅游业发展水平来看，旅游业对农村贫困发生率的影响整体尚处于减缓效应区间。

此外，当我们进而转向考察东部地区旅游业与农村相对贫困关系时，表 15–5 第（5）列到（12）列的回归结果显示，旅游专业化和旅游人次比对农村贫困深度和强度的回归系数不仅不显著，并且也不存在可能的非线性关系，由此表明，东部地区旅游业发展对农村贫困人口内部收入差距并不存在统计学意义上的显著影响。主要原因可能在于，东部地区省份随着经济发展水平不断提高，农村贫困发生率也随之不断下降，与此同时，农村贫困深度和强度均值也基本维持在 0.045 和 0.025 左右的较低水平，于是我们有理由推断，主导东部地区省份农村贫困发生率的内部群体主要以极端和贫困缺口中距离贫困线相对较远的两类贫困人口为主，而他们囿于能力缺乏等原因，被长期锁定在“贫困陷阱”，旅游业发展对此类农村贫困群体的惠及效应见效甚微。

表 15-5　东部地区旅游业和农村贫困关系检验

变量	*H*				*PG*				*SPG*			
	(1)	(2)	(3)	(4)	(5)	(6)	(7)	(8)	(9)	(10)	(11)	(12)
TR	−0.271 (0.197)	−1.966*** (0.501)			0.001 (0.063)	−0.279* (0.165)			0.047 (0.053)	0.216 (0.139)	0.001 (0.001)	0.000 (0.002)
TR^2		5.635*** (1.541)				0.929* (0.508)				−0.562 (0.429)		0.000 (0.000)
TP			−0.013*** (0.003)	−0.031*** (0.007)			−0.002 (0.001)	−0.004* (0.002)				
TP^2				0.002*** (0.001)				0.000 (0.000)				
gdp	−0.188 (0.203)	−0.311 (0.198)	−0.309 (0.195)	−0.311 (0.091)	−0.163** (0.065)	−0.183*** (0.065)	−0.185*** (0.065)	−0.185*** (0.065)	−0.275*** (0.054)	−0.263*** (0.055)	−0.267*** (0.055)	−0.268*** (0.055)
urp	−0.067** (0.029)	−0.050* (0.028)	−0.071** (0.028)	−0.062** (0.027)	−0.001 (0.009)	0.002 (0.009)	−0.001 (0.009)	0.000 (0.009)	0.021** (0.008)	0.019** (0.008)	0.021*** (0.008)	0.022*** (0.008)
inv	0.226 (0.099)	0.239** (0.096)	0.185* (0.095)	0.172* (0.093)	0.049 (0.032)	0.051 (0.031)	0.045 (0.032)	0.044 (0.032)	0.024 (0.027)	0.022 (0.027)	0.028 (0.027)	0.028 (0.027)
edu	−1.097** (0.463)	−0.981** (0.447)	−0.770* (0.451)	−0.601 (0.445)	−0.340** (0.148)	−0.321** (0.147)	−0.297** (0.149)	−0.274* (0.151)	−0.064 (0.124)	−0.076 (0.124)	−0.094 (0.126)	−0.084 (0.127)
emp	−0.303*** (0.083)	−0.284*** (0.079)	−0.326*** (0.079)	−0.239*** (0.083)	−0.088*** (0.026)	−0.085*** (0.026)	−0.089*** (0.026)	−0.078*** (0.028)	−0.055** (0.022)	−0.057** (0.022)	−0.052** (0.022)	−0.047* (0.024)
fin	−1.490*** (0.228)	−1.327*** (0.224)	−0.896*** (0.263)	−0.681** (0.268)	−0.412*** (0.072)	−0.385*** (0.074)	−0.335*** (0.087)	−0.306*** (0.091)	−0.151** (0.061)	−0.166*** (0.062)	−0.206*** (0.073)	−0.193** (0.077)
省份效应	是	是	是	是	是	是	是	是	是	是	是	是
时间效应	是	是	是	是	是	是	是	是	是	是	是	是
R^2	0.656	0.626	0.628	0.646	0.764	0.559	0.654	0.491	0.233	0.328	0.292	0.232
N	176	176	176	176	176	176	176	176	176	176	176	167

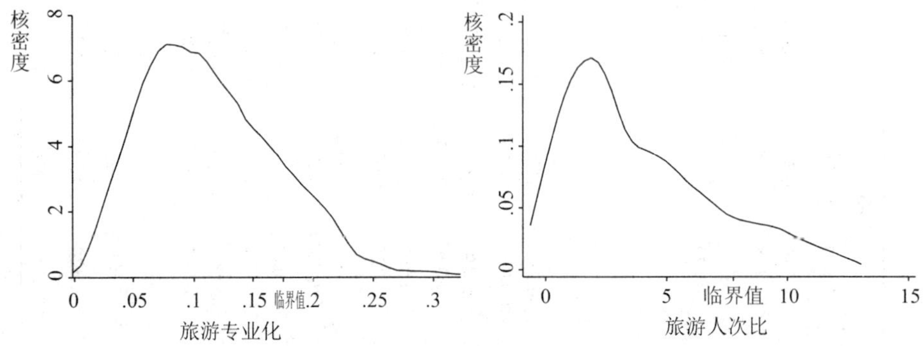

图 15-3　东部地区旅游专业化和旅游人次比核密度

（二）中西部地区估计

事实上，我国主要的农村贫困人口主要集中在广大的中西部地区，其贫困发生率均值分别为 0.271 和 0.479，分别高于东部地区 1.89 倍和 3.35 倍。截止 2014 年，仍有 13 个中西部地区省份农村贫困人口规模在 200 万人以上，其中有 6 个省份的农村贫困人口规模在 500 万人以上（张为民，2015）。由此可见，中西部地区仍面临着严峻的扶贫攻坚任务。与此同时，一方面，从产业实践看，由于中西部地区省份充分发挥后发优势，旅游业发展动力持续增强，旅游业规模呈现出高速扩张态势；另一方面，在理论层面上，诸多研究机构和学者基本认可旅游业可以有效减缓 LDCs 贫困规模的观点。因此，我们对中国经济相对落后的中西部地区旅游业和农村贫困关系进行实证检验，目的不仅旨在揭示中西部地区旅游业对农村贫困的影响机制，更重要的是，为探索中西部地区多元化的反贫困路径提供来自于旅游业的经验证据。

表 15-6 第（1）到（6）列回归结果显示，中部地区旅游专业化和旅游人次比回归系数分别在不同统计水平显著为负，进而表明中部地区旅游业分别对农村贫困广度、深度和强度存在不同程度的显著减缓效应。从回归系数绝对值来看，旅游业对农村贫困广度、深度和强度的减缓弹性也存在着依次递减的现象，意味着中部地区旅游业对农村贫困的减缓规律与全国整体情况一致，并且由于旅游专业化减缓农村贫困广度、深度和强度的边际促进效应高于旅游人次比，这也说明东部地区旅游业对农村贫困减缓的收入效应要强于人次效应。第（7）到（12）列报告出西部地区旅游专业化和旅游人次比对农

表 15–6　中西部地区旅游业和农村贫困关系检验

变量	中部地区						西部地区					
	H		*PG*		*SPG*		*H*		*PG*		*SPG*	
	(1)	(2)	(3)	(4)	(5)	(6)	(7)	(8)	(9)	(10)	(11)	(12)
TR	−0.162* (0.085)		−0.052* (0.027)		−0.023** (0.011)		−1.908*** (0.244)		−0.819*** (0.113)		−0.441*** (0.081)	
TP		−0.041*** (0.006)		−0.011*** (0.002)		−0.003** (0.001)		−0.049*** (0.004)		−0.018*** (0.002)		−0.008*** (0.002)
gdp	−0.152 (0.399)	−0.405 (0.342)	−0.133 (0.128)	−0.202* (0.117)	−0.029 (0.139)	−0.048 (0.079)	−1.533*** (0.284)	−1.107*** (0.239)	−0.688*** (0.131)	−0.542*** (0.127)	−0.491*** (0.095)	−0.423*** (0.096)
urp	−0.099* (0.053)	−0.158*** (0.046)	−0.014 (0.017)	−0.029* (0.016)	0.003 (0.011)	−0.001 (0.011)	0.096*** (0.023)	−0.005 (0.022)	0.041*** (0.011)	0.009 (0.012)	0.024*** (0.008)	0.009 (0.009)
inv	−0.338 (0.208)	−0.153 (0.179)	−0.208*** (0.067)	−0.162*** (0.061)	−0.182*** (0.046)	−0.173*** (0.041)	0.062 (0.141)	−0.051 (0.118)	0.095 (0.065)	0.059 (0.063)	0.069 (0.047)	0.059 (0.063)
edu	−5.185*** (1.280)	−2.613** (1.161)	−1.375*** (0.412)	−0.684* (0.397)	−0.304 (0.319)	−0.115 (0.267)	−0.132 (0.296)	−0.275 (0.236)	−0.097 (0.137)	−0.209 (0.126)	−0.012 (0.099)	−0.086 (0.095)
emp	−0.422*** (0.152)	−0.224* (0.133)	−0.036 (0.049)	0.018 (0.045)	0.078*** (0.023)	0.093*** (0.031)	−1.013*** (0.215)	−0.712*** (0.182)	−0.322*** (0.099)	−0.248** (0.097)	−0.063 (0.072)	−0.039 (0.073)
fin	−1.865*** (0.376)	−0.945*** (0.354)	−0.538*** (0.121)	−0.296** (0.121)	−0.192** (0.081)	−0.131 (0.082)	−1.199*** (0.305)	−0.978*** (0.261)	−0.589*** (0.141)	−0.446*** (0.139)	−0.202 (0.102)	−0.149 (0.105)
省份效应	是	是	是	是	是	是	是	是	是	是	是	是
时间效应	是	是	是	是	是	是	是	是	是	是	是	是
R^2	0.721	0.798	0.680	0.739	0.439	0.453	0.747	0.825	0.702	0.725	0.514	0.513
N	111	111	111	111	111	111	176	176	176	176	176	176

村贫困的回归结果，从回归系数绝对值和显著性水平来看，西部地区旅游业对农村贫困的减缓规律则与东部地区一致，但表征旅游业的变量显著性程度要高于东部地区。

从中西部地区旅游业对农村贫困的回归结果分析[①]，发现中西部地区通过发展旅游业均对降低农村贫困人口规模具有显著的减缓贡献，意味着单纯从农村绝对贫困的意义上理解，中西部地区也存在 TLPR 假说，并且西部地区旅游业对绝对贫困的减缓效应要强于中部地区和全国水平，这也充分说明旅游业对我国经济相对欠发达地区减缓农村贫困确实具有较高的积极贡献。另外，在相对贫困层面，西部地区对农村贫困缺口的边际促进效应也强于中部地区和全国水平，说明西部地区可对农村贫困缺口群体实施更加精准的旅游反贫困措施，以便于充分挖掘减贫潜力。但无法忽视的是，旅游业在给予西部地区农村可观的贫困减缓贡献之时，也加剧了贫困人口内部较高程度的收入不平等态势。

四、进一步分析

西部地区特别是民族地区、边疆地区、革命老区、连片特困地区贫困程度深，一直是我国农村摆脱贫困，建成小康社会的重点地区（习近平，2016）。因此，我们有必要对以上西部地区旅游业和农村贫困关系的实证检验结论进行深入分析。西部地区产业结构相对单一，主要以传统农业和高耗能制造业为主，并且传统农业生产力水平较低，高耗能制造业又很少选址在农村地区，再加之作为就业“吸纳器”的服务业发展落后，导致西部地区农村就业供给能力极为薄弱。然而，西部地区却拥有极具地域和文化特色的自然和人文旅游资源，同时随着近年来交通可达性的日益改善，进而为西部地区旅游业快速发展提供了必要的资源基础和前提条件。需要强调的是，旅游业在发展之初具有非常典型的劳动密集型高、产业关联度广和行业进入门槛低的特点，这就很大程度上提高了大部分贫困人口从事非正规旅游经营活动和直接受雇于旅游企业的参与概率，使得上述群体得以在旅游业发展过程中开辟新的生计来源而逐渐摆脱贫困。日前，由中共中央办公厅、国务院办公

① 囿于篇幅，三大地区旅游业和农村贫困关系的稳健性检验结果未列出。

厅于 2016 年 12 月 7 日印发并实施的《关于进一步加强东西部扶贫协作工作的指导意见》中明确提出，西部地区要引进一批能够提供更多就业岗位的劳动密集型企业、文化与旅游企业等，以促进产业发展带动脱贫。以西部地区旅游资源丰富，但贫困问题典型的贵州为例，在样本期间，贵州旅游专业化水平从 0.052 急速上升到 0.293，旅游专业化水平一度位于全国首位，旅游人次比也从 0.566 上升到 7.637，而同期贫困发生率则从 0.716 降低到 0.209，旅游专业化和旅游人次比与贫困发生率的 pearson 相关系数更是高达 –0.942 和 –0.971，远高于全国 –0.486 和 –0.669 的整体水平。由此可见，西部地区通过发展旅游业来降低贫困人口规模具有先天优势。

另外，在西部地区农村贫困人口内部，虽然旅游业对减缓贫困深度和强度均具有显著的边际促进效应，但前者的减缓弹性明显大于后者，这也说明西部地区旅游业在改善农村相对贫困时，收入不平等问题相伴而生。但值得注意的是，不仅西部地区旅游业对农村贫困强度的减缓弹性均要大于中部地区和全国水平，并且全样本旅游专业化和旅游人次比对贫困深度的减缓弹性分别是对贫困强度的减缓弹性的 2.11 倍和 3.5 倍，中部地区是 2.26 倍和 3.66 倍，而西部地区则是 1.85 倍和 2.25 倍，对比分析可知，西部地区旅游业在保持与中部地区和全国整体相近的农村贫困减缓规律的同时，其突出特征是，旅游业不仅对农村极端贫困的减缓效应相对最高，而且旅游业所导致的贫困人口内部的收入不平等程度也最低。因此，西部地区旅游业发展对农村贫困减缓的重要意义不言而喻，并且尽可能保持了一定程度的相对公平性。

第六节　本章结论

毋庸置疑，中国的贫困减缓工作对世界减贫事业贡献卓越，其中，产业构成与发展对农村贫困的减缓效应可谓功不可没，与此同时，旅游业作为迅速发展的现代服务业部门，因其独特的产业性质，逐渐成为目的地政府在实施反贫困政策干预过程中最受青睐的产业工具之一。无独有偶，为了探索多元化的贫困减缓途径，近年来，从中央到地方正在近乎一致地掀起一股旅游反贫困的政策热潮。事实上，对于上述政策实施效果的评估却面临着理论与经验上的双重挑战。如果追溯并细察整个旅游业和贫困关系的国际学术观点的话，暂且不论对两者关系持续不断的理论争辩，更是鲜有与此相关的经验研究，并且对中国案例的实证检验也相对匮缺，从而导致对中国旅游业减缓贫困效应进行评估，成为一个迫在眉睫的问题，其不仅直接涉及我们是否能够寻找到中国旅游反贫困政策的经验证据，而且对于拓宽旅游业和贫困关系的国际研究视角，补充来自于中国的关键实践案例，具有重要的学术价值和现实意义。以上正是本章研究的出发点。

因此，本章实证分析的特色在于，首先利用贫困 FGT 指数对中国农村绝对和相对贫困予以定量识别，同时分别使用旅游专业化和旅游人次比作为旅游业发展的度量指标，基于中国 1999—2014 年分省面板数据，对旅游业与农村贫困减缓关系依次进行全样本和分地区实证研究，旨在尽可能提升对旅游业减缓农村贫困的长期动态效应检验的准确性。结果表明：首先，在全样本基础上，旅游业分别对农村贫困广度、深度和强度具有显著的减缓效应，中西部地区亦如是。由此表明，分别基于农村绝对和相对贫困视角，除东部地区外，本章发现了证实 TLPR 假说真实性的经验佐证。其次，无论是全样本，还是中西部地区，实证研究均发现，旅游业不仅可以显著降低农村绝对贫困人口规模，而且在贫困相对性上，旅游业不仅可以缩小农村贫困缺口的，而且由于旅游业对农村贫困强度的减缓效应弱于贫困深度，说明农村贫困人口内部同时伴随一定程度收入分配的不平等问题。质言之，旅游业对农村最低收入群体（极端贫困）的惠及效应低于对相对较高收入群体（一般贫困），表明旅游业可在一定程度上显著促进农村绝对贫困人口实现脱贫，但从相对贫困视角看，旅游业的确又会引致农村贫困人口内部的收入差距现象。上述中国旅游业减缓农村贫困的经济规律，与国际研究案例相比，同样具有国际普遍性。最后，中国区际间旅游业和农村贫困人口规模的空间分布并不均衡，也就意味着旅游业减缓农村贫困效应也会存在显著区域差异。具体到东部地区，旅游业与贫困发生率之间存在显著的非线性倒 U 形关系，当旅游业发展水平跨过阈值之后，旅游业对绝对贫困的减缓效应会逐渐式微，同时并未发现旅游业对相对贫困影响的基本证据。另外，西部地区旅游业对农村绝对和相对贫困的减缓效应均要强于中部地区和全国水平，隐含的经济意义是，西部地区不仅拥有相对卓越的旅游业减贫规模，而且旅游业更易于使贫困缺口群体摆脱贫困，但在此过程中也不可避免地催生了农村贫困人口内部较高程度收入分配的不平等现象。

本章研究结论具有重要的政策启示。第一，旅游业对农村贫困具有显著积极的减缓效应，中国减贫实践存在真实的 TLPR 假说机制，进而折射出旅游反贫困政策的价值意义，未来仍需重点提升旅游业发展的内涵质量和包容性，积极鼓励农村贫困地区将旅游业视为消除贫困的有效产业选择。第二，在充分肯定旅游业对农村贫困的减缓贡献时，还应理性地认识到旅游业之于贫困减缓并非万能解药，旅游业所导致的贫困人口内部收入分配的差距风险将会抑制旅游业减缓农村贫困效应。因此，农村贫困地区在发展旅游业时，应注重提高极端贫困人口的参与率，要因地制宜、因势利导地通过引导、培训和补贴等多种方式来提升旅游业对极端贫困人口帮扶的精准性。第三，旅游经济的漏损是加剧农村贫困人口收入分配不平等的直接原因，所以政府应在旅游收入分配过程中切实发挥有为作用。例如，在宏观层面上，为响应东西部扶贫协作思路，可考虑建立东西部旅游业扶贫协作机制，本章研究发现也为此提供了客观论据，东部地区应适时将旅游人才、资金和项目向中西部地区倾斜。另外，也可以通过税收返还、财政专项和转移支付等政策手段使得旅游收入分配向极端贫困人口倾斜，进一步提高旅游业对极端贫困人口的惠及效应。同时，也需要认真强化对旅游扶贫项目的绩效考核，将旅游企业对贫困地区的经济贡献纳入评价体系，并建立相应的奖惩制度，以提升旅游企业参与扶贫开发的积极性。

参考文献：

［1］Adamou A，Clerides S. Prospects and limits of tourism-led growth：The international evidence［J］. Review of Economic Analysis，2010，2（3）：287-303.

［2］Ahluwalia M S，Carter N G，Chenery H B. Growth and poverty in developing countries［J］. Journal of Development Economics，1979，6（3）：299-341.

［3］Akama. Neocolonialism，dependency and external control of Kenya's tourism industry：A case study of wildlife safari tourism in Kenya［A］. In Hall C M，Tucker H（eds.）. Tourism and postcolonialism：Contested discourses，identities and representations［C］. London：Routledge，2004.

[4] Anderson W L. Trickling down: the relationship between economic growth and the extent of poverty among American families [J]. The Quarterly Journal of Economics, 1964, 78 (4): 511–524.

[5] Ashley C, Boyd C., Goodwin H. Pro–poor tourism: Putting poverty at the heart of the tourism agenda [J]. Significance, 2000, 51 (51): 1–6.

[6] Ashley C, Mitchell J. Pathways to Prosperity: How Can Tourism Reduce Poverty? [R]. London: Overseas Development Institute, 2008.

[7] Ashley C, Roe D. Making tourism work for the poor: strategies and challenges in southern Africa [J]. Development Southern Africa, 2002, 19 (1): 61–82.

[8] Ashley C, Roe D, Goodwin H. Pro–poor tourism strategies: Making tourism work for the poor–A review of experience [R]. London: Overseas Development Institute, 2001.

[9] Balaguer J, Catavella–Jordá M. Tourism as a long–run economic growth factor: The Spanish case [J]. Applied economics, 2002, 34 (7): 877–884.

[10] Balisacan A M. Poverty and inequality [A]. In Arsenio M. B, Hal H (eds.). The Philippine Economy: Development, Policies and Challenges [C]. New York: Oxford University Press, 2003.

[11] Banerjee O, Cicowiez M, Gachot S. A quantitative framework for assessing public investment in tourism: An application to Haiti [J]. Tourism Management, 2015, 51 (1): 157–173.

[12] Bennett O, Roe D, Ashley C. Sustainable tourism and poverty elimination: A report for the Department for International Development [M]. London: DFID, 1999.

[13] Blake A, Arbache J S, Sinclair M T. Tourism and poverty relief [J]. Annals of Tourism Research, 2008, 35 (1): 107–126.

[14] Bolwell D, Weinz W. Reducing poverty through tourism [R]. Geneva: International Labour Organization, 2008.

[15] Brau R, Lanza A, Pigliaru F. How fast are small tourism countries growing? Evidence from the data for 1980–2003 [J]. Tourism Economics, 2007, 13 (4): 603–613.

[16] Britton S. The political economy of tourism in the third world [J]. Annals of Tourism Research, 1982, 9 (3): 331–358.

[17] Brohman J. New directions in tourism for Third World Development [J]. Annals of Tourism Research, 1996, 23 (1): 48–70.

[18] Bryden J. Tourism and development: A case study of the commonwealth Caribbean [M]. Cambridge: Cambridge University Press, 1973.

[19] Chakravarty S R. Ethical index number [M]. New York: Springer–Verlag, 1990.

[20] Cheong S M, Miller M L. Power and tourism: A Foucauldian observation [J].

Annals of Tourism Research，2000，27（2）：371–390.

［21］Chok S，Macbeth J，Warren C. Tourism as a tool for poverty alleviation：A critical analysis of 'Pro–Poor Tourism' and implications for sustainability［J］. Current Issues in Tourism，2007，10（2）：144–165.

［22］Clancy M J. Tourism and development：Evidence from Mexico［J］. Annals of Tourism Research，1999，26（1）：1–20.

［23］Copeland B R. Tourism, welfare and de–industrialization in a small open economy［J］. Economica，1991，58（232）：515–529.

［24］Cortésjiménez I. Which type of tourism matters to the regional economic growth? The cases of Spain and Italy［J］. International Journal of Tourism Research，2008，10（2）：127–139.

［25］Croes R. Small island paradox：Tourism specialization as a potential solution［M］. Saarbrücken：Lambert Academic Publishing，2011.

［26］Croes R. The role of tourism in poverty reduction：an empirical assessment［J］. Tourism Economics，2014，20（2）：207–226.

［27］Croes R，Rivera M. Poverty alleviation through tourism development：A comprehensive and integrated approach［M］. NJ：Apple Academic Press，2015.

［28］Croes R，Rivera M A. Tourism's potential to benefit the poor：A social accounting matrix model applied to Ecuador［J］. Tourism Economics，2017，23（1）：29–48.

［29］Croes R，Vanegas M S. Cointegration and causality between tourism and poverty reduction［J］. Journal of Travel Research，2008，47（1）：94–103.

［30］Davis J B. Commentary：Tourism research and social theory–expanding the focus［J］. Tourism Geographies，2001，3（2）：125–134.

［31］Deininger K，Squire L. New ways of looking at old issues：Asset inequality and growth［J］. Journal of Development Economics，1998，58（2）：59–287.

［32］Deller S. Rural poverty，tourism and spatial heterogeneity［J］. Annals of Tourism Research，2010，37（1）：180–205.

［33］Desforges L. State tourism institutions and neo–liberal development：A case study of Peru［J］. Tourism Geographies，2000，2（2）：177–192.

［34］Dollar D，Kraay A. Growth is good for the poor［J］. Journal of economic growth，2002，7（3）：195–225.

［35］Dritsakis N. Tourism as a long–run economic growth factor：An empirical investigation for Greece using causality analysis［J］. Tourism Economics，2004，10（3）：305–316.

［36］Duffy R. A trip too far：Ecotourism，politics and exploitation［M］. London：

Earthscan，2002.

[37] Dwyer L. Economic Measures of Tourism Yield：Implications for Destination Marketing [R] . Sydney：University of New South Wales，2005.

[38]Elesh D. Poverty theories and income maintenance：Validity and policy relevance[J]. Social Science Quarterly，1973，54（2）：359–373.

[39] Elliott–Jones M. Exports and economic development：The West Indian case with special emphasis on tourism [D] . Storrs：University of Connecticut，1971.

[40] Foster J，Greer J，Thorbecke E. A class of decomposable poverty measures [J] . Econometrica，1984，52（3）：761–766.

[41] Fosu A K. Inequality and the impact of growth on poverty：Comparative evidence for Sub–Saharan Africa [J] . Journal of Development Studies，2009，45（5）：726–745.

[42] Garrigós–Simón F J，Galdón–Salvador J L，Gil–Pechuán I. The economic sustainability of tourism growth through leakage calculation [J] . Tourism Economics，2015，21（4）：721–739.

[43] Goodwin H. Measuring and Reporting the Impact of Tourism on Poverty [A] . In Tribe J.，Airey D（ed.）. Developments in tourism research [C] . Amsterdam：Elsevier，2007.

[44] Hasan R，Quibria M G. Industry matters for poverty：A critique of agricultural fundamentalism [J] . International Review of Social Sciences，2004，57（2）：253–264.

[45] Harrison D. Themes in Pacific Island tourism [A] . In Harrison D（eds.）. Pacific Island tourism [C] . New York：Cognizant Communication Corporation，2003.

[46] Harrison D. Pro–poor tourism：A critique [J] . Third World Quarterly，2008，29（5）：851–868.

[47] Hawkins D E，Mann S. The World Bank's role in tourism development [J] . Annals of Tourism Research，2007，34（2）：348–363.

[48] Haughton J，Khandker S. Handbook on poverty and inequality [M] . Washington：World Bank Publications，2009.

[49] Hummel J，van der Duim R. Tourism and development at work：15 years of tourism and poverty reduction within the SNV Netherlands Development Organisation [J] . Journal of Sustainable Tourism，2012，20（3）：319–338.

[50] Incera A C，Fernandez M F. Tourism and income distribution：Evidence from a developed regional economy [J] . Tourism Management，2015，48（1）：11–20.

[51] Jalilian H，Kirkpatrick C. Financial development and poverty reduction in developing countries [J] . International Journal of Finance & Economics，2002，7（2）：97–108.

[52] Jamieson W，Goodwin H，Edmunds C. Contributions of tourism to poverty

alleviation：Pro–poor tourism and the challenge of measuring impacts [R] . Bangkok：UN Economic and Social Commission for Asia and the Pacific，2004.

[53] Jantti M，Danziger S. Income poverty in advanced countries [A] . In Atkinson A，Bourguignon F. Handbook of income distribution [C] North–Holland：Amsterdam，2000.

[54] Kakwani N. On a Class of Poverty Measures [J] . Econometrica，1980，48 (2)：437–446.

[55] Kim H J，Chen M H，Jang S C. Tourism expansion and economic development：The case of Taiwan [J] . Tourism Management，2006，27 (5)：925–933.

[56] Kim N，Song H J，Ju H P. The relationship among tourism，poverty，and economic development in developing countries：A panel data regression analysis [J] . Tourism Economics，2016，22 (6)：1174–1190.

[57] Krippendorf J. The Holidaymakers [M] . Oxford：Butterworth–Heinemann，1989.

[58] Kwaramba H M，Lovett J C，Louw L. Emotional confidence levels and success of tourism development for poverty reduction：The South African Kwam eMakana home–stay project [J] . Tourism management，2012，33 (4)：885–894.

[59] Lazzeretti L，Capone F. Spatial spillovers and employment dynamics in local tourist systems in Italy (1991–2001) [J] . European Planning Studies，2009，17 (11)：1665–1683.

[60] Lapeyre R. Community–based tourism as a sustainable solution to maximise impacts locally? The Tsiseb Conservancy case，Namibia [J] . Development Southern Africa，2010，27 (5)：757–772.

[61] Lapeyre R. The Grootberg lodge partnership in Namibia：towards poverty alleviation and empowerment for long–term sustainability? [J] . Current Issues in Tourism，2011，14 (3)：221–234.

[62] Torres R. Linkages between tourism and agriculture in Mexico [J] . Annals of Tourism Research，2003，30 (3)：546–566.

[63] Lee C C，Chang C P. Tourism development and economic growth：A closer look at panels [J] . Tourism Management，2008，29 (1)：180–192.

[64] Liu Z H，Jenkins C L. Country size and tourism development：a cross–nation analysis [A] . Briguglio，L，Archer B，Jafari J. Sustainable Tourism in Islands and Small States：Issues and Policies [C] . London：Pinter，1996.

[65] Luvanga N，Shitundu J. The role of tourism in poverty alleviation in Tanzania [M] . Tanzania：Mkuki Na Nyota Publishers，2003.

[66] Mahadevan R. The poverty transition：when，how and what next? [J] . Journal of International Development，2010，19 (8)：1099–1113.

[67] Mahadevan R, Amir H, Nugroho A. Regional impacts of tourism-led growth on poverty and income: Inequality: A dynamic general equilibrium analysis for Indonesia [J] . Tourism Economics, 2017, 23 (3): 614-631.

[68] Mahadevan R, Suardi S. Panel evidence on the impact of tourism growth on poverty, poverty gap and income inequality [J] . Current Issues in Tourism, 2017, doi: 10.1080/13683500.2017.1375901.

[69] Mak J. Tourism and the Economy [M] . Honolulu: University of Hawaii Press, 2003.

[70] Manyara G, Jones E. Community-based tourism enterprises development in Kenya: An exploration of their potential as avenues of poverty reduction [J] . Journal of sustainable tourism, 2007, 15 (6): 628-644.

[71] Mbaiwa J E. Enclave tourism and its socio-economic impacts in the Okavango Delta, Botswana [J] . Tourism Management, 2005, 26 (2): 157-172.

[72] Mabogunje A. The development process: A spatial perspective [M] . London: Routledge, 2015.

[73] McCulloch N, Winters L, Cirera X. Trade liberalization and poverty: A handbook [M] . London: Brookings Institution Press, 2001.

[74] McKinnon R I. Foreign exchange constraints in economic development and efficient aid allocation [J] . The Economic Journal, 1964, 74 (294): 388-409.

[75] Medina-Muñoz D R, Medina-Muñoz R D, Gutiérrez-Pérez F J. A Sustainable Development Approach to Assessing the Engagement of Tourism Enterprises in Poverty Alleviation [J] . Sustainable Development, 2016, 24 (4): 220-236.

[76] Mekawy M A. Smart Tourism investment: planning pathways to break the poverty Cycle [J] . Tourism Review International, 2015, 18 (4): 253-268.

[77] Meyer D. Pro-poor tourism: Can tourism contribute to poverty reduction in less economically developed countries? [A] . In Cole S, Morgan N (eds.) . Tourism and inequality: Problems and prospects [C] . London: CABI Publishing, 2010.

[78] Mitchell J, Ashley C. Tourism and poverty reduction: Pathways to prosperity [M] . London: Earthscan, 2010.

[79] Montalvo J G, Ravallion M. The pattern of growth and poverty reduction in China [J] . Journal of Comparative Economics, 2010, 38 (1): 2-16.

[80] Mowforth M, Munt I. Tourism and sustainability: Development and new tourism in the Third World [M] . London: Routledge, 2009.

[81] Mutana S, Chipfuva T, Muchenje B. Is tourism in Zimbabwe developing with the poor in mind? Assessing the pro-poor involvement of tourism operators located near rural areas

in Zimbabwe [J] . Asian Social Science，2013，9（5）：154–161.

[82] Njoya E T，Seetaram N. Tourism Contribution to Poverty Alleviation in Kenya：A Dynamic Computable General Equilibrium Analysis [J] . Journal of Travel Research，2017，doi：10.1177/0047287517700317.

[83] Novelli M，Hellwig A. The UN Millennium Development Goals，tourism and development：the tour operators' perspective [J] . Current Issues in Tourism，2011，14（3）：205–220.

[84] Nowak J J，Sahli M，Cortés–Jiménez I. Tourism，capital good imports and economic growth：Theory and evidence for Spain [J] . Tourism Economics，2007，13（4）：515–536.

[85] Phommavong S，Sörensson E. Ethnic tourism in Lao PDR：gendered divisions of labour in community–based tourism for poverty reduction [J] . Current issues in tourism，2014，17（4）：350–362.

[86] Pleumarom，A. The political economy of tourism [J] . The Ecologist，1994，24（4）：142–148.

[87] Plüss C，Backes M. Red card for tourism? 10 principles and challenges for a sustainable tourism development in the 21st century [M] . Freiburg：Dante，2002.

[88] Poultney C，Spenceley A. Practical strategies for pro–poor tourism，wilderness safaris South Africa：Rocktail Bay and Ndumu Lodge [R] . Maputaland：PPT Working Pape，2001.

[89] Ravallion M，Chen S. China's（uneven）progress against poverty [J] . Journal of development economics，2007，82（1）：1–42.

[90] Ravallion M，Huppi M. Poverty and undernutrition in Indonesia during the 1980s [R] . Washington：World Bank，1990.

[91] Saayman M，Rossouw R，Krugell W. The impact of tourism on poverty in South Africa [J] . Development Southern Africa，2012，29（3）：462–487.

[92] Scheyvens R. Tourism for development：Empowering communities [M] . London：Longman，2002.

[93] Scheyvens R. Tourism and poverty [M] . London：Routledge，2011.

[94] Scheyvens R. Exploring the tourism–poverty nexus [J] . Current issues in tourism，2007，10（2–3）：231–254.

[95] Scheyvens R，Russell M. Tourism and poverty alleviation in Fiji：Comparing the impacts of small–and large–scale tourism enterprises [J] . Journal of Sustainable Tourism，2012，20（3）：417–436.

[96] Schilcher D. Growth versus equity：The continuum of pro–poor tourism and

neoliberal governance [J] . Current Issues in Tourism, 2007, 10 (2): 166–193.

[97] Sedgley D, Pritchard A, Morgan N. 'Tourism poverty' in affluent societies: Voices from inner–city London [J] . Tourism Management, 2012, 33 (4): 951–960.

[98] Sen A K. Commodities and capabilities [M] . Amsterdam: North Holland, 1985.

[99] Shaw G, Williams A M. Entrepreneurship, small business culture and tourism development [A] . Ioannides D, Debbage K D. The Economic geography of the tourist industry [C] . London: Routledge, 1998.

[100] Smith V L. Hosts and guests: The anthropology of tourism [M] . Philadelphia: University of Pennsvlvania Press, 1977.

[101] Spenceley A, Meyer D. Tourism and poverty reduction: theory and practice in less economically developed countries [J] . Journal of Sustainable Tourism, 2012, 20 (3): 297–317.

[102] Springett D. Critical perspectives on sustainable development [J] . Sustainable Development, 2013, 21 (2): 73–82.

[103] Steiner C. Tourism poverty reduction and the political economy: Egyptian perspectives on tourism's economic benefits in a semi–rentier state [J] . Tourism Hospitality Planning and Development, 2006, 3 (3): 161–77.

[104] Steinicke E, Neuburger M. The impact of community–based afro–alpine tourism on regional development [J] . Mountain Research and Development, 2012, 32 (4): 420–430.

[105] Stonich S C, Sorensen J H, Hundt A. Ethnicity, class and gender in tourism development: The case of the Bay Islands, Honduras [J] . Journal of Sustainable Tourism, 1995, 3 (1): 1–28.

[106] Sugiyarto G, Blake A, Sinclair M T. Tourism and globalization: Economic impact in Indonesia [J] . Annals of Tourism Research, 2003, 30 (3): 683–701.

[107] Tang C H H, Jang S C S. The tourism–economy causality in the United States: A sub–industry level examination [J] . Tourism Management, 2009, 30 (4): 553–558.

[108] Thorbecke E, Jung H S. A multiplier decomposition method to analyze poverty alleviation [J] . Journal of Development Economics, 1996, 48 (2): 279–30.

[109] Thornton J R, Agnello R J, Link C R. Poverty and economic growth: Trickle down peters out [J] . Economic Inquiry, 1978, 16 (3): 385–394.

[110] Tucker H, Boonabaana B. A critical analysis of tourism, gender and poverty reduction [J] . Journal of Sustainable Tourism, 2012, 20 (3): 437–455.

[111] Vanegas M S. Poverty elimination through tourism dynamics [A] . In Uysal M., Perdue R., Sirgy J (eds.) . Handbook of tourism and quality of life Research: Enhancing the lives of tourists and residents of host communities [C] . London: Springer, 2012.

[112] Vanegas M S, Croes R. Tourism, economic expansion and poverty in Nicaragua: Investigating cointegration and causal relations [R]. Minnesota: University of Minnesota, 2007.

[113] Vanegas M S, Gartner W, Senauer B. Tourism and poverty reduction: An economic sector analysis for Costa Rica and Nicaragua. [J]. Tourism Economics, 2015, 21 (1): 159–182.

[114] Villaseñor J, Arnold B C. Elliptical Lorenz curves [J]. Journal of Econometrics, 1989, 40 (2): 327–338.

[115] Wattanakuljarus A, Coxhead I. Is tourism-based development good for the poor? A general equilibrium analysis for Thailand [J]. Journal of Policy Modeling, 2008, 30 (6): 929–955.

[116] Williams S. Tourism geography [M]. London: Routledge, 1998.

[117] Williams J, Lawson R. Community issues and resident opinions of tourism [J]. Annals of tourism research, 2001, 28 (2): 269–290.

[118] Winters P, Essam T, Zezza A. Patterns of Rural Development: A Cross-Country Comparison using Microeconomic Data [J]. Journal of Agricultural Economics, 2010, 61 (3): 628–651.

[119] Yang Y, Fik T. Spatial effects in regional tourism growth [J]. Annals of Tourism Research, 2014, 46 (2): 144–162.

[120] Zhao W. The nature and roles of small tourism businesses in poverty alleviation: Evidence from Guangxi, China [J]. Asia Pacific Journal of Tourism Research, 2009, 14 (2): 169–182.

[121] Zhao W B., Ritchie J R B, Hall C M. Tourism and poverty alleviation: An integrative research framework [J]. Current Issues in Tourism, 2007, 10 (2): 119–143.

[122] 陈立中. 收入增长和分配对我国农村减贫的影响——方法、特征与证据 [J]. 经济学季刊，2009，8（2）：711–726.

[123] 顾昕. 贫困度量的国际探索与中国贫困线的确定 [J]. 天津社会科学，2011（1）：56–62.

[124] 郭鲁芳，李如友. 旅游减贫效应的门槛特征分析及实证检验——基于中国省际面板数据的研究 [J]. 商业经济与管理，2016（6）：81–91.

[125] 郭熙保，罗知. 贸易自由化，经济增长与减轻贫困——基于中国省际数据的经验研究 [J]. 管理世界，2008（2）：15–24.

[126] 林伯强. 中国的经济增长、贫困减少与政策选择 [J]. 经济研究，2003（12）：15–25.

[127] 习近平. 在宁夏银川召开的东西部扶贫协作座谈会上的讲话 [EB/OL]. http://

news.xinhuanet.com/politics/2016-07/21/c_1119259129.htm，2016-07-21.

[128] 杨俊，王燕，张宗益．中国金融发展与贫困减少的经验分析 [J]．世界经济，2008，31（8）：62-76.

[129] 张萃．中国经济增长与贫困减少——基于产业构成视角的分析 [J]．数量经济技术经济研究，2011，28（5）：51-63.

[130] 张克中，冯俊诚．通货膨胀、不平等与亲贫式增长——来自中国的实证研究 [J]．管理世界，2010，（5）：27-33.

[131] 张为民．脱贫步伐加快 扶贫成效显著 我国贫困人口大幅减少 [N]．中国信息报，2015-10-16.

第十六章　西部地区旅游减贫的门槛效应及其检验

第一节　引言

根据联合国开发计划署报告，近三十年来，中国帮助超 7 亿人口实现脱贫，完成了全球约 2/3 的减贫任务。按照最新农村扶贫标准[①]测算，自改革开放以来，中国贫困发生率从 1978 年 97.5% 降至 2014 年 7.2%，年均脱贫人口规模达 1945 万人。然而，国际反贫困理论和实践表明，倘若一国的绝对贫困人口总数下降至总人口的 10% 以下，那么在短期内，剩余的贫困人口将很难通过经济增长摆脱贫困状态，而这部分人口往往长期处于极端贫困之中。究其原因，阿玛蒂亚 · 森曾提出，贫困最终会形成“基本可行能力的剥夺”，从而使得贫困文化根深蒂固，贫困的攻克也随之变得复杂艰深。目前，中国的极端贫困主要集中在西部地区[②]，并且尤以西部偏远农村地区和民族地区为甚。在这些地区，自然条件恶劣、经济基础薄弱、生产力水平低下、人口恶性负载以及二元经济结构等因素在不同程度上导致西部农村地区劳动力剩余严重、边际生产率较低以及现代经济体系脆弱，尤其是劳动收入水平远远低于全国水平（王大超、马园园，2008）。

---

① 1978年以来，中国政府先后采用过三个贫困标准用于指导扶贫实践活动。分别是“1978年标准”“2008 年标准”和“2010 年标准”，最新扶贫标准指按每人每年 2300 元（2010 年不变价）。

② 在“八七扶贫攻坚计划”所列的592个国定贫困县中，有375个位于西部，占比达63.3%。国内18 个集中连片贫困地区，有 9 个位于西部，涉及 249 个县区。西部地区省份：内蒙古、广西、重庆、四川、贵州、云南、西藏、陕西、甘肃、青海、宁夏和新疆。

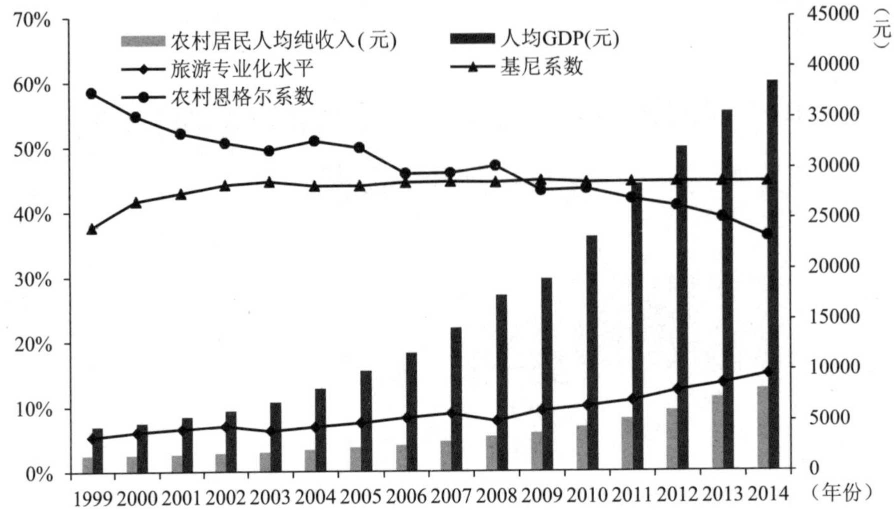

图 16-1 西部地区旅游业、人均 GDP 和农村相关经济指标变化趋势

如图 16-1 所示，1999—2014 年，西部地区旅游总收入以年均 11.4% 速度增长，旅游总人次从 1999 年 2.22 亿提高到 2014 年 24.24 亿，旅游外汇收入从 1999 年 13.59 亿美元上升至 2014 年 96.92 亿美元，国内旅游收入从 1999 年 861.29 亿元增加至 2014 年 20676.63 亿元①，旅游业整体规模显著扩张。与此同时，西部地区经济也呈高速增长态势。1999—2014 年，西部地区 GDP 总量由 15354 亿元增加至 138010 亿元，增长近 9 倍，人均 GDP 年均增速更是达 47.8%。相较而言，农村居民人均纯收入年均增速仅为 25.4%。观察西部地区农村恩格尔系数和基尼系数可知，尽管西部地区农村恩格尔系数以年均 38.3% 速度下降，但同期基尼系数却呈现出小幅扩大趋势。换言之，西部地区在经济高速增长背景下，呈现农村贫困减缓和收入差距扩大并存现象。

鉴于此，为精确识别西部地区农村贫困状况，文中首先引入发展经济学中经典的贫困 Foster-Greer-Thorbecke（FGT）分解指数，在分别测度贫困发生率、贫困深度和贫困强度基础上，并以旅游业和经济增长为门槛变量，然后基于 1999—2014 年西部 12 个省级单元构成的平衡面板数据，进而对旅游业减缓农村贫困的非线性效应进行实证检验。本章研究贡献在于：一方面，

① 数据均来源于西部地区 12 省份国民经济和社会发展统计公报。

本章首次基于贫困相对性视角，揭示西部地区旅游业对绝对和相对贫困的减缓效应，尤其是综合考虑了由于农村贫困人口内部存在收入差距所可能导致对贫困减缓的抑制效应；另一方面，鉴于旅游业与贫困减缓关系的复杂性，可以预见的事实是，旅游业对贫困减缓的影响效应并非具有线性一致性，而是可能呈现出更为一般性的非线性变化，所以引入非线性面板数据模型估计技术对此予以捕捉，可以有效提升模型估计效率。需要强调的是，尽管着眼西部宏观发展战略，通过发展旅游业来实现农村贫困减缓是拓宽西部地区扶贫模式的有益探索，但在世界范围内缺乏旅游业减缓贫困实证证据的条件下（Mitchell 和 Ashley，2010），基于中国西部省级面板数据，揭示旅游业减缓农村贫困的影响效应和机制，并试图为其提供相应的经验佐证，不仅可以为现行旅游反贫困政策提供经验证据，而且也为实施以产业发展为导向的农村贫困减缓政策增添来自旅游业的视角。

第二节　文献综述与理论分析

一、文献综述

对旅游业减缓贫困的异质性效应的理解还需建立在贫困人口内部收入不平等的事实基础上，基于贫困绝对和相对概念，围绕旅游业与贫困减缓关系的实证研究基本可归纳为两类文献。第一类文献以在贫困线以下贫困人口所占比例度量绝对贫困水平。既有文献证实，中美洲、非洲和亚洲的部分发展中国家，旅游业发展可以显著降低贫困发生率（Croes 和 Vanegas，2008；Banerjee 和 Cicowiez，2015）。实际上，由于旅游业减缓贫困的影响机制还需兼顾多种约束因素，所以据此所展开的实证研究结论也是不尽一致。Croes（2014）在一项针对尼加拉瓜和哥斯达黎加的对比研究中发现，旅游业可以显著降低尼加拉瓜的贫困发生率，但在经济发展水平相对较高的哥斯达黎加，旅游业的行业薪酬不仅低于全国平均水平，并且也无法创造大量就业，进而难以形成有效的旅游业对贫困的减缓效应。Croes 和 Rivera（2017）运用社会核算矩阵对旅游业减缓贫困效应进行模拟分析，认为旅游业可以作为厄瓜多尔减缓贫困的可行工具。Kim 等（2016）的研究扩大了样本范围，通过对 1995—2012 年世界 69 个发展中国家旅游业和贫困减缓你关系实证检验发现，当一国人均年收入水平超过一定阈值（3400 美元）之后，旅游业减缓贫困效应则会由积极转变为消极，并指出旅游业对贫困的减缓效应在经济增长的不同阶段具有显著的差异。事实上，由于受到区位交通、资源禀赋、游客消费、就业薪酬和分配机制等因素的干扰，旅游业对贫困的减缓效应并非一成不变。

由于旅游业可能会存在对不同收入分组贫困人口的系统差异性影响，尤其是旅游业对相对贫困产生减缓效应时，亦会导致收入分配的不平等（Mak，2013），从而引申出关于旅游业和贫困相对性关系讨论的第二类文献。Blake 等（2008）利用可计算一般均衡模型，对巴西旅游业发展的分配效应进行了评估，模型中对家庭按收入进行分组，依次划分为最低收入组、低收入组、中等收入组和高收入组，结果发现旅游业对巴西所有家庭分组均有显著的贫困减缓作用，但旅游业对最低收入组家庭的贫困减缓效应最低。采用类似方法，Wattanakuljarus 和 Coxhead（2008）考察了泰国旅游业对贫困人口的影响，并将家庭按照高低收入和是否从事农业就业划分为 4 组，研究发现旅游业确实增加了家庭总收入，但旅游业对从事农业生产的低收入组家庭的减贫效应最低，上述过程也随之出现收入差距的恶化。Croes 和 Rivera（2015）认为虽然贫困人口可在旅游业中从事就业机会并获益，但若经济增长放缓时，参与旅游就业的贫困人口所遭遇的负面冲击也相对较大。上述文献共同反映出一个潜在规律，即旅游业在降低整体贫困发生率的同时，亦伴随着收入分配不平等现象，此规律同样适用于印度尼西亚（Mahadevan 等，2016）。尽管郭鲁芳和李如友（2016）研究发现中国旅游业对贫困减缓的作用以积极效应为主，但由于采用农村和城镇居民 20% 最低收入人群的平均收入按人口比例加权的方式测度贫困的方法过于笼统，特别地，由于他们的研究仅停留在绝对贫困层面，而抹杀了贫困的相对性，势必无法有效揭示旅游业对贫困的减缓效应。

二、理论分析

旅游业减缓贫困的影响效应呈现非线性特征，其中“非线性”的表现主要来自于以下几个方面。首先，旅游业具有劳动密集型的就业属性，从而反映出贫困人口可以在参与旅游发展过程中获得更为广泛的正规或非正规就业机会，但基本的规律是，贫困人口通常仅从事低标准、低技能和低薪酬的工作岗位，俗称“穷忙一族”（Deller，2010）[①]。因此，在前期要素驱动旅游业发展模式下，贫困人口往往更易分享到旅游发展红利，而随着旅游业结构转型升级，贫困人口的人力资本素质问题，犹如“玻璃幕墙”将其限定在旅游就业金字塔的底端，进而限制了贫困人口的获利能力，也会导致旅游业对贫困的边际减缓效应发生衰减。其次，根据旅游发展的依附理论，贫困地区旅游经济收入的乘数效应和漏损效应始终相伴相生（Incera 和 Fernández，2015），旅游业减缓贫困的直接收入效应、间接产业波及效应和消费支出诱导效应综合构成旅游经济收入的乘数效应，而贫困地区旅游业过度依赖于外部资本、技术和人才，致使旅游经济利润回流，同时又会引致旅游经济收入的漏损效应（Mitchell 和 Ashley，2010），两者此消彼长的关系共同主导旅游业对贫困的非线性减缓效应。最后，按照传统的减贫机制，经济增长可以通过多途径的“涓滴效应”惠及贫困人口，并改善其收入和非收入状况（Ahluwalia 等，1979），从理论上，一方面，经济增长水平高时，旅游业不仅可以获得规模扩张所需的需求条件和供给要素，而且旅游业减缓贫困的渠道传导效率也相对较高，所以旅游业对贫困的减缓贡献也会相应越大；另一方面，倘若旅游业长期作用于目的地经济系统，则会产生旅游业减缓贫困的动态效应，如目的地发展旅游业刺激经济增长，同时可以产生大量外部投资，上述投资无论是来自于私人部门，还是公共部门，贫困地区均可从中获得较为长远的发展利益（Nowak 等，2007）。当然，旅游业减缓贫困的边际效应并非与经济增长持续保持一致关系，经济增长到一定程度之后，伴随着贫困发生率的下降，贫困人口主要以极端贫困为主，囿于能力缺乏等原因，此类人群被长期锁定在“贫困陷阱”，旅游业对贫困的减缓效应也会随之减弱。

① 有关“穷忙一族”在原文中的表述为“burger-flippers”以及“chambermaids”。

第三节　农村贫困测度

一、FGT 贫困指数测度方法

基于以上分析，本章选取 Foster 等（1984）开发的具有良好的可分可加性的 FGT 贫困指数对西部地区省际农村贫困水平进行测度，优点在于能对整体贫困进行组别分解，即满足所谓的分组一致性条件，尤其是可以反映不同组别之间的贫困差异性，可以避免依赖贫困发生率单一指标表征贫困，因而既可以合理刻画西部地区农村绝对贫困和相对贫困水平。FGT 贫困指数的连续形式为：

$$P_\alpha(x,z)=\int_0^z\left[\frac{z-x}{z}\right]^\alpha f(x)dx \quad \alpha\geqslant 0 \tag{16.1}$$

其中，x 表示贫困人口收入，z 表示贫困线，$f(x)$ 表示居民收入累积分布函数的概率密度，α 表示贫困厌恶系数，其值越高，表明贫困指数对贫困人口内部收入不平等的敏感性越高。当 $\alpha=0$ 时，P_0 为贫困发生率，用 H 表示，作为贫困广度指标，反映贫困线以下人口占总人口比例；当 $\alpha=1$ 时，P_1 为贫困缺口，用 PG 表示，作为贫困深度指标，反映贫困人口收入与贫困线之间的相对距离，该指标不再只考虑贫困人口数量的变化，而且还关注贫困人口内部收入或消费的变化，其经济含义为将所有贫困人口的收入提高至贫困线水平所需要支付的扶贫资金比例；当 $\alpha=2$ 时，P_2 为平方贫困缺口，用 SPG 表示，作为贫困强度指标，该指标在加权平均时赋予了极端贫困人口更大的权数，揭示了贫困人口内部的收入差距问题。

FGT 贫困指数的测算依赖于对收入累积分布函数的估计，通常是基于两种参数化的洛伦兹曲线拟合实现，原因在于作为不同方式刻画居民收入分配状况的收入累积分布函数和洛伦兹曲线之间实际上存在等价性，由此对 FGT

指数的统计便可转化为如下两个基本方程：

$$L=L(p;\pi) \tag{16.2}$$

$$P=P(\mu / z,\pi) \tag{16.3}$$

式（16.2）中，L 为累积收入分布比例，P 为累积人口比例，π 为洛伦兹曲线的待估参数向量。式（16.3）中，μ 为居民人均收入水平。

二、数据说明与处理

FGT 贫困指数测算的核心思想是基于收入分组数据首先估算出概率密度函数，然后再计算相应贫困指数，便可以提高贫困测度的精确性。因此，本章选取西部地区各省统计年鉴所公布的农村人均纯收入分组数据，其中部分缺失值，采用农村收入分组数据相对于城镇收入分组数据的比例予以估算①。如果同时缺失农村和城镇收入分组数据，则依据相应组内农村人均纯收入平均增长率进行补充②。关于贫困线标准的选择，本章采用国家统计局公布的最新贫困线标准，即“2010 年标准”，采用 2010 年农村人均年纯收入 2300 元作为贫困线参考，并依据居民消费价格指数（1999=100）调整历年的中国贫困线，以消除通胀的影响。

三、测度结果分析

如图 16–2 所示，1999—2014 年，在西部地区整体层面上，分别以贫困发生率、贫困缺口指数和平方贫困缺口指数所衡量的农村贫困广度、贫困深度和贫困强度基本呈现出一致性的下降趋势。其中，贫困发生率从 1999 年 0.636 下降到 2014 年 0.274，平均降幅为 5.4%；贫困深度从 1999 年 0.242 下降到 2014 年 0.117，平均降幅为 4.4%；贫困强度从 1999 年 0.123 下降到 2014

① 当我们控制时间和省份效应之后，发现农村收入的不同分组数据均值与城镇收入的不同分组数据均值之间存在某种大致的变动规律，即西部地区省份农村收入不同分组数据均值约为城镇收入不同分组数据均值的 20% 左右。需估算部分省份缺失数据：重庆（1999—2003 年）、四川（1999—2002 年）、贵州（2000—2009 年）、云南（1999—2010 年）、西藏（1999—2014 年）、甘肃（2004—2006 年）、青海（2000—2012 年）、宁夏（1999—2014 年）、新疆（2013 年）。

② 缺失数据如下：内蒙古（2014 年）、云南（2011—2014 年）、甘肃（1999—2003 年）、青海（2013—2014 年）。

年 0.080，平均降幅为 2.4%。对比来看，贫困发生率平均降幅最大，其次为贫困强度，最后为贫困深度，说明在样本期内，中国西部地区农村贫困发生的广度显著被遏制，整体贫困规模得到了有效控制，同时，相对于贫困深度，贫困强度的缓解程度更高，说明西部农村极端贫困人口的收入状况改善明显，最终使得农村贫困人口内部的收入不平等程度在整体上也有所降低。然而，需要注意的是，2012—2014 年，西部地区农村贫困强度则出现显著的上升趋势，这也说明近三年，极端贫困人口的收入状况开始恶化，西部农村贫困人口内部的收入不平等现象开始加剧。

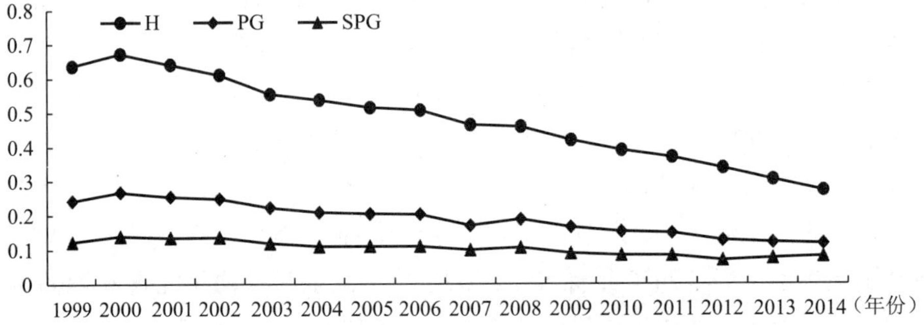

图 16–2　西部地区农村 FGT 贫困指数变化情况

第四节　研究设计

一、模型设定

为了实证检验西部地区旅游业与农村贫困减缓之间的关系，本章首先建立西部地区旅游业减缓农村贫困的线性面板数据模型：

$$H_{it} = \alpha_h + \beta_h tour_{it} + \delta_h X_{it} + \mu_i + \varepsilon_{it} \tag{16.4}$$

$$PG_{it} = \alpha_{pg} + \beta_{pg} tour_{it} + \delta_{pg} X_{it} + \mu_i' + \varepsilon_{it}' \tag{16.5}$$

$$SPG_{it} = \alpha_{spg} + \beta_{spg} tour_{it} + \delta_{spg} X_{it} + \mu_i'' + \varepsilon_{it}'' \tag{16.6}$$

其中，H 为农村贫困发生率，PG 为农村贫困深度，SPG 为农村贫困强度，$tour$ 为旅游业发展水平，X 为一组影响农村贫困程度的控制变量集，包括财政支农、交通密度、产业结构、城镇化和人力资本。下标 i 和 t 分别表示省份和时间。

依据文献梳理与理论分析，为了考察西部地区旅游业减缓农村贫困减缓的非线性门槛效应，借鉴 Hansen（1999）提出的门槛面板回归模型，分别以旅游业发展水平和经济增长水平为门槛变量，本章建立西部地区旅游业影响贫困减缓的门槛模型如下：

$$\begin{aligned} H_{it} = \mu_i + \beta_{h1} tour_{it} \cdot I(Y_{it} \leqslant \gamma_1) + \beta_{h2} tour_{it} \cdot I(\gamma_1 < Y_{it} \leqslant \gamma_2) + \cdots \\ + \beta_{hn} tour_{it} \cdot I(\gamma_{n-1} < Y_{it} \leqslant \gamma_n) + \beta_{h(n+1)} tour_{it} \cdot I(Y_{it} > \gamma_n) + \delta_h X_{it} + \varepsilon_{it} \end{aligned} \tag{16.7}$$

$$\begin{aligned} PG_{it} = \mu_i + \beta_{pg1} tour_{it} \cdot I(Y_{it} \leqslant \gamma_1') + \beta_{pg2} tour_{it} \cdot I(\gamma_1 < Y_{it} \leqslant \gamma_2) + \cdots \\ + \beta_{pgn} tour_{it} \cdot I(\gamma_{n-1} < Y_{it} \leqslant \gamma_n) + \beta_{pg(n+1)} tour_{it} \cdot I(Y_{it} > \gamma_n) + \delta_{pg} X_{it} + \varepsilon_{it} \end{aligned} \tag{16.8}$$

$$\begin{aligned} SPG_{it} = \mu_i + \beta_{spg1} tour_{it} \cdot I(Y_{it} \leqslant \gamma_{it}) + \beta_{spg2} tour_{it} \cdot I(\gamma_1 < Y_{it} \leqslant \gamma_2) + \cdots \\ + \beta_{spgn} tour_{it} \cdot I(\gamma_{n-1} < Y_{it} \leqslant \gamma_n) + \beta_{spg(n+1)} tour_{it} \cdot I(Y_{it} > \gamma_n) + \delta_{spg} X_{it} + \varepsilon_{it} \end{aligned} \tag{16.9}$$

其中，Y_{it} 为门槛变量，γ_1、γ_2、…、γ_n 为 $n+1$ 个门槛区间下的门槛值，β_1、β_2、…、β_{n+1} 为不同门槛区间下的估计系数，$I(\cdot)$ 为示性函数，若门槛变量满足条件时，则示性函数值为 1，否则为 0。

根据 Hansen（1999）的研究，动态面板门槛回归模型可以无须给定非线性方程的具体形式，并且门槛值个数完全由样本数据内生决定，另外还可以有效克服因反向因果、测量误差或遗漏变量所产生的模型内生性偏误，所以本章采用广义矩（GMM）估计方法，使用 $tour$ 的滞后一阶（$tour_{it-1}$）和滞后二阶（$tour_{it-2}$）作为工具变量对上述计量模型进行估计。

二、变量选取

1. 被解释变量

参照张萃（2011）、Njoya 和 Seetara（2017）测度贫困水平的方法，本章采用 FGT 贫困指数所分解的贫困广度、贫困深度和贫困强度作为被解释变量，三类指数均为负向指标，指数上升表明贫困恶化。

2. 核心解释变量

参照 Fayissa 等（2009）、Adamou 和 Clerides（2010）度量旅游业发展水平的做法，采用旅游专业化水平，即省份旅游总收入占 GDP 的比值予以度量，并采用 GDP 指数以 1999 年为基期进行平减。

3. 门槛变量

如前文所述，由于受到内外部因素约束，西部地区旅游业对农村贫困减缓的影响效应可能存在一般意义上的非线性特征，并且另需兼顾经济增长对减缓贫困的“涓滴效应”，因此本章分别选取旅游业和经济增长作为门槛变量。遵循陆铭和陈钊（2004）的处理方法，并且也为了尽可能反映经济增长水平和速度对旅游业减缓贫困机制的影响，本章分别采用人均实际 GDP 自然对数（pgdp）和人均 GDP 增长率（rgdp）作为经济增长的度量指标。之所以加入人均 GDP 增长率作为门槛变量来反映经济增长速度，原因在于考虑到“九五时期”以后，我国一直在经济增长方式转型的道路上不断探索前行，特别是在近期经济增速放缓的前提下，旅游业对贫困减缓会存在何种变化，也是本章需要关注的现实问题。

4. 控制变量

为了缓解遗漏变量所可能产生的估计偏误，避免对实证检验结果的有效性产生严重影响，我们还需将影响农村贫困的一系列相关宏观控制变量纳入到门槛模型中。除经济增长变量之外，其余控制变量的选择主要是参考既有文献和具体的经济理论意义而展开。①财政支农（*gov*）。根据财政支农的减贫理论，财政支农减缓农村贫困主要是通过促进农业增长和政府财政转移支付来实现增收（秦建军、武拉平，2011）。参考既有文献（苏静等，2013），本章选用“宽口径”的财政农业支出与农业总产值的比值进行度量。由于统计口径变化，本章所采用的财政支农数据 1999—2002 年为支援农村生产支出、农业综合开发支出和农林水利气象等部门的事业费之和，2003—2006 年为农业支出、林业支出和水利气象支出之和，2007—2014 年为农林水事务支出。②交通密度（*tra*）。交通基础设施可以促进生产要素的合理分配，显著提升农业生产率，是拉动农村经济增长的长期动力（李慧玲、徐妍，2016）。参照已有研究（赵东喜，2008），本章采用铁路里程数、公路里程数和内河航运里程数总和除以省份国土面积衡量。③产业结构（*ind*）。经济增长的部门结构能够影响农村贫困减缓，尤其是第三产业在农村地区的劳动密集程度更高，且在第三产业对农村贫困的减缓效应大于其他产业（单德朋，2012）。与胡文骏（2017）的处理方法类似，本章采用第三产业就业人数占总就业人数的比重衡量。④城镇化率（*urd*）。城镇化进程有利于改善农村居住环境、增加农村就业机会和活跃农村生产要素流动，进而促进农村贫困减缓（崔艳娟，2014）。为避免城镇化水平被低估，参考部分文献（余凤龙等，2014；唐云锋、马春华，2017）。⑤人力资本（*edu*）。教育在消除长期性贫困方面具有长期性质和溢出效力，尤其是通过教育获得人力资本质量提升，是减缓农村贫困的内生动力（林迪珊等，2016）。本章选择人均受教育年限衡量。

三、数据来源

本章实证分析的研究样本覆盖1999—2014年中国西部地区12个省（市、自治区）的数据资料。同时，涵盖12个省级单元的旅游业和农村贫困数据能够全面地反映中国西部地区旅游业与农村贫困减缓关系的基本情况。旅游业数据来源于历年《中国旅游年鉴》，其他原始数据来源于历年《中国统计年鉴》和国研网宏观经济数据库。

第五节　实证结果分析

一、门槛效应检验

根据Hansen（1999）的思路，门槛模型检验包括门槛效应显著性检验和门槛估计值检验。首先对门槛效应进行显著性检验，目的是需要识别门槛的个数，以便确定门槛模型的设定形式。分别以旅游业和经济增长为门槛变量，依次在不存在门槛、单一门槛与双重门槛的设定下分别对方程（16.7）、（16.8）和（16.9）进行估计，表16-1报告出三个门槛模型检验的F统计量和采用自抽样法（Bootstrap）模拟得到的P值。首先，以旅游业作为门槛变量时，旅游业在5%显著性水平上分别对贫困广度和贫困深度呈现单一门槛效应和双重门槛效应，而在 10% 显著性水平上对贫困强度呈现三重门槛效应。其次，以经济增长水平（人均实际 GDP）作为门槛变量时，旅游业在 5% 显著性水平上对贫困广度和贫困深度均呈现出双重门槛效应，则在 1% 显著性水平上也对贫困强度具有双重门槛效应。最后，以经济增长速度（人均 GDP 增长率）作为门槛变量时，旅游业在 5% 显著性水平上对贫困广度和贫困深度均呈现双重门槛效应，但对贫困强度则呈现单一门槛效应。

表 16–1　门槛效应检验

门槛变量	门槛数	被解释变量		
		H	*PG*	*SPG*
tour	单一门槛	15.112**	7.065*	6.080
	双重门槛	3.593	5.762**	7.853*
	三重门槛	4.512	3.976	5.297*
pgdp	单一门槛	24.055***	16.137***	26.342***
	双重门槛	6.677**	5.374**	19.359***
	三重门槛	3.845	4.373	2.672
rgdp	单一门槛	3.340	10.306**	18.611**
	双重门槛	4.569**	7.727**	4.577
	三重门槛	3.535	1.791	1.068

注：P 值与临界值均采用 Bootstrap 反复抽样 300 次得到的结果；***、**、* 分别表示在 1%、5% 和 10% 统计水平上显著，下表同。

门槛效应检验过后，需要对门槛模型的门槛值进行识别，主要采用基于最小二乘的似然比统计量对相应门槛值进行识别。对于任给定的 γ 值，可通过最小二乘法可获得相应的估计系数 $\beta(\gamma)$ 以及残差平方和 $SSR(\gamma)$，进一步采用逐步搜索法最小化 $SSR(\hat{\gamma})$，即 $\hat{\gamma}=\arg\min SSR(\gamma)$，最终得到 $\beta(\hat{\gamma})$，当原假设 $H_0:\gamma=\hat{\gamma}$ 成立时，然后利用似然比统计量 $LR(\gamma)=[SSR(\gamma)-SSR(\hat{\gamma})]/\sigma^2$ 构造出 γ 的置信区间。

二、旅游业门槛效应模型估计结果

出于对比分析考虑，表 16–2 首先报告出西部地区旅游业与农村贫困减缓关系的线性模型估计结果。由表 16–2 可知，在以贫困广度和贫困深度为被解释变量时，旅游业估计系数均在 1% 水平上高度显著，以贫困强度为被解释变量时，旅游业估计系数在 5% 水平上具有显著性，说明在样本期间，当其他条件不变的情况下，西部地区旅游业对农村贫困减缓具有积极意义，并且当旅游业水平提高 1%，会相应减缓农村贫困广度、深度和强度分别降低 0.821%、0.448% 和 0.197%。与此同时，从旅游业估计系数的绝对值来看，旅游业对农村贫困广度、深度和强度的减缓弹性也存在着依次递减，说明西部地区旅游业对农村贫困减缓的线性影响效应存在衰减现象。对此也不难理解，国际反贫困的相关理论和实践表明，当一国绝对贫困发生率低于 10% 时，在短期内，剩余极端贫困人口将会遭遇“贫困陷阱”，因而很难摆脱贫困状态。但不容忽视的是，由于旅游业可以显著减缓农村贫困深度，说明西部地区通过发展旅游业可以帮助处于贫困线附近的农村贫困人口减缓贫困，甚至超过贫困线，这也为西部区实施旅游反贫困政策提供了实证依据。更为关键的是，由于旅游业对贫困强度的减缓效应要弱于其对贫困深度的影响效应，进而反映出在西部地区旅游业显著促进整体贫困发生率下降，并且旅游业在缩小贫困缺口差距的同时，亦伴随出现农村贫困人口内部的收入差距或者分配不平等现象，主要表现为旅游业对具有相对较高收入的一般贫困人口的惠及效应要高于极端贫困人口。Njoya 和 Seetaram（2017）利用动态可计算的一般均衡模型模拟发现，在肯尼亚农村地区，旅游业对贫困广度、深度和强度的减缓效应分别为 –0.09、–0.34 和 –0.21，由此也进一步证实了本章研究发现的规律性。

门槛效应检验结果表明，旅游业和经济增长均对旅游业影响农村贫困减缓机制具有不同的门槛效应，接下来分别以旅游业和经济增长为门槛变量，对西部地区旅游业减缓农村贫困的非线性门槛效应进行实证检验。表 16–2 同时报告出根据旅游业门槛值的确定，在内生性地划分门槛区间的情况下，西部地区旅游业减缓农村贫困的门槛模型参数估计结果。由表 16–2 显示，西部地区旅游业分别对农村贫困广度、深度和强度的减缓效应显著地存在基于自身发展水平的门槛效应。首先，在绝对贫困层面，旅游业对农村贫困广度的减缓效应存在单一门槛特征。当以旅游专业化衡量的旅游业发展水平低于门槛值 0.082 时，旅游业对农村贫困广度具有显著的减缓效应，影响系数为 –0.516，并在 5% 水平上显著，而当旅游业发展水平跨越门槛值时，旅游业不再显著减缓农村贫困广度。其次，在相对贫困层面，旅游业对农村贫困深度的减缓效应存在双重门槛特征。当旅游业发展水平低于第一门槛值 0.073 时，旅游业可以显著减缓农村贫困深度，当旅游业发展水平提高 1%，则会相应促进农村贫困深度下降 0.257%，而当旅游业进入第一门槛值 0.073 与第二门槛值 0.207 区制时，甚至跨越第二门槛值时，在后续两个区制内，旅游业估计系数为正，但并不显著。最后，尽管旅游业对农村贫困强度的减缓效应存在三重门槛特征，但仅在低于第一门槛值 0.038 时，表现出对农村贫困强度微弱且并不显著的负向影响效应，而进入第一门槛值 0.038 与第二门槛值 0.083 区制时，旅游业则显著地加剧了农村贫困强度，当旅游业发展水平分别跨越第二门槛值 0.083 和第三门槛值 0.207 时，旅游业则表现出对农村贫困强度并不显著的正向影响效应。

表 16–2 线性模型和旅游业门槛模型 GMM 估计结果

变量	线性模型			门槛模型		
	H	*PG*	*SPG*	*H*	*PG*	*SPG*
tour	−0.821*** (0.195)	−0.448*** (0.104)	−0.197** (0.081)			
pgdp	−0.272*** (0.048)	−0.131*** (0.025)	−0.073*** (0.019)	−0.288*** (0.047)	−0.138*** (0.025)	−0.013 (0.018)
gov	0.162*** (0.042)	0.081 (0.023)	0.021 (0.018)	0.145*** (0.043)	0.065 (0.022)	0.003 (0.014)
tra	−0.364*** (0.096)	−0.160*** (0.051)	−0.114*** (0.039)	−.0315*** (0.093)	−0.143*** (0.050)	−0.069** (0.033)
ind	−0.156 (0.128)	−0.072 (0.068)	0.002 (0.053)	−0.114 (0.123)	−0.012 (0.068)	−0.069 (0.042)
urb	−0.167** (0.083)	−0.024* (0.044)	−0.001 (0.034)	−0.191** (0.082)	−0.042** (0.043)	0.027** (0.027)
edu	−0.049*** (0.014)	−0.013* (0.007)	0.001 (0.006)	−0.055** (0.013)	−0.018** (0.007)	−0.011** (0.005)
$tour \cdot I(tour \leqslant 0.082)$				−0.516** (0.202)		
$tour \cdot I(tour > 0.082)$				0.621 (0.407)		
$tour \cdot I(tour \leqslant 0.073)$					−0.257** (0.113)	

续表

变量	线性模型			门槛模型		
	H	*PG*	*SPG*	*H*	*PG*	*SPG*
$tour \cdot I(0.073 < tour \leqslant 0.207)$					0.460 （0.254）	
$tour \cdot I(tour > 0.207)$					0.169 （0.213）	
$tour \cdot I(tour \leqslant 0.038)$						−0.115 （0.074）
$tour \cdot I(0.038 < tour \leqslant 0.083)$						0.766** （0.295）
$tour \cdot I(0.083 < tour \leqslant 0.207)$						0.162 （0.149）
$tour \cdot I(tour > 0.207)$						0.032 （0.103）
R^2	0.835	0.749	0.519	0.851	0.769	0.721
N	192	192	192	180	180	180
Sargan（P）				0.758	0.534	0.776

注：括号内为标准差。下表同。

三、经济增长门槛效应模型估计结果

表 16–3 报告出西部地区旅游业对农村贫困减缓效应基于以人均实际 GDP 衡量经济增长水平的多重门槛模型参数估计结果。在静态的经济增长意义上，首先，旅游业对农村贫困广度的减缓效应存在双重门槛特征。当人均实际 GDP 低于门槛值 3689 元时，旅游业并不能显著降低绝对贫困发生率，而当人均实际 GDP 进入第一门槛值 3689 元与第二门槛值 4885 元区制，或者跨越第二门槛值之后，旅游业估计系数均在 1% 水平上显著为负，估计系数分别为 –0.553 和 –0.773，说明当人均实际 GDP 进入更高的门槛区制时，旅游业发展水平提高 1%，则会相应促进农村贫困广度减缓 0.553% 和 0.773%，旅游业对农村贫困广度的减缓效应逐渐增强。其次，同样在经济增长水平对旅游业影响农村贫困深度减缓机制具有双重门槛效应的条件下，旅游业对农村贫困深度的非线性减缓效应也呈现出与农村贫困广度相反的变动规律，即当人

均实际 GDP 低于门槛值 6180 元时，旅游业估计系数并无统计显著性，而当人均实际 GDP 分别跨越第一门槛值 6180 元和第二门槛值 7927 时，旅游业对农村贫困深度减缓的边际促进效应出现衰减。另外，旅游业对农村贫困强度的减缓效应存在基于经济增长水平的三重门槛特征。当人均实际 GDP 在第一门槛值 6192 元和第二门槛值 8717 元所构成的前两个区制内，旅游业估计系数为 –0.175 和 –0.128，分别在 5% 和 10% 水平显著，而当人均实际 GDP 跨越第二门槛值之后，旅游业则开始转为显著地加剧农村贫困强度。显然，当人均实际 GDP 在不同区制时，旅游业对农村贫困的减缓效应存在显著的非线性门槛特征。

表 16–3　经济增长水平门槛模型 GMM 估计结果

变量	*H*	*PG*	*SPG*
$tour \cdot I(pgdp \leqslant 8.213)$	–0.241 （0.266）		
$tour \cdot I(8.213 < pgdp \leqslant 8.494)$	–0.553*** （0.154）		
$tour \cdot I(pgdp > 8.494)$	–0.773*** （0.171）		
$tour \cdot I(pgdp \leqslant 8.729)$		0.083 （0.185）	
$tour \cdot I(8.729 < pgdp \leqslant 8.978)$		–0.521*** （0.111）	
$tour \cdot I(pgdp > 8.978)$		–0.439*** （0.091）	
$tour \cdot I(pgdp \leqslant 8.731)$			–0.175** （0.070）
$tour \cdot I(8.731 < pgdp \leqslant 9.073)$			–0.128* （0.066）
$tour \cdot I(pgdp > 9.073)$			0.531*** （0.143）
R^2	0.918	0.843	0.829
N	180	180	180
Sargan（P）	0.779	0.709	0.747

表 16–4 报告出西部地区旅游业对农村贫困减缓效应基于以人均 GDP 增长率衡量经济增长速度的多重门槛模型参数估计结果。在动态的经济增长意义上，首先，旅游业对农村贫困广度的减缓效应存在双重门槛特征。当经济增长速度依次处在第一门槛值 0.088 和第二门槛值 0.143 所构成的三个区制时，旅游业估计系数均在 1% 水平上具有统计显著性，旅游业发展水平提高 1%，依次促进农村贫困广度减缓 0.491%、0.672% 和 0.89%。其次，与贫困广度类似，当经济增长速度分别位于第一门槛值 0.108 和第二门槛值 0.138 构成的三个区制时，旅游业发展水平提高 1%，分别可以显著减缓农村贫困深度依次降低 0.338%、0.535% 和 0.681%。最后，旅游业对农村贫困强度的减缓效应存在单一门槛特征。当经济增长速度低于门槛值 0.107 时，旅游业估计系数为负，但不具有统计显著性，而当经济增长速度跨越门槛值后，旅游业估计系数则在 1% 水平显著，并且旅游业提高 1%，可以显著促进贫困强度降低 0.582%。

表 16–4　经济增长速度门槛模型 GMM 估计结果

变量	*H*	*PG*	*SPG*
$tour \cdot I(rgdp \leqslant 0.088)$	-0.491^{***} (0.163)		
$tour \cdot I(0.088 < rgdp \leqslant 0.143)$	-0.672^{***} (0.145)		
$tour \cdot I(rgdp > 0.143)$	-0.890^{***} (0.169)		
$tour \cdot I(rgdp \leqslant 0.108)$		-0.338^{***} (0.093)	
$tour \cdot I(0.108 < rgdp \leqslant 0.138)$		-0.535^{***} (0.082)	
$tour \cdot I(rgdp > 0.138)$		-0.681^{***} (0.102)	
$tour \cdot I(rgdp \leqslant 0.107)$			−0.114 (0.087)
$tour \cdot I(rgdp > 0.107)$			-0.582^{***} (0.179)
R^2	0.844	0.857	0.829
N	180	180	180
Sargan（P）	0.586	0.767	0.747

四、进一步分析

在控制了外部宏观约束变量情况下，当旅游业处于起步阶段时，旅游业会对农村贫困广度和深度具有显著的减缓效应，即旅游业不仅可以减少农村贫困人口规模，并且缩小贫困缺口，但也可能同时会加剧农村极端贫困状态。与此同时，随着旅游业规模不断扩张，旅游业对农村贫困的减缓效应却不再显著。在旅游业发展初期，农村贫困人口可以广泛参与各类旅游非正规和正规就业岗位，旅游业劳动密集型的行业特点此时被表现得淋漓尽致，大部分贫困人口因此获得了新的生计选择，并且相应增加了家庭劳动和非劳动收入。然而，根据阿玛蒂亚·森的能力贫困理论，极端贫困人口由于不具备“基本可行能力”而处于被“剥夺”状态，进而被长期锁定在“贫困陷阱”，由于技能缺乏、权利劣势、性别歧视和身体素质等条件限制，最终导致极端贫困人口无法通过参与旅游经营活动而获利，甚至会加剧此类人群的相对贫困状态。至于为何西部地区旅游业发展水平越高，旅游业对农村贫困的减缓效应却受到抑制，甚至会存在加剧农村贫困的潜在风险。原因在于两点：一方面，西部地区虽然产业结构单一、经济体系脆弱，但却拥有极具地域和文化特色的自然和人文旅游资源，这显然为旅游业发展提供了必要条件，但由于在旅游开发过程中过度依赖于外部要素支持，从而导致旅游经济收入的漏损效应无法避免；另一方面，在旅游业发展过程中，旅游需求扩大和旅游工资上涨同时会引发农村贫困地区商品和服务价格抬升，导致价格体系扭曲，其所引致的“荷兰病”效应，不仅严重侵蚀了农村贫困地区传统非旅游部门竞争力，并且使得并未参与旅游经营活动的贫困人口额外承担了价格成本。

普遍认为，发达地区人均实际 GDP 高于欠发达地区，但因所处发展阶段不同，也会出现发达地区经济增长速度在某段时期低于欠发达地区的情况。鉴于此，本章在水平和速度两维概念上对基于经济增长的旅游业减缓农村贫困的门槛模型进行实证检验。以经济增长水平为门槛变量，西部地区旅游业对农村贫困减缓效应的三重门槛模型参数估计结果反映出两个基本事实，其一，随着经济增长水平由低到高依次进入门槛区制，旅游业从对农村贫困广度和深度尚无减缓贡献到可以显著减缓农村贫困广度和深度，差异在于旅游业对农村贫困广度的边际减缓效应逐渐增强，后者则开始减弱，而旅游业对农村贫困强度的影响则经历了由减缓到加剧的反转过程。其二，从旅游业对农村贫困的减缓效应比较审视，旅游业对农村贫困广度、深度和强度的减缓贡献始终依次递减，说明随着经济增长水平不断跨越门槛值，基于绝对贫困视角，旅游业能够显著降低农村绝对贫困发生率，并真正实现人口规模意义上的摆脱贫困，而由于旅游业对贫困强度的减缓效应低于其对贫困深度的减缓效应，意味着旅游业在缩小贫困缺口时，伴随着收入差距扩大的现象。对于前者，可能的原因在于，相对发达地区，由于旅游业对欠发达地区经济增长水平的促进作用相对更强（赵磊等，2014），所以旅游业对经济增长的收入效应直接带来贫困人口规模的显著减少，然而不能忽视的是，经济增长水平进入每段跃迁过程，都需要获得相应的内生动力源泉，尤其是跃迁层次越高，其对技术创新要求也越高，而旅游业作为具有弱专利性质的低创新部门（Sundbo 等，2007），对经济增长水平的贡献不断弱化是导致旅游业减缓农村贫困深度和强度的边际效应逐渐减弱的重要原因。以经济增长速度为门槛变量，西部地区旅游业对农村贫困减缓效应基本上显著存在基于经济增长速度的正向非单调性门槛效应。门槛模型参数估计结果几乎一致表明，随着经济增长不断加速，旅游业减缓农村贫困广度和深度的边际效应逐渐增强，而且旅游业对农村贫困强度的减缓效应也由不显著转为显著，这也说明经济增长速度与旅游业对农村贫困的减缓效应之间具有正相关关系。目的地持续的经济增长速度是依靠资本不断积累、结构转型升级、制度创新优化、技术效率改善和基础设施健全等因素共同实现，而根据后结构主义观点，上述经济增长机制对于复杂的旅游业与贫困减缓关系而言，尤其是有效推动了旅游业在经济体系中的多层次网络化发展（Cheong 和 Miller，2000），因而皆在不同程度上为旅游业减缓农村贫困孕育了优良条件。

第六节　本章结论

在政治经济学领域，尽管旅游业具备贫困减缓潜力，但对此关系机制的深入解析并未得到足够重视，更是缺乏对旅游业和贫困减缓关系的实证研究，进而导致关于旅游业是否减缓贫困的争议不断（Zhao 和 Ritchie，2007）。正如 Ashley 和 Mitchell（2008）所言，"学术界关于旅游业减缓贫困的理解并未形成任何共识"，尽管围绕旅游业减缓贫困的探讨较之以往更为深刻，但对此关系的研究仍显不足（Harrison，2008）。那么，对于旅游业减缓贫困质疑的核心关键是什么？问题的症结在于对贫困水平的科学测度。我们在聚焦旅游业是否能够显著降低绝对贫困发生率的同时，还要深入到贫困人口内部，重点关注旅游业对相对贫困的影响。

研究结果发现：第一，线性模型估计结果表明，西部地区旅游业分别对农村贫困广度、深度和强度具有显著的减缓效应，并且边际促进效应依次递减；第二，以旅游业为门槛变量的模型估计结果表明，旅游业对农村贫困广度、深度和强度的减缓效应分别存在基于旅游业的单一、双重和三重门槛特征，当旅游业发展水平较低时，旅游业可以显著减缓农村贫困广度和深度，但当旅游业发展水平依次跨越门槛值之后，上述贫困减缓效应则不再显著，并且旅游业还存在加剧农村贫困强度的潜在倾向；第三，以经济增长为门槛变量的模型估计结果表明，以人均实际 GDP 衡量的经济增长水平对旅游业减缓农村贫困具有显著的三重门槛特征，当人均实际 GDP 分别低于第一门槛值 3689 元和 6180 元时，旅游业并未减缓农村贫困广度和深度，当人均实际 GDP 分别跨越门槛值之后，旅游业减缓农村贫困广度和深度的边际效应呈相反变化，而当人均实际 GDP 处于门槛值 8717 元前后区制时，旅游业对农村贫困强度的影响效应由负转正。以人均 GDP 增长率衡量的经济增长速度对旅游业减缓农村贫困广度、深度和强度具有正向非单调性门槛效应，经济增长速度越快，旅游业减缓农村贫困广度、深度和强度的边际效应越强。

基于以上研究结论，可得到如下政策启示：首先，旅游业可以显著降低西部地区农村贫困发生率，从而折射出旅游业对于西部地区反贫困战略推进的存在价值，所以西部农村贫困地区在条件具备时应鼓励旅游业发展，并可将旅游业视为贫困地区脱贫攻坚、促进发展的产业工具，但也需要警惕旅游业所引致的农村贫困人口内部收入分配差距扩大风险，重点在于通过建立精准旅游扶贫机制来提高旅游业对极端贫困人口的惠及效应。其次，在以旅游业为主导的西部农村贫困地区，旅游业发展水平并非与旅游业对农村贫困的减缓效应正相关，随着旅游业规模的不断扩张，农村贫困地区不仅要推动旅游业发展模式由外部要素依赖向创新内生驱动转型，还需要实现旅游业价值链共创机制，增强旅游经济活动与本地经济体系互动的密切程度，以避免“收入漏损”和“资源诅咒”对旅游业减缓农村贫困的抑制效应。最后，随着经济增长水平不断提升，由于社会实际收入的基准也将随之上升，进而导致农村相对贫困程度日益严重，所以农村贫困地区此时应当理性审视旅游扶贫策略，积极探索包括旅游业在内的多元化产业扶贫机制。另外，尤其是对于经济增长不断加速的欠发达地区，采取适度的旅游业倾斜政策，可以有效释放旅游业对农村贫困减缓的边际效应。

参考文献：

［1］Adamou A，Clerides S. Prospects and Limits of Tourism-Led Growth：The International Evidence［J］. Social Science Electronic Publishing，2010，2（3）：287-303.

［2］Alam M S，Paramati S R. The impact of tourism on income inequality in developing economies：Does Kuznets curve hypothesis exist?［J］. Annals of Tourism Research，2016，61：111-126.

［3］Banerjee O，Cicowiez M，Gachot S. A quantitative framework for assessing public investment in tourism - an application to Haiti［J］. Tourism Management，2015，51：157-173.

［4］Blake A，Arbache J S，Sinclair M T，Teles V. Tourism and poverty relief［J］. Annals of Tourism Research，2008，35（1）：107-126.

［5］Croes R，Vanegas M S. Cointegration and causality between tourism and poverty reduction［J］. Journal of Travel Research，2008，47（1）：94-103.

［6］Croes R. The role of tourism in poverty reduction：an empirical assessment［J］. University of Bedfordshire，2010，20（2）：207-226.

［7］Deller S. Rural poverty，tourism and spatial heterogeneity［J］. Annals of Tourism Research，2010，37（1）：180-205.

［8］Fayissa B，Nsiah C，Tadesse B. Tourism and economic growth in Latin American countries - further empirical evidence［J］. Tourism Economics，2009，17（6）：1365-1373.

［9］Gartner C，Cukier J. Is tourism employment a sufficient mechanism for poverty reduction? A case study from Nkhata Bay，Malawi［J］. Current Issues in Tourism，2012，15（6）：1-18.

［10］Hansen B E. Threshold effects in non-dynamic panels：Estimation，testing，and inference［J］. Journal of Econometrics，1999，93（2）：345-368.

［11］Incera A C，Fernández M F. Tourism and income distribution：Evidence from a developed regional economy［J］. Tourism Management，2015，48（6）：11–20.

［12］Kakwani N. On a class of poverty measures［J］. Econometrica，1980，48（2）：437–446.

［13］Kim N，Song H J，Ju H P. The relationship among tourism，poverty，and economic development in developing countries：A panel data regression analysis［J］. Tourism Economics the Business & Finance of Tourism & Recreation，2016，22（6）：1174–1190.

［14］Li H，Goh C，Zhang Q H，Meng F. Effect of tourism on balanced regional development：a dynamic panel data analysis in coastal and inland China［J］. Asia Pacific Journal of Tourism Research，2015，20（6）：694–713.

［15］Liu J，Nijkamp P，Lin D. Urban–rural imbalance and Tourism–Led Growth in China［J］. Annals of Tourism Research，2017，64：24–36.

［16］Mahadevan R，Amir H，Nugroho A. Regional impacts of tourism–led growth on poverty and income inequality：a dynamic general equilibrium analysis for Indonesia［J］. Tourism Economics the Business & Finance of Tourism & Recreation，2016，23（6）：614–631.

［17］Mak J. Tourism and the economy［M］. Honolulu：University of Huwawaii Press，2013.

［18］Mekawy M A，Croy G. Smart tourism investment：planning pathways to break the poverty cycle［J］. Tourism Review International，2014，18（4）：253–268.

［19］Mitchell J. An unconventional but essential marriage：pro–poor tourism and the mainstream industry［J］，Private Sector Development，2010，7（9）：1–6.

［20］Muchapondwa E，Stage J. The economic impacts of tourism in Botswana，Namibia and South Africa：Is poverty subsiding?［J］. Natural Resources Forum，2013，37（2）：80–89.

［21］Muganda M，Sahli M，Smith A. Tourism's contribution to poverty alleviation：A community perspective from Tanzania［J］.Development Southern Africa，2010，27（5）：629–646.

［22］Njoya E，Seetaram N. Tourism and poverty reduction in Kenya—A dynamic CGE analysis［J］. Journal of Travel Research，2017，（3）：1–27.

［23］Novelli M. Tourism and poverty reduction：An interpretation by the poor of Elmina，Ghana［J］. Tourism Planning & Development，2011，8（3）：317–334.

［24］Thomas F. Addressing the measurement of tourism in terms of poverty reduction：Tourism value chain analysis in Lao PDR and Malip［J］. International Journal of Tourism Research，2014，16（4）：368–376.

［25］Townsend P. Poverty in The United Kingdom［J］Nursing Research，1979，3（3）：91–92.

［26］Villasenor J，Amold B. Elliptical Lorenz curves［J］. Journal of Econometrics，1989，40（2）：327–338.

［27］Wattanakuljarus A，Coxhead I. Is tourism–based development good for the poor?［J］. Journal of Policy Modeling，2008，30（6）：929–955.

［28］郭晗，任保平 . 人口红利变化与中国经济发展方式转变［J］. 当代财经，2014（3）：5–13.

［29］郭鲁芳，李如友 . 旅游减贫效应的门槛特征分析及实证检验——基于中国省际面板数据的研究［J］. 商业经济与管理，2016（6）：81–91.

［30］何景明 . 旅游扶贫的理论及其实践发展——来自贵州的案例［M］. 北京：经济科学出版社，2016.

［31］黄晶，薛东前，马蓓蓓 . 西安市微区域收入及贫困空间格局研究［J］. 人文地理，2015（2）：31–36.

［32］刘林，龚新蜀，李翠锦 . 西北地区城镇居民贫困程度的测度与实证分析［J］. 人口学刊，2011（6）：18–26.

［33］毛伟，李超，居占杰 . 经济增长、收入不平等和政府干预减贫的空间效应与门槛特征［J］. 农业技术经济，2013（10）：16–27.

［34］秦建军，武拉平 . 财政支农投入的农村减贫效应研究——基于中国改革开放 30 年的考察［J］. 财贸研究，2011，22（3）：19–27.

［35］王大超，马园园 . 中国贫困问题的历史分析与三十年反贫困的社会巨变效应［J］. 理论探讨，2008（5）：81–85.

［36］王英，单德朋，郑长德 . 旅游需求波动、风险管理与非线性减贫效应研究［J］. 中国人口 · 资源与环境，2016，26（6）：160–168.

［37］鲜祖德，王萍萍，吴伟 . 中国农村贫困标准与贫困监测［J］. 统计研究，2016，33（9）：3–12.

［38］杨建春，肖小虹 . 贵州旅游扶贫效应动态分析［J］. 商业研究，2011（7）：212–216.

［39］杨立雄，谢丹丹 ."绝对的相对"，抑或"相对的绝对"——汤森和森的贫困理论比较［J］. 财经科学，2007（1）：59–66.

［40］杨霞，刘晓鹰 . 旅游流量、旅游构成与西部地区贫困减缓［J］. 旅游学刊，2013，28（6）：47–55.

［41］余凤龙，黄震方，曹芳东，吴丽敏，陶玉国 . 中国城镇化进程对旅游经济发展的影响［J］. 自然资源学报，2014（8）：1297–1309.

［42］张建华，陈立中 . 总量贫困测度研究述评［J］. 经济学：季刊，2006，5（3）：

675–694.

［43］赵东喜 . 中国省际入境旅游发展影响因素研究——基于分省面板数据分析［J］. 旅游学刊，2008，23（1）：41–45.

［44］赵磊 . 旅游发展与经济增长——来自中国的经验证据［J］. 旅游学刊，2015，30（4）：33–49.

［45］周波，李毅 . 广西巴马旅游扶贫贡献率研究［J］. 旅游论坛，2011，4（2）：72–76.

项目策划：段向民
责任编辑：孙妍峰
责任印制：谢　雨
封面设计：武爱听

图书在版编目（CIP）数据
中国旅游业与若干宏观经济问题关系研究 / 赵磊著
. -- 北京 : 中国旅游出版社, 2020.1
ISBN 978-7-5032-6434-4

Ⅰ. ①中… Ⅱ. ①赵… Ⅲ. ①旅游业发展－关系－宏观经济－研究－中国 Ⅳ. ①F592.3②F123.16

中国版本图书馆CIP数据核字(2019)第295896号

书　　名：中国旅游业与若干宏观经济问题关系研究

作　　者：赵磊著
出版发行：中国旅游出版社
（北京建国门内大街甲 9 号　邮编：100005）
http://www.cttp.net.cn　E-mail:cttp@mct.gov.cn
营销中心电话：010-85166536
排　　版：北京旅教文化传播有限公司
经　　销：全国各地新华书店
印　　刷：三河市灵山芝兰印刷有限公司
版　　次：2020 年 1 月第 1 版　2020 年 1 月第 1 次印刷
开　　本：720 毫米 ×970 毫米　1/16
印　　张：27
字　　数：410 千
定　　价：59.80 元
ISBN　978-7-5032-6434-4

版权所有　翻印必究
如发现质量问题，请直接与营销中心联系调换